U0668157

工商管理优秀教材译丛

管理学系列 ——▶

职业生涯管理

第 *4* 版

[美]
杰弗里·H. 格林豪斯（Jeffrey H. Greenhaus）
杰勒德·A. 卡拉南（Gerard A. Callanan）　　　　著
维罗妮卡·M. 戈德谢克（Veronica M. Godshalk）

王 伟 译

Career Management

Fourth Edition

清华大学出版社
北京

北京市版权局著作权合同登记号 图字：01-2010-2258

English language edition, entitled Career Management, 4th ed. 9781412978262 by Jeffrey H. Greenhaus, Gerard A. Callanan and Veronica M. Godshalk, published by SAGE Publications of Thousand Oaks, London, New Delhi, Singapore and Washington D. C., © 2010 by SAGE Publications, Inc.

本书中文简体翻译版由 SAGE 出版公司授权给清华大学出版社出版发行。未经许可，不得以任何方式复制或抄袭本书的任何部分。

本书封面贴有清华大学出版社防伪标签，无标签者不得销售。
版权所有，侵权必究。举报：010-62782989，beiqinquan@tup.tsinghua.edu.cn。

图书在版编目（CIP）数据

职业生涯管理：第 4 版/（美）格林豪斯（Greenhaus, J. H.），（美）卡拉南（Callanan, G. A.），（美）戈德谢克（Godshalk, V. M.）著；王伟译. --北京：清华大学出版社，2014（2021.7重印）
（工商管理优秀教材译丛·管理学系列）
书名原文：Career Management, 4e
ISBN 978-7-302-35703-2

Ⅰ. ①职… Ⅱ. ①格… ②卡… ③戈… ④王… Ⅲ. ①职业选择 Ⅳ. ①C913.2

中国版本图书馆 CIP 数据核字（2014）第 060805 号

责任编辑：江　娅
封面设计：何凤霞
责任校对：宋玉莲
责任印制：宋　林

出版发行：清华大学出版社
　　　　　网　　　址：http://www.tup.com.cn，http://www.wqbook.com
　　　　　地　　　址：北京清华大学学研大厦 A 座　　　　　邮　　编：100084
　　　　　社 总 机：010-62770175　　　　　邮　　购：010-62786544
　　　　　投稿与读者服务：010-62776969，c-service@tup.tsinghua.edu.cn
　　　　　质量反馈：010-62772015，zhiliang@tup.tsinghua.edu.cn
印 装 者：北京富博印刷有限公司
经　　销：全国新华书店
开　　本：185mm×260mm　　印　张：19　　插　页：2　　字　　数：439 千字
版　　次：2014 年 6 月第 1 版　　　　　　　　印　　次：2021 年 7 月第 5 次印刷
定　　价：45.00 元

产品编号：036941-02

译者序

由杰弗里·H.格林豪斯教授和杰勒德·A.卡拉南、维罗妮卡·M.戈德谢克所著的《职业生涯管理》(第4版)的中译本终于与读者见面了。记得2006年新年伊始,本书第3版中译本由清华大学出版社出版,那应该是第一本系统翻译过来的职业生涯管理著作吧?毫无疑问,本书瞄准对自身职业生涯管理还处于混沌和不自觉状态的职业人,以及把对员工职业生涯管理的支持还作为分外事的各类组织,提供了一种新的价值理念及一套系统的职业生涯管理理论框架与实践指南。

8年过去,弹指一挥间。但整个世界的经济、政治、技术和文化却发生着持续而急剧的变化。公司经营的日益全球化、世界金融和经济危机的持续发酵、互联网等新技术的快速发展和渗透,使所有产业中的竞争不断加剧;激烈的竞争导致大量公司通过战略转型、组织重整、流程再造和外包、裁员等方式控制成本,保持优势,谋求生存与发展。这些变化给人们的职业生涯和生活带来了相当大的不确定性,使组织和员工间的心理契约发生改变。该如何应对变化、把握机会、规避风险,去谋求个人职业生涯的不断发展与成功呢?组织又该如何更有效地支持员工的职业生涯管理,以吸引和激励优秀员工,强化自身的核心竞争力呢? 由是,这部《职业生涯管理》(第4版)应运而生,正当其时,帮助个人和组织有效应对职业生涯管理的挑战,它的使命和价值突显。

《职业生涯管理》(第4版)延续了第3版的风格:

1. 以问题和管理为导向,主线突出、内容丰富、结构清晰。书中提出职业生涯管理就是一个解决问题、制定决策的过程的核心观点,并构筑了以职业生涯战略决策为核心的职业生涯管理循环模型。全书分为4篇,第一、二篇提出职业生涯管理循环模型和职业生涯发展周期模型,并以此为主线,分别讨论职业生涯管理不同阶段面对的问题、任务和解决问题的技能。第三篇进而讨论其他影响职业生涯的因素,第四篇则以前三篇的研究为基础和依据,讨论组织对个体职业生涯管理的支持。

2. 反映时代特点。本书与时俱进,在第3版基础上做了较大修改。从导论对职业生涯管理背景和必要性的分析,到后面各章尤其是第三篇和第四篇的讨论,都充分考虑和反映了进入21世纪后技术、经济、社会、文化等各方面的关键性变化及对职业生涯管理的影响,反映了职业生涯管理领域的最新研究成果和实践发展。

3. 理论结合实践、学以至用。本书各部分的内容以理论和研究为基础,综合分析那些决定职业生涯管理的基本原则和技术。同时又注重实际应用的技能培养,包括有针对性的问题解决指南、正文相关的实例、每章后面所附的案例及每篇的综合练习习题,这些都可以帮助读者理解和掌握职业生涯管理的问题和解决的方法、技巧。

因此,本书有极为广泛的市场适应性,它对以下读者群都会提供显而易见的帮助:

1. 希望对自己的职业生涯进行有效管理的人们；

2. 学习职业生涯管理、人力资源管理、组织行为学、心理学的本科生或研究生；

3. 从事人力资源管理和职业生涯管理研究和教学工作的专业研究者和教师；

4. 企业及其他机构承担人力资源管理职能的管理者(包括人力资源管理专业职能人员和各级管理者)。

本书的翻译出版凝聚了很多人的心血。在此，首先要感谢我的先生段毅才和儿子段公平，他们帮我分担了大量翻译和审校工作。非常感谢清华大学出版社的工作人员，他们辛勤的劳动使本书得以顺利出版。

虽然在翻译中字斟句酌，也尽可能修改了第 3 版中不够达意之处，但终究水平有限，错误在所难免，愿闻达人纠偏赐教，也请允许我先致谢忱。

译　者

前 言

职业生涯管理(第4版)
Career Management

绝大多数人都把工作看作生活的一个组成部分。我们的快乐和满足感当然要取决于我们自己对工作生活的过程控制得好坏,取决于我们如何把握工作对家庭、个人生活的影响。但很多人在求职时,既缺乏见识,又没有目的,不是一味地换工作,就是对自己择业不明智而怨天尤人。还有一类人,担心自己不能作出正确的择业决定,因此把职业生涯管理视为畏途,整天忧心忡忡。我们认为,任何年龄的人,要达到个人的成功,使自己满意,都需要认真仔细地对待职业生涯管理问题,并且必须掌握能使自己作出正确决策的一套框架。

在21世纪,这种信念与我们尤其息息相关。工作方面的现实——仅举几例,如经济形势不确定、企业兼并与收购、缩小规模、控制成本、经营全球化——都给职业生涯带来了巨大的影响。我们不能再指望在一家公司、甚至某一行业干上20或30年,也不能再指望老板会为我们的职业生涯管理一事负起责任来。当今世界,员工和老板之间只有短期关系,双方之间往往都只有低水平的承诺和忠诚度。因此,个人需要对自己的职业生涯管理负责。

在《职业生涯管理》的第4版中,我们为大家提供一套指导终身职业生涯成功的工具。我们希望,本书能全面地帮你成功地进行职业生涯管理,并使你享受由此得来的一切好处。

结构和内容

《职业生涯管理》(第4版)重点关注职业生涯和职业生涯管理的4个重要观点。第一个观点,职业生涯管理是个人赖以支配、指导并影响自己职业生涯的一个过程。本版介绍的职业生涯管理模型——以一种积极的、能解决问题的方式来对待自己的工作和生活——强调的是人们应该如何收集信息,深入了解自己和周围的环境,提出正确的目标和战略,对于自己的所作所为,还能得到有用的反馈。本书第一篇(第1~5章)提出并检验这一职业生涯管理模型。第1章介绍职业生涯管理的概念,即它是一个不断解决问题的过程。第2章讨论关于职业生涯和职业生涯管理的传统的和当代的观点。第3章提出职业生涯管理模型,这是本书其他部分的基础。第4章、第5章把职业生涯管理模型用于个人的职业生涯抉择,包括各种职业生涯管理技能,诸如职业生涯考查、职业生涯目标的确定以及职业生涯战略制定等内容。

第二个观点,职业生涯包含不同的职业发展阶段。从参加工作前的年轻人选择最初的职业,经过关心失业的中年时期,再到需要维持工作能力、并为退休作好准备的老年时期,每个职业发展阶段都会提出独特的任务和问题。尽管这些阶段各不相同,但在职业发展的每个阶段,职业生涯管理的作用却基本相同:根据深入的了解作出正确的决定,并有效地实现这些决定。第二篇(第6~8章)讨论职业生涯发展的不同阶段,重点是讨论每个阶段有效进行职业生涯管理所起的作用。第6章跟踪人们选择工作和进入组织的过程。第7章介绍员工在其初期职业生涯中所面临的任务。第8章重点分析与处在职业生涯中期及后期的员工有关的问题。

第三个观点,进行职业生涯管理,必须考虑一系列额外的要求,包括如何对待工作的压力,工作和个人生活的相互影响,如何应对员工之间不同文化的挑战,以及从事企业家职业的可能性。第三篇(第9~12章)研究的就是这些问题。在第9章,我们考查工作压力对个人生活质量的影响。第10章讨论工作和家庭之间的关系,重点是讨论在生活方式中占统治地位的双职工关系问题。第11章以现代组织中女性和男性的职业生涯,少数民族员工的职业生涯,以及在不同文化环境中员工及其雇主所面临的挑战等为素材,讨论在多文化背景下的职业生涯管理问题。第12章在讨论企业家职业生涯的选择时,描绘企业家的特征,对社会支持、教育支持和感情支持的不同形式作出评价,提出女性企业家和少数族裔企业家所面临的问题,并讨论对企业家这种职业生涯进行管理的独特要求。我们希望这一章能帮助人们判断选择企业家这种职业生涯和生活类型是否适合自己。

第四个观点,通过一系列由组织支持的项目,可以对个人职业生涯管理给予帮助。在第四篇(第13、14章)里,我们讨论组织可以采用的各种职业生涯管理的做法,并提供一些已经在真实公司中实际运用的具体例子。第13章对人力资源活动给出了更为宽泛的评价,其中特别强调人力资源系统如何对员工的职业生涯管理给予支持。我们将说明如何把人力资源管理和职业生涯管理系统整合在一起,以便最大限度地使个人和组织得到发展,并鼓励开发以职业生涯为导向的人力资源支持系统。这一章叙述和说明各种组织中的职业生涯管理做法。对于组织中的人力资源专家、学生以及雇员,这部分内容在评价现有雇主或潜在雇主对职业生涯管理的支持问题时很有用处。此外,理解了组织在职业生涯管理中所起的作用,有助于人们在其整个职业生涯过程中成为更有效的人力资源管理者。第14章给出我们对职业生涯管理的结论性思想,并再次强调我们的观点,即个人能够——而且必须——在管理自己的职业生涯中发挥主观能动性。

《职业生涯管理》一书适用于几类不同的读者。首先,它对所有想多学一点职业生涯动力学(career dynamics)以及如何把握其职业生涯等知识的人来说很合适,不管他们是学生还是在职的成年人,抑或单纯出于好奇的人。我们撰写《职业生涯管理》一书,目的是使人们理解职业生涯的发展,提供一个可以对职业生涯进行管理的框架。本书第4版所包含的各种最新的自我评估形式的信息——确实可以使人通过这些途径,更多地了解自己,了解自己的兴趣、天赋、个性和生活中的偏好。《职业生涯管理》还可作为本科生或研究生学习职业生涯管理、人力资源管理、组织行为学、心理学、教育学等方面的基本教材或辅助教材。此外,各类企业也可利用本书,指导其雇员进行职业生涯管理。

我们的第二类读者即人力资源专家,本书中的材料对他们肯定也有益处。因为如果他们不对人们在其职业生涯中所作的各类抉择和面对的困难作出全面的评价,就不可能制定出有效的职业生涯管理方案。本书第13章以职业生涯管理过程、职业生涯管理与开发阶段、工作压力、工作与家庭的平衡以及管理多样化等内容为基础,正面论述了战略性人力资源和职业生涯管理创新等问题。

最后,本书第4版也是为我们的同行,职业生涯管理与决策的研究人员写作的。我们希望本书能汇集最新的研究成果和理论,并在这一领域激发进一步的研究。

学以致用的特点

为适应以上读者的需要,本书的特色在于学以致用。

理论和实践搭配得当。《职业生涯管理》中的内容以理论和研究为基础,这是因为无论学生还是在职人员,都必须重视那些决定职业生涯管理之基本原则和技术的概念。此外,几乎每章中都提供了注重实际应用的概念,以期读者在他们的工作实践中形成框架性的概念和一套指导方针,作为职业生涯管理的"导游图"。

个体行为和组织行为相结合。虽然职业生涯管理被视为只用来解决个人问题和个人决策过程的方法,但工作组织也可以发挥整合的作用,以激励和促进更有效的职业生涯管理。据此,在本书大部分章节中,都举出各种组织用以促进员工进行职业生涯管理的行动案例或方案。第13章提供了一批组织的职业生涯管理方案的案例,这些方案都与整个人力资源管理过程相联系。

提供帮助读者练习职业生涯管理技能的习题。习题给读者提供了一个机会,使之把所学的内容用于职业生涯考查,确定职业生涯目标和职业生涯开发战略,掌握职业生涯管理过程中的各种关键因素。不做习题,固然也可从概念上弄懂这些问题,但做题得出的经验能给你一种极为宝贵的洞察力,使你更深刻地了解自己的职业生涯。

利用案例检验个人和企业的职业生涯管理情况。第4版在每章结尾都有一个案例,通过案例强调该章中讨论的职业生涯问题。案例是很好的教学工具,它提供了各种职业生涯管理问题的不同观点,包含了个人进行职业生涯决策时需面对的实际生活中复杂的情况。每个案例都附有问题,以便于分析和小组讨论。除每章结尾的案例外,全书还配有许多小例子,以提供实际生活的事例,表现特定的职业生涯管理主题。我们相信第4版的主要优点是使学生们可以把某些抽象的概念与工作生活及职业生涯管理的日常实际情况和要求联系起来。

小结　每章后面都对该章内容和关键性问题进行了小结。这些小结重申了主题,并对重要概念作出必要的解释。

作业和讨论题　每章的最后有与章节内容和实际生活相关的作业要求读者完成。此外,每章还补充了一系列相关问题来帮助读者讨论章节中涉及的重要内容。

致谢

许多人给予了我们鼓励、建议和支持,并为本版的发行直接或间接地作出了贡献。首先,我们感谢很多学者,他们的研究影响了我们对"职业生涯"的思考,他们的论文也在本书中有所引用。希望我们的阐述能够完全表明他们的贡献。

我们也要感谢我们的学生,感谢他们热忱地讨论职业生涯管理观点,与大家分享很多个人职业生涯经验。我们还要感谢德雷克塞尔大学管理系已故教授萨洛·帕拉苏拉曼(Saroj Parasuraman)所作的贡献,他对本书初版和再版的某些章节,给予了我们重要的、建设性的评论。我们还要感谢我们尊敬的各大学管理学院的领导和教师们——他们的帮助和支持使本书第 4 版得以顺利问世。

杰弗里·H. 格林豪斯(Jeffrey H. Greenhaus)
杰勒德·A. 卡拉南(Gerard A. Callanan)
维罗妮卡·M. 戈德谢克(Veronica M. Godshalk)

目 录

职业生涯管理(第4版)
Career Management

第一篇 职业生涯管理过程：理论和应用

第二篇　职业生涯发展阶段

第四篇　工作组织中的职业生涯管理

第一篇

职业生涯管理过程：理论和应用

职业生涯管理(第4版)
Career Management

1

第**1**章

职业生涯研究导论

在第 1 章开头,我们先来认识职业生涯管理的基本性质:职业生涯决策不仅要基于过去的经验,心中还要有未来的蓝图。接触这一领域的知识,可以教会人们去认识自我——他们喜欢做什么,擅长什么,在工作和生活中最关心的又是什么? 在多数情况下,职业生涯决策的基本依据是认为未来某一具体职业、工作或者组织可以为自己提供经验和机会,以及有意义的、令人满意的报酬。但职业生涯问题可能是无法预料的——特别在当今世界更是如此。我们根本想不到会在工作中遇到多么一团糟的情况。至于我们应该怎样应对自己职业生涯中的这些波折,正是区分有效或无效的职业生涯管理之关键。

本书的目的是帮助读者了解有效的职业生涯管理的原理,并提供开发和实践职业生涯管理各种技能的机会。为了使人们能够对贯穿其毕生的职业生涯进行有效的管理,本书以大量篇幅来讨论人们在职业生涯不同阶段所面对的各种问题。本书还照顾到各种管理者和未来的管理者,帮助他们积极回应自己的下属在职业生涯中的各种需要,并帮助人力资源专家有效地开发本单位的职业生涯管理系统。

职业生涯管理的一个主要前提是,假定个人能够在相当程度上——虽然不是全部——控制自己的职业生涯。有效的职业生涯管理不仅要求人们深刻了解自我和工作的领域,而且要求培养出一种可开发、可改善的坚定的决策能力。正如我们在第 3 章所述的,职业生涯管理本质上是一个解决问题的过程,其中包括收集信息、深入分析、确定目标,以及为实现这些目标需要开发、制定哪些战略。

对各种职业生涯问题的研究正在日益普及。可以证明此点的是,地方书店出售各种职业生涯规划的书籍和其他自学教材,越来越多的公司、社团或专业组织和成人教育项目都在开展职业生涯规划活动。关于职业生涯问题的研究近年来也获得了显著成果。管理学界最有声望的专业组织之一,美国管理学院(The Academy of Management)已经设立了职业生涯研究所,各种专业期刊发表的有关职业生涯问题的论文也越来越多。

造成上述普及现象的基本原因在于一种信念,即职业生涯的概念可能是唯一能帮助人们理解人与工作之间关系的概念,而这种关系一直使学者感到迷惑不解,使组织感到束手无策,使各种职业的人们饱受其苦。不信你可以仔细想想下列情况:

- 一位大学毕业20年的工程师,由于公司最近的裁员而失业,这使她开始怀疑自己取得成功的能力和动力。
- 一位年轻的医生发现,他是为了取悦父母才学医的,因此他担心自己未来的40年只不过是去实现别人的梦想。
- 一位负责丹佛地区的销售经理将被提拔到设在纽约的公司总部去工作,但他谢绝了这种提升。他喜欢田园生活,而他妻子也不想放弃自己很成功的职业生涯。所以,他对自己在公司的前途感到心中无数。
- 一位35岁的财务分析员,看到自己的公司刚被一家跨国集团兼并,同事们一个接一个地被解雇。她极其紧张,担心下一个会轮到自己。
- 一个新毕业的大学生,在他中意的领域却找不到工作。他不知道自己该选择什么职业为好。
- 一个为工作和生活忙得焦头烂额的母亲,对上班已经失去信心,因为从丈夫、孩子和公司那里都得不到支持。
- 一位39岁的经理感到灰心丧气,因为提升无望,职业生涯陷于停滞状态。

所有这些情况都要求个人积极地管理自己的职业生涯。职业生涯管理给个人提供了作出有效职业生涯决策的机会,而不是由他人代为决策。本书提供的框架能使人们更有效地管理自己的职业生涯,使组织能制定各种政策和做法,以帮助其雇员做好自己的职业生涯管理工作。

在对职业生涯作出更加正式的定义之前,我们首先需要描述过去几十年在工作领域发生的各种变化。因为我们的职业生涯和管理职业生涯的努力就是在这一新的经济现实中——其中蕴涵着大量的不确定性和动荡——展开的。

1.1 不断变化的工作环境和职业生涯

世界正在持续地变化着,这些变化——经济的、政治的、技术的和文化的——对工作领域有着意义深远的影响。这些变化带来了相当大的不确定性,打乱了人们的职业生涯和生活。所有产业中的竞争由于经营的日益全球化和世界经济的不确定性而不断加剧。激烈的竞争导致了大量公司通过内部重组、工作再造和外包控制成本,雇主和雇员之间的心理契约发生改变。下面的部分将讨论种种变化对工作和职业生涯的影响。

组织的成本削减和工作安全感降低

财经信息读来令人感到可怕。据估计,与1979年相比,1995年美国减少了4300万个工作职位,而且在20世纪90年代,职位减少的速度正在加快。80年代,美国每年平均减少230万个工作职位;而在90年代,这一数字上升到320万个,增加了39%。这些不确定性不仅波及私营部门,地方、州及联邦政府也承受着巨大的财政压力。而且,这些最新的变化对我们许多人来说已经迫在眉睫,诸如白领人员、专业人员和管理人员,已经在精简裁员中越来越容易受到冲击。显然,要找到一个安全、稳定、终身服务于某个雇主(甚或在某一个产业中就业)的职业的可能性,正在迅速地消失。

变革中的组织结构

为了面对全球市场高度竞争带来的挑战,很多组织已经进行了内部结构的重大变革,这些组织将比 20 世纪下半叶一直实行的等级制组织结构更加扁平化和分权化。顾客导向式组织结构的管理层级更少,改用跨部门的自主工作团队来管理组织从生产到营销的几乎全部过程。因此,现代组织雇用少量的雇员承担核心经营职能,而次要的及后勤事务性工作则通过外包以及大量的临时工来完成。

此外,当代组织通过网络结构与其他组织和个人结成跨越组织正式边界的合作伙伴或合作网络。但这种网络型组织不同于电脑的网络,它们将多种形式的公司结合在一起,以集中各种必需的专家和资源,来完成特定的项目或生产特定的产品。一些学者用“无边界”来描述这类组织,因为这类组织典型的做法是把组织外部的很多资源提供者联合在一起,来实现其目标。

总而言之,尽管科层式(等级制)组织结构——强调的是稳定性和可预见性——今后无疑将继续存在下去,但大多数组织通过使用少数长期雇员,而大量使用临时工、兼职者或是合同工,以及建立较少层级的扁平管理层,实行了极具灵活性的组织形式。

工作性质的变化

正如我们所看到的,很多组织已经或即将变得更加简单化、扁平化,也更加灵活。这些组织结构上的改变对于需要由管理者和专业人员来完成的工作有着重要意义。在扁平化的组织结构中,管理者将难以用传统的方式去监督员工,更难就近监控其绩效。在各种组织中,今后也的确只用更少的管理人员来监督员工了。而那些保留的企业管理人员,则要靠他们的经验和所受到的尊敬,而不是靠自己在组织等级体制中的职务,才能发号施令。由于组织中管理职责下放,所有的员工都应当学会自我管理。

在跨部门和跨组织的团队中,都要求管理人员和非管理人员成为有效的成员和领导者,而且,他们由于参与了这些组织而获得了大量的信息,也得到了大量展示自己的机会,从而形成了在组织中的权力和影响力。所有这些因素都要求他们具有从一个项目熟练地转移到另一个项目的灵活能力,具有同各种不同领域的人进行交流的能力,在人际关系上培养出更具有协作性和参与性的风格。

心理契约的改变

组织结构和工作性质的改变通常会使雇主和员工之间最基本的“心理契约”发生改变。在雇佣关系的范畴里,心理契约是一种心照不宣的契约,具体是指雇员应该为组织作出哪些贡献,雇主应该相应给予雇员多少酬劳作为回报。直到 20 世纪 80 年代,在传统的或者“关系型契约”中,员工要实现令人满意的绩效并对组织忠诚不贰,由此获得工作保障。关系型契约通常是对有关雇员和雇主角色高度承诺的长期契约。

然而,由于高度竞争的环境要求一定的灵活性,很多组织便在与雇员的关系中采用一种“交易型”心理契约。交易型契约通常期限更短、按绩效付酬、双方承诺更少,其应运而生,取代了心照不宣的契约。对这种契约,雇员不再是用绩效以及对组织的忠诚来换取自己的工作保障,而是期望在接受新的工作任务时自己能更为灵活,并且愿意学习新的技术以适应组织的需要。而组织也不必再承诺对员工的未来负责,而只需给员工提供可持续的提高、开发专业能力的机会,即所谓提高"就业能力"(适用于当前的雇主或是其他的组织)就可以了。第2章将讨论这种从关系型契约到交易型契约的转变——也就是从就业转到就业能力——对于员工职业生涯的重要含义。

国际竞争

变化中的全球经济反映出工作领域的另一个重要变化,新的世界市场的出现、外国竞争和政治重组,迫使无论大小公司都必须采取更加全球化的经营战略,以此为手段来优化自己的竞争状态。各个组织必须适应全球化的发展前景,才能存在与发展下去。这种全球化的前景已经迅速改变着组织的面貌,其结果也将改变这些跨国企业内部的职业生涯开发方式。2005年,全世界的商品和商业服务的国际贸易总额为12.5万亿美元。而在2006年,仅美国一国的进出口总额就达到3.6万亿美元,比2000年提高了44%,比1990年提高了3倍以上。

跨国公司的出现,以及这些公司海外经营带来的大量销售收入,已经使各种职业生涯的管理发生了巨大的变化。在很多这种组织中,走向高层管理职位之路现在必须经受国际经营管理的重大考验。这种国际经历既包括旅居海外的历练,即作为母公司所在国的公民,要在公司的海外子公司或分公司工作过,也包括相反的国际经历,即从海外被派回公司的母国去工作。这些人不论是派到海外,还是留学归来,都要面对祖国和东道国之间在语言、文化、企业实践以及地方习惯等种种差异,要处理好这些差异对自己职业生涯管理提出的各种挑战。总之,所有的经营者,无论是否企业管理出身,如果想对今天的跨国公司进行成功的管理,就必须学会了解外国的市场,理解外国的消费者偏好以及掌握新的管理风格。20世纪90年代初以来,全世界转向更自由的市场经济,已经使很多跨国公司都把重要的生产设施迁到发展机会更大、成本更低的地区去。在这样的公司中,工作的分派及职业生涯之路将有很大不同。面对这种趋势,人们只有对自己的职业生涯进行更好的管理,才能获得这种海外经历所能带来的好处。

技术与工作的变动

科技进步已经渗透到了企业经营的生产、销售和财务管理等各个方面。计算机技术的出现使得对许多工作职位的能力要求不断提高,同时也使得另一些职位逐渐消失。高速发展的技术为拥有多种适用技能的员工创造了很多新的职业道路,同时也使那些不适应这种变化的员工发现,他们往往赶不上雇主的未来计划。此外,科技发展与不断转变的产品和服务需求相结合,又将持续创造出各种新的职业。新的高技术岗位被创造出来,老的、"技术含量低"的工作岗位逐渐消失,就形成了人们所说的"工作搅拌器"。工作搅拌器,作为一种技术驱动过程,会带来新的——但无法预测的——各种选择,由此使职业生涯管理在未来的年代里将会变得更加重要。我们将会看到,未来社会所需要的,将是那种灵活的、能适应未来各种工作变动的职业生涯管理风格。

多样文化背景下的劳动力

劳动力文化背景的多元化导致了组织功能上的变化。这些变化与经济竞争和科技变革所带来的改变同样重要。劳动力已经并且将更趋向老龄化、女性化,更加参差不齐。劳动力中女性、少数族裔以及外国移民的比例越来越大,形成一种压力,要求组织能够有效地处理性别、种族和宗教信仰问题。但这对雇员也是一种挑战,要求他们能够理解别人并能够与之合作,尽管后者的价值观和世界观与他们不同。在很多组织中,雇员职业生涯的成功与否,往往取决于他在某种多元文化环境中的表现。

特别要注意的是,婴儿潮那代人的老龄化和最后退休,代表着人口统计学和社会学的一种现象,这种现象对个人的职业生涯管理,对组织的人力资源管理制度,都有着意味深长的影响。婴儿潮那一代人,是指第二次世界大战后的 20 年中,在美国出生的大约 7 800 万人。作为这代人中的一分子,他们个人的职业生涯管理中充满了焦虑和挑战,包括应该如何应付职业高原问题,如何保持住雇主所希望的技术水准,最后是如何确定自己的退休日程和财务计划。而对于婴儿潮之后出生的人们来说,问题同样存在:大批不愿离职或因经济原因而不能离职的人们占据着工作岗位,腾不出地方来,封堵了这些年轻雇员的晋升之路。

对组织来说,婴儿潮这一代劳动力是个矛盾。它既是成功的关键因素,同时又可能是公司业绩和财务资源的一个包袱。就目前而言,可以把婴儿潮这一代人视为有才华、有经验,受过高等教育的工人的蓄水池,他们掌握关键的领导权,占着高管的职位;与此相应,他们本身就是企业为取得成功而必须培养和维护的重要资源。对将来而言,婴儿潮工人将成为越发宝贵的资源,因为在一个已经工业化的世界里,可以预见熟练工人和非熟练工人都是短缺的,这就迫使雇主去发现途径,使工人们到了退休年龄也不退休,而是继续发展自己,以提高自己现在及将来对企业所作的贡献。反过来说,婴儿潮工人也可以被看作企业内部的一个绊脚石,这不仅是指它可能会压垮养老金和退休金制度;而且是说,这种已经达到职业高原的婴儿潮工人还可能变成组织里的"朽木",会阻碍那些年轻的、更有创造力的雇员的进步之路。

但这对于员工来说也是一种挑战,因为他们要理解不同的文化,与持有不同价值观和视角的人一道工作。在大多数组织中,职业生涯上的成功很可能要取决于员工在多元文化环境中生存的能力。

工作和家庭生活

如何管理工作和家庭生活,也对雇主和员工提出了一项重大挑战。将工作和家庭截然分开而互不相扰,看来已经是遥远的往事了。2007 年,在美国,已婚并抚养 18 岁以下孩子的女性中,有 69% 参加工作,而 1975 年这一比例只有 45%,1960 年更是只有 30%。此外,2007 年,在已婚且抚养不满 6 岁孩子的女性中,63% 的人参加工作,而 1975 年这一比例只有 37%,1960 年仅为 19%。2007 年,子女年龄在 6~17 岁之间的已婚女性的就业率达到了 77%,这一数字要比 1975 年(为 52%)高出几乎 50%,比 1960 年(39%)则高出近乎一倍。

女性就业如雨后春笋般增加,对女性保持工作和家庭之间的平衡提出了新的挑战。另外,离婚率和更高的婚外出生率极大地提高了单亲家庭(大多数是女性单亲家庭)的数量,导致了工作与家庭压力的极度紧张。美国人口统计局的数据显示,2006年,美国大约28%的家庭是子女不满18岁的单亲家庭,其中绝大多数(82%)又是女性为主的单亲家庭。双职工夫妇和单亲父母都必须学会在工作和大量的家庭责任之间寻求一种平衡,通常包括照顾双方的老人。21世纪将给女性和男性带来更多的挑战,要求人们处理好本职工作、活跃的家庭生活和个人生活三者之间的关系。

工作和家庭中的角色也随着高科技的出现而改变,使得两者在生活中的界限逐渐变得模糊。个人电脑将工作从办公室转移到了餐厅或书房,传真机和手机能够使最偏远的地方成为办公室。这些改变为实现工作和家庭之间的平衡创造了可能,但是也还需要来自伴侣、孩子以及雇主的各方面支持。

1.2 职业生涯概念的定义

我们已经描绘了不断变革的工作前景的世界,接下来我们将讨论,职业生涯究竟是由哪些要素构成的。首先将介绍以往的职业生涯含义,然后阐述更符合当今世界的职业生涯的定义。我们还将介绍职业生涯管理的过程,考查职业生涯发展的概念。

什么是职业生涯

在第2章,我们将对职业和职业管理的各个方面作具体讨论。通常,人们对职业生涯大致有两种观点。一种观点是从某一类工作或某一组织出发,把职业生涯看作某种职业或某个组织中的职位结构的总体。例如,我们可以把在法律界的职业生涯看作一个典型的或"理想的"法律工作从业者所担任的一系列职位:从法学院的学生到法律助理,再到律师事务所的初级人员、高级人员,然后是法官,最后是退休人员。职业生涯也可以被视为一个组织内部或多个雇主之间的流动通道。比如市场营销有下列职能发展通道:从销售代表到产品经理,再到地方销售经理,到区域销售经理,最后是营销部门的副总裁,在所有这些岗位上都分布着若干接受委派的工作人员。

另一个观点则把职业生涯看作个人的一种财产,而不是某种职业或某一组织的功能。由于每个人几乎都经历过一系列独特的工作、岗位和经验,因此这种观点认为,每个人实际上都在追求一个独特的职业生涯。但即使从这种个人观点来看,也会看到历年来"职业生涯"一词有着很多种不同的定义,每一种定义都反映了某种职业生涯所包含的特定含义。

在职业生涯管理中,我们把职业生涯定义为:

职业生涯是指与工作相关的整个人生历程。

在我们这一定义中,与工作有关的经历是很广义的,它包括:(1)客观事件或情境,如工作岗位、工作职责或行为以及与工作相关的各种决策;(2)对与工作有关的事件的主观解释,如工作志向、期望、价值观、各种需求以及对特殊工作经历的感受。图1.1概括了假设的职业生涯所包含的一些重要因素。其中要注意的是,仅凭这些因素来考查客观事件,并不能提供一种对个人职业生涯的全面、丰富的理解。同样，完全依靠主观感受和价值观，也不能对某一职业生涯的复杂性作出公正的评判。因此，主观成分和客观成分都是必不可少的。正如我们将在后面的章节中看到的，个人如果改变其客观环境（例如跳槽），或是调整自己对形势的主观看法（例如改变期望），那就是在进行职业生涯管理。与此同理，要从事或开发某种职业生涯，往往需要对客观事件进行一番系统的变革（这是指当个人未

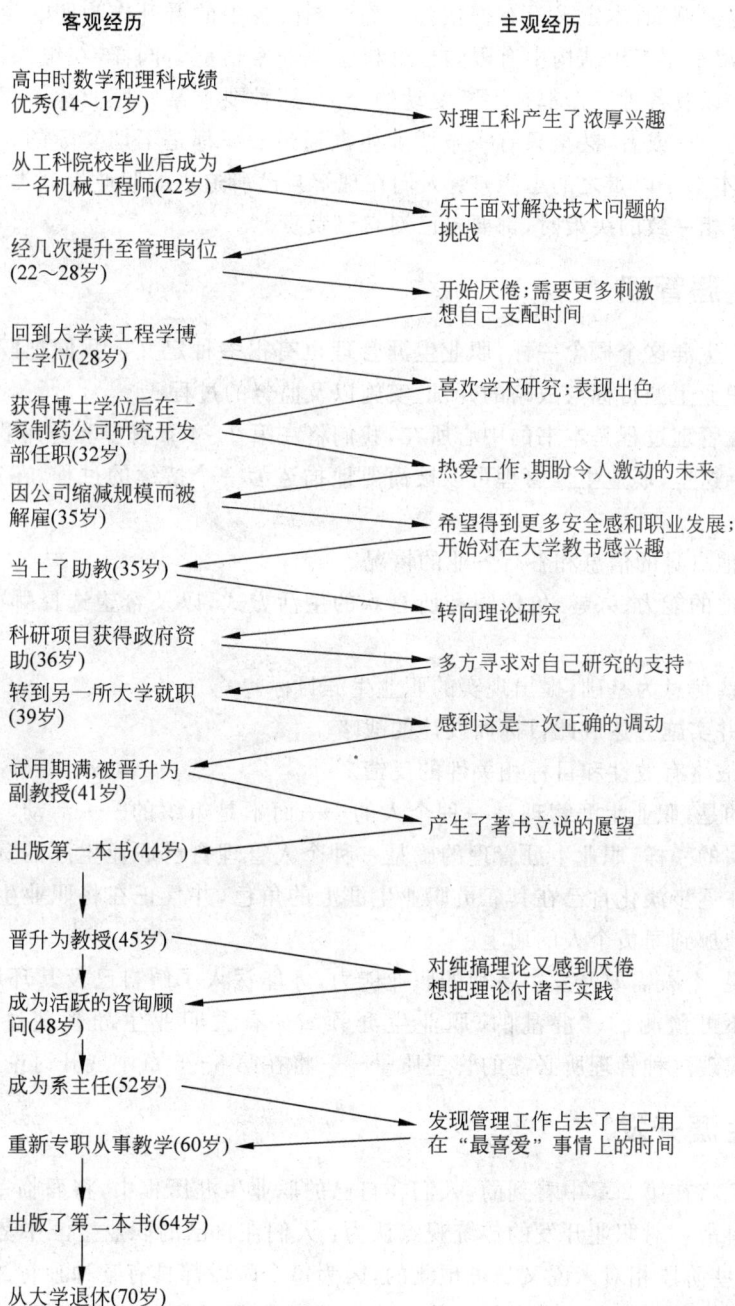

客观经历	主观经历
高中时数学和理科成绩优秀(14~17岁)	对理工科产生了浓厚兴趣
从工科院校毕业后成为一名机械工程师(22岁)	乐于面对解决技术问题的挑战
经几次提升至管理岗位(22~28岁)	开始厌倦；需要更多刺激想自己支配时间
回到大学读工程学博士学位(28岁)	喜欢学术研究；表现出色
获得博士学位后在一家制药公司研究开发部任职(32岁)	热爱工作，期盼令人激动的未来
因公司缩减规模而被解雇(35岁)	希望得到更多安全感和职业发展；开始对在大学教书感兴趣
当上了助教(35岁)	转向理论研究
科研项目获得政府资助(36岁)	多方寻求对自己研究的支持
转到另一所大学就职(39岁)	感到这是一次正确的调动
试用期满，被晋升为副教授(41岁)	产生了著书立说的愿望
出版第一本书(44岁)	
晋升为教授(45岁)	对纯搞理论又感到厌倦想把理论付诸于实践
成为活跃的咨询顾问(48岁)	
成为系主任(52岁)	发现管理工作占去了自己用在"最喜爱"事情上的时间
重新专职从事教学(60岁)	
出版了第二本书(64岁)	
从大学退休(70岁)	

图 1.1　假设的职业生涯中包含的因素

来晋升的机会变得十分有限时)；并且，在主观上也需要改变自己对事件的反应(例如，改变价值观或目标)。

我们对职业生涯的这种定义并不要求个人的工作角色必须具有专业性，或者固守某一种职业(即稳定的)，也不要求得到不断的提升。事实上，无论何人，只要参加了与工作相关的活动，就是在度过其职业生涯。这种广义的定义完全适用于本章前面所讨论的工作环境的变化。例如，本定义没有把在公司等级制阶梯中的晋升作为职业生涯的本质特点，这与当今扁平化组织结构中有限的晋升机会就非常适应。同样，在组织不断裁员、大量使用临时工以及各种工作都在不断变动的今天，那种要求某一职业让人固守一家组织的所谓稳定性——或者，甚至只有一条职业生涯通道——都是不切实际的。如同我们将看到的那样，本书一以贯之的思想是：人们在理解自己所追求的职业生涯类型时，在作出与自己的偏好相一致的决策时，都要自己对自己负责。

职业生涯管理

正如职业生涯这个概念一样，职业生涯管理也有很多种定义。我们把职业生涯管理看作个体对职业生涯目标与战略的开发、实施以及监督的过程。

职业生涯管理过程是本书的中心所在，我们将在第 2～4 章解释和运用我们的职业生涯管理模型。这里，职业生涯管理可以被简要地描述为一个持续的过程，在这个过程中，个人应该：

1. 搜集他自身的信息和各行各业的情况。
2. 摸清他的能力、兴趣、价值观和所喜欢的生活方式，以及希望选择哪些职位、工作和组织。
3. 以这些信息为基础，提出现实的职业生涯目标。
4. 制定并实施为达成此目标而设计的战略。
5. 获得战略有效性和目标相关性的反馈。

要注意的是，职业生涯管理是一种个人的——而不是组织的——活动。就像我们在第 3 章中说明的一样，职业生涯管理的确是一种个人管理自己职业生涯的责任。越来越多的组织正在逐步淡化自己在其雇员职业生涯上的角色，并且正在将职业生涯管理的责任实实在在地挪到雇员个人的肩上。

进一步说，个人需要开发一系列的职业能力，才能深入了解自己及其环境，才能驾驭那些越来越不可预测的、"混乱的"职业生涯领域。有关职业生涯管理过程的具体步骤——以及实现这种管理所必需的管理质量——将在第 3～5 章中展开讨论。

职业生涯开发

正如我们将在第 2 章中看到的，人们在自己的职业生涯历程中，将面临一系列的发展性的任务和挑战。对职业开发的传统观点认为：人们在自己的职业生涯中势必要经过若干阶段，而这些阶段相对来说又是可预测的，因为每个阶段都具有某种独特的特点或他们必须加以克服的某种任务。本章前面曾讨论过经济上、职业上的不确定性，这些不确定性肯定会打乱人们在某种职业或某些职业阶段的前进步伐，但随着年龄的增长，他们也必然会遇到一系列变化着的要求和任务。例如,一个 23 岁的实习生,在自己的早期职业生涯中就应该具备一定的工作能力,要能被别人接受,并要获得别人的信任。而同样这个人,在他职业生涯的中期(例如 45 岁时),可能就会对自己职业上的那种自我牺牲感到怀疑,并不断为此而苦恼。这个人到了 55 或 60 岁,他面对的任务可能就是如何在以后的职业生涯中维持高劳动效率,或者甚至是完全改行的事情了。

我们将职业生涯开发定义为:

通过一系列阶段,使人取得不断进步的持续过程,而每个阶段的特点都在于具有相对独特的问题、主题和任务等。

本书的一个主要目的就是说明职业生涯管理和职业生涯开发之间的相互作用。如果人们能在自己的职业经历中,理解职业生涯开发这一任务,他们就能制定出最适合自己每个独特职业生涯阶段的目标和战略。并且,组织如果要适应雇员的这种职业生涯开发,就要设计出与雇员职业生涯阶段最相关的项目和经历。

1.3　理解职业生涯管理的必要性

对职业生涯管理的理解有两个重要作用。第一,它能帮助个人更有效地管理其职业生涯。第二,组织理解了摆在其员工面前的矛盾和他们的职业生涯决策,也能从中受益。在这一节中,我们将从员工个人和组织这两个方面来研究职业生涯管理的重要性。

从个人方面探讨

从个人的观点看,鉴于本章前几节讨论的动荡不定的经济、技术以及文化环境,有效的职业生涯管理是极其重要的。在当今一切都在急剧变化和不确定的时代,只有那些理解他们自身,知道在这个环境中怎样应对变化,并为自己创造机会,懂得从失误中汲取教训——有效职业生涯管理的全部要素——的个人,才最有可能谋求到满意的职业并取得职业生涯上的成功。而在组织规模缩减、普遍裁员以及改变公司结构的时代,只有那些能洞察自身及其选择的个人,才更有把握克服他们在职业生涯发展上的障碍。

进一步说,各种职业生涯都将变得更加不成体系,更少自我调节,也更加具有不可预测性。即使已经定型的职业生涯途径,也可能会被更具创新性、风格也更独特的成功路径所取代。随着组织需要优先解决问题的迅速变化,组织也在随之不断调整;对于员工,则要求其具有更大的灵活性。因此,灵活性和适应性是有效职业生涯管理的标志。

对有效的职业生涯管理来说,另一个压力来自当代员工的特性——既积极又坚定——他们需要对自己的职业生涯和生活实施高度的控制。行为科学家已经注意到最近几年在劳动力方面所发生的以下重要变化。

高期望值　人们期望得到自己感兴趣而又有意义的工作,与此相匹配的是他们的信念:相信自己有可能实现这些期望。在生活中,人们想要什么是一回事,而期望什么则是另外一回事。研究表明,新员工对工作往往持有过分的、不现实的期望。如果所作所为不能达到这些价值观和期望,高期望就会导致愤怒、失望和不满。而有效的职业生涯管理在使这些期望和经历之间相互匹配的尝试中,具有特别重要的作用。

自主性　当今员工所信奉的最重要的价值观之一,就是在工作单位能得到自由、自治和自主权。对于如今的大多数员工来说,最重要的是能够自由选择工作项目,自主决定如何完成这项工作,以及自己决定工作的日程。的确,对多数员工来说,能够面对挑战而取得高质量的工作绩效,可能比得到晋升更为重要。

性别界限的弱化　在过去的30年中那种只根据男女性别来分配工作角色的武断做法越来越减弱了。随着职业的性别分野继续减弱,女性和男性都将会有更加广泛的职业选择范围并将在这些范围内作出选择,由此就扩大了有效进行职业生涯管理的需要。

对整个生活方式的看法　人们既要求做有意义的和富于挑战性的工作,也十分关心个人生活的满意程度,这二者是形影相随的。但只顾追求高职务和高薪,也会有潜在的成本——花在家庭、休闲和自我开发上的时间和精力就势必要减少——甚至会妥协自己的伦理和道德观念。从反面来看,拒绝提拔和异地调动,不愿再每天工作14小时,这些都反映出很多雇员的一种想法:每天都去盘算怎样在职业上取得明确的成功,这种做法有些太过分了。

这种想过更加平衡生活的愿望令很多员工感到自相矛盾。一方面,人们寻求和重视金钱、发展、机遇、责任和感兴趣的工作。但另一方面,休闲、家庭和自我发展也是合理的、重要的,有时甚至应该更优先。在某种意义上可以说,很多员工只想有限地参与工作。也就是说,他们给自己参与工作划了一个界限,这样,工作就不会没完没了地干扰他们生活中的其他方面。我们在以后的章节中将会看到,职业生涯决策必须使工作、家庭和个人需要"三满意"才行。无论打破工作和家庭生活界限的结果是积极的还是消极的(很可能这两个因素都有),在我们步入21世纪的时候,职业生涯管理都要求用新的视野和战略,不仅对个人的职业生涯,而且对个人的全部生活来进行管理。

并且,单亲家庭和双职工夫妇的现象越来越多,给女性和男性在平衡他们自身的工作、家庭和个人责任方面带来了巨大的压力。工作和家庭之间的相互作用问题将在第10章中给予详细的考虑。但这里必须注意一点,即非传统家庭结构的格外复杂性向女性和男性两方都提出了对职业生涯进行有效管理的要求。

多种职业生涯方向　我们对当今劳动力问题的讨论,并不意味着所有的员工都要持有相同的价值观和追求相同的职业生涯方式。事实上,员工职业生涯发展方向和工作价值观是相当多样化的。虽然我们当中的一些人认为,进步或者自由要比其他更有价值,但其他一些人则看重工作本身给人带来的兴奋,还有一些人认为他们的生活安全和平衡才最有意义。虽然我们将在本书后面的章节中更集中地考查职业生涯方向问题,但在这里还是要指出,如果我们要满足自己独特的职业生涯价值观,不管这些价值观是什么,我们都应当认识到积极的职业生涯管理是必要的。

从组织角度探讨

正如前文指出的,无论是从广义上界定"职业生涯成功"的人,还是感到有必要将他们生活的不同方面结合起来获得令人满意的生活方式的人,其实都需要理解职业生涯的本质,并积极地管理他们的职业生涯。各种组织也有理解职业生涯问题的必要。事实上,一个组织能否有效地管理其人力资源,取决于它能否更好地理解雇员的职业生涯需要,能否帮助雇员对自己的职业生涯进行有效的管理。

人力资源的选拔 成功的人力资源管理开始于有效的招聘、甄选和新雇员的社会化。组织需要关注的问题是发现一批有才能的求职者,挑出其中最有可能成功的人,并把他们安排到能提高其对组织贡献的岗位上。为了完成这些任务,一个组织必须了解自己所能提供的职业类型,以及自己认为组织最能使新员工走向成功和满意的那些职业的价值。

而且,一个组织必须了解求职者进行工作考查的方式,才能以最受他们欢迎的方式,使他们了解本组织。但一个组织也必须避免过度推销自己,使得新员工对组织抱有不切实际的、不能达到的期望。最后,组织必须帮助新员工理解他们的工作,珍惜组织的文化,学会干自己的工作,来引导他们进入自己的工作角色和工作岗位。如果一个组织了解其求职者和新员工对职业需求的感受,那就有更大的把握通过这些行动而取得成功。这个问题我们将在第 6 章中深入讨论。

人力资源的开发和利用 很多组织都认为,员工是它们最有价值的资产。然而,如果把员工放在不合适的工作岗位,使其没有成长和发展的机会,那么他们最终就会变成组织的一种负债,这可能表现为很差的绩效或者是自愿离职。所以,帮助员工计划好、管理好他们的职业生涯,是组织最大的利益所在。职业生涯计划研讨会、工作安置、支持性绩效评价系统、职业生涯咨询和工作再设计等,就是与职业生涯问题有关的、组织用来支持有效职业生涯管理的手段。

更进一步地说,为了提高绩效,使员工得到发展,组织应当了解员工在其职业生涯的不同时期所面临的关键任务是什么。专为帮助职业生涯早期的员工而设计的那些项目,诸如应对新工作挑战的项目,与那些主要针对职业生涯中期员工的开发计划(例如,学会成为师傅),或针对职业生涯晚期员工的计划(退休前的咨询)相比,很可能在某种程度上会有所不同。

而且,为了确保人力资源稳定地流向关键职位,组织需要了解员工是根据什么作出其职业生涯决策的。组织如果认为员工会自动接受晋升或提供给他们的其他工作安排,那就不切实际了。个人的职业生涯兴趣、对家庭方面的考虑以及对生活方式的选择,都往往会导致一家公司精心策划的计划走向失败。所以,组织需要了解(员工)作出职业生涯决策的根本原因,要认识其员工对职业生涯的想法,以避免错误估计自己对人力资源的需要。

对职业生涯高原的管理 很多公司遇到的另一个额外的问题是,它们不能快速扩张,或正在缩减规模。在这样的公司中,管理者和其他员工都没有什么晋升的机会,因为具备晋升条件的员工数量可能远远超出了空缺职位的数量。这个问题由于"婴儿潮"出生的那一代人大量进入中年或老年而变得十分严重。同时比较年青的员工又不能得到晋升,原因是有大批没准备退休或不能完全退休的员工在前面挡路。员工或者由于在工作中没有什么晋升的可能,或者由于没有机会承担更负责任的工作,可能会比较早地进入职业生涯高原时期。这些员工中很多人的工作动机就可能越来越弱;或者像第 12 章所说的那样,会辞职去开创自己的组织。而组织则需要使进入职业生涯高原的员工继续保持有效的绩效。这样,组织要战胜这种挑战,就要在相当程度上依靠对职业生涯管理原则的理解。

对文化多样性的管理 平等就业机会运动——由 1964 年《人权法案》(Civil Rights

Act)的条款而引起,并由民事案件的判决和1991年《民权法案》所强化——对组织的人力资源管理具有深远的影响。在组织内部,平等就业机会所关注的,是要求公司能够发展出一种公平的评价技术,根据员工的能力,而不是根据性别、种族、道德或者是年龄,来判断谁能晋升,谁应该安排什么样的工作。除此之外,雇主还需要平衡不同文化群体的发展状况,才能创建更有效的劳动力队伍。就像第11章中说明的那样,要实现这一目标,基本的要求是理解职业生涯管理问题。

　　员工的家庭责任　组织要认识到,如果不能帮助其员工解决困难,取得工作和家庭责任之间的平衡,那么,组织必将失去其宝贵的人力资源——男女员工。能考虑到员工家庭责任的组织会给员工提供越来越灵活的排班、兼职工作、工作机会共享、远程办公及照顾小孩的时间和机会,这样才有可能留住那些遇到工作与家庭之间矛盾而不能解决的员工。而且,雇主还需要很好地考虑它们能合理地期望从员工那里得到哪些承诺和何种投入,因为员工正在家庭和工作的压力中挣扎。就像我们将在第10章中看到的,为了吸引、调动员工的积极性和保留有效率的劳动力,就要求雇主了解处于职业生涯发展不同阶段的员工都面临着哪些工作和家庭的需要。

对当代工作场所的概述

　　现代的组织是由一个日益多样化的员工群体组成的。一般来说,员工想要从工作中获得更多的东西,而不仅仅是金钱和安全,他们会花大力气使自己的工作、家庭和个人生活得到平衡。作为更普遍趋势的一个方面,员工很可能更加坚定地提出他们的需求,而对于不能提供满足这些需要的机会的组织,他们会更容易离开。

　　另外,各种工作组织还将面临来自其他方面的压力。国际化竞争、技术进步,以及对效率的持续关注,都将提出各种各样的人力资源问题。"精简和高效"可能是一个公司重振雄风的口号,但是它可能会打碎员工对迅速进步的期望,并打破先前已经制定的合理目标。技术上的不断变化也可能有利于一部分人的职业生涯发展,而消灭另一部分人的工作岗位和职业生涯路径。当个人和家庭成员都想使他们的生活达到平衡时,工作和家庭生活就会逐渐混合起来。为了适应全球化和多文化工作环境的日益盛行,就要求重新考查各种行为背后的文化底蕴。

　　时代出现了乱象:一方面讲的是雇员的权利和追求社会的公正,另一方面则是组织要求达到更高的效率。尽管只是理解了各种职业生涯,也不能解决职业生涯中固有的问题,但如果不理解且不能运用职业生涯管理的各种原则,很可能会给雇主和雇员带来不幸的后果。

小结

　　职业生涯是指与工作相关的整个人生历程。所有的职业生涯都有客观因素和主观因素,二者共同形成了个人职业生涯的基础。

　　职业生涯管理被看作一个持续解决问题的过程。在这个过程中,人们要搜集信息,提高对自我和环境的认识,开发职业生涯目标和制定职业生涯战略,并获得反馈。这个过程能够帮助个人去处理他们在职业生涯不同阶段所面临的各种任务和问题。

在当今多变而无序的世界中,员工个人和组织都有必要培养自己对职业生涯管理问题的理解。当代的员工往往会坚定而大声地提出自己的要求,也希望能够支配自己的职业生涯和私人生活。那些关注高效使用其人力资源的组织,如果能帮助雇员规划并管理他们的职业生涯,就能理解员工面临的很多矛盾和挑战,而组织本身也将从中获益。

作业

访问一位朋友、一个家庭成员或一位同事,对他的职业生涯中的关键事件作出评价。同时要回忆一下如何检验主观因素和客观因素的内容。并仿照图 1.1 的模式勾画出这个人的职业生涯简图。

讨论题

1. 当今企业组织环境中的变化对个人的职业生涯都有哪些影响?请思考当今激烈的竞争、国际化、技术变革、组织结构和工作性质的变化,以及工作与家庭问题和文化多样化等问题给职业生涯管理带来的后果。

2. 对照本章所描述的当今劳动力的特征(高期望、自主化、性别角色差别的弱化以及对整体生活方式的关心),请考虑与你对自己、对朋友或家人的印象是否相符?人们是否由于年龄、社会阶层、文化或者是性别方面的差异,形成对工作和生活的不同看法?

3. 人们为什么应该关注如何管理自己的职业生涯这一问题?如果人们不积极主动地策划和管理职业生涯,结果会怎样?

4. 什么原因在激励着组织去帮助其员工管理自己的职业生涯?组织怎样才能从这种新的尝试中有所获益?组织这样做会不会有风险?

案例

理查德决定离开他为之工作了 14 年的雇主一事,为什么如此令人震惊?或许是因为他决定离开的这家公司声名卓著——这是一家以计算机技术创新和人力资源管理出色而闻名的公司;或许是因为他在公司中的头衔、责任和薪水一直都在稳步提高;再不然就是因为他显然很热爱自己的工作,也同样热爱这家待他不薄的公司。或者也可能就是因为一个事实:他大学一毕业,就进入了这家实行家长式管理的公司。对任何一位雇员来说,能得到如此稳定的工作,居然还会辞职离开,都是非常罕见的了。

细想起来,理查德作出的这一重大职业生涯决策本不该令人如此震惊。到了 38 岁就渴望得到更多,这也是人之常情——挣更多的钱,升到更高的职位——但最重要的是,他想承担更大的责任,能有机会为实现公司的使命作出更有意义的贡献。如果假以时日,这家公司可能最终会给他这种机会,但理查德却越等越不耐烦。理查德正处在其职业生涯的这样一个阶段:他需要有更大的权威和独立性,需要有人认真倾听他的意见,而且他需要出名。就是为了他那位当家庭主妇的妻子和小女儿,他的薪酬也应该提高以使自己和家人过上更好的生活。理查德弄清了自己的需要和在这家公司中的机会,就在得到妻子的支持后,决定放弃已知的、安全的环境去冒一次险,去追求自己的目标。由此,这一决策就从根本上改变了他的职业生涯和人生进程。

理查德怀着美好的愿望和准备大干一场的态度离开了从前的雇主。他到一家发展迅速的计算机公司,在客服部当了主任,带领他的团队,为公司的私人客户和公司客户提供技术支持。理查德热情而充满活力地投入新工作,这曾带给他以往的成功。他升级了老板的办公信息反馈系统,在他所管辖的部门建立了亟待建立的管理组织。他的成就巨大,并得到了上级、同级和下级的一致认可。这样看来,他跳槽是做对了!

但不幸的是,理查德既没算计到,也没预想到,这家公司的经营战略马上要发生变化了。也不能怪他太幼稚——他怎能未卜先知,知道公司高管正计划着把全部客户支持业务都"外包"给亚洲呢!面对激烈的竞争和由此而来的削减成本的压力,公司高管班子作出决定并获董事会批准,把理查德所管的部门业务全部外包出去,由此把劳动力成本削减40%。理查德谋得梦寐以求的工作还不到几个月,他的未来就变得极不确定了。虽然知道个人业绩在公司战略变化面前无足轻重,但沦为大公司削减成本运动的牺牲品,就完全是另一回事了。理查德忧虑不安,他有家要养活,有孩子最终要上大学,每个月还要偿还沉重的抵押贷款。

年届40,理查德发现自己自毕业以来第一次失业了。他不得不整天寻找工作,而且每次找工作他都是出手迅速、认真筹划。他熬过了一段漫漫长夜似的日子,终于在另一家经纪人公司找到了一个较高层的职位——该公司信息部门的主管。他惊魂未定,自我安慰地认为,这家公司不会像前一家公司那样,在战略上来个大调整。但是,当他刚刚以优异的成绩工作了两年之后,这家公司也要进行重大的重组了,人事上也要大调整。尽管他最近被提升为副总裁,可这一来又是前途未卜了。当一个朋友问他,是否对离开最初那家公司感到后悔,他重重地说了句,"也许是吧。"

案例分析与问题

1. 从理查德的经历来看,职业生涯管理是一个什么样的过程?

2. 哪些环境因素影响了理查德的职业生涯?

3. 当理查德决定离开他最初那位雇主时,不管他是有意识还是无意识地,他是怎样进行职业权衡的?你觉得理查德把自己的职业生涯管理得很好吗?请说出好、坏的理由。

4. 如果理查德想请你帮助他,你对他未来的职业生涯管理会提出哪些建议?

第 2 章

职业生涯的发展脉络和发展阶段

在第 1 章,我们把职业生涯定义为人生工作经历的整个结构。这样的定义略显直白,但还是能看出其中包括了很多不同的方面和课题,有待于分析。进入 21 世纪以来,职业生涯这一概念也在不断地演变。在这一章,我们将提出一系列分析方式,来考察职业生涯以及与职业生涯有关的题目。我们首先要看一下关于职业生涯的传统观念,也就是职业升迁与职业稳定之辨,专家对职业生涯的看法,以及把职业生涯仅仅看作一种"使命感"的概念。之后,我们再从当代人的视角来讨论这些边界不定、内容多变的题目,社会影响对职业生涯的作用,以及职业成就的不同含义。最后,我们要讨论职业生涯的发展问题(或不同发展阶段的问题),由此来结束本章的内容。在第 3 章,我们将提出职业生涯管理模型。设计这一模型,就是为了帮助人们对上述问题所提出的各种挑战作出回应,并引导人们在一生的职业生涯中取得成功,得到满足。

2.1 关于职业生涯的传统观念

第二次世界大战后是几十年的繁荣时期。在此期间,职业生涯的现代观念也基本定型。工业化世界经历了史无前例的经济增长,由此对人力资本的需求也迅猛增加,有大量的工作机会。受"心理契约"(即员工与雇主之间关于他们工作关系性质的不成文默契,其中假定雇主与员工都忠实于对方)所支配,20 世纪后半期,人们把职业看成一种稳定而且不会被打断的事业。简单地说,就是你在一位可靠的、令人尊敬的雇主手下找到了工作,你勤勤恳恳,埋头苦干,按部就班地晋升,到 65 岁就退休,退休金还相当可以。这种传统的、理想化的"组织的职业生涯"观念——在这种组织中,个人的职业升迁和工作稳定都在预料之中——到了 20 世纪 80 年代,却变成了"明日黄花",因为各大公司都以大规模裁员为手段,来增强其国际经济竞争力。在一个组织内的职业生涯之路,从 80 年代起,变得无章可循,不可预测了;到了 90 年代,这种情况愈演愈烈。其原因在于,组织为了确保自己在必要时能够施行不同的战略,就必须削减、压缩或大规模地调整工作岗位。

在过去的 30 多年中,即使就业和职业生涯中存在这种不确定性,但在关于职业生涯的各种定义中,还是离不开职业升迁和职业稳定这一话题。但这个定义是有局限性的。

因为其言下之意是：人们只和一两个雇主打交道，而且只有在地位、金钱等方面能得到稳定或迅速的提升，才算是在谋求一种职业。这个定义还有另一层局限性，那就是只看到在单一职业领域之内，或在密切关联的职业领域之间，职业是生活稳定的源泉。在这个意义上，我们常能听到"职业军人"、"职业警察"的说法；或者，在一个特殊组织之内的职业"终身囚徒"。同样，当一个人谋求的几种职业非常相近时(教师、指导顾问、家庭教师)，人们就认为他是在寻找某种职业；若是一系列明显无关的工作(小说家、政治家、广告词撰稿人)，就会破坏工作内容的简明一致性，那就算不得一门职业。

过去30年里减少了大量的工作岗位。在单一组织之内，逐级晋升的机会也不像"二战"后几十年中组织的职业处于全盛时期那么多了。尽管如此，也还是有很多人，如果不是大多数的话，认为自己的职业生涯目标就是：在单个组织内部得到逐级晋升并保持工作的稳定。但事实与此相反：今天的工人，由于工作岗位越来越不安全，他们的职业生涯正受到不确定性的严重挑战。

另一种传统命题则强调：职业是一种专业。而作为一种专业，其与"普通"职业最明显的区别是基于以下一种信念：专业就意味着所选择的职业更合心意，由此得到的工作就具有更高的经济地位、更大的自主权、更高的收入报酬。比方说，人们认为医生和律师的职业是"专业性"的，而职员和机械师则是典型的非专业职业。这种强调专业才是职业的传统看来也具有相当大的局限性，因为它认为：人们所做的工作要想成为一种职业，他就必须先取得某种专业地位或社会地位。诚然，尽管很多专业和职业都能给人带来高声望、高收入和高度的自主权，但这并不是这种专业地位所带来的。

从专业观点看，人们选择某个职业，也可看作出于一种使命感。他之所以工作，主要是为了使自己在工作或专业中获得生命中的自我实现。在这个意义上可以说，一个特定的工作或专业能满足人们"想使世界变得更美好"的愿望，而人正是被这种强烈的使命感"吸引"到一项职业之中的。尽管任何专业或工作都可以被视为基于某种"使命感"，但最典型的还是那些带有援助或教育成分的职业。

2.2 现代人对职业生涯的看法：边界不定、内容多变的课题

传统组织内的职业生涯理念，以工作稳定、安全以及职务正常晋升作为基本准则。但过去30年来，大批裁减工人，工作安全感丧失，雇主与雇员之间不再忠诚，这些结果加在一起，把这些基本准则一扫而空。除此之外，持续的市场压力——它使组织在人力资源开发中变得更为灵活，以便保持其竞争力——又创造出一种环境，在其中，雇主与雇员之间的心理契约(即互相忠于对方)变成了讨价还价的交易；在单一组织内部，按部就班的职业发展也不再是必须遵守的规则，而成为例外。在一切以交易为原则的组织之中，雇员有机会学习一些新的、更简单有效的技能(他目前所在的组织也许并不需要这种技能)，使自己在专业上有所发展，以备将来能够继续被雇用。

针对工作世界的这些变化，职业生涯的性质也在改变，其结果是以新的眼光来看待职业生涯和职业生涯的管理问题。这些新的概念性方法认识到，无论是企业的总体环境，还

是具体到某一家公司,到处都存在着不确定性,人们在自己的职业生涯中就要学会适应这种环境。在现代职业生涯理论中,有两个得到最广泛承认的概念:一个是无边界的职业生涯,另一个是变动无常的职业生涯。

无边界的职业生涯

"无边界的职业生涯"这一概念,主要是以米切尔·阿瑟及其同事在20世纪90年代中期著作的论述为基础。"无边界的职业生涯"表示在现代组织中的人的工作(干一辈子)情况,这种组织不太强调内部边界(诸如等级制度和职能划分),而要求与别的组织和个人之间建立起跨越组织和金字塔网络边界的通道。从这个意义上说,无边界的职业生涯就与单个就业场以及目前的职业道路无关了,而且摆脱了传统组织对职业生涯的安排。无边界的职业生涯,其突出特点在于在各个组织间频繁地流动,一直被美国以外的国家所关注,如新西兰、英国和日本。而且,人们早已运用无边界职业生涯这个概念,指导自己在全球范围内谋求职业的行动了。

世界经济的变动(全球性的经济竞争和技术进步),催生出无边界职业生涯这个概念。这种变动诱发了企业组织的重大变动,诸如兼并收购、资产重组、大规模裁员、雇用临时工等,凡此种种,都越来越多地在与雇员的交易心理契约的框架内进行。除此之外,个人与家庭的特点也促使人去获得职业能力,并按照无边界职业生涯的方式去谋职。而人们对以下问题的态度,包括家庭角色、尽父母之责、家庭发展阶段,以及配偶对其职业的看法,都会影响人们是否愿意或能够接受无边界的职业生涯哲学。

对于"无边界的职业生涯"这个概念,学术文献中有很多含糊其辞、悬而未决的问题,因此很难提炼出一个能被广泛接受的定义。鉴于这个概念包括三方面的内容或题目,我们转而建议把这三方面与此前分析过的传统概念一一进行对比。

第一个方面是,在传统的职业生涯中,个人追求的是在单个组织内部的不断晋升。而无边界职业生涯中的流动模式则摆脱了这种轨道。在大多数分析无边界职业生涯的文献中,都把这种跨越边界的"非传统"形式,尤其是转入其他组织的原因,归结为了得到新的机会,或者是更符合自己的工作兴趣。

第二个方面是,无边界职业生涯所运用的能力或战略,与传统的职业生涯的能力或战略不同。即如米切尔·阿瑟及其同事所言,就是要具有跳出所在组织看问题的能力(懂得为什么做)、推介能力(懂得如何做)、建立信息网的能力以及影响别人的能力(知人善任)。具备这些能力,人们通过建立工作联系或领导地位,就能从心理和物质这两方面跨越不同组织的边界,扩大自己的知识面和本领,并与其所在组织之外的、有影响的人群建立起广泛的联系。

第三个方面是,个人在选择职业时,要保持高度自我负责的态度;在决定选择哪些职业时,还要遵守有意义的价值观标准。从这个意义上说,无边界的职业就意味着,人们在管理自己的职业生涯时,应该从善如流、积极主动,才能使自己的选择有意义、有价值。这一点在个人或组织发生变动时,尤其重要。这第三个方面与传统的职业生涯完全相反。在后者,个人只是在组织为他决定的发展道路上亦步亦趋而已。

随机应变的职业生涯

随机应变的职业生涯是 21 世纪冒出来的有关职业生涯的又一个概念,其出现时间也比无边界职业生涯要早。道格拉斯·T. 霍尔在其著作《组织中的职业生涯》中,这样描写随机应变的职业生涯:对其进行管理的是个人自己,而不是组织,而且受自我实现思想的引导。这个概念以古希腊神话中变幻无常的海神普罗秋斯(Proteus)而命名——这位希腊神祇可以随心所欲地变化形态。人们一直认为,这种职业生涯管理的特点在于:那些希望获得心理满足的人对自己实行自我指导,他们能顺势而为,灵活多变,而且富于创造性。近年来,霍尔及其同事对这一概念又有进一步的研究,他们提出一种评级标准,对这种随机应变的态度进行评级,而且还可以为个人和组织提供评级服务,以考察这种随机应变对个人、对组织都具有哪些作用。

人们认为,随机应变的职业生涯应该有两大维度,这两大维度其实与无边界的职业生涯的因素非常相似。第一个维度是自我定向。追求随机应变的职业生涯的人认为,自己有责任管理好自己的职业生涯,在探索职业选择方案和作出决策时要主动出击。第二个维度是价值驱动,即职业生涯决策要符合他们认为有意义的价值观和人生目标,使自己在心理上产生成功感,而不是听命于组织和社会强加给他们的价值观与目标。此外,这种职业生涯所要实现的价值,所要达到的目标,关系到自己的"一辈子"或"毕生的工作",而不仅仅是为了就业。

概念分析:无边界职业生涯与随机应变职业生涯之异同

无边界的职业生涯和随机应变的职业生涯,这两个概念之间偶尔有些关联,甚至会互相重叠。尽管如此,它们还是各有自己的特点。话虽如此,这两者之间的区别还是比较模糊的,具体则取决于你对无边界的职业生涯的定义有多宽了。这种混淆的标志就在于,这两者都与那种传统的、组织内的职业生涯正相反。但是,如果说这两者的形式都与组织内的职业生涯正相反,那它们两者之间又有哪些不同呢?首先,把随机应变的职业生涯看作职业的一种导向、一种态度或一种方法,而不是职业的某种实际结构,是很有意义的。若干研究已经表明,在随机应变的职业态度与那种在各种组织之间频繁流动的偏好和行为之间,并不存在很强的关联。因此,随机应变的职业生涯所反映的,只是一种心理方向,尽管它能产生具体的职业行为;而无边界职业生涯所包含的内容,却是具体的跨界行为,这种行为则产生于个人对这个世界的看法。

如果撇开定义中的这些细微差别,就能清楚地看到,对无边界职业生涯和随机应变的职业生涯在概念上加以区分,不仅反映出人们看待职业生涯的方式发生了重大的转变,而且反映出,在 21 世纪,要想成功地管理好职业生涯,就需要采取行动,做好决策。就像我们将在第 3 章中要讨论的那样,一旦我们提出了职业生涯的管理模式,那就要求人们更主动地对自己的职业生涯负起责任来,要求他们作出适合于自己的职业决策。在此意义上可以说,无论是无边界的职业生涯,还是随机应变的职业生涯,都会对成功地管理职业生涯所需的态度和行为,产生直接的影响。

2.3　社会对职业生涯的影响

至少从西方文化看来,对职业生涯的选择、追求与管理,似乎天生地只是个人的私事(行为),其实,我们的职业生涯要受到社会制度、社会结构和社会网络等多种影响。职业生涯的社会学习理论也的确假定:职业的选择,至少部分地,是人们有计划地以及无计划地向经验学习的结果;而这些经验则来自我们一生所经历的社会事件、社会行为。其中,最基本的经验是家庭背景、家人之间的相互作用,它对人的长期心理发展的影响可以说是无孔不入,继而影响着与职业生涯、职业抱负有关的众多因素。这些因素包括人的各种特点,诸如个性、兴趣、价值观、能力、人际沟通技巧,以及对于各种具体职业的态度和经验。在其他社会组织如学校、社会团体、运动俱乐部和宗教机构中,个人之间、个人与组织之间的经历,也都会对人们在性格形成期形成的职业态度产生影响。

一旦你长大成人、步出家门,其他社会网络体系就开始对你的职业生涯产生积极的影响。例如,大学的学生团体和协会有那种终身会员制,它们能帮助你就业,帮助你得到晋升。一旦你上班工作了,各种专业组织如工会、产业团体,就都能给你提供有用的职业支撑。此外,你参加的各种社区组织,如高尔夫球俱乐部和网球俱乐部,也给了你机会去结识商界的大人物。你和现同事或前同事之间的友谊,也能给你提供就业良言和建议。

这些例子中的共同点在于,它们都要求人们要和别人结成一个"关系网",才能在现在或将来,对自己的职业生涯产生积极的影响。而要建网,就要有所行动,才能建立关系和保持关系,这样才能对职业生涯提供信息、影响、指导和支持。有一种说法认为,加入了关系网,人就有了一笔社会资本。所谓社会资本,是指人们在这种网络中找到的、能够为我所用的各种宝贵资源。说白了,这种社会资本给了你接近大人物的机会,他们对你职业生涯中一系列的问题都能给以帮助。比如说,收集某家公司职位空缺的信息,得到某个非公开招聘岗位的面试机会,或者是对自己想干或不想干的职业的劝告、建议。除此之外,如同我们前面讨论过的,在无边界职业生涯的环境中,运用关系网,积累社会资本,才是取得成功的关键行为。第 5 章中,我们将在回顾人们可能施展的各种职业生涯战略时,更具体地讨论如何建网、如何运用社会资本的问题。

职业成就的不同含义

在 21 世纪的曙光中,职业生涯的性质随着社会结构的演变而不断改变,由此带来了看待职业成就的新方法。职业成就被定义为:人的工作活动和经验产生的积极的物质结果和心理成就,其中既有客观因素,也有主观成分。更传统的观点主要是从实际物质方面看待职业成就,这方面的因素包括工资性总收入、晋升的次数,以及其他凭本事挣来的实实在在的东西。尽管这些关于职业成就的客观性指标都很有意义,但无边界职业生涯所追求的重点,则是从主观方面来理解职业成就。由此可以认为,从无边界职业生涯的观点看,判断自己的职业是否成功,要多以自己的主观感觉为标准,如是否有利于个人的成长、是否有利于持续学习等。从这种主观感觉出发,判断职业生涯是否成功的标准,就是看自己对工作、对职业生涯进步的情况是否满意。除此之外,有关研究还表明,即使用专业商业人士的标准来看,下列因素,诸如时间对自己的意义、工作的挑战、工作的安全性、社会关系以及职业与家庭生活的平衡等,也都是判断职业生涯是否成功的重要指标。这些主观上、心理上的对成功的看法,已经超出了那些衡量成就的外部指标的范围——后者认为只有获得特权、权力、金钱和当官才是成就。

大公司的专业人员看待职业成就,往往只重实际,这样在公司中向上爬的速度就成了他们的一个魔征。如此狭隘的视野,会造成职业目标、职业行为与自己的价值观和信念不一致的矛盾。更严重的是,很多事业有成的经理、高管人员都尝到了一种失败的滋味,他们后悔自己野心勃勃地追求职业成就的那些客观目标,而牺牲了家庭亲情。反之,从主观的或心理上的感觉来看待职业成就,他关心的重点就变成职业生涯是否与个人目标及期望合拍了。对职业成就的这种主观评价的范围还可以扩大,把诸如工作与生活的平衡、工作与建立紧密的人际关系等方面也包括进来。如果能从更宽泛的含义上看待职业生涯,就可以减轻那些为上升而奋斗的中层管理人员和行政人员感受到的压力,因为这样看问题,人们在职业生涯的目标及战略上,就能多角度地看待自我实现问题,而不是只关注晋升这一点了。

放眼未来,如果人们能从无边界的哲学观点看待自己的职业生涯,如果他们能接受职业生涯的更宽广的含义,他们就会有好得多的机会来管理自己的职业生涯,并实现其信念和价值观。

2.4 职业生涯的发展过程或发展的阶段性

人们一直认为,儿童在成长过程中,肯定要经历一系列可以预知的时期或阶段,才能形成其个性、智力和品行道德。与此相似,很多研究都认为,成年人也一定会以某种可以相对预知的方式,在其职业生涯的每个阶段,给自己提出或发展出不同的任务、不同的生活方式以及不同的职业打算,而这些就要分别予以考察。

在 21 世纪,职业生涯的各个阶段真的是按前后序列发展的吗?对这一问题目前尚无定论。一方面,可以回答是"不是这样",原因就是第 1 章所说的商业世界在这几十年里的变化。经济、人口以及全球性的变化都会对职业生涯发展阶段的理想序列产生影响。企业裁员会减少工作岗位,会导致职业生涯的中断;男女劳动力要抚养孩子,也许想让职业生涯暂时告一段落;还有很多雇员重新入学,以获得新的技能。当人们走出工作场所,不管他们是否自愿,都会使其就业历史出现一段空白。就业不连续,不仅会削弱男女劳动力的工作经验,还会给未来的收入水平带来负面影响。毫无疑问,世界经济的演化对很多人的进步都有直接的和长期的影响,这就使循序渐进的职业阶段之间出现一个荒废的阶段。

另一方面,对上述问题也可以回答"是这样的"。因为所有人的经验、需求、价值观和地位都会随其年龄增长而改变,这样,把整个职业生涯看作一系列相对独特的阶段,就比较适当了。毋庸赘言,25 岁管理培训生的职业生涯诉求和预期,显然与 45 岁的经理或 65 岁的高管有天壤之别。人们在其生命的不同阶段,要面对职业生涯的不同任务和不同的发展问题。进一步说,雇员一生的职业动机很可能是会变化的。如果能正确理解人们在不同职业阶段的任务和发展的含义,就有助于人们更有效地管理自己的职业生涯,有助于组织更好地管理、发展其人力资源。

全面地看，我们认为，理解职业生涯各阶段的概念，考察这些阶段与成年人的一生这个更宽广的背景如何相适应，仍然很重要。在这一章，我们要简单描述一下埃里克·埃里克森和丹尼尔·莱文森及其同事的开创性著作。然后，我们简要地讨论我们关于职业生涯发展的观点，并对以后讨论职业生涯具体发展阶段的章节作一简评。

成年人的生命发展

根据人们通常的思维模式，成人期，尤其老年期，是走下坡路的同义词。在"年轻吃香"的文化中，认为成年人的体力、智力、感观功能都已退化的看法也不足为奇。虽然成年人的生理机能的确在不同方面有所下降，这种下降却是逐步的，一直能持续到成人期的晚期。除此以外，有关心理及其心理功能的研究也表明，那种怂恿年龄歧视的僵化观念一钱不值；事实上，在上年纪的工人中，绝大多数人还能继续干他们原来的工作，而这个年龄要远远大于一般的退休年龄，而且在此后的多年中也是如此。此外，有关研究发现还批驳了那种"工作业绩随年龄增大而降低"的假设，以及"会造成工作场所事故增加或旷工增多"的假设。事实上，年纪大的工人也往往更为忠诚，缺勤率反而更低，而且一般来说要比年轻工人更为可靠。

与那种简单地按照体格、智力和心理功能对人进行分类的做法相比，对成年人的研究还得出更多的结果，这就涉及更广泛的问题："人进入成年期以后，是否还会像儿童期和青春期那样，有一种潜在的发展顺序吗？"在过去的研究中，最有影响的职业生涯发展模型都认为，职业生涯的一系列发展阶段都与年龄有关。例如，唐纳德·苏普划分的"五阶段说"——成人阶段、探索阶段、立业阶段、持续阶段和下降阶段——就被认为是按照从童年到退休这段与工作有关的经历进行划分的。除此之外，这些模型通常都假定，人们寻求的是那种在一个组织或两个组织中，从事某一类职业，并且是直线式发展的职业生涯，其间既没有大的中断，也没有什么导向。过去 30 年中，职业生涯的发展已经摆脱了那种稳定的、传统的方式；这时再要把那种僵化的、按年龄划分的"阶段说"，运用到当代这种既不确定、又经常中断的职业生涯中去，就很困难了。对此我们将予以简要的讨论。

埃里克森对生命发展的研究

埃里克·埃里克森是最早、也最有影响的研究生命发展问题的学者之一。他认为，人的心理发展可分为 8 个阶段（见表 2.1）。而每个阶段都会遇到某种"危机"，刺激人们的成长或阻碍其发展，具体则要看该阶段的结果如何而定。比如说，婴儿的学习和生存全靠他人。在良好的环境下，婴儿会对父母和其他人建立起信任。反之，如果环境不好，婴儿就会对世界产生根本的不信任感，且终身难以消除。最终，每个发展阶段中正面经历与负面经历的比重大小会决定最后结果的性质。

埃里克森模型的最后 3 个阶段与成人期及职业的关联度最为密切。成人期早期的主要使命是发展亲和性，真正承担起对他人和组织的义务。如果这一时期没能培养并保持这种亲和性，年轻人就会产生孤僻感，同时缺乏爱心。到了中年期，"多谋善断"（给年轻人以指导）的发展就变得相当重要了，这种能力可以通过为人父母或为人师长而获得。这一时期如果没做好这件事,人们就会产生落伍感,因为自己既没有对下一代有所帮助,又没有留给他们什么。到了晚年,人们需理解和接受这一生最终的意义及缺憾,否则就会面临在失望中告别人世的危险。

表 2.1　埃里克森的 8 个生命发展阶段模型

发 展 阶 段	年　　龄
1. 基本信任或不信任	婴儿期
2. 自信或害羞、怀疑	1～3 岁
3. 创造或捣乱	4～5 岁
4. 自立或自卑	7～11 岁
5. 懂事或不懂事	少年期和青春期
6. 亲和或孤僻	青年期
7. 多谋善断或故步自封	中年期
8. 乐天知命或怨天尤人	成熟(老年)期

资料来源：Based on material from the following：Erickson, E. H. (1963). Chilhood and Society. New York：W. W. Norton ; Adams, G. R. (2006); Erickson's theory of development. In. J. H. Greenhous &G. A. Callanan (Eds.), Encyclopedia of career development(pp. 295－298). Thousand Oaks, CA：Sage.

埃里克·埃里克森对人生和职业发展的研究有两大贡献。第一,他提出了人生各阶段的基本次序,我们人生中重大关头的关键问题都依此闪亮登场。虽然每个时期的"成功"不能保证一劳永逸地消除矛盾,但"早期阶段的失败会影响到后面阶段的整个发展"。第二,他区分了成年期发展的 3 个关键使命——亲和力、多谋善断、乐天知命——这几个使命与我们对职业的理解有着明显的关系。

莱文森对成年人生命发展的研究

丹尼尔·莱文森及其同事的学术研究工作,对我们从总体上理解成人生命的发展,从总体上把握职业生涯与生命阶段的关系,有着极其重要的作用。在 20 世纪 70 年代,莱文森的研究小组与 40 位在美国出生的、35 到 45 岁之间的男人进行了面谈(其中 10 人是行政人员,10 人是大学生物学家,10 人是小说家,10 人是产业工人)。每人面谈 5 至 10 次,每人谈话记录平均为 300 页。利用这种类似于讲自传式的面谈,研究者试图重现这些人由孩童期到现在的生活。完成这种初步研究后,莱文森又与 45 名 35 到 45 岁的女性(其中 15 人是家庭主妇,15 人在金融组织工作,15 人从事学术工作)进行了面谈,并同样以讲自传的方式来重现其生活。

莱文森提出的看法是,人的生命周期有 4 个时期:成年前期、青年期、中年期、老年期(见图 2.1)。每个时期都由稳定期和转型期交替组成。稳定期通常持续 6～7 年,人们追求能实现其人生重要价值的目标。稳定并不是指安静不变,而是指人们试图建立期望的生活方式。由于生活方式不可能永远合乎心意,因此就需要有一个转型期,对已经建立的生活方式提出质疑,重新进行评价,考虑我们生活中的各个部分并作出改变。

据莱文森模型,青年期始于 20 岁以前的几年,止于 40 岁中期(包括向中年期转变的几年)。在青年期最一开始的时期,人们走出少年时代,试图为自己在成人社会中找到一

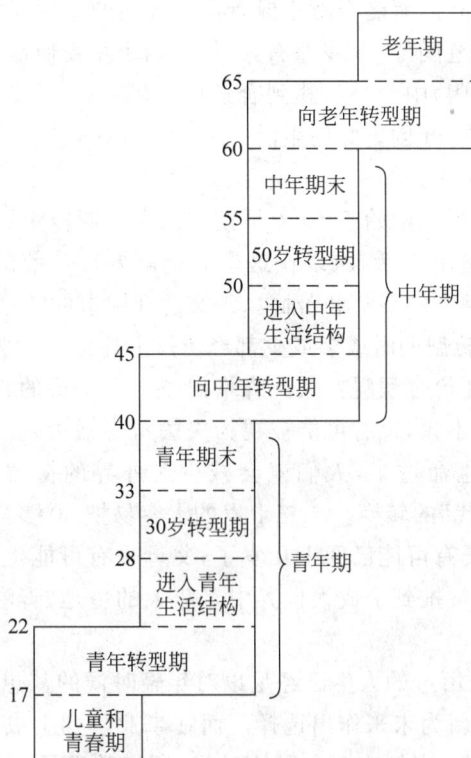

图 2.1　莱文森的生命周期模型

资料来源：Based on a diagram originally included in *The Seasons of a Man's life*，by Daniel J.
Levinson et al. (1978). Updated to be consistent with terminology in Levinson's "A conception of
Adult Development,"*American Psychologist* 41(1986)：3-13.

个合适位置。年轻人想脱离父母开始新历程。通常,他们会离开家,在经济上、情感上减
少对父母的依赖。要进入成人世界,年轻人必须进行一些尝试,比如,想象自己已经是一
个成年人,甚至尝试扮演某一成人角色。

　　莱文森认为,20 岁中期是稳定期。在这一时期,青年人刚进入成人世界,就面临两个
可能是互相矛盾的使命:(1)尝试不同角色(即工作、人际关系),体验成人期,同时又要保
留自由选择的权利;(2)建立一个稳定的生活方式。有些青年人强调,这只是探索性的使
命,不会真正形成对他人和组织的实际承诺;而另一些年轻人却由此形成了可以确保将
来一帆风顺的人际关系。但不管他们如何决策,在这个过程中肯定会有问题产生。因为
那些强调选择和探索的人可能把握不准,自己能不能发展出有意义的人际关系 。而强调
稳定,强调对工作、组织及其他人承诺的年轻人,对于承诺是否过于死板、不成熟也毫无
把握。

　　在莱文森模型中,从 20 岁最后到 30 岁出头,是一个转型期,人们想要对自己的生活
方式进行再评价。沉思、成长、生活的再定位,这 3 个阶段构成了青年时期的"新手"阶段。
在这个阶段中,年轻人拼命想变成一个"真正"的成人。此时的主要使命就是形成、定义和
追逐他的"梦想"——一个关于他应当如何生活的强有力的想法。这个梦想经常是职业方

面的使命(如成为一个富有的著名金融家或者世界知名的科学家),不过,它也能扩展到家庭、团体或是更大的社会范围。35 岁左右,人们有两个主要使命:(1)在成人社会各主要生活领域(工作、家庭、休闲)中为自己找到合适的环境,这对个人来说很重要;(2)"实现梦想",也即努力与时俱进,开创更好的生活。这个时期基本上是致力于实现自己的梦想,成为一个羽翼丰满的成年人。

按照莱文森的说法,中年期始于 40 岁早期到向中年期转变的一段时间。由于以前即成年前期曾紧紧张张地追求生活,所以在这个时期就要对此前的生活作一番重新评价。这种评价通常是伴随着巨大的混乱和苦恼。莱文森和同事的结论是,在样本中,80%的男性和 85%的女性在中年转型期时或多或少都经历过上述危机。为什么一些人会在 40 多岁时经历这种痛苦的再评价过程呢? 莱文森指出了 3 个重要的相关因素:第一,40 岁左右时,身体机能下滑即使不大,也有可能被视为失去青春活力,促使人们增加了对死亡的注意力。而一旦意识到生命过半,人们就会减少对外界的持续性"贡献"。第二,40 至 50 岁之间,通常会发生"代"的转换。二三十岁的人容易把 40 多岁的人看成是"老"一代。到了自己 40 多岁时,孩子有可能已经十几岁了,父母也有可能生病或去世,这时,四五十岁的人们就会感到,自己被推到了成人世界中老年人的境地,青春(以及这个词所代表的一切)已经基本上完结了。

此外,40 多岁的人经历过的人生已经足以对年轻时候的梦想作出评价。没有实现梦想的人必须面对失败,重新为未来作出选择。而在事业阶梯上成功攀登的人也会开始怀疑以前做的选择是否正确。人在 30 多岁的时候,所做的选择更强调"自我"的某些方面(如成功、成就、权力、竞争),而忽略了其他方面(如友谊、照顾老小、精神发展)。

丹尼尔·莱文森推测,中年转型期后将是一个稳定时期。在这个阶段,人们都会努力为自己的中年构建一种满意的生活方式。过了这个阶段,就是 50 岁开头那几年,接着又是一个转型期,这时就要为解决中年转型期出现的问题以及新的发展目标而努力了。老年转型期(60~65 岁)前承中年期,后启老年期。

莱文森模型的关键之点是提出人的生命周期有 4 个时期。这 4 个时期里有几个稳定期和转型期,人们可以在每个时期为主要的发展使命努力。这个模型尽管当时看似有理,到多年以后再看,还是明显地存在一系列的问题。各个时期和转型期与年龄的关系到底有多密切? 每个时期的后继阶段都是固定不变的,还是能够跳过去? 这些时期的划分是通用的吗? 对美国社会的男女都适用吗?

首先,莱文森认为,这些阶段的确与年龄有着紧密的联系。接受调查、作为样本的个人进入以及度过这一时期的时间有所不同,但出入相当小,平均只差 2 岁左右。尽管如此,莱文森仍然相信,年龄和生命发展阶段之间依然有着相当高的相关性,无论男女都是如此。莱文森还认为,任何人都一定会按固定的顺序经历每个阶段。这并不是说每个人都能积极地或成功地解决每个阶段的发展任务——只是那些任务以固定顺序出现。人们有没有能力把莱文森模型推而广之,使之普遍适用于社会上所有人员? 这也始终是个疑问。虽然莱文森也知道这个问题尚无答案,却仍然对此假设加以赞同。他引用中国、希腊和希伯来人文明的古代文献来支持自己的观点。

莱文森模型中最令人好奇的也许就是在成年人的发展中,"性别"所扮演的角色。丹尼尔·莱文森与其同事相信,除了某些特殊问题之外,女性经历的发展阶段和男性一样。不过,许多女性面对在职业发展与其作为母亲的角色之间平衡的问题,这决定了在生命发展的实质上毕竟男女有别。丽莎·梅尼萝和莎瑞·苏丽文研究的课题与此相同,她们在关于妇女五花八门(或丰富多彩)的职业道路和方向的开创性工作中发现,由于家庭的原因,妇女比男性更容易改变其职业生涯,也更容易在工作与家庭之间找到满意的平衡。她们还观察到,妇女的职业生涯要比男性更容易中断或受到干扰,她们是根据对其家庭成员会带来哪些后果来决定自己的工作时间的,因此她们比男性更能运用关系方法来处理自己职业生涯中的问题。从这个意义上说,妇女解决发展问题的顺序就可能和男性是相反的。很多妇女可能在其成年前期阶段,满脑子就想着如何摆平职业、家庭和双重职业的问题了。30 多岁的妇女,即使在追求职业成就的同时,也会考虑到如何平衡其多重的生活角色(如果她们已经做了母亲),或者会考虑如何拨转自己的生物钟(如果她们有了孩子)。另一方面,在中年期,很多男性对工作都开始松劲了,而对很多妇女来说,却是她们工作得更加专业,也更有成就的时期,因为此时她们更加独立,更多地摆脱了家务事。

我们要强调的是,在丹尼尔·莱文森发表了他的开创性著作以后,他的生命发展模型在 30 年中有着重要的作用。尽管 21 世纪中,职业生涯的进展要比 20 世纪 70 年代复杂得多,有关各时期发展使命的观点对成年人依然适用,稳定期和转型期这两个概念仍然可用于研究成年人整个成长和发展过程中存在的问题。最后,有关成年人生命周期 3 个阶段(早期、中期和晚期)的分析还是给我们提供了一个可考察职业问题的有用结构。

2.5　职业生涯的发展阶段

在第 1 章里,我们把职业生涯发展定义为一个正在进行的过程,在这个过程中,个人沿着一系列阶段前进,每个阶段都有一套相对独特的问题、主题、使命。虽说生命发展和职业发展的概念可以互相兼容,但在职业生涯发展模型中,还是把重点放在与工作有关的问题上。本书的观点是职业生涯发展要经历 4 个阶段。这一观点一部分基于职业发展方面的文献,一部分则基于莱文森对成人生命发展的观点。表 2.2 概括了该模型的 4 个阶段,下面将予以讨论。

第 1 个阶段：选择职业,为工作作准备

从职业的角度来看,这个时期的主要使命包括:对将来的职业进行自我设计、修正,研究可选择职业的性质,至少选择一个临时工作,接受完成工作所需的教育或培训。实现上述使命必须充分理解和洞察自己的才能、兴趣、价值观、渴望的生活方式,此外还要考虑与可供选择职业相关的需要、机会、报酬。对年轻人来说,要选择一项职业,就必须形成对自己的一套看法,还要增进对各行各业的了解。第 3 章要讨论的职业生涯管理模型指出,人们要以不断探索和发现为基础,去选择到底接受哪种职业管理模式。很多人在他们的工作生涯中还产生第二种或第三种职业选择。因为在其他阶段也会发生职业选择问题,所以与职业选择相关的任务就能在人的一生中多次出现。第 6 章将集中分析职业选择的过程。

表 2.2 职业生涯发展的 4 个阶段

1. 选择职业和工作
   典型的年龄段：大多数人是 18～25 岁,少数人不定
   主要使命：建立职业方面的自我形象,对可选择的职业进行评价,初选职业,继续接受必要的教育,获得所向往组织的工作。
2. 职业生涯早期
   典型的年龄段：25～40 岁
   主要使命：学会工作,学习组织规则和标准,适应所选职业和组织,提高能力,实现职业生涯目标。
3. 职业生涯中期
   典型的年龄段：40～55 岁
   主要使命：再次评价早期职业和青年时的使命,再次肯定或修正职业生涯目标,为中年时期作出适当的选择,保持工作能力。
4. 职业生涯晚期
   典型的年龄段：55 岁至退休
   主要使命：保持工作能力,保持自尊,为实际退休作准备。

一旦选择了一个职业,第二个任务就是选择和加入一个组织,找到能满足自己事业心、施展自身才干的工作。选择和进入组织可能需要几个月的时间,时间的长短往往取决于个人接受教育的年限。初次参加工作的人总是自学校毕业后才跨入其第一个职业岗位,但对一个转入新岗位的人来说,却什么年龄段都可以。因此,这个年龄段是可变的。在第 6 章里,我们将详细阐述有关组织选择和参加过程的使命,这包括：如何选择工作、组织；个人和组织的双向选择之间可能会有哪些障碍；如何有效把握进入组织的方法。

第 2 个阶段：职业生涯早期——立业有成的阶段

在职业生涯的这个阶段,实际可分为两个时期：一是为自己在成人世界找一个立脚点,二是沿着已选择的道路去奋斗。

选择好职业和最初的工作后,首要的关键使命就是在个人职业中站住脚。新雇员除了必须掌握工作的技术方面,还必须学习组织的规范、标准,达到组织的要求。在早期立业阶段,个人的主要使命是学会工作,学习组织方面的事情,成为一个对组织有用的人,从而被组织所接受。换句话说,就是找到自己在职业和组织中的立脚点。

职业生涯早期阶段可一直延伸到 40 岁,这样说可能有点别扭。我们认为,这整个阶段的确反映了早期职业的情况：青年期里,个人典型的做法就是不断追求年轻时的愿望,还没有受到中年转型期那种令人头疼的再评价的困扰。所以,职业生涯早期阶段也属于立业期或"奋斗期"(两个定义都可以),它将持续 15 年。在第 7 章中,我们还将对此问题进行更深层次的研究。

第 3 个阶段：职业生涯中期

职业生涯中期始于中年转型期,是青年和中年之间的过渡。这一时期的特点在于,中年人有一系列使命需要完成。首先,人们有可能再次评价主导其早期职业生涯的生活方式。其次,一旦真正进入中年时期,人们有必要为此建立一个(与职业有关的)新的生活方

式。而且，无论新的生活方式与先前的生活方式相关、偏离或是根本改变，人们在中年时都会遇到大量与工作有关的特殊问题。

第 8 章将考察中年职业的问题，其中主要有：中年转型期的特殊要求，中年转换职业的动机，落伍的危险，中年期职业高原的可能性。同其他阶段一样，我们还将考虑可以促使中年期有效运行的个人行为及组织行为。

第 4 个阶段：职业生涯晚期

这个阶段有两个占支配地位的主要使命。首先，个人必须持续保持对组织的生产活力，维持自我价值感和自尊。不过，要维持自我价值感和自尊并不容易，通常，自身条件的变化和社会对老人的偏见都会造成阻碍。其次，必须为退休的临近未雨绸缪。这样，离职时才不会给个人带来破坏性的影响，退休后的生活也才能令人满意。第 9 章里，我们将更全面地考察职业生涯晚期的相关问题。

对职业生涯阶段进行分析的困难

我们已经概述了职业生涯的 4 个阶段，我们也围绕有代表性的——尽管是大略的——年龄阶段，选择了如何把职业生涯各阶段组合起来。这并不是说我们的方法是展望职业发展的唯一途径或最佳途径，但这种方法看起来的确能够用一种较有意义的方式来组织我们的知识内容。有些因素会使以下方法——即主要根据年龄阶段来看待职业生涯的进展情况——使用起来比较复杂。关于职业生涯的一个问题是：这些阶段真的是像年龄从小到大那样前后相继的吗？首先，重要的是要认识到，所有的年龄阶段都只是大致的划分，不同的人会有不同的阶段起点和阶段终点。因此，高中毕业生可能在 18 岁时就有了第一份全职工作，而一个博士可能直到二十七八岁时才会有第一个学术职位。有些研究职业生涯发展的人，是根据工作行为、关系和心理问题，而不是根据年龄，来给职业阶段下定义的。尽管这种方法作出很多重要的贡献，但我们还是坚持以下立场：年龄——或者广而言之——生活经历，是形成职业愿望、职业经验、职业诉求的最主要的原因，因此在确定职业阶段中起着关键性的作用。

第二个问题涉及一个假设：职业周期各阶段中的职业都是指"正常的"职业，也就是说，人们在成年前期选择了某一职业，并且终其工作的一生，都不离开这一职业（或同一组织）。这种长期并且连续的职业阶段的想法，在很大程度上是基于以下假设：在 20 世纪六七十年代第一次提出职业生涯阶段理论时，社会上最流行的做法还是以在传统组织中谋到职业为荣。随着我们步入 21 世纪的前期，又出现了另一种想法：现在的职业阶段或职业周期的持续时间开始缩短，但它会在人的一生中定期地反复出现。据认为，正是由于人们追求无边界的职业生涯，而进行频繁的、大起大落的变动或交易，导致职业生涯的周期被压缩得更为密实了。米切尔·阿瑟及其同事区分了 3 种职业生涯周期或职业生涯模式——朝气蓬勃型、方向成熟型和成熟参与型——一般来说，这种划分法与那种早期、中期和晚期（阶段理论）基本上是一一对应的。尽管朝气蓬勃型主要体现在职业生涯的早期阶段，方向成熟型主要体现在中期阶段，成熟参与型体现于晚期阶段，米切尔·阿瑟及其同事还是具体说明了，当人们改变自己的计划、工作、雇主或专业时，他们会如何定期地

"再循环",回到前一阶段的模式中去。

偏离这种"标准"和"理想"的职业生涯周期会产生什么复杂问题？看看下面的例子：

- 一位 42 岁的女性,近 20 年来第一次从事一份有报酬的工作。这应该算是她中年职业阶段的开始呢？还是她处于其早期职业阶段的成就期？
- 一位 38 岁的银行家正努力使自己升迁至另一家银行的高级副总裁。他是真正处于自己早期职业的成就期了,还是算进入另一家组织的开始？
- 一位 55 岁的计算机经理辞去硅谷的工作去写小说。他是进入老年职业期了,还是正在为自己努力构建新的文学生涯的早期职业阶段？

在与年龄有关的各种职业发展理论中,诸如此类的问题到处都是(虽然它们可能根本算不上问题)。我们的目的不仅是按年龄分段,让每个人对号入座,更要理解人们在职业和生命的不同阶段中如何展开其职业,又是如何与这种工作结合起来。那位新参加工作的 42 岁妇女,如果其主要任务是融入社会并安身立命,她就不能再考虑自己应该得到什么待遇；那位 38 岁的银行家必须解决的问题是,再次进入新组织,他不能背着年轻有为、"官运亨通"、经验丰富的包袱而志得意满；至于 55 岁的前计算机经理所面临的,是必须多方面为自己开拓新的职业领域,不可沉湎于老资历的优势而不自省。

这种分类是一刀切的,我们没有必要感叹、惋惜这种分类所带来的麻烦,因为这恰可说明职业和生活的丰富多彩。在表 2.3 中,我们试图结合职业发展使命和成年的 3 个阶段,从而把上述情况的丰富性展现出来。需要注意的是,以下几种情况大多都是青年时期的使命：职业选择、进入组织、个人在新环境中"立业"、在新环境中为获得成功而孜孜不倦地努力。如果进入中年期和老年期后,仍有必要改换门庭、更新事业,也可以再选择不同的职业和组织。反之,大多数原属中年期和老年期才发生的问题(如再评价、保持生产率、为退休作准备),一定程度上也有可能出现在青年期。不过,我们或许还是应当先致力于理解人们在各年龄段普遍遇到的典型问题,然后再来考虑这些阶段中可能发生的变化。下面的章节中,我们将按此思路对不同的职业生涯阶段进行深入探讨。

表 2.3　职业发展使命和成年期之间的关系

职业发展使命	成年期各阶段		
	青年期	中年期	老年期
职业/组织选择	×××	××	×
职业生涯早期			
立业期	×××	××	×
成就期	×××	××	×
职业生源中期			
再评价	×	×××	××
保持生产率	×	×××	××
职业生涯晚期			
保持生产率	×	×××	×××
为退休作准备	×	××	×××

注：×××非常频繁；××频繁；×偶尔。

小结

　　本章提出了一系列不同的论述。根据这些论述,就可以对一项职业以及职业生涯管理作出评价。那种传统的、组织中的职业生涯,也就是人们为之奋斗并期望得到稳定的工作、安全感与提拔的职业生涯,已经被远不确定的职业生涯所取代。无边界的职业生涯和随机应变的职业生涯,因其把人们工作、生活中日益增大的不确定性考虑在内,也就代表了当代对职业生涯的看法。这些看待职业生涯的新方法认识到:人们很可能会为多个组织工作(而不是只为一两个组织工作),人们与其雇主签订的心理契约的实质可能就是一笔交易(而不是建立关系),各种挑战会迫使人去发展"便携式"的多种技能,人们(而不是其所在的组织)要对自己的职业生涯负最后的总责。这种强调个人职业生涯的灵活性和适应性的理论,并不必然意味着无边界的职业生涯模式就是唯一的或主导的职业生涯模式,而是强调,越来越多的人是想追求那种职业无边界的特点。

　　这一章还认识到,职业生涯与职业选择并不是凭空而来的。社会的各种制度,诸如人们的家庭和社会团体,也会对人们的兴趣、价值观和偏好产生重要的影响,而这些兴趣、价值观和偏好最终是要转化成具体的职业选择的。对职业生涯的研究还认识到,在职业生涯决策和职业生涯发展中,社会网络也在起着作用。人们加入这些网络,就建立了社会资本,就能联系上有影响的人物,后者可以帮你解决职业生涯中的不同任务。

　　无边界的以及随机应变的职业生涯概念扩展了职业成就的含义。过去,人们习惯于从客观事物来看待职业成就,把那些有形的结果,诸如薪酬水平、工作职务、晋升状态,以及行政权力,都看作职业成就的标志。现在人们则认识到,职业成就还包括对职业成就的心理感觉等主观因素。这些主观因素包括对自己职业成就或自己全部生活的满足感。职业成就含义的这种扩展承认人们有多种需求,既包括工作上的成就,也包括非工作上的成就,这些都应该在衡量成就时予以考虑。

　　埃里克·埃里克森和丹尼尔·莱文森认为,青年时期、中年时期、老年时期又都有某些不同的使命和挑战值得注意。青年时期的特点在于专心工作、长大成人,在成年人世界中"安身立命"。到了中年时期,则往往要对自己的生活局面作一番再评价,考虑如何为社会作出持久的贡献。老年时期里需要考虑自己一生的意义和价值。同时,也要考虑到性别差异在各阶段可能遇到的问题。

　　职业生涯发展的 4 个阶段如下:(1)职业和组织的选择阶段——在这段时期,人们为自己设计职业形象,探索各种可选择的职业并作出选择决策,选定和加入组织;(2)职业生涯早期——考虑如何在职业领域中事业有成,获得工作能力和社会承认;(3)职业生涯中期——对职业和生活之路进行再评价,为了未来也许还会有所调整;(4)职业生涯晚期——保持令人满意的生产率水平,保持尊严,为功成名就的退休作好准备。这 4 个阶段构成了本书第 6～8 章的内容。

作业

1. 拜访一个跟你处于不同职业生涯阶段的朋友、熟人、同事或亲戚。了解一下，这个人目前与职业相关的使命和行为是什么？他最关心的问题和考虑是什么？这些问题和考虑与本章介绍的生命发展方式和职业发展方式是否一致？

2. 选定一位男性和一位女性朋友、熟人、合作者或亲戚，列出他们的职业历程表。这两张职业历程表是否相似或类似？其是否与莱文森模型相同？在每张职业历程表中是否存在职业断层？如果存在断层，询问它对当事人的职业造成了什么影响。

讨论题

1. 以莱文森模型为框架，分析你现在处于成年期的哪个阶段？这个时候你最关心什么？你所关心的东西与莱文森模型一致吗？

2. 有些人在40多岁早期或中期遇到过危机。这是什么原因造成的？每个人都有中年危机吗？无论有无，各是什么原因？

3. 你认为每个人都会以同样的发展方式走过成年阶段吗？莱文森模型对女性和男性一样适用吗？对单身和已婚的人一样吗？对工人阶级、中产阶级和上层阶级呢？你为什么这么认为？

案例

十字路口的凯文

任何一个人都觉得，凯文的生活算得上是春风得意。才39岁的年纪，他就当上了XO工程服务有限公司（虚拟名称）规划部的副总裁，这是一家专门为全球的大型基础设施项目提供技术支持的中等工程企业。凯文把自己整个职业生涯都用在了XO公司上。

凯文23岁从美国最著名的理工大学之一毕业，拿到了学士学位。他在毕业前就已经关注了多家工程公司，从一开始他印象最深的就是这家XO公司。按照凯文的估计，XO是一家理念很进步的组织，具有突出的成长前景，而且看来还真关心自己的员工。在面试中，他多次听到"XO公司就像一个家庭一样"的说法。在他实地考察该公司时，他碰到的员工中，不少人都把自己的全部职业生涯献给了这家公司。其中有些人已经陪同这家公司一起度过了30年。另一个有利于XO公司的卖点是该公司的总部设在华盛顿特区以外的弗吉尼亚郊区。由于以上原因，选择当XO公司的雇员对凯文来说简直就是一种"连想都不用想"的事。

凯文的早期职业生涯

凯文进入XO公司不久，公司高级管理人员就了解了他的工作道德、智力和个人魅力。每次分派工作任务和项目，凯文都因工作出色而受到好评。至少从XO公司的标准看,凯文得到了"火箭式"的上升。他一年之内就从低级工程师升任高级工程师,两年后又升任项目经理。在 XO 公司的鼓励下,凯文又在华盛顿特区一家最拔尖的商学院拿到了EMBA 学位。凯文 30 岁当上了副总裁助理,34 岁被提拔为工程服务部副总裁。38 岁时他坐到了现在的位置——规划部副总裁。每年的工资、奖金总额已经超过 20 万美元。他现在待遇优厚,知道 XO 的高管和董事都把他看作未来的高级官员,也许哪一天就当上了CEO。对他来说,他多年前作出的进入 XO 公司的决定,现在得到了回报。他现在是在一家可靠的公司里,干着既安全又稳定的职业,未来的前景也是一片光明。

凯文的业余生活

上大学时,凯文遇到了靠助学金念教育学学位的安妮。凯文与她约会,3 年后两人结了婚。当凯文在 XO 公司开始了自己的职业生涯时,安妮则开始在他们的小家庭附近的一所地区中学教 7 年级的英语。他们把双职工家庭关系呵护得相当不错,俩人的职业生涯都相当成功,两份收入也使他们生活得很舒服。

他俩一致同意,一有机会就要个孩子。婚后两年,他们有了第一个儿子;再过两年,又有了第二个儿子。在孩子还小的时候,这种双职工的关系使他们要面对一大堆带孩子的挑战和压力,但安妮的工作使她能在下午就下班回家,而且她还有暑假可用。他俩双方的父母也都住得不远,必要时他们也能过来看护孩子。等这两个孩子上学了,看孩子的任务就不那么难对付了。凯文由于自己的发展很好,就疏忽了照料孩子——他没有时间!仅出差一项就占了他 30% 的时间,因此他经常顾不上回家。即使是在公司总部,他也经常要很晚才下班。

等孩子们长大些了,凯文就当上了他们的教练。这两个孩子都想当运动员,稍一长大,就开始学习打篮球、橄榄球。凯文也曾在中学搞这两项运动,因此,儿子着迷这两项运动,他自然很高兴。凯文是真喜欢当教练,他盼着练球、打比赛,不仅是因为这样他就能跟孩子们一起玩,而且他相信自己能对所有他教的运动员起到积极的影响。

最近,有几位家长找到凯文,想让他当下个季度巡回篮球队的经理。这支巡回球队是本年龄组里最棒的球队,凯文的大儿子就是这个队的队员。为提高比赛水平,这支巡回球队经常要每周训练两次,再打两场比赛。当凯文受邀来管理这支球队时,他心里固然得意,但他知道,本职工作不可能让自己把这真当作一回事。不管怎么说,他是确实想去管理这支球队,但他发现,当工作成为自己想做的事的拦路虎时,实在是太痛苦了。

凯文左右为难

凯文被工作所驱使,度过了至少 3 个月的困难时期。在进入 XO 公司的 17 年里,他在工作上还从来没遇到过这样的挑战,相同的老传统也变成了麻烦。按惯例到国外出差,每次都要离家好几天,这成了他生活中最难熬的日子。他每次出差很全神贯注地工作,只好一天一天地数着哪天就能回家了。他的工作还没有真正受到影响,这可能主要是因为他的技术还是最优秀的,但他还是发愁:如果不能很快地整合自己的行动,他的工作业绩就很可能要走下坡路了。

凯文情绪低落,他真嫉妒妻子和她的职业。他觉得安妮教书、给孩子们当顾问,那才算是充实的工作,至少与干工程相比是如此。而安妮也不像凯文,她看起来总像是越工作越有劲,这还不算她跟孩子们在一起的时间比凯文要多得多。凯文有时也胡思乱想,他私下里在想：自己要去当教师会怎样？当地有一家学院，一直做广告推销一项计划：只需一年，就能让有学士学位的人再拿到教学学位。他还从当地报纸上看到有招聘数学和工程学教师的广告。凯文知道，就凭他的科技能力和全部工作经验，他能当一个非常出色的教师。

他的这个"黄粱梦"也常常转瞬即逝，特别是当他想到，如果改变职业，他将失去现在的一切。首先，刚当教师的工资将只有他现在在 XO 当规划部副总裁的 1/3。再者，如果他离开 XO，他就得放弃大量"明摆着的"的潜在未来收入。也就是说，他现在有机会在 XO 再得到晋升，薪金也会再增加。从长期看，如果他不到 50 岁就离开 XO，等他退休时就得放弃一大笔退休金。他还没对安妮提过自己的这个梦想，而且真要跟她商量，他也不知道她会做何反应。她现在看来很幸福，对他们现在的状况相当满意。要让他们的家庭经济状况降低一大截，那她一定会受不了的。

凯文的梦想刚到半途，一阵敲门声把他拉回到现实中来。进来的是公司的 CEO，他来问凯文能否一起吃个午饭。凯文不知道这个邀请是福是祸——因为他对工作的厌烦情绪也许最终会露了馅。让凯文出乎意料的是，跟 CEO 共进午餐根本不是什么坏事，甚至还应该看作一个好消息。CEO 说，经董事会批准，XO 的高管决定公司的业务要大规模地打入南美洲。凯文知道这种扩张是可能成功的，因为事实上是他给董事会提出这一建议的。鉴于 XO 在巴西已经有了一个办事处，新战略就应该是在这个国家大规模地拓展业务，并继续扩大到整个南美区域。

共进午餐，就是为了摸摸凯文的底，看他有没有兴趣接受这项拓展工作。CEO 解释说，他自己以及董事会对凯文抱有很大的信任，而且凯文就是担当此项使命的不二人选。CEO 还暗示凯文，如果他干得好，两三年后，他就是 CEO 职务的法定继承人。这一举动当然就意味着提升到公司高级副总裁那一级了，收入的提高也自不待言。CEO 进一步说明，凯文若接受这项工作，就得调到巴西去，但这次外派的时间也不过就是两年而已。CEO 请凯文好好考虑一下，再跟安妮仔细商量商量。他让凯文过一周左右给他回话。公司的意思是动作要快，因为如果凯文不愿意，他们还得再到外面去请人来干。

午饭后，凯文坐在办公桌前发呆。因为在谈话以前，他还正想着离开办公室直接回家，晚上还要去足球场陪小儿子去练球呢。本周末球队有一场重大的比赛，他们让凯文给球队当教练，指导指导。

案例分析与问题

1. 根据本章对无边界职业生涯的定义和论述，你觉得凯文是否使用了这种方法来对待自己的职业生涯？并请说明你的理由。

2. 依你之见，凯文认为自己的职业生涯成功吗？为什么？

3. 哪些社会因素影响了凯文的职业选择？当作出职业决策时，社会因素能起多大的作用？应该有这么大的作用吗？

4. 你觉得凯文的年龄以及他正处于职业生涯中期这一事实，会影响到他的"黄粱梦"吗？会对他未来的职业生涯提出质疑吗？为什么会或不会？

5. 如果凯文想得到你的帮助，你会给他关于职业生涯管理的什么建议？如果请你作出预测，你觉得凯文应该作出何种选择？

第 **3** 章

职业生涯管理模型

对职业生涯进行管理就是做决策——或者更准确地说——是作出一系列决策。你想去谋求信息技术、市场营销或会计方面的工作吗？你是想在一家大公司工作，还是去读一个本科文凭？你是想成为一名一般的管理者，还是只当一个职员就心满意足了？如果让你换一换工作，去管理一家海外子公司，你去不去？若你改换了工作，会对你的配偶或家庭其他重要成员的职业产生什么影响？你在意外失业之后，怎样才能再就业？人到中年，你改行做一个新的工作，这对你是焕发了青春，还是一场灾难？如果你想要"提前退休"，那么你是想从事一份志愿工作，还是开办自己的公司？

虽然这些问题在某种意义上说有些极端，但是它们确实存在一个基本的相似之处：它们都需要实行积极的职业生涯管理，都需要作出积极的决策。正如第 1 章指出的那样，如果我们不能积极地管理我们的职业生涯方向，那就只好听天由命了，或者只凭一时兴致来决定自己的命运了。在当今更加不确定的商业环境中，我们需要为我们的事业采取积极的、负责任的态度。而职业生涯管理就是这样的过程，通过这个过程，个人可以对他们的职业生涯作出合理的、合适的决定。职业生涯管理还是一种解决问题的方法，利用这种方法，我们可以解决各种各样的职业生涯决策问题。

在这一章，我们将讨论职业生涯管理模型。首先我们简要说明职业生涯管理的模型和形成该模型的基础理论。其次，我们要说明，以连续的方式运用职业生涯管理过程将具有举一反三的价值。最后，我们将概略介绍有效职业生涯管理的 4 个指标。

在第 4 章和第 5 章中，我们深入研究职业生涯管理的过程，着重于职业生涯管理模型在实际职业生涯决策中的应用。这些章包括了运用职业生涯管理模型的具体指南，以及通过学习练习来实际运用该模型所要求的技能。

3.1　职业生涯管理模型概述

在社会科学中，模型就是现实的照片或者代表形式。模型包括一系列以某种具体方式相互关联的变量，模型能使我们更好地理解世界的某些方面。本书讲述的职业生涯管理模型描述人们应当怎样管理他们的职业生涯。这并不是说每个人都只能照搬这个模型来管理自己的职业生涯,但模型所代表的那些活动可以使你心想事成。随着模型的展开,你就可以逐渐明白这个假定的道理了。

职业生涯管理模型的描述见图 3.1。在对其中的重要因素作出正式定义之前,我们先用一个简单的例子说明什么是职业生涯管理循环。

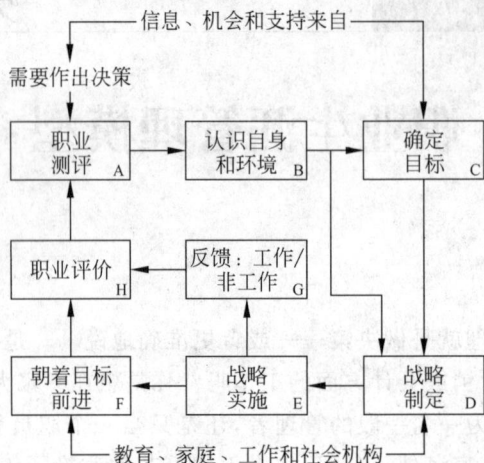

信息、机会和支持来自

需要作出决策

职业测评 A	认识自身和环境 B	确定目标 C
职业评价 H	反馈:工作/非工作 G	
朝着目标前进 F	战略实施 E	战略制定 D

教育、家庭、工作和社会机构

图 3.1 职业生涯管理模型

比如,一个年轻的化学工程师正在思考她在公司的前途问题。虽然她喜欢做一名普通的工程师,但她早就想当工厂的管理者了。她本可以安分守己,按照公司为她安排的"计划"在基层工作,但她决定对自己的职业生涯进行更为积极的管理。为此,她就需要作出一些决策了。

职业生涯管理模型的第一个步骤说明,这个工程师首先应当致力于职业测评(见图 3.1 中的方框 A)。也就是说,她应当开始收集信息。她要收集有关自身的信息(她喜欢做什么,她的能力所在,工作在她整个生命中的地位),以及在本组织内部和外部,她还可选择什么其他工作(工厂的管理者要做什么工作?工作方式如何?老练的化学工程师的工资是多少?);要收集她所在组织(或者是其他组织)的全部信息(在这家公司,有可能从一名职工升到直线管理者吗?怎样做才能得到提升?)

如果实施得法,职业考察工作会使这位工程师能够更加全面地认识她自身和她的环境(方框 B)。例如,她应当深入了解自己对工作和非工作生活的价值观、兴趣和能力。她应该更清楚自己选择工作的态度及这些选择的要求,更清楚在这种环境中的机会和障碍。

对她自身和所处环境有了更清楚的认识,就能够帮助这位工程师选择一个值得追求的职业生涯目标(方框 C)。第一,更好地了解自己,能有助于这位工程师给自己确定更合理的概念性目标。概念性目标是指对个人向往的工作经历或工作成就的一个总体性概括,而不拘泥于某种具体工作或岗位。在此意义上可以说,概念性目标就表明了个人的基本价值观、主要兴趣和偏好是什么。比如,这位工程师的概念性目标可能是想得到公司的某个重要管理职位,不管是什么具体职务,只要自己能影响公司的发展方向就行。

与此相反的是,对工作环境的更好了解,有助于帮助人们确定自己的行动目标。行动目标是人们根据自己对内部、外部工作环境的了解,把概念性目标变成具体的或理想中的工作岗位。用上面那位工程师的例子来说就是:她可能有一个长期的行动目标——成为公司技术支持部门的副总裁助理;这个职位符合她的概念性目标——行使管理性职权。当然,要想当上副总裁助理,她还应该先给自己定一个更合理的过渡性行动目标,比如先当某个工程项目的高级经理。如果没有概念性目标和行动目标,她原来的短期目标可能只是保住自己目前的职位,以求在不远的将来获得更多的实践经验,使自己干出点成绩而已。

确定一个实事求是的概念性目标和行动目标,有助于制定出职业生涯战略(方框 D)并付诸实施(方框 E),这是指设计一系列活动计划以达到所希望的职业生涯目标。举例来说,如果这位工程师的目标是想成为技术支持部门的副总裁助理,她就应该多参加公司举办的管理发展研讨会,鼓动老板在她现有职位上给她分派更多的管理性任务,并且学习更多的有关整个工厂运作的知识。

实施合理的职业生涯战略,就能朝着上述概念性目标和行动目标前进(方框 F)。如果这个工程师选择的是明智的行动计划,她将比未制定战略或者制定了不合理的战略更有可能实现她的目标。

职业生涯战略的落实能给人提供有用的反馈。有了这种反馈,再加上来自其他工作和工作之外的反馈(方框 G),能够使这个工程师据以评价她的职业生涯(方框 H)。反过来,从职业生涯评价中得到的额外信息又成为职业测评的另一个工具(见从方框 H 到方框 A 的箭头),这样就使得职业生涯管理形成一个循环。例如,这个工程师可能会发现,她对自己的工作的管理权限增大了,但她却管不好。这个评价将使这个工程师考虑改变一下她的目标;也许她不应该再希望搞管理了;或者,她还可以保持原有目标,但需要修正她的战略(见从 B 到 D 的箭头)。例如,她也许应该去选修管理学的学位。

综上,职业生涯管理的循环是一个解决问题、制定决策的过程。在这一过程中,人们通过收集信息,就能更好地认识自身和周围的世界;然后,通过确定目标、制定发展计划或战略并付诸实施,再获取更多的信息反馈,以便继续其职业生涯管理工作。

按照这种方法对其职业生涯进行管理的人不会盲目地生活。正如图 3.1 大方框上下两行文字所表示的那样,研究、目标设定、战略和反馈的作用往往依赖于来自其他人和组织的支持。例如,组织内部提供的以及大学所能提供的咨询,业绩的评价、自我评估的讨论会,工作单位提供的拜师和培训计划,家人的忠告、爱和各种支持,这些都能为你进行有效的职业生涯管理作出贡献。

成功地运用这种职业生涯管理模式,取决于个人和组织双方的努力。它包括雇员与其现在和未来的雇主、同事、朋友以及家庭之间的信息交换。个人必须乐于承担的任务是积极主动地对自己的职业生涯负责。为此,人们需要努力搜集作出适当职业生涯决策所需要的信息。研究表明,有了家庭和朋友的支持,人们会感到更加安全,并且能更好地在他们的事业发展中取得进步。

组织也应当乐于并且能够与职工共享信息,为职工提供必要的资源,并支持其员工努力管理好自己的职业生涯。我们将在此后几章中讨论:为了激励职业生涯的成长并实行有效的职业管理,个人和组织能够做些什么。

3.2 职业生涯管理过程的理论研究

在这一节中,我们考察有关职业生涯管理模型的基本概念和要素的理论。我们逐一讨论职业测评、职业生涯评价,定义核心术语,介绍该模型每个因素所依据的原理,以及总结现有的研究成果。

这个模型以如下假定为基础:当人们的工作和生活经历与自己的欲望和志向相符时,他们会感到生活更加充实,工作也更有效率。当人们的工作经历符合他们的需要、价值观、兴趣和生活方式偏好时,他们会对自己的职业选择和工作感到更满意。当他们的工作需要运用个人所拥有的技术和能力时,他们从事这种职业的业绩就会提高。正是由于这些原因,运用职业生涯管理模型才会使个人与其工作环境达到最大的和谐,或者说最好的相互适应。

职业测评

职业测评就是收集、分析自己及所在环境的有关信息,从这些信息中可以发现职业生涯管理的目标。

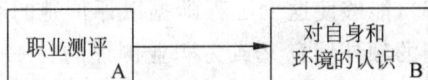

```
┌──────────┐        ┌──────────────┐
│ 职业测评  │ ─────→ │  对自身和     │
│        A │        │  环境的认识 B │
└──────────┘        └──────────────┘
```

大多数人都需要搜集信息,才能够更切实地认识到他们自己的价值、兴趣和能力,以及他们环境中的机会和障碍。毋庸赘言,职业测评越是广泛、适当,人们对自身和工作环境的不同方面认识得就越清楚。

为什么职业测评能提高认知能力?第一,人们往往以为对自己很了解,其实不然。举例来说,他们可能就不清楚自己到底要从工作和生活中获得什么。也许他们没有过多地考虑这个问题;或者,影响他们以往决策的不是自己的想法,而是别人的想法。因此,人们才往往需要在上述领域搜集必要的资料来提高认识。

进一步说,人们也许并没有全面地认识自己的能力。例如,他们或许从未想过,推销《高中年鉴》的广告经理的成功之道,就在于这些人有"三寸不烂之舌"和搞好人际关系的能力;或者,一个攻关项目小组能否有所成就,其实就在于其领导人的本事大小。人们对"适当的工作角色"的看法也往往囿于男女性别上的不同。所以,人们是根据自己的想法,而不是根据实际数据来判断自己的能力的。

另外,人们偶尔也会高估自己在某些领域的力量,并由此判断自己的能力比实际上更高。与此相反,有些人则会一直低估他们的能力。正是由于这些原因,职业测评能够为个人提供更加完整、更加准确的关于其自身的写照。这种自我认知的能力,也就是说,一个人反映并准确地评价他的工作行为和技能的能力,始终与其有效的工作绩效相关。

同理,对自身所处环境的积极研究,也能加深我们对不同职业生涯、组织和专业机会的认识。例如,众所周知,人们会对自己的工作和组织产生种种不现实的期望。这就又用上职业测评理论了,即彻底的研究能帮助我们搞清各种选择方案,提高我们对环境的适应能力。

职业测评的类型

把你要寻找的信息分一下类（见表3.1），有助于了解什么是职业测评。例如，自我测评能帮助你更好地了解自己的能力水平（见表3.1）。这样一来，人们就可以更深入地了解自己的好恶（兴趣）所在，以及自己独特的个性是什么。他们还可以检验一下自己想从本岗位（或工作价值）中获得多大的挑战（或者是安全、金钱、旅行）等。如前所述，自我测评也能给你提供有关自己的长处、缺点、能力和局限性等重要信息。最后，自我测评还能使你更好地了解如何平衡工作、家庭和休闲活动，得到最适合于你的生活方式。如前所述，自我测评还能提供大量有关长处、弱点、才华和局限性等信息。最后，自我测评还能使人更好地了解到，在理想的生活方式中，应该如何使工作、家庭和闲暇行为更为和谐。

表 3.1　职业测评的类型

自 我 测 评	环 境 测 评
• 兴趣	• 行业类型
• 能力	• 职业类型
优点	• 必要的工作技能
缺点	• 工作选择
• 对工作的价值观	• 公司选择
工作的挑战性	• 家庭在职业生涯决策中的影响
工作的自主性	
安全	
工作与生活的平衡	
金钱	
工作条件	
帮助他人	
权力或影响	

环境测评一望便知，能帮助人们对自己环境的某些方面有更多的理解。对一个学生（或者是正在考虑更换职业的人）来说，环境测评的焦点往往是谋职问题。比如，搞"系统分析"的人实际上都干什么工作？做一名电脑工程师需要掌握哪些技能？私人会计和公共会计这两种职业又有何不同？

对于已经就业的人来说，使用环境测评，多是在某一具体组织或行业内来选择工作。就这一点来说，环境测评能提供有关当前工作或未来可选择的工作的信息。比如，2～3年以后我能干什么工作？我现在是在直线职能岗位上工作，如果要调到某一参谋部门，需要什么样的经历才行？我现在的职业生涯路径是否在几年后就走不通了？

环境测评还能帮助人更多地了解其他组织的情况，或者是对本组织有更深的了解。对于一些到人才市场求职的人，不管他是受主观原因还是客观原因驱使，这种测评都能给他提供一些信息。比如，在一个行业比在另一个行业有哪些长处？或者，在这家公司干，能不能比在另一家公司得到更快的提升？环境测评还能向雇员提供他们所在组织的有关信息。比如,在组织中,谁会乐意并且能够给我以帮助?谁是组织中真正的受益者?我能得到什么培训机会和发展机会?

对于很多雇员来说,环境的另一个重要方面就是他们的家庭。例如,你知道了配偶对搬迁的看法,也许有助于你决定是否到 2000 英里以外去谋职。所以,环境测评还能提供以下信息,如家庭的需要和打算,配偶的职业生涯价值观,以及个人工作和家庭生活之间的关系。

职业测评对职业生涯管理的作用

有研究表明,进行职业测评,对职业生涯管理是有益的。职业测评最直接的成果就是增进了人们对自身和环境的认识。一系列调查表明,员工越深入地进行职业测评,他们就越了解自己和自己所选择工作。同样的道理,某些形式的职业测评还可使人们在寻找工作的过程中获得更多的信息。

有研究还指出,职业测评还有助于人们制定自己的职业生涯目标,尽管其关注的主要是职业生涯的质量,而不仅仅是数量。不仅如此,当他们进行了广泛的职业测评以后,再作出职业生涯决策,往往能使决策更为适当,也更令人满意。

这些研究还表明,职业测评在人们谋职中还有很多其他用处。那些进行了大量职业测评的学生,能够得到更多的面试应聘机会,得到更高薪水的职位,对工作的预期看法也更为现实。职业测评还能帮助人们制定出发展空间非常广阔的职业生涯战略,在面试过程中表现也更加出色。

简而言之,职业测评能够帮助人们进一步认识自身和工作环境,使人在制定职业生涯目标并作出决策这样的艰巨任务面前,能够从容不迫("有的放矢")。同时也能够制定完成这些重大目标所必需的策略。这并不是说,搞了职业测评,就一定能很容易地或必然地得到深入的、有用的信息。但它确实表明,如果能以坚实、准确的信息作基础,职业生涯管理就能有效地发挥作用。

本节的目的是考察职业测评的意义和实用性。具体的职业测评技术将在第 4 章中予以介绍。

认知

认知,就是个人对自身特性以及其相关环境特征的一个相对完整和准确的理解。

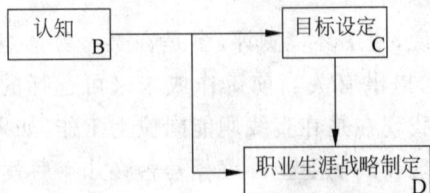

我们的职业生涯管理模型中,对自身和环境的充分认知,能帮助人们设定合适的职业生涯目标,制定正确的职业生涯战略。从这个意义说,认知在个人的职业测评中是一个核心概念。

诚然,如果对自身和工作没有准确的认识,就很难设定符合实际的目标。例如,你要成为一名保险精算师,但如果你对保险精算师这种岗位的职责、酬劳没有一个清楚的印象,对自己在这些相关领域的能力和兴趣也没有准确的估计,你怎么能实事求是地给自己设定这样一个职业目标呢? 进一步说,如果对自身的工作动机和能力——也许会对职业生涯管理有帮助,也许是一种阻碍——没有一个准确的认识,人们怎么能够作出合理的决策,以决定自己是继续做保险精算师,还是转而为成为一般管理者而努力呢?

这并不意味着人们在设定目标或是做决策的过程中,总能准确地认识自身以及他们的选择。事实上,我们都知道,有很多职业生涯决策是建立在僵化的、带偏见的或被歪曲的信息基础之上的。只有当职业生涯决策建立在对自身和环境的准确认识的基础上时,所制定的目标才会更加适宜和现实。

有多种资料可以支持这种观点。研究人员发现,那些对自身价值和他们所选择的领域有多方面认识的学生,与那些对自身价值和工作领域了解不多的学生相比,往往能建立更令人满意的概念性目标。这些信息和认知能力会促进人们制定明确的职业生涯计划。进一步说,人们掌握的自身和相关环境的信息能够帮助他们建立更实事求是的工作期望,并且获得更高的工作满意度。因而,这些研究证据表明,认知对于职业生涯管理有着积极的作用。

职业生涯目标

职业生涯目标是指人们希望达到的与职业生涯相关的结果。

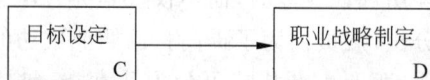

组织行为文献中最一致的研究成果之一就是,那些具有明确的、有挑战性的任务目标的雇员,要比那些没有目标或对目标责任感不强的雇员表现好。设定职业生涯目标的好处是能使人精力比较集中地做事情。研究还发现,一旦目标确定,接下来就要采取支持性的行动和态度。例如,一个销售代表想升为区域销售经理,他就可以围绕这一目标来规划自己的行动战略。如果没有明确的目标,将很难形成行动计划。

我们认为,职业生涯目标并不意味着职务的晋升或薪酬的提高。当然,一个适当的职业目标也许只是在同一组织内部或在不同组织之间进行的平调。事实上,职业生涯目标并不一定必须是改换工作。一位材料工程师的职业生涯目标很可能就是在现有岗位上原地不动,但可以不断提高自己的技术水平和扩大工作职责。

以上内容可归纳为一点:职业生涯的行动目标越具体,就越有可能制定出有效的战略来实现这一目标。例如,若一位财务分析师将自己的职业目标定为在未来 3 年内成为部门经理,他就会询问,要有什么样的培训经历或学历,要担当过什么工作,需要怎样出头露面,才能够帮助自己获得这一职位。尽管很多职业生涯管理学者讨论了目标设定的优点所在,但是有关职业生涯目标这一领域的研究却甚少。有证据表明,职业生涯的目标越具体,人们对本职工作就越乐观;实现职业目标的可能性越大,人们的职业发展战略就制定得越彻底。事实上,明确的职业生涯目标和计划,与不断提高工作效率,增强抗冲击能力,提高工作的参与程度以及提高工作的研究水平,二者的确有着密切的联系。埃得文·洛克及其同事做过一次广泛的调研,研究为什么有些员工要比其他员工工作得更为出色。这些研究者发现,当人们制定的目标既有挑战性又是可实现的时,就能激励他们干得更好。我们将在第 5 章详细考查不同类型职业生涯目标的特点以及制定实际而有效的职业生涯目标的具体方法。

职业生涯战略

职业生涯战略就是为了帮助个人实现其职业生涯目标而设计的一连串活动。

```
┌──────────┐    ┌──────────┐    ┌──────────────┐
│ 制定职业战略 │───▶│ 实施职业战略 │───▶│ 实现目标的过程 │
│    D     │    │    E     │    │     F      │
└──────────┘    └──────────┘    └──────────────┘
```

很多组织都制定了明确的、有助于实现自身目标的战略计划。制定这种战略计划的原则也适用于个人的职业生涯管理。关于职业生涯战略的大多数研究,都可以追溯到麦尔维尔·戴尔顿的研究成果:在制造业工厂中,管理者的晋升,与他们接受的正规教育或为组织服务的年限的关系其实并不大;反而是一些"战略性"行为,例如参加某个名声显赫的社会团体或政治组织,对他们晋升的影响却很大。鄂金·詹宁斯的经典分析揭示出,爬得快的管理者都有蓄谋已久的职业生涯战略——"当官掌权";成功的管理者之所以成功,是因为他们努力管理自己的职业生涯,而不是靠"忠于职守"、埋头工作、逆来顺受以及对公司的无限忠诚。那种以忠诚为基础的工作方式在过去吃得开;而如今的公司,则要求其雇员要有适当的职业经历和职业能力,而不仅仅是为公司服务的年头长。

一些调查研究试图区分出,雇员们为了提高自己职业成功的机会,都会(或可能会)使用哪些战略。这些研究表明,职业生涯战略可分为几大类,包括:提升岗位能力战略、加班加点战略、开发新技能战略、寻找新机会战略、拜师战略、成名成家战略和参与组织政治的战略。

对这些具体职业生涯战略的进一步论述,将在第 5 章分析职业生涯战略发展指南时一并进行。

职业生涯评价

职业生涯评价是指人们对职业选择作出评估和反思,再利用这种信息反馈,进一步改进职业规划的过程。职业生涯评价过程如图 3.2 所示。人们对待工作也像对待自己的一生那样,都需要知道自己到底做得如何。

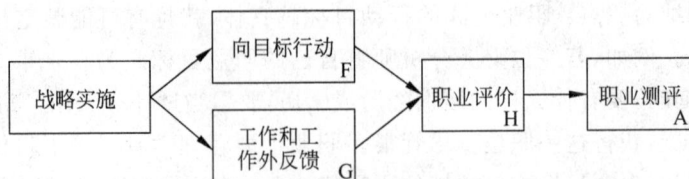

```
                  ┌──────────┐
              ┌──▶│ 向目标行动 │──┐
              │   │    F     │  │
┌──────────┐  │   └──────────┘  │   ┌──────────┐    ┌──────────┐
│ 战略实施 │──┤                  ├──▶│ 职业评价 │───▶│ 职业测评 │
│          │  │   ┌──────────┐  │   │   H      │    │    A     │
└──────────┘  │   │ 工作和工  │  │   └──────────┘    └──────────┘
              └──▶│ 作外反馈  │──┘
                  │    G     │
                  └──────────┘
```

图 3.2 职业生涯评价过程

建设性的信息反馈能使人判断他们的目标和战略是否仍有意义。而职业生涯评价，因其能使人监督职业过程，就表示它对职业生涯管理具有适应性反馈功能。

反馈来自多个方面。职业生涯战略的实施本身就提供了关于工作或工作以外的生活的反馈。例如，周末还在办公室加班（延长工作时间），固然能得到老板的赞扬，但会遭到家人的反对。又如，参加培训班或者与师傅搞好关系，人们就能学到对自身以及对工作和公司都有价值的东西。此外，关于实现具体目标的进展情况的反馈，可以从培训会或表扬会上领导的报告中听到，也可以从同事或其他重要人士那里获得。等到你在职业生涯评价中获得了反馈信息，就算完成了职业生涯管理的一个循环，因为这些信息又成为一条研究性的信息，它能使你进一步认识自身和所在的环境。

如前所述，职业生涯评价过程能使你反思自己的职业生涯目标。从工作中或是非工作中得到的那些反馈信息能使你进一步强化或修订自己的目标。例如，对于一项培训的热情响应或是对新项目中杰出表现的评论，都能够使雇员确信，他希望在管理层次上再升一级的目标是令人满意的，并且是切实可行的。但如果这些活动的结果令人失望，人们就要考虑改变目标了。

职业生涯评价还能影响到战略行为。例如，在一个绩效反馈的会议上，一个雇员和其上级可能会得出结论，认为没有必要进行额外的正规培训，通过调整工作来进一步接近主要管理者才是最重要的。在这种情况下，目标并未改变，但战略却调整了。只要人们具有监督能力和调整职业生涯战略的能力，他们的职业生涯就更有活力——包括在公司之间和公司内部得到更多的晋升机会。

简而言之，职业生涯评价给人提供了一种反馈机制，使得职业测评和整个职业生涯管理的循环得以不断持续下去。反馈对于学习和搞好工作的作用已经在理论上得到了反复论证。反馈作为自我矫正机制的功能同样适用于职业生涯管理。

3.3　职业生涯管理是一个持续的过程

我们说职业生涯管理应该是一个规范的、持续的过程，有以下几点原因。首先，因为工作是生活的核心内容，一个令人满意的职业生涯能够增进满足感，而一连串错误的职业生涯决策可能对人们的幸福感产生毁坏性的影响。其次，要深刻地了解我们在这个工作世界中的定位并不容易。制定的目标常常是不现实的，而战略设想也往往有失误。如果没有持续的、有意识的、积极的职业生涯管理，过去的错误很可能会延续下去并重复出现。

我们进一步阐述这种情况。人们往往会固守原来的决策——即使他们不断遭到失败，心情沮丧——以此向自己和他人证明最初决策的正确性。这种人其实是在糊弄自己，还以为自己能扭转过去的失败，从而证明他们以前的努力是正确的。实际上，这些人只不过是在寻找其他解释，或者是自我辩白，以证明自己以前的决策为什么是正确的。而持续进行的、积极的职业生涯管理，包括来自多方面的反馈，则是避免使自己越陷越深而不能自拔的必要方法。

进一步说，即使从不断变化的环境来看，也需要实行持续不断的职业生涯管理。在制定一项新的组织战略时，组织会用新的使命取代旧的使命，摒弃过时的发展之路，为新的发展途径提供空间。正如第1章所讨论的,技术变革、组织重组、裁员、兼并与收购都会对组织员工的工作产生影响。对组织环境变化的含义不敏感的雇员会发觉他们无所适从。

员工本身也是不断变化的。在自己生命某一阶段曾经非常重要的目标,在随后的阶段中却需重新审视一番了。同样一项工作内容,人们在30岁时可能感到兴奋,但到了50岁时,就可能觉得单调乏味甚至令人厌恶。年龄、成熟和经验都能给人带来新的才干和价值。家庭状况的变化也会给自己的职业生涯造成束缚或是带来机遇。没有意识到这些变化的人就可能错过机会,也就不能作出更适应当前价值观和所喜爱生活方式的决策。

正是由于这些原因,职业生涯管理才应当是一个解决问题的持续过程。这并不是说,人们必须不断地进行自我评价,或必须每个月甚至每个星期都调整自己的职业生涯目标或职业生涯战略。不过,它确实表明,人们应当适应自身以及环境的这些变化。我们在后面的章节将会看到,在某一时期,积极主动的职业生涯管理的确是极其重要的。无论是选择大学的专业,还是选择初次就业的领域,无论是摸清工作特点的研究过程,还是固守某种专业领域或拓宽自己的经历,无论是应对失业,还是要重新评价自己在工作和家庭中所扮演的角色,作出这些决策都要有准确的信息、切实的目标和计划以及"从善如流"的态度才行。

3.4 有效职业生涯管理的指标

人们如何能够判断他们的职业生涯管理是有效的呢?因为职业生涯管理是一个解决问题、做决策的过程,所以人们就力图去检测其职业生涯决策在某一时点的成果,来评价其职业生涯管理实践的有效性。例如,一个人可能会根据自己的职位升迁、负责程度或业绩水平,来衡量职业生涯管理的效用。

但这种倾向应当尽力避免。因为至少在短期内,职位升迁或工作绩效仅仅是结果(虽然十分重要),它并不能必然地反映出实现这些结果的过程,也不能表明职业生涯决策的动力所在。

由于职业生涯管理是一个持续的、适应性的过程,所以,仅靠一时一事来判断一个人的业绩、地位或升迁问题,并不能说明他是用什么方式来管理职业生涯的。下面,我们举出有效职业生涯管理的4个指标,用这些指标就可以对职业生涯管理模式本身进行评价。

1. 有效的职业生涯管理需要对自身和周围环境有一个深刻的认识。有些人对自身和工作环境的方方面面缺乏深入的认识,在这种情况下,他可能正撞上一个自己想干的职业,他的本事能有用武之地,那只不过是他有运气罢了。然而时间一长,他就不可能完全依靠运气了。职业生涯需要人们在一生中作出很多决策,而对自身和环境的清醒认识,能使人主动地作出恰当的职业生涯决策。

2. 有效的职业生涯管理要求提出实事求是的、可行的目标,与个人价值观、兴趣、能力和所希望的生活方式相一致的目标。做到准确地认识自身和环境,这只是有效职业生涯管理的必要条件,还不是充分条件。人们还要把这种认识转变为追求具体目标的决策才行。也就是说,如果能够实现这些目标,人们就能合情合理地满足自己的那些需求。但要注意一个倾向,即有些人,尤其是高校学生的初次就业计划,选择的只是他人(父母、伴侣、教授或是上级）觉得适宜的目标，却忽略了该目标能否满足自己的需要。而有效的职业生涯管理的特点恰恰在于：职业生涯目标或成就必须适应个人的需要及价值观。

3. 有效的职业生涯管理要求制定适当的职业生涯战略并保证该战略得到实施。制定有效的目标是一回事，而根据计划完成这些目标则是另一回事。再强调一下，有些人并没制定意图明确的战略计划，偶尔凭运气也能实现其目标，但他不会总有这种运气。正是因为人们在长时期中要作出种种不同的决策，才要把制定并实施职业生涯战略的能力当作有效职业生涯管理的基本条件。

4. 可能最重要的一点是：有效的职业生涯管理要求把这种反馈一直进行下去，根据适时变化的环境及时作出调整。没有人能够完全掌握自身和环境的各种信息，尤其是因为人们和这个世界都处在不断变化的状态。而且人们的职业生涯目标和战略也需要不断调整，甚至是大幅度修改。而从另一方面看，我们又都觉得"甩不掉"自己的职业，再不就是感到自己像是进入了职业生涯高原或在工作中处处碰壁。但是这种情形可能帮助我们意识到，在动态变化的工作环境中，我们的职业生涯计划可能是不适宜的。然而导致无效的职业生涯管理的原因并不是由于我们没看到问题，也不是由于目标和战略不适宜，真正的问题在于人们无力认识这些困难，无法采取一些建设性的措施来解决它们。因此，有效的职业生涯管理是一个需要不断努力的过程，在这一过程中，要用更好的信息和决策（但仍然有缺点）来取代有问题的信息和决策。

正是由于这些原因，评价一个人的职业生涯管理是否有效很不容易。仅靠表面上的"成功"并不能告诉我们一个人获取的信息是否准确，目标和战略是否适宜。而一个人对他的工作感到满意也不能说明问题，因为适应了他人的需求也会使他感到"满意"。有效的职业生涯管理则恰恰相反，它利用信息和洞察力，取得对个人有意义的价值和满足个人志向这种结果。

读者看到这里，可能会以为我们是在鼓吹一种纯"理性"的职业生涯管理方法。在某种意义上讲，我们的职业生涯管理模式也确实是以理性思考和行动为基础的。我们建议，要系统地进行自我测评和环境测评，要有意识地选择职业生涯目标和战略，同时要密切注意自身和周围环境的变化。运用理性的方法进行职业生涯决策行之有效，同时，对职业生涯进行主动的、自信的管理也能使个人获益。

然而，我们说职业生涯管理应当是理性的、系统的，并不意味着职业生涯管理是机械的、无感情的或"公事公办"的。从本质上看，职业生涯管理是一种"毫无章法"的事情。信息总是不够完备，认知过程很困难而且还往往是间歇性的，而目标和战略要发挥作用则可能要反复进行修改。最重要的是，我们个人生活和职业生活中的不可预见性，会破坏我们的职业生涯，甚至会把最佳计划排除在外。照此来看，人们在进行职业生涯管理时，就不要把自己变成一个机器人，这时候，"跟着感觉走"往往比"按部就班"更重要。

当你为使用第 4、5 两章中的职业生涯管理模型而仔细琢磨其具体指南时，当你在做本书的课后练习时，请牢记下面这些观点：指南不过是指南而已，绝不能当作僵化的教条，在认知上需要的是循序渐进，不要指望突然开窍。承认自己会犯错误这一事实，并且在取得进步之前往往要先退两步。最重要的一点是要记住，职业生涯管理，就其核心来说，是一种学习的经历。而学习，偶尔也能举一反三，但更多的时候则是零敲碎打的。学习往往能令人兴奋，但也频频让人沮丧，而且还使人受罪。因此，心态要放宽，要对自己有耐心，要请身边的人给予支持，要从过程中得到乐趣。

小结

本章提出了职业生涯管理模型，对模型中的基本因素，包括职业测评、模型的驱动力、搜集和分析与职业生涯相关的信息等，都从理论上作了分析。这种信息能提高你对个人本身（兴趣、价值观、个性、能力和生活方式偏好）以及环境（各种职业领域、工作、组织和家庭）的认识。

认识清楚了自身和环境，能使人设定切实的职业生涯目标。制定具体可行的职业生涯目标，能帮助人们选择和实施为达成这些目标而设计的职业生涯战略。然而，任何具体战略都不可能放之四海而皆准，所以要持续地进行职业生涯评价，由此获得并运用与职业生涯相关的反馈信息。这种反馈能帮助人们再次检验他们的战略是否有效，他们的目标是否合理。

因为人和环境都在随时间而变化，所以职业生涯管理也应当是一个持续的过程。我们确定了职业生涯管理是否有效的四类指标：对自身和环境的认识；制定与自己的价值观、兴趣、能力以及所期望生活方式有关的职业生涯目标；制定并实施合适的职业生涯战略；能使人面对变化的环境作出调整的持续信息反馈。

作业

访问一个朋友（可以是你的同学或同事），了解他有哪些职业生涯管理行动。你的朋友进行过职业测评吗？他对自我和环境的认识达到了什么水平？你的这位朋友是否已经确定了职业生涯目标，已经制定了职业生涯战略？不管是或否，都要问一下为什么，他在下一步应当做什么。

讨论题

1. 为什么说职业测评是职业生涯管理中如此关键的一个因素？如果不是刻意去寻求信息，人们怎样才能——如果真能的话——培养出对自身和环境的洞察力？在过去的一年里你做过哪些职业测评的工作？在过去 3 年里呢？这些工作取得了多大程度的成功？

2. 职业生涯管理主要是一个理性的、系统的过程吗？用高度理性的态度去对待职业生涯管理，其优点和缺点各是什么？

3. 为什么对自己的职业生涯进行监管和评价是一件重要的大事？为什么要定期进行职业生涯评价？你自己应该过多久就进行一次职业生涯评价？个人和环境的变化会以何种方式影响到自己的职业生涯？家庭在职业生涯评价中能起什么作用？

米切尔·泰瑞：一位有抱负的银行经理

45 岁的米切尔·泰瑞是一家中等规模的金融机构——联邦银行(虚构名)的市场部经理。近几年,她的一些下属已经被提升至她之上,这一事实时常提醒米切尔,自己想成为联邦银行执行副总裁的长远雄心已经不大可能实现了。最近,那位 40 岁的顶头上司——银行副总裁——找她谈话,对她近来的业绩作了评估。这次谈话给米切尔一个明确无误的印象:该银行很可能打算让她一直待在当前的职位上,直至退休。

实际上,这一不祥之兆已经有 5 年了。在这 5 年中,米切尔不断地审视自己最初的目标——当初是想成为一家银行的高级副总裁——这种想法对自己到底有多重要? 最后她得出结论:那个目标对自己仍很重要。结果是,在过去 5 年中,米切尔拜访了不下 15 家别的银行。每次她得到的都是彬彬有礼但表示否定的回应,因为这些机构都只雇用工商管理硕士,而米切尔只有本科学历。更为重要的是,虽然米切尔非常能干,但是她没有金融服务行业中那种充分的、随机应变的经验,她的形象也不像干金融的,更不像银行的执行副总裁了。在这种令人灰心丧气的状态下,她还是去找其他金融机构的同行,而他们的回答也同样是否定性的。

去年,米切尔又和联邦银行的管理者以及自己的丈夫作了几次谈话,这使她相信,自己应该放弃成为银行执行副总裁的梦想,因为这已经毫无可能了。米切尔的结论是:尽管还有获得提升的机会,但希望极其渺茫。同时,米切尔重新检查了她为什么一直想成为银行高层管理人员的原因。除了金钱和地位的考虑外,原来她是想得到一个机会,在更大的范围内影响银行的政策,以拓展银行对社区的服务范围。搞清了这一点,她就集中精力来扩展本职工作的影响范围,寻找银行可以影响社区再投资的手段。米切尔参加了几个关于社区再投资的训练班,并说服自己的老板让她主持一个开发新市场营销的小组。她还开始担任该银行几个年轻经理的师傅,帮助他们熟悉自己的一摊业务,并帮助他们避免犯自己在早期职业生涯中犯过的错误。

在家庭生活方面,米切尔也比她此前很长时间都更为放松,她现在可以更好地享受家庭生活了。她鼓励丈夫转向一个更个性化的、令人满意的职业生涯,直率地提出自己的建议并给予支持,与丈夫分享他在新的职业生涯中焕发青春、取得成功的乐趣。米切尔也开始把更多的时间花在孩子和刚出生的孙子身上,并且再次产生了对地方政治活动的兴趣。

米切尔最近的业绩评估成绩很出色。尽管她不像过去那样经常在周末和晚上加班了,但她的工作业绩并没有受到影响。相反,她的市场营销小组正在开发几个富有创新的项目,她所主持的小组正在取得真正的进步,她在同几位银行年轻经理的交往中也获得了极大的乐趣。尽管米切尔仍为她不能被提升而不时感到有点沮丧,但她已经成为银行中受人尊敬的、作出贡献的人了,并且,她也在逐步接受那未被提拔的现实了。

案例问题

1. 请指出,米切尔为了收集关于自己的信息(她的价值观、需要、能力、兴趣和向往的生活方式),以及有关她的环境的信息(不同的工作、雇主、行业、家庭),她都做了哪些具体的职业测评工作?再请指出,为了获得更多的信息,她其实应该做哪些工作?

2. 对自己的职业,米切尔有没有概念性目标和行动目标?如果有的话,都是什么目标?如果没有,请解释,为什么你认为米切尔当前还没有自己的职业生涯目标。

3. 米切尔执行的是一条什么样的职业生涯战略?这个战略有效吗?为什么有效或无效?

4. 米切尔在多大程度上得到了对自己职业生涯有用的信息反馈?联邦银行是否应该更主动地帮助米切尔管理她自己的职业生涯?要真想帮助她,联邦银行应该做些什么?

5. 如果请你给米切尔做顾问,你会给她哪些建议,帮助她有效地把自己的职业生涯管理再推进一步?

第 **4** 章

职业生涯管理模型的应用：
职业测评指南

我们在第 3 章介绍了职业生涯管理模型，并从理论上分析了其构成要素的基本原理。在本章，我们从实用角度出发来研究职业测评，即职业生涯管理模型的驱动力。特别是要明确其中关于职业测评的基本原则，讨论组织应该开展哪些职业测评活动，给读者提供参与职业测评活动的机会，对如何成功地进行职业测评提供一些指南。此外，我们将在第 5 章讨论职业生涯管理模型的其他要素——职业生涯目标设置、研究战略和职业生涯评价。

4.1 职业测评的类型

职业测评是指收集并分析有关职业生涯问题的信息。我们在第 3 章已经指出，这可以揭示出一个人的个性和所处环境的信息（自我测评），以及有关环境的信息：职业、工作、所在组织和家庭等方面。职业测评的目的在于帮助人们提高自我认知和环境认知的能力，从而制定现实的目标与适合自己的职业测评战略。近年来，随着不确定性的增加和工作安全感的降低，人们对职业生涯管理一事也变得更适应了，更灵活了。认清自己，摸清工作环境，不仅可以帮你制定合理而有意义的职业生涯发展目标，还能为你更换工作作好准备，而不论你是否蓄谋已久。正如我们在第 2 章里指出的，具备应对职业生涯变动和干扰的才能，才是"无边界"职业生涯管理的第一要务。

自我测评

当你进行自我测评时，常常需要搜集大量有关个人情况和态度的信息，有了这些信息才能够作出职业生涯方面的决策。这些情况包括你的价值观、兴趣、个性因素、天赋或才能、生活方式或偏好以及任何弱点或缺点。你如果想找到适合自己的职业并确立有意义的职业生涯目标，最基本的是要了解自己希望从工作和业余生活中获得什么，自己具备（或将在工作中学到）什么样的工作技能和才能。自我测评的目的在于求得自我了解，或者说给自己的情况画一幅相对全面的画像。鉴于自我测评和自我了解对职业生涯管理过程之重要性，下面我们将详细考察个人的价值观、兴趣、个性、才能和生活偏好的含义。

　　价值观是人们对人类生存的性质或个人希望采取哪类行为所持的一种信念。价值观揭示的是人们看待工作或职业回报、薪酬或其他问题的不同态度。人们往往会按先后顺序来确定各种行为的价值大小，并依此作出解释、协调与判断。有一种理论认为，个人的生活价值观有六大类型：理论价值观、经济价值观、美学价值观、宗教价值观、社会价值观和政治价值观。尽管有些人把帮助他人(属于社会价值观)或获得权力(属于政治价值观)放在首要位置，但也有人更关注为世界创造美(属于美学价值观)或做学问(理论价值观)。每个人都可能有几种自己认为重要的价值观，并形成独特的组合。了解一个人的价值观，可以让我们充分了解其职业生涯志向。举个极端的例子，一个非常务实且有极强政治欲望的人，不可能对一个低薪且无法发挥其领导才能的工作感兴趣。

　　正如表4.1所示，沙龙·施瓦茨区分出有关工作领域的10类价值观。人们对权力、传统和工作安全感等问题，往往根据其价值观的不同而重点关注不同的方面。此外，不同职业和具体的不同工作对于人的价值观的满足程度也不同。毫不奇怪的是，一般来说，能使人有机会实现对工作的价值观的那些职位，往往可以使人感到满意。

　　职业测评计划都会鼓励员工谨慎地考虑自己的价值观。人们可以通过分析自身的生活经历，认清自己所做的各种职业生涯抉择属于哪种类型，分析作出这些抉择的深层原因，就能对自己的价值观有一个更深入的了解。有了这种非正式的分析，还可以再通过价值观体系分析来加以补充。

　　兴趣是指人们喜爱或不喜爱某项特定活动或对象的态度。因此，兴趣就是人们喜爱做某事的表现。兴趣来自诸如价值观、家庭生活、社会阶层、文化和物质环境等因素。虽然兴趣是价值观的表现，但兴趣总是与特定的任务或活动相联系的。举例来说，有这样两个人，他们可能都重视工作中的创造性，但其中一人对科学创造有强烈的兴趣，而另一人则偏爱文学创作，这两种兴趣对他们有同样的作用，即有助于他们拓展自己的创造性价值观。这样就可以理解，为什么那些工作与兴趣相一致的人，会比那些工作与兴趣不一致的人更加满意自己的工作。兴趣与职业生涯选择之间一致与否，是同此后他对工作的满意程度及持久性紧密相连的。

　　约翰·霍兰德(John Holland)发现，人的个性、价值观及偏好的生活方式一般会通过6种兴趣反映出来。霍兰德这一理论假定，职业兴趣是个性的一种重要表现，这6种兴趣分别反映着人的个性中的特定因素。这6种兴趣倾向可以整体比作RIASEC万花筒，也与我们前文所述的基本生活价值观很相似，包括务实型、研究型、艺术型、社会型、创业型以及传统型。具有务实型兴趣的人往往愿意多做一些任务明确的实事，而具有研究型兴趣的人则更讲科学性，更有学者味道，愿意搞研究。具有艺术型兴趣的人更喜欢不太讲究的环境，这样才能表现出他的创造性和个性。具有社会型兴趣的人更多地关注人文的、个人的价值倾向，并擅长处理人际关系。创业型的人则往往愿意当组织者，进行管理，喜欢目标明确的活动。最后，具有传统型兴趣关注的则是结构、传统和细节。

　　在20世纪20年代，斯坦福大学的爱德华·斯特朗(Edward Strong)列出了一份关于人的各种兴趣的单子，反映的都是特定的职业偏好。斯特朗认为，兴趣能够给人带来我们在才能或成就中所看不到的一些东西。这些东西就是人们想做的事情以及那些能使他们感到满意的事情。如今，斯特朗的兴趣清单(Strong Interesting Inventory，SII)包括了人

表 4.1 对工作价值观、兴趣和才能的说明

工作价值观[a]	兴 趣[b]	才 能[c]
权力	**务实型**	**认知型**
成就	自然与农业	一般智力
享乐	计算机硬件与电子	语言推理能力
刺激	运动	逻辑推理能力
自我导向	保护性服务	记忆力
兴趣多样性	机械与建筑	书法艺术
行善	**研究型**	阅读能力
传统	科学	**神经状态型**
舒适	数学	运动精确
安全	医学	手工灵巧
	研究	手指灵巧
	体育运动	反应时间与速度
	艺术型	竞技与合作
	视觉艺术与设计	**感官型**
	咨询与帮助	视觉
	表演艺术	听觉
	烹饪艺术	知觉
	写作与大众交流	刺激反应
	社会活动型	**体力型**
	教学与教育	肌肉强壮
	社会科学	心脏承受力
	保健服务	运动质量
	宗教活动	
	人力资源培训	
	创业进取型	
	政治与公开言论	
	企业家	
	营销与广告	
	销售	
	管理	
	循规蹈矩型	
	办公室管理	
	法律	
	税收与会计	
	金融与投资	
	规划与信息系统	

注：a：Items from Schwartz, S. E. (1999), A Theory of Cultural Values and Some Implications for Work. *Applied Psychology：An international Review*, 48, 23-47.

b：The 30 Basic Interest Scales included in the Strong Interest Inventory arranged by the six Holland Interest Types. Taken from D. A., Thompson, R. C., Morris, M. L. & Schaubhut, N. A. (2004). *Technical brief for the newly revised Strong Interest Inventory assessment*. Palo Alto. CA：Consulting Psychologists Press.

c：Adapted from Rotundo, M. (2006). Abilities. in J. H. Greenhaus & G. A. Callanan(Eds.), *Encyclopedia of career development*(pp. 1-5). Thousand Oaks, CA：Sage.

对 30 种基本领域的兴趣。这 30 种基本兴趣可以依照上述霍兰德的 6 类兴趣进行归类。表 4.1 根据职业生涯发展的方向把人的兴趣作了分类。SII 提供的信息表明,一个人的兴趣与在 244 种职业中从业的人员相比,其兴趣具有相似性。至于如何运用 SII 和其他有关自我测评的评价工具,我们将在本章后面讲解。

人的基本个性是自我测评的另一方面,个性所能够相对地反映稳定的心理特点,而心理特点则包括诸如思想、感情、兴趣、习惯以及行为等因素。重要的前期研究表明,人的个性因素共有 5 种类型。这 5 种类型一般划分为:外向型、附和型、诚实型、情绪稳定型和闯荡型。

1. 外向型是指个人渴望人与人之间的激励的程度。外向型程度高的人会被引向某种社会地位,使他能去影响别人。外向程度低的人则显得更为内向、平静和含蓄。

2. 附和型则突出了人的下列特点:讨人喜欢、善良、谦恭和有教养。附和型倾向高的人被认为是友善的、容易合作、敏感、关心他人并乐于助人。附和倾向低的人则更以自我为中心,更为内向。

3. 诚实型则具有善始善终、可靠和持之以恒等特点。诚实程度高的人容易被组织起来,办事中规中矩,只要目标既定,就能一以贯之。诚实程度低者则不大肯负责,靠不大住,也很难组织起来。

4. 情绪稳定型是指凡事不温不火、不偏不倚的那类人。这类人以潇洒、自以为是、处事不惊为典型。

5. 闯荡型是指人们对陌生事物的容忍度和被吸引程度上的差别。程度高者富有想象力、创造力和洞察力。他们宁要复杂多变的环境,也不愿轻车熟路地、安安稳稳地度过一生。与之相反者,则多为循规蹈矩、脚踏实地、不好高骛远者。

一般来说,人们在收集自己的信息时,以及组织在人事选任、雇员发展和开展个人评价时,普遍都是按这“五大尺度”分类法来设计个性调查问卷。在本章最后,我们将讨论一些著名的人事测试。

职业生涯管理中还有一个重要的因素,就是人的才能(或才干)。才能是指个人的学习天赋或能力以及熟练程度(见表 4.1),这些能力使人(有时要经过适当的培训和开发)能够完成广泛的任务。因此,这些因素也就成为限制我们可能取得哪些成就的约束条件;显然,我们在进行职业生涯决策时,必须先考虑自己的能力和才能。但不幸的是,许多人选择的职业或工作,是他们所不擅长的,或者是虽然有能力做但却不能有效发挥他们才能的工作。因此,许多职业生涯管理计划都为参与者提供了评价自身长处和短处的机会。回顾一下我们在校学习、参加工作以及生活中的其他方面,就可以对自己的能力和天赋作出评价了。

兴趣、价值观、个性和才能在许多方面是相互关联的。首先,如前所述,兴趣根植于价值观。但是兴趣与能力有关,这也是事实。人们喜欢做自己擅长的事情,这是在情理之中的;而通过锻炼,他们对自己喜欢的事情就可能变得更加专业。因此,尽管有人觉得把价值观、兴趣、个性和才能分开来讨论比较方便,但有时必须把它们作为一个内在统一的整体来考虑。埃德加·舍因(Edgar Schein)关于职业定位的观点可能最能抓住这种特点。舍因引入职业定位这一概念,就是为了认清各种不同的工作倾向。人们自我感知的才能、动机和价值观等构成了人们对自身的职业定位,职业定位又是人们自己的职业观念的核心。其次，职业定位也可为选择职业提供一种基础，因为人们在选择工作或组织时所作的决定，往往与对自己的看法相一致。但是，人们又只有通过若干年的工作经验及实际考验，才能完全清楚自己的职业定位到底应该在哪里。舍因根据自己对 MIT 斯隆管理学院男性毕业生长期研究的结果，发现职业定位分为以下 8 种类型：

- 技术能力或职能能力定位：这种职业定位主要关注的是工作的实际内容。持此种定位观点的雇员一般都希望能一直在自己擅长的技术或职能领域（如财务管理、人力资源管理、市场营销）工作。

- 总体管理才能定位：这种职业定位的主要目标是从事直线管理工作，而不是在组织中的某一职能部门工作。持此种职业定位观点的人关注的主要是如何把其他人的努力整合起来，衡量的是总体效果，以及把组织中的各种职能进行整合。

- 自主权型定位：主要考虑的是自身如何才能不受组织各种规章制度的限制，使自己在所选择的职业中能够自行决定工作时间、工作内容和工作强度。持这种定位的人宁可得不到提拔，也要保持这种自主权。

- 安全—稳定型定位：长期保持稳定的职业是这种定位的基本出发点。只要能使某人一直待在某一个单位、行业和地理区域中，就能满足其对安全的需要。持这种定位的人一般都喜欢稳定的、可预测的工作。

- 企业家型定位：这种定位的主要目标是追求创新，包括克服某些障碍、敢于冒险和突出个人的成就。持这种定位的人追求的是拥有按照自己的方式创办自己的组织的自由。

- 服务和奉献型定位：这种定位主要关注的是追求现某些有意义的结果，例如，从事"帮助性"的职业来改善他人的生活水平。

- 纯粹挑战型定位：其主要的工作需要是解决那些看起来无法解决的难题或不可逾越的困难和障碍。持这种定位的人在其工作中追求的是新鲜感、多变性和挑战性。

- 生活方式平衡型定位：这种定位的主旨在于实现自身生活各主要方面的平衡。具体说就是，持这种定位的人希望的是家庭生活和工作之间的协调一致。

工作以外的需求问题

对很多人来说，在其生活的诸多大事中，唯一与工作同等重要的是家庭生活。你想要的是什么样的家庭生活？你会用什么方式来表达你的精神需求？什么样的社区活动或闲暇行为才能满足你的基本价值需求？在公司中当官、挣大钱在你一生中到底有多重要？简言之，你最希望过的是一种什么样的生活？

由于以下一系列原因，关键就在于要对你的业余生活做一个彻底的分析。首先，仅靠工作，可能很难或无法满足你的某些基本价值观。其次，有些职业领域或工作要占去你大部分时间和情感，以至于留给个人生活的已经所剩无几。因此，要想作出适当的职业决策，就必须仔细考察业余兴趣及其价值的重要性和多样性了。例如，尽全力给其子女所在球队当教练的一位父（母）亲，会发现要经常出差的工作简直让人崩溃。第三，业余生活及闲暇活动的重要性在人生过程中是变化无常的。这样，人们在作出职业决策时，就必须敏锐地应对这种变化，使决策尽可能与他们生活中的各方面相适应。

在第 10 章里,我们将对工作及业余生活之间的关系做详细阐述。而在这里,重要的是认识到,只有搞清楚工作和业余生活间的关系,才能明白你所希望过的是一种什么样的生活方式。也就是说,工作和业余生活都能令你满意。要理解你所希望的生活方式究竟是什么样的,就需要回答下列问题:

我在生活中看重的价值观是什么?

我喜欢或不喜欢的是哪些活动?

我拥有哪些才能?哪些是对我有重要意义的?

我的价值观、兴趣和才能最适合何种工作?

哪些业余活动最适合于我的价值观、兴趣和才能?

怎样做才能使我的工作和业余生活之间得到平衡,以展现自身最重要的价值观、兴趣和才能?

除这些问题以外,人们在作出职业生涯决策时,还必须把自己的业余兴趣考虑进去。在职业决策和职业选择的发展模型中,闲暇兴趣是一个重要因素。职业健康心理学认识到闲暇兴趣对人的精神健康、身体健康以及毕生的满足都是重要的。这种研究把闲暇范畴分为 4 类,包括艺术智力类(如园艺、烹调、手工、写作和舞蹈)、运动竞赛类(如牌艺、集体比赛、个人比赛)、社会类(如聚会、采购、与朋友社交)以及户外类(如狩猎、钓鱼、野营和冒险性运动)。热衷于某类特殊的闲暇活动,显然会对职业选择产生重大的影响。我们举个简单清楚的例子,一个爱好冲浪并乐此不疲的人,你让他到远离大海的地方去工作,他一定会不愉快的。

4.2 有效的自我测评技术

用来增强自我认知的具体技术有很多,所有这些技术都要求收集有关我们自己的信息,再将这些资料整理提炼出含义清楚的主题,并根据这些主题对职业生涯决策的作用分别作出解释。

收集数据

自我测评的第一步是收集有关自己的价值观、兴趣、个性、才能、生活方式偏好以及追求闲暇的数据。收集信息的方法以及数据的来源是多种多样的。总的来说,这些信息数据来源可分为 4 大类:个人评价方法、整合的职业生涯规划方法、组织的计划以及非正式的评价方法。

个人评价方法

可以毫不夸张地说,用于帮助个人更好地了解自我的方法不下百种。下面我们来讨论几种比较著名的、被广泛地用于自我测评的评价方法。要想全面了解每一种方法,可参见各种文献。要了解每种方法的摘要,也可参见 2006 年杰弗里·H.格林豪斯与杰勒德·A.卡拉南编纂的《职业开发百科全书》。但要注意,几乎所有的评价方法都必须由职业生涯管理顾问来操作和阐释。

价值观评价　　罗克基价值观调查表包括两种价值观序列(每个序列有 18 种价值观)。人们按照各种价值观在个人生活中作为指导原则的重要性对它们进行排序。第一序列包括"目的"价值观，或者说是与人们希望从生活中获得什么有关的价值观；而第二序列则由"手段"价值观组成，即与其为人处世方式有关的价值观。该调查表的一个重要方面是按价值观的相对重要性排序，这表明人们必须依照他们自身内部的价值观体系来指导他们作出选择。

人们举出一系列被认为对职业选择及发展最为重要的工作价值观，最初由唐纳德·苏普提出的"工作价值修正法"(简称 SWVI-r)，就是想对这些价值观的相对重要性一一作出评价。他们对全部 12 种工作价值观作出了评价，并提供了一份总表，其中对这 12 种价值观分别按其重要性依次排序。查阅 SWVI-r 法的专用网址是 www.kuder.com，按其指令操作，当时即可打分并得出评价报告。该网址还提供了找到各种职业中包含的工作价值观的线索。

多年以来，人们一直使用最初于 1931 年提出的"欧伯特—沃农—林德价值研究法"(简称 SOV)，来评价工作的价值。这种方法区分了 6 种价值导向，包括理论导向(发现真理)、经济导向(即用处大小)、美学导向(形式美、和谐美)、社会导向(人类之爱)、政治导向(各种权力领域)以及宗教导向(生命的完整统一)。这种研究是向被调查者提出各种熟悉的生活场景，请他们分别作出反应。然后，根据他们的回答，就可运用 SOV 法，测定每一种价值导向的相对强度。鉴于 SOV 最初版本中的困难和局限性，又提出了第 4 版并发表在 2003 年的《职业行为杂志》上。SOV 新、旧版本的项目几乎是一致的。

兴趣评价　　斯特朗兴趣清单(简称 SII)可能是区分兴趣和相关职业的最著名的工具了。该清单包括 291 个问题，可从各种各样的角度衡量人的职业兴趣构成。斯特朗兴趣清单包括彼此相关的 3 个方面：一般职业目标、基本兴趣标准以及职业标准。正如本章开始所讨论的那样，一般职业目标是基于霍兰德的 6 种基本职业兴趣倾向。30 个基本兴趣标准(参见表 4.1)可以衡量人们对具体领域(如研究行为或艺术行为)的兴趣强度和一致性。职业标准反映的则是个人兴趣与在 244 个不同职业中工作的男性和女性的兴趣相似程度。这样，SII 就试图将个人的相当广泛的兴趣(即 6 大职业目标之一)和更具体的兴趣(即一种或多种基本兴趣标准)以及具体职业名称三者结合在一起。有关 SII 的具体信息可在 www.cpp.com 上查到。

自我导向研究法(简称 SDS)以及职业偏好目录(简称 VPI)，是约翰·霍兰德提出的另外两种职业评价工具，被广泛用于个人的自我测评之中。这两种工具使用的概念与斯特朗兴趣清单中的概念基本相同，所谓基本相同，是指这些概念在一定意义上都是根据以下观念得出的：在具体职业领域中，最适应者与满意者都具有共同的心理特征、共同的兴趣和偏好。所有这 3 种方法——SII、VPI 和 SDS——都是使用霍兰德的"六大兴趣导向"，把个人特点与具体职业联系起来。关于 SDS 和 VPI 的具体信息可查网址 www.parinc.com。

基本人际关系行为倾向(简称 FIRO—B)是一种评价方法工具，用来观察一个人的需要会如何影响他对待他人的行为。使用这种方法，可以看出人们对他人是否相容，以及与此有关的个人特点。从本质上说，这种方法可以评价人与人之间的 3 种需求，如下所述：

1. 胸怀,或者说是一个人寻求或希望从他人那里得到的联系程度和知名度。

2. 控制,或者说是一个人从他人那里寻求及期望的权力大小和驾驭程度。

3. 影响力,或者说是一个人寻求及期望与他人保持关系的密切程度。

使用 FIRO—B 方法,可以衡量人们希望在多大程度上,把以上 3 种自己的需求表达出来;以及人们在知道了另一人表达的需求后,自己感到舒服或不舒服的程度。有关 FIRO—B 的具体信息,可参见 www.cpp.com。

《库德职业研究》(*Kuder Career Search*)最初由弗里德里克·库德开发,于 1939 年首次出版。这个工具当前的版本衡量被测试者在 6 个不同方面的兴趣,包括艺术与沟通、商务运作、户外活动与机械运动、销售与管理、科学与技术、社会服务与个人服务。库德系统也使用"人员配对"方法,即通过电子自动配对,把某人与另一位同他有相同兴趣的人配在一起。然后,给受试者读一份那位配对者的简要自传,以获知此人所从事的工作的要求。数据库还为这一配对过程提供了各种各样的工作选项,受试者就可以据此调查多种职业生涯的可能性。有关库德方法的具体信息可参见网址为 www.kuder.com 的"库德评价测试"。

坎贝尔兴趣技能调查表(简称 CISS)是由戴维·坎贝尔开发的,1992 年公开发表。该表目的在于测量人们的自报兴趣以及相关的技能。与斯特朗兴趣清单相似,CISS 调查表包括 7 种兴趣导向(影响力、组织能力、帮助能力、创造力、分析能力、生产能力和冒险倾向),从最低的 25 级向上提高。从概念上看,这 7 种兴趣导向与约翰·霍兰德的 RIASEC 的 6 个维度很相似。这个工具也包括 60 种职业,最低也是 25 级。CISS 的具体情况可参见 www.peasonassessnents.com。

个性评价 凯瑟琳·布里格斯和伊莎贝尔·迈尔斯母女合力研究出迈尔斯—布里格斯个性分类指数(简称 MBTI)。MBTI 是以瑞士精神病医生卡尔·琼的研究成果为基础,通过观察所有人在不同时期的 8 种不同个性偏好,提出了一个非常有用的测量个性的方法。这 8 种个性偏好类型被编成 4 组,每组都是由两极组成的一个区间。再把(从每个区间的人里)选出的、与你个性最为相似的 4 种偏好组成所谓一类。衡量这 4 项个性的尺度是:人是怎样获得才能的,人是怎样领悟信息的,人是怎样做决定的,又是怎样选择个人偏好的生活方式的。"获得才能型"的人有外部转化和内部转化两种。外部转化是从他人、从外部世界的活动或事情中汲取才能,内部转化是从个人自身的思想、感情或感觉世界中汲取才能。"感知型"的人则分为感觉和直觉两种范畴。依靠感觉的人借助自己的五官来收集信息,以判断什么是真实的。依靠直觉的人则是通过"第六感"来获取信息,用以估计什么事情会发生。"决策型"的人则分为依靠思考和依靠感情两种类型。依靠思考进行决策的人多是通过整理各种信息,合乎逻辑地来作决策。依靠感情进行决策的人则凭借个人兴趣和价值观取向来做决策。"生活方式偏好型"的人又有判断型和感受型之分。爱做判断的人偏好有计划的、有条不紊的生活,而依赖感受的人则偏好自发的、随机应变的生活。以上 4 组"两极区间序列"可以组合成 16 种个性类型。

MBTI 同 SII 一样,也是评价人的个性及喜爱哪种工作环境的一种有用工具。如果把 MBTI 与 SII 结合起来使用,就可以为人们提供有关个性类型、兴趣、可能的工作环境及职业生涯等方面的信息。有关 MBTI 的具体信息可参见 www.cpp.com。

还有一种方法是"16 种个性调查问卷"(简称 16PF)，这是雷蒙德·卡特尔在 1949 年提出的。现在它已经有了第 5 个版本。16PF 衡量以下 16 种个性：热情；推理才能；感情稳定性；支配才能；活泼；规则意识；勇敢程度；敏锐性；猜疑心；抽象才能；私密倾向；忧虑度；接受变革的程度；自力更生的程度；完美主义；紧张度。这 16 个因素可以进一步归入 5 种一般的个性范畴：外向型、焦虑型、坚毅型、独立型及自我控制型。一份完整的 16PF 由 185 个问题组成。从职业生涯规划角度看，可以用 16PF 来建立一份"个人职业生涯发展图"。利用该图可使人们进一步深入了解自己的个性，因为它关系自身兴趣和职业兴趣。该图由 6 部分组成，每一部分都具体分析了几种情况，即如何解决问题，如何应付环境压力，形成什么样的人际关系，在组织中担任的角色和在工作中的地位，对职业活动的兴趣以及向往的生活方式。同 MBTI 一样，16PF 法也被组织广泛使用，以帮助员工评估自己的兴趣与偏好，并最终作出职业决策。关于 16PF 法的具体信息可参见 www. pearsonassessments. com。

"明尼苏达多阶段人格调查"(简称 MMPI-2)包含 567 项个性测量指标，内容以"真"和"假"来表示。MMPI-2 的原始版应用于 1943 年，当时只是作为医学筛查之用。其中，把人的个性(主要指心理方面)等级分为 10 级。1989 年又完成了 MMPI-2 的修订版(或称第 2 版)。新版的测量等级与老版相同，但对某些等级和某些项目给予重新解释。MMPI-2 现在是使用得最广、研究得最多的成年人心理测试方式。其最主要的用途是医生用来诊断神经病，并选择适当的治疗方法。但 MMPI-2 还可以若干方式用于职业测评，包括测量情感调整度与个性的总体机能。有关 MMPI-2 的具体信息可参见 www. pearsonassessments. com。

加利福尼亚心理调查表(简称 CPI)是一种衡量个性与个人风格的测量工具。CPI 最初发表于 1956 年，包含 434 个指标，以及关于个性的 20 个维度。其中还有一批含特定用途的指标，包括管理潜力、工作取向以及领导能力。CPI 可用于一系列职业开发之用，包括职业决策与职业成熟度。CPI 的具体信息可参见 www. cpp. com。

能力和才能的评价　由美国劳动部所属美国就业服务局开发的"一般才能综合测试法"(简称 GATB 法)，是供美国政府各部门用作就业咨询和就业安置的一种方法。设计 GATB 的目的在于测试认知能力、感知能力和心理能力。它是使用范围最广的测试方法之一，其职业数据库的规模也称国内独步。GATB 法包括 11 种限时测试，可测量 9 种能力，包括语言能力、算术推理能力、计算能力、空间识别能力、形状感知能力、文字能力、运动协调能力、手的灵活能力以及手指灵巧能力。用 GATB 衡量出人的基本素质与能力，就可以和已经确定的包含数百种职业的职业能力样本进行比较，以了解自己的现状。

兵役职业才能测试法(简称 ASVAB 法)是美国使用最广泛的多种才能测试法，适用于所有报名参军者。设计 ASVAB 法是为了衡量 9 组知识与技能，包括一般科学知识、计算推理能力、语言知识、段落理解能力、自助购买能力、数学知识、机械学知识、电子信息以及概括能力。综合运用以上各组指标，可以衡量其他能力范畴，如一般智力水平。

本奈特机械能力测试法(简称 BMCT 法)是用来评价在实际生活中使用机械能力的方法。BMCT 法开发于 1940 年，目的是考察以下能力：解决实际问题的能力，运用物理规律的能力，以及对各种机械的操作能力。目前，BMCT 法已经得出了以下行为的标准测试结果:工程机械、安装、维护与保养、汽车、飞机或一般使用机械的行为、运输或机器操作、技术交易及其他行为。有关 BMCT 法的具体信息可参见 www.harcourt-uk.com。

　　总的来说,价值观调查、兴趣清单、个性调查表、能力测试和其他评价方法对职业生涯咨询都特别有帮助。无论是年轻人最初的择业,还是成年人对他们现有工作不满或想更换工作,这些评价方法都有帮助。尽管如此,心理测试和评价方法仍然有其局限性。因此,这些测试结果也只能作为讨论的指南,作为确定主题和进一步抉择的参考,而不应该把这些结果当作指导自己职业生涯发展方向的结论性答案。

4.3　自我测评方法整合

　　现在有很多复杂而全面的职业评价模型,设计这些模型的目的就在于帮助人们提高其职业生涯规划和职业生涯决策水平,以促进个人的成长。大多数这类模型都把关注的焦点放在本章前面讨论的一两个主要评价手段上面,其最终目标是帮助人们通过自我测评过程,使人们对大学的某一专业或可能的职业生涯路径具有比较大的把握。这种综合性的自我测评课程可以在不同的地方学到,包括教室、咨询事务所、职业生涯资源中心/办公室、互联网,或一家组织的人力资源部门。

　　以计算机为基础的职业生涯支持系统为人们提供了有效的、个性化的方式,来进行自我测评。这些项目能提供职业生涯课题、个性化技术评价、职位空缺以及职业决策支持等信息,可以满足多方面的职业生涯管理的需求。互联网上大多数职业支持系统都是免费的,或者只花少量的登记费即可使用。个人电脑的普及与上网,使得以计算机为基础的职业生涯支持系统成为很实用、很方便的工具,能帮助人们进行职业测评和职业开发。

　　授课型的各种项目则涵盖了职业生涯规划的很多方面,其中包括在课堂上进行自我评价。大多数课堂项目都会持续几周时间,以使学习者经过一段时间,更好地了解自己及工作环境。除此以外,还有很多学院和大学都开设了拿学分的职业生涯课程,学生能通过整个学期的学习,增进对自己和职业管理过程的了解。

　　人们应当学会谨慎。不能仅凭某个整体职业生涯规划的结果,就贸然选择一个尚未成熟的职业生涯发展方向。这类项目作为一种评价工具,在帮助人们更好地了解自己的职业偏好和职业需要上,只是若干种辅助手段之一,而绝不能作为职业生涯决策的决定性依据。

4.4　组织资助的员工自我测评计划

　　对成年工作者来说,要了解自我的兴趣和才能,最有效的方法之一是利用所在组织提供的职业生涯管理援助计划。从理论上看,组织发起的这种计划既对员工个人有益,也对公司有益。

　　很多研究者已经注意到,一些组织的职业生涯管理工具可以提高成年工作者的自我认知能力。这些计划包括个人的自我评价,它可以通过下述活动实现,如举办职业生涯规划培训班、填写《职业生涯手册》和建立组织职业生涯评价中心。下面我们将作详细描述。

职业生涯规划培训班 采用分组交流的方式,对每个参与者的个人情况,诸如优点、缺点、价值观和其他个人信息等内容,逐个进行系统介绍并讨论。举办这种培训班的目的,就是让自己对自己负责,通过确定符合实际的职业目标,付诸实施,最后达到目的。

《职业生涯手册》 填写《职业生涯手册》的目的与举办职业生涯规划培训班的基本目标完全相同,只不过是参加者自己写自己的情况,而不是分组讨论并互相交流。《职业生涯手册》运用一系列练习和参考资料帮助员工完成自我评价的全过程。此外,《职业生涯手册》要求员工独立完成,完成时间可以自定。

职业生涯评价中心 过去,这些评价中心的工作重点主要是对所选员工的晋升可能性进行定量分析。而在当今的企业里,这些评价中心则起着多重的作用,包括评价员工的个性特点,员工在具体岗位的工作能力,以及在小组练习中员工个人表现出来的能力和实际或潜在的缺点,把有关的信息反馈给员工个人。在这个意义上,员工就可以根据评价中心给自己打的分数,作出职业生涯的决策,确定雇员的发展目标。

除了以上 3 种项目以外,成年工作者还可以有其他方法,通过组织得到自我评价的结果。例如,通过定期的绩效评价和上级意见反馈,可以深入了解自己的优缺点,把这些优缺点放在雇员职业测评中一并考虑。在很多更重要的"经理发展项目"中,要使用 360 度全方位的评价技术,可以在更大范围内给员工个人提供反馈信息。这种全方位的评价包括上级的评价、下级的评价和同事的评价,可以提供更全面的(尤其是在工作中的)有关个人优点和缺点的信息。

4.5 非正式的自我测评

个人在自我测评时可以使用的非正式技术有很多种。例如,一种通行的方法包括以下数据收集方式:

1. 书面个人简历:个人的生活经历,包括学历、爱好、工作经历、自己生活中重要的人、生活中的转折点、所做的主要决定、对将来的规划等。

2. 全天日记:按先后顺序记述 24 小时内发生的事情,共记 2 天,即周末 1 天,工作日 1 天。

3. 记述生活方式:形象化地记载个人的生活情况。

其他非正式自我评价计划还包括以下活动:

1. 对重要的工作价值观进行排序。

2. 分析生活中的"峰值"(高峰和低谷)。

3. 写一个现在死亡和将来死亡的讣告。

4. 分析你对于近期工作的满意之处和不满意之处。

5. 描绘一种理想的工作。

6. 想象一下你将来的生活。

还有若干种能帮你更好地理解这些问题的书籍和其他自学教材,书店中很容易买到。

还有一点也很重要,那就是你应该把自我测评的情况告诉你所信赖的人,这是使你进一步了解自己的另一种手段。这里说的信赖者可以是你的父母、配偶或其他重要的家庭成员、密友、同事和上司。

同步练习1 见本章附录。其中包括能帮助你收集有关自己的数据的办法。尽管你现在就可以做这些练习题,但我们建议你最好先学完第 4 章再做。

确定问题

只有把各种信息组织成一个前后连贯、容易理解的整体时,信息才是最有用的。因此,对于各种清单、练习题和论文所提供的资料,必须弄懂其含义。你需要问自己以下问题:你对自己了解多少? 通过不同途径收集的信息能否互相验证? 换句话说,你要发现那些资料都说明你有哪些问题。

一个重要的问题(例如,"我要走自己的路"或"我需要和他人合作")能将价值观、兴趣和才能结合为一个有意义的整体。问题确认是一个引导你思考的过程。你要像侦探那样,从具体资料中挤出其中隐含的线索,根据目前的问题作出基本的假设,并进一步检验这些资料以确定这些假设是否成立。

以下步骤有助于你确认有关的问题:

1. 围绕这些问题,全面地检查每一种资料的来源。标出关键字或关键词是一个有用的方法。

2. 从不同的资料来源中,寻找支持或驳倒这些问题的资料。支持某些问题的资料越多,说明该问题就越重要。

3. 尽可能把问题描述清楚。

4. 评价这些问题的准确性和重要性。有多少数据支持这一问题? 有多少种数据来源能确认这些问题存在? 证明这些问题不成立的数据(如果有的话)有多少?(越少,则问题越准确)。

显然,确认问题是一个积极的过程,但这不会是简单的、一目了然的过程。这一点很容易理解,因为自我测评活动的结果很可能并不充分,也可能得不出什么结论,甚至有可能自相矛盾。进一步说,自我测评作为一个揭示个性和心理特点的过程,有可能令人产生焦虑和怀疑情绪。尽管如此,在确定职业生涯目标和进行职业生涯管理中,自我测评活动还是一项重要且必需的工作。因此,自我测评的工作一定要做,即使这一过程有时会令人不那么舒服。

同步练习2 使你有机会去确认你在同步练习1所收集的信息中体现的那些问题。因此,尽管你现在就可以做这些练习题,但我们建议你最好先学完第 4 章。

环境测评

在有效的职业生涯管理中,自我测评是一个必不可少的因素,因为它可以提供回答下面这些相关问题所需的一系列信息:我到底对什么感兴趣? 我的优势和劣势是什么? 对我来说,什么样的回报才算是重要的? 从工作或业余生活中我到底想得到什么?

然而,在职业生涯管理中,自我测评只是事情的"一半"。职业生涯深深地植根于各种职业、工作和组织之中。只有人与工作环境形成相互作用，自己的价值观才会得到满足，才干才会有用武之地，兴趣才会被刺激起来。进一步说，即使同样的工作环境，但由于每个人的价值观、兴趣和才能的特定结构不同，他们对环境的评价也会不同。前面的研究表明，人（的兴趣、才能、偏好）与工作环境的适应程度如何，会对其工作满意度、任职期限和职业生涯成就等结果产生很大的影响。另外，研究结果也支持"向心力"就业论，这种观点认为，人们在经过劳动市场一个时期的洗礼后，就要去寻找与自己的价值观、兴趣和才能相适应的工作了。也就是说，人们要找的是那种能使自己与工作环境相互适应得比较好的职位。因此说，只有自我认知还不够，还要能积极主动地对自己的工作环境进行测评。

尽管环境包括许多方面，但是在职业生涯管理中有 4 个方面特别重要：职业、工作、组织和家庭。环境测评的目的就在于让人们充分了解这些方面，从而决定自己应该从事何种职业，走什么职业生涯道路，应该到哪一家组织去工作。有效的环境测评可以使人们确定最能满足其价值观、兴趣、才能和所偏爱的生活方式的组织。

什么是对自己关系最大的环境？这要看你在特定情况下需要作出哪类决策。比如，一个怀疑自己该不该选学本专业的学生，或一个在职业生涯中期对本职工作感到不满的雇员，可能就要集中力量对其他可选择的职业作一番测评了。而对一个即将毕业的大学生来说，他的视角可能就不同了：他需要知道不同的组织会要求什么样的入门水平。

撇开需要作出特殊决策的情况不谈，一般来说，对于具体工作环境与自己向往的工作或生活方式是否相适应，应该作一番测评。为了完成这一任务，就需要根据自我测评所提炼的信息来理解各种环境。也就是说，应该在自我测评和可选择的各种工作环境之间建立沟通的桥梁。下面我们将讨论如何搭建这座桥梁。至于在选择有关职业、组织、职业生涯途径上如何具体应用这些原则，我们将在以后各章讨论。

表 4.2 总结了与各种子环境有关的几类信息。首先，各种职业的具体工作任务是不同的。例如，物理学家和社会工作者所从事的活动就不相同。这些活动对一个人的价值观、兴趣和才能都有不同的意义。一个欣赏智力刺激、创造性和独立研究，对科学活动感兴趣，并擅长抽象思维的人，可能会选择从事理论物理学的研究。一个高度重视社会福利，乐意与他人密切合作，喜爱工作的多样性，并擅长人际交往的人，可能会觉得做一名社会工作者更有吸引力。因此，自我评价与职业生涯决策之间最基本的纽带，就是与工作任务相关的职业知识。

各种职业除了任务不同外，还常常在环境或内容上有所不同。经济上的回报，比如收入的高低和工作安全性的大小，在所有职业中也是不一样的。同样，工作场所、人际交往的程度和类型甚至服装打扮，在不同职业之间都有相当大的区别。

正是因为不同的职业会提出不同的任务要求，提供不同的报酬，工作场所的物质条件和社会地位也不同，它们也就往往会对不同的生活方式产生影响。我们需要考虑两种具体地与生活方式有关的因素，一是某种职业在工作时间上的要求，二是这种职业所带来的压力与紧张的程度。如果一项工作要求长时间地上班，或者工作环境充满极大的压力，就会使人的工作角色和其他生活角色发生冲突。因此，那些要求长时间上班的工作（比如连续出差、每星期上 7 天班）和压力很大的工作，就不适合那种既要工作、又要家庭生活或休闲活动的人。

表 4.2　对环境测评信息的解释

职业	工作
任务的行为	任务的多样性
才能或所需的培训	任务的重要性
经济回报	才能或所需的培训
安全性	经济回报
社会关系	安全性
工作场所的物质条件	社会关系
生活方式问题	工作场所的物质条件
工作时间	生活方式问题
工作压力	工作时间
	工作压力
	自主权的大小
	本职工作与其他工作的关系
组织	**家庭**
行业前景	配偶的职业生涯志向
组织的财务状况	配偶的情感需求
企业战略管理	子女的情感需求
职业生涯道路的灵活性	其他家庭成员的需求
职业生涯管理的做法和政策	家庭的财务需求
组织规模和结构	家庭期望的生活方式
薪酬制度	家庭的发展阶段
	本人和配偶在职业生涯上所处阶段

　　表 4.2 还概括出了与工作和组织相关的信息的类型。首先应该注意到职业信息和工作信息之间的相似性。因为一项工作(例如市场研究分析)仅仅是从事某种职业的一种手段(例如市场研究),这就很容易理解,工作所需的信息与职业所需的信息是很相似的。然而,职业测评做得再彻底,也不能代替对工作的测评。举例来说,一家公司的设计师没有必要与另一家的工程师进行同样的设计工作,拿同样的薪酬。因此,对具体某一组织中的工作和职位进行测评,就很重要了。

　　其次,还要注意到与工作测评有关的其他几种额外的信息。第一是工作的自主程度,在不同组织中,甚至在同一组织的不同部门之间,会有很大差别。两家公司的销售代表也许承担的工作任务基本相同,但是一家销售代表的自主权就可能比另一家代表的自主权更大。自主权能满足人们追求智力刺激、独立性和创造性工作的价值观,所以,认识到这一点是特别重要的。第二,在同一组织内部或不同组织之间,就某一具体工作和其他工作之间的关系作一番考察,也很关键。实际上,某些工作走下去就是一条"死胡同",很难转换到其他工作岗位,那么这项工作的局限性就非常大了。换句话说,有些工作就比其他工作的选择余地要大。

　　到现在,我们应该能看清楚,几乎所有的工作都离不开组织。因此,不管你是想从事全日制工作,还是已经受雇于一项工作,都必须认识到以下方面:

1. 某一组织所在行业（或它所服务的几个行业）的前景如何，会影响人们对职业的选择。

2. 组织的财务状况好坏会限制人们的职业机会。

3. 公司的经营战略会影响到其所需要的人力资源的类型，并因此影响到职业机会的性质。

4. 组织的规模和结构会影响到员工的流动机会。

5. 不同的组织，支持职业生涯管理（如职业培训和职业开发计划、绩效评价系统、工作岗位配置和职业生涯研讨会）的程度是不同的。

6. 不同组织在提供灵活的职业生涯途径，使员工沿一系列不同职业生涯方向发展方面，其程度也互不相同。

7. 不同的组织对经济回报、社会地位回报和内在回报的重视程度也是不同的。例如，有些公司可能会付给员工很高的工资，但不提供富有挑战性的工作。

简而言之，组织的文化、前景和财务状况都影响着具体职业机会的性质。经营计划和战略、对人性的假设和薪酬制度等都对职业生涯管理有着重要的影响。实际上，在职业决策中，工作测评和组织测评之间天生是纠缠在一起而解不开的。例如，一个即将毕业的MBA 学生通常会同时考虑几项工作、几家组织，然后作出决定。一个到 A 公司和 B 公司参加营销岗位面试的学生，就会仔细测评这两份工作的具体内容和这两家公司的特点。同样，当一个管理者考虑自己在公司的前途时，也会考虑是去本公司其他部门还是去其他组织谋职的问题。

有效的工作测评技术

对工作环境的测评大体上可以划分为两类——外部环境测评和内部环境测评。对外部工作环境的测评包括收集有关具体职位、工作、组织和行业的各种信息。刚参加工作的学生和希望到另一个组织谋职的成年员工都会进行外部工作环境的测评。重要之点在于认识到，近年来，互联网上对外部环境作了大量的测评，从网上可以查到有关行业、组织和职业的大量信息。

对具体职业和职业分类的信息可从若干来源获得。首先，现有的很多组织分类系统都使用各种图表来汇总各种工作和工作数据，认识到这一点很重要。很多专家运用复杂的统计技术来处理各行各业的知识，排出各种工作和工作职位的等级，这样就能把诸如所需技术、知识水平、工作职能、工作名称和其他有关信息都考虑在内了。主要职业的分类系统信息如下所示：

- 美国商务部开发的《标准职业分类指南》（Standard Occupational Classification, SOC）。该指南是唯一对美国全部行业进行分类的系统，包括公共工作岗位、私人工作岗位以及军事工作岗位，美国联邦政府各部门都以该指南为基础，收集工作岗位的情况并提交报告。该指南把各行各业分为 4 类：23 个大的职业范畴，96个中等范畴，449 个分组，以及 821 个具体职业名称。

- 职业信息网（Occupational Information Network，简称 O* NET），是一种在线资源，使用多达 275 种潜在的工作特征和描述符，提出对 974 个具体职业的研究报告。O* NET 可以作为数据库、交互式网址以及参考工具来使用。其描述符包括：工人的特点(典型工人的兴趣、价值观和能力)、工人的要求、职业的要求、对培训和教育的需求。O* NET 被视为最为包罗万象的职业信息来源。

- 美国劳工部的《职业概览手册》(Occupational Outlook Handbook,OOH),是被使用的最普遍的职业信息来源。该手册对 270 种职业(约占美国劳动力就业岗位的90％)的工作职责、工作活动、工作资质以及计划招工等情况都一一介绍。OOH的书可以买到,也可以从网上查到。网上提供的信息更为具体,还可以互相分享。
- 《芒斯特职业分类系统》(MOC)是私人组织(非政府部门)开发的一种职业分类结构。该系统由众所周知的"在线岗位配置"(网址 www. Monster. com)所建立,以精简版的"标准职业分类系统"为手段,按工作的名称对求职者的简历分门别类予以排列。

还有许多其他参考资料,可从书店、图书馆以及专门介绍具体工作和职业的互联网上获得。此外,本章前面所说的广为人知的"兴趣清单",也包括了与各种兴趣取向相关的具体职业情况。

有关不同组织与不同行业的信息还可以从多种来源上寻找。例如,一家公司的官网通常都会介绍本公司的组织机构、公司哲学、发展目标、可能的职业生涯途径、申请工作的程序等内容。此外,组织的年报也会提供有关财务业绩、公司决策者、产品与服务等信息。再就业机构与职业咨询机构也会提供不同公司的信息,为客户服务。更广泛地说,通过北美行业分类系统(简称 NAICS)和其他渠道,也可获知某些特定行业的总体情况。从不太严谨的意义上说,你的家庭、朋友,以及别的公司、行业中以前的同事,都能给你提供大量职业信息和联系,而这些信息从普通渠道往往是弄不到的。除上述信息来源以外,你还可以到美国各州的公共图书馆去找职业信息中心,这些中心提供广泛的、以客户为中心的服务,包括各种职位信息以及咨询活动。

进行组织内部的工作测评,就要收集本企业的职业相关信息。可以使用多种组织职业开发手段来收集所在组织的工作机会的资料。这些手段包括工作配置计划、职业阶梯或职业途径计划、职业生涯资源中心、内部研讨班和专题讨论会。公司其他雇员,包括顾问和其他支持关系员工,也可以给你提供公司其他部门和子公司的工作信息和机会。

同步练习3 见本章附录。该练习使你有机会练习一下如何进行环境测评。你现在也可以做同步练习3的习题,但我们还是建议你先学完第4章。

不论你最初是否把重点放在收集职业、工作或组织的有关信息,但最基本一点是要理解你家庭成员的感受。如果你想处理好工作与业余生活的关系,那就有必要理解家庭成员的情感和财务需求、职业志向以及他们向往的生活方式。我们将在第 10 章说明,关于家庭成员需求的最重要的信息来源就在家庭内部——你生活中需要交谈、需要倾听的那些重要人员。

了解你对工作环境的偏好

一旦我们找到并确定了自己的问题，也对相关环境进行了测评，那就有必要重视以上结果对职业生涯管理的意义了。有效的自我评价有助于我们进一步了解自己认为有意义的、感兴趣的工作经历的类型，有助于满足自己的价值观，并得以施展自己的主要才能。此外，工作环境测评还可以使人了解哪些职业、行业和地区能给自己带来希望。简而言之，自我测评和环境测评应该能有助于个人确定自己所喜爱的工作环境类型，因此值得一试。

对你所偏好的工作环境作一番描述，也就是对自己从环境测评中所了解的内容作总结。根据自我测评所提出的问题，你就应当努力确定哪种工作环境最适合于自己。要对这种工作环境作出总结，就应该回答以下问题：

1．你最感兴趣的任务和活动是什么？例如，你是喜欢做分析工作？还是喜欢工程性的工作，或者帮助他人，或者是搞科研？

2．你希望在工作中展示哪些方面的才华？是人际关系方面的，还是数量分析上的？创造性的？或者写作技能？

3．你希望在工作中享有多大程度的自主权？

4．你喜欢与他人结成何种类型的工作关系？你是喜欢独自工作还是喜欢与他人合作？你是如何看待对他人发号施令或施加影响的？

5．你愿意在哪种工作环境中工作（如工厂、办公室、户外）？

6．金钱和安全在你生活里起什么作用？

7．工作在你整个生命里有多重要？你希望如何处理工作与其他生活的关系？

8．哪种职业和行业最适合你的价值观、兴趣、个性、才能和所向往的生活方式？

同步练习 4　见本章附录。这个练习可以帮助你写明自己所偏爱的工作环境。也许此时你就可以做练习 4，但我们建议你先学完第 4 章。

克服职业测评障碍的指南

尽管从逻辑上讲，职业测评对职业生涯管理过程有作用，但不能以为这种测评总是有效的。也就是说，它并不总能提高人们对自我以及（或者）环境的认知。以下几点是作职业测评时可能会遇到的障碍，以及克服这些障碍的指南。

1．片面测评。职业测评有时得不到充分的可用信息。在其他情况下，虽然人们认识到自己需要这些测评信息，却很少进行或根本就无法进行这种测评。造成测评不当的原因至少有 3 个：安于现状、无助和恐惧。

首先，人们有可能安于现状。如果他们毫不挑剔地接受自己的生活过程，当然也就没有收集额外信息的必要。对安于现状的一种解释是，人们根本就不懂得职业生涯决策的重要性。他们往往不理解，决策如何会影响到将来的回报和就业状况。

进一步说，有些人认为自己干什么工作都无所谓。这样，无论他们是否进行职业测评和职业生涯决策，都不会使自己的生活发生什么大的变化。其实，完全安于现状或顺其自然,是很不幸的,因为不管他是否进行职业测评,他都必须作出决策。学生要选择专业,大学毕业就要选择工作,甚至最普通的雇员也必须对他们的工作生活作出决策。

即使员工并不是安于现状,但如果他们觉得职业测评没有用处,也不会做这种测评。例如,有研究表明,如果管理人员觉得自己在组织中再没有什么发展前景,他们往往也不参加职业测评。此外,那些认为控制不了自己生活的人,也不会认真对待职业测评。不幸的是,这种对职业测评的错误理解会带来恶性循环,即他人代替自己作出了(错误的)决策,反过来又强化了那种自己不能决定自己命运的观点。

最后,恐惧也会阻碍人们积极地进行职业测评。那些担心自己无法从职业测评中获得有用信息的人,可能就不愿意冒这种风险,而干脆回避职业测评活动。缺乏自信心的人则害怕面对自身的缺点,因此减少参与职业测评活动的机会。

甚至在那些开始进行职业测评的人中,也有人为了使自己感到安全,而试图提前中止职业测评活动。然而,这种对安全的看法其实是错误的,因为职业测评只不过是提出了需要花时间去理解或处理的一些问题。因此,职业测评成功的一个关键因素,是要有承受某些似是而非和令人困惑的问题的能力。有时,在职业测评过程中,坚持到底是很重要的。

正如我们前面提到的,综合的、有组织的职业生涯计划,往往能提供信息和支持,帮助人们克服职业测评中的种种障碍。想做职业测评的人最好找有经验的职业测评规划人员,进行相互交流,从而获得以下帮助:

- 使他们相信,与职业生涯相关的决策会对其生活起到巨大的影响;决策至关重要。
- 帮他们认识到,他们完全能控制自己的职业生涯,因此值得进行职业测评。
- 使他们理解,对未知事物有恐惧是自然的,但是不要压制自己对了解自身以及环境的努力。

2. 被动测评。尽管你需要收集额外的信息,但是被动为之并不能促进职业测评取得成功。来自上级、亲人或朋友的压力可能足以迫使人去做职业测评。然而,只有发自内心的要求,以及感到自己有责任学到什么时,人们才能通过测评而学有所获并切实改进。

3. 随意测评。这种测评没有针对性,也不是建立在原先的测评结果基础之上的。而有效的测评则需要技能和实践。因此,通过上课或培训,能帮助很多人更系统地学到职业测评的方法。但这并不意味着,职业测评或一般而言的职业生涯管理,必须不断参加各种正式的培训;相反,某些最初的、有条理的经验就能帮助人们开发合适的技能。

4. 无效的职业测评方式。正如本章已经说明的,愿意参加职业测评的人可以选择用什么方式去获取信息。他们是向专家请教?还是与家人交谈?是参加职业培训班?还是寻找兼职工作?是找专业机构?还是以上几种方式齐头并进?

没有充分的证据表明,在这些(或其他)测评方法中,哪种方法对某一特定环境中的特定人员是最有效的。然而,有关研究结果指出:可能最有用的测评行为并不一定是使用最频繁的行为。因为在多数情况下,有些人愿意挑那些最容易办到的或最舒服的测评行为,而对比较难的或对自己威胁更大的测评行为则敬而远之。尽管这种倾向很自然,也可以理解,但这样的安全其实是虚假的安全。

要估计出某一特定活动能否满足你对信息的需求,这可能才是最关键的任务。尽管解决这一问题并不简单,但是必须明确,千万不要在"容易"和"高质量"之间画等号。这里再次强调一下,按部就班地参加培训,能帮助你找到最实用的、最有建设性的测评形式。

5. 自卫式测评。在自我测评中,人们需要从测评活动中获得准确的、建设性的信息。在这方面,有些人做得要比别人更好。尤其要指出,那些高度紧张的人就可能无法从自我测评中获得多少益处。有人指出,这些人面临职业决策时,他们关注的是自己的紧张情绪,而不关注手头的信息。因此,对自己或对自己的职业生涯感到焦虑的人,就可能对那些对自己有威胁的信息产生防御性反应,也就可能会忽略、歪曲或曲解这些信息,当然也往往不会有效地进行职业测评。就职业决策来说,高度紧张的人往往被迫过早地或非常仓促地作出决策,或者根本不愿意作任何决策。

解决这一问题的方法应当是减少紧张感,使之不会妨碍有成效的测评。幸运的是,已经出现了压力管理方法用来刺激测评行为。还有一种办法是以小组为单位的职业生涯规划学习班,可以帮助人们在职业生涯决策过程中放松心态。

6. 不考虑非工作方面。有效的职业测评要求关注生活的每个方面。工作中花费的时间和情感会影响个人的家庭生活或个人的生活质量。很多人看不出自己作的与工作有关的决策对其生活的其他方面会有多大的影响。他们选择了职业,找到了工作,也得到了晋升,却根本不考虑这些做法的后果。其实,应该对工作、家庭、社区、休闲和宗教活动都仔细审视一番,并纳入职业生涯规划中予以考虑。幸运的是,越来越多的人已经把这些生活方式问题纳入其结构性的职业生涯规划之中了。本章的职业测评练习将分阶段提醒你,不要忘记考虑工作经历对你生活的其他重要部分会带来什么影响。

自我测评和环境测评的相互关系促进

职业测评使人形成自我认知和环境意识,使人能够制定健全的、实事求是的职业生涯目标。尽管我们把自我测评和环境测评分开来讨论,但是实践中这两者在以下几个方面都是联系在一起的。

首先,具体的职业测评活动可以提供有关自我和环境的有用信息。例如,一个学生找到了一份兼职或暑假实习会计的工作,那么,他不仅要学着怎样做一名会计,而且要接受考验,看他对会计工作是否胜任,是否有兴趣。老板对他的业绩所作的评价报告不仅能说出他在组织中有哪些业绩,取得了哪些进步,还要提出他以后在本组织中可以做哪些其他工作的建议。因此,每个人都应该对他通过具体活动获取的所有信息都保持敏感。

其次,自我测评和环境测评之间是相互促进的,它们彼此都会对另一方的发展方向产生影响。例如,人们在对环境进行广泛的测评之前,完全有可能先作一定的自我测评。无论你在哪家组织,也不管你从事什么职位、工作,你的自我认知(自己的兴趣、价值观、才能和生活方式偏好等)都会引导你去收集有关职位、工作或组织的信息。自我认知还能为你提供一个测评环境的框架。如果没有对自我测评的充分理解,广泛进行环境测评就没有了目的,也很难实现。

　　然而,自我认知往往是一个零碎的过程,因此,想要在对环境作出评估之前就尽力完成自我透视,就不切实际了。而且,在进行环境测评时,可能会需要你作一些额外的自我测评。比如某人找工作时就可能有这种情况:同样一项工作,一家组织可能会要求经常出差,另一家组织则出差不多。这一条小信息就可能刺激他考虑出差对自己向往的生活方式会有什么影响(正面的或负面的)。

　　实际上,人们既需要用自我测评来指导环境测评,也需要反过来用环境测评来指导自我测评。你对自己了解得越多,环境问题就与你关系越大。同样,越多地获得了某个职位、某项工作或某个组织的信息,人们就越需要考虑这种信息与自己的价值观、志向有什么关系了。

小结

　　职业测评可以引导人们更加了解自己,更多地了解环境。进行自我测评,就要求收集有关自身爱好、价值观、才能和偏爱的生活方式等方面的信息,并将这些信息组织成有用的问题。要从工作环境出发,看哪些环境能给你提供最感兴趣的工作,最能发挥自己的才能,最能满足自己的重要价值观,以及最能提供你所希望的生活方式,由此来确定自己的问题。

　　环境测评有助于我们进一步了解不同的职业、工作、组织,进一步了解我们家庭的需要和愿望。无论自我测评还是环境测评,都要求我们去收集额外的信息,因此这两种测评形式是互相促进的。本章附录的同步练习则为读者提供了练习职业测评的机会。

　　本章讨论了若干阻碍有效地进行职业测评的因素:片面测评、被动的测评、随意测评、无效测评、自卫式测评以及不考虑非工作方面的测评。针对这些障碍,我们提出了相应的对策。

　　既然你已经读完了第 4 章,那就可以完成附录中的同步练习 1~4 了。做这些练习时,要仔细、耐心。读完本书后面章节之后,你还要回过头来再读这些内容的。

作业

　　1. 花一点儿时间想想:你喜欢做什么,你觉得哪些事情是重要的,你偏爱什么,你的优势和劣势各是什么。再拿出一张纸来,列出你认为感兴趣的方面,以及你的价值观、才能和缺点。你可以利用表 4.1 中提供的信息,来完成这一任务。再问问朋友、家人或同事,请他们评论一下这份单子,并请他们说出这个单子所列的内容是否准确地反映了你的情况。再请他们说出他们的看法和你对自己的看法有哪些差别。最后再自问:你觉得自己写的这份单子和你得到的反馈意见对你的职业生涯管理过程有帮助吗?

　　2. 再花几分钟时间,仔细考虑一下本章前半部分中,埃德加·舍因提出的 8 种职业定位的内容。读完以后,请考虑一下哪种职业定位最适合于你,最适合于你对工作的看法。再确定一下,为什么这种内容对你的描述最像你自己? 又是哪一种职业定位的描述最不像你？为什么？你在做自我测评时，在确定自己的问题时，你会怎样使用这种职业定位的信息？

讨论题

1. 价值观、兴趣、个性和才能有什么不同？对于"这些因素有助于我们有效地管理自己的职业生涯"，你是怎样理解的？

2. 工作在你整个生活当中的地位有多重要？是什么原因使你这样认为？近年来工作的这种重要程度是否有所改变？你认为它今后仍将保持这样的重要程度吗？你所希望的那种生活类型将会以何种方式影响自己的职业生涯决策？

3. 你认为值得进行职业测评吗？在世界变化如此迅速的情况下，在职业测评中收集的信息会不会越来越与工作无关或者过时？

4. 请重新审视有效进行职业测评的6个障碍。你曾经遇到过其中哪些障碍？将来你应如何克服这些障碍？

案例

销售高管乔·法兰克斯

到了39岁，乔·法兰克斯应该感到很满足了。事实上，他也的确有一个骄人的经历，即很快就当上了Infotek公司（虚构名）——一家著名的计算机软件开发企业——的销售副总裁。大学毕业后，他从Infotek公司的销售代表干起，在本地区和整个区域的销售业绩都富有传奇色彩。而被提升为销售副总裁却出乎他意料。他并没有刻意寻求这一职位，更愿意做销售而不是批文件、进行管理。但是，由于有丰厚的薪资增长和职务津贴，要谢绝这一提升是很困难的。

尽管乔没有对任何人抱怨过，但他还是对工作中的疑惑感到苦恼。首先，他对Infotek公司的产品质量抱有强烈的保留态度。他发现自己对公司的软件系统越来越没有热情了，因为它远远达不到个人和行业的标准。而研发和营销部门对于乔的意见是充耳不闻、熟视无睹。实际上，他已经在许多领域内提出了建议，而公司好像并不愿认真对待。另外，他所害怕的文山会海和行政性事务也已经成了现实，这使乔一直感到烦扰不堪。再者，尽管最初的出差还很有趣，但在过去几年中，那种似乎无休无止的出差，无法待在家里，已经使他疲惫不堪并变得急躁易怒。

乔不得不抑制住这些感觉。毕竟，他的薪资和奖金已经稳稳达到了6位数，家庭也已经养成了高消费的习惯，两个孩子马上就到了上大学的年龄，而且他全家想要有一所靠近湖边的大一点的度夏别墅。他甚至不敢对家人说出自己的情绪——他们已经很习惯过"好日子"了。

乔现在害怕出去工作，只是明白，为了家庭，他必须干这份工作。他在上班的大部分时间里都不快乐，只是感到他在公司中的地位还差强人意。他发现，不管怎么说，在喝完航班上4杯提神的饮料后,旅程还不至于那么糟糕。为了妻子和孩子,乔决定还要在剩下的15或20年内继续干下去,直到提前退休为止。

案例分析与问题

1. 乔做了哪些具体的职业测评活动,来收集关于自身(他的价值观、需要、能力、兴趣和向往的生活方式)和他的环境(不同的工作、雇主、行业、自己家庭)的信息?为获得更多的信息,他还需要再做哪些工作?

2. 乔现在对自己和环境的认识有多深入?

3. 乔在职业生涯中是成功人士吗?你觉得如果乔把职业测评做得更全面些,他的职业生涯结果会更积极一些吗?

4. 如果乔请求你的帮助,你会给他什么建议,帮助他更有效地管理自己的职业生涯?如果让你来预测一下,你觉得未来5年,他会在其职业生涯中走到哪一步?

附录:同步练习1～4

每道练习题都包括职业生涯的不同方面。你做了这些练习,就能掌握职业测评中关键的技术。我们建议你把答案另写在一个笔记本上。这样你在做以后章节的练习时,容易在上面添加更多的信息。我们再建议你:在开始做每道练习题之前,先把有关章节再仔细读一遍。当然,你也许一口气就能把这些题做完,但分批做使你不至于太累,而且有时间回味、思考,那样效率就高了。

练习1　自我测评:收集资料

练习1包括人们的一组行动,请按此进行自我测评并得出有关数据。应尽可能彻底回答所有问题。记住:你回答问题越彻底,需要你作出解释的信息就越多。

练习1.A:自我小传　设想你是本科生或研究生毕业,已经有了几年实际工作经验;或者,设想你已经几年没工作了,随时准备再次进入劳动市场。你正在反思当初的所作所为。

请写一份迄今为止的自传,把你所知道的自己的一切都写出来。小传要分出时间段,每一段是5年,即从出生到5岁,再从5岁到10岁,依此类推。每一段都应努力回答下列问题(如果与你的经历有关):以前,你生活中最重要的人是谁?为什么他们最重要?当时你家里生活状况如何?你在学校都有哪些经历?你又是如何对待学校的?你有哪些工作经历?你是如何对待这些工作的?你有什么嗜好和兴趣?喜爱程度如何?在你的追求和选择上,你父母的影响有多大?你和家庭其他成员的关系对你的经历有什么影响?在此期间都发生过哪些改变你生活的事情?

请尽量详细写出对以上问题的答复。不必担心这些内容对你的职业生涯会有什么影响,以后你自会看到它们的作用。如果有些事你拿不定主意写不写,那还是写进去得好。你写得越详细,效果就越好。

练习1.B:上学的经历　请写出哪些课你愿意上,哪些课你最不愿意上;你学得最好的课和最差的课;你最喜欢参加的是哪些课外活动(如体育、音乐、俱乐部)。

初中/高中时期

最喜欢的课程

_____

学得最好的课程

_____

_____

课外活动：_____

_____

最不喜欢的课程

_____

学得最差的课程

_____

_____

大学时期

最喜欢上的课程

_____

学得最好的课程

_____

课外活动：_____

最不喜欢上的课程

_____

学得最差的课程

_____

你的回答使你对自己的兴趣所在和优缺点有何认识？_____

_____

练习 1. C：工作时期　想想你干得最漂亮的那些工作。无论是当前的还是以前的工作，也不管是临时工作或全职工作，都算数。

哪些工作是你（现在或过去）最喜欢做的？请具体写出与该工作有关的任务、人员和其他相关方面。_____

哪些工作是你（现在或过去）最不喜欢做的？也请具体写出与该工作有关的任务、人员和其他相关方面。_____

在哪些工作上你参与完成了其中比较重要的部分？为什么能做到这一点？_____

哪些工作是你可能喜欢做而没去做的？原因何在？_____

现在该想一想你干得最差的工作了。无论是当前的还是以前的工作，也不管是临时工作或全职工作，都算数。原因何在？_____

这项工作中你（曾经）最不喜欢的内容是什么？_____

_____

这项工作中有没有你(曾经)喜欢的内容？ _____

_____

在哪些工作上你参与完成了其中比较重要的部分？为什么能做到这一点？ _____

_____

哪些工作是你可能喜欢做而没去做的？原因何在？ _____

_____

现在该写写你理想的工作应该是什么样子了。这应该是一种什么样的工作呢？请具体写出其任务、有关人员、报酬及其他任何对你重要的事情。 _____

_____

对以下 10 个因素,请根据对自己职业生涯的重要性进行打分,并排出先后次序。最重要的因素请写 1,倒数第一的因素请写 10,对第二重要的因素请写 2,对倒数第二的因素请写 9,以下依此类推,直到打分完毕。

_____ 能让你在多方面施展。

_____ 能使你帮助别人。

_____ 能让你相当独立地决定如何去完成。

_____ 能使你挣很多钱。

_____ 能使你将来平安度日。

_____ 能使你在工作中结交朋友。

_____ 有使你愉快的工作环境。

_____ 能和既有本事又支持你的上级一起做事。

_____ 使你能对别人发号施令。

_____ 使你产生成就感。

请写出这 10 个因素以外,对你很重要的其他因素。 _____

练习 1. D：生活中的角色　工作以外的生活对你有多重要？请对下列 5 种生活角色按重要性进行排序,最重要的写 1,最不重要的写 5。

_____ 你的职业生涯

_____ 你的宗教信仰和精神生活

_____ 你的家庭生活

_____ 你参加的社区服务活动

_____ 你的休闲娱乐爱好

请解释上述每一种生活角色对你为什么是重要(或不重要)的：

你的职业生涯： _____

_____

你的宗教信仰和精神生活： _____

_____

你的家庭生活：＿＿＿＿＿＿＿＿＿＿＿＿＿＿＿＿＿＿＿＿＿＿＿＿＿

你参加的社区服务：＿＿＿＿＿＿＿＿＿＿＿＿＿＿＿＿＿＿＿＿＿＿＿

你的休闲娱乐活动：＿＿＿＿＿＿＿＿＿＿＿＿＿＿＿＿＿＿＿＿＿＿＿
＿＿＿＿＿＿＿＿＿＿＿＿＿＿＿＿＿＿＿＿＿＿＿＿＿＿＿＿＿＿＿＿＿

练习 2　自我测评：确定问题

经过练习 1，你已经得出了关于自己的一般资料，可能还包括另一些自我评估的信息，那么，下一步就是根据你自己的资料确定你存在哪些问题。先复习一下第 4 章中确定问题的步骤。你从自己的资料中至少要确定 5 到 10 个问题——如果不止 5 个问题，那很好，只要有证据支持，就把它们都写出来。先简略记下你最初的想法，然后把那些有支持证据的问题排出序来。

问题 1：＿＿＿＿＿＿＿＿＿＿＿＿＿＿＿＿＿＿＿＿＿＿＿＿＿＿＿＿＿

证据：＿＿＿＿＿＿＿＿＿＿＿＿＿＿＿＿＿＿＿＿＿＿＿＿＿＿＿＿＿＿＿

问题 2：＿＿＿＿＿＿＿＿＿＿＿＿＿＿＿＿＿＿＿＿＿＿＿＿＿＿＿＿＿

证据：＿＿＿＿＿＿＿＿＿＿＿＿＿＿＿＿＿＿＿＿＿＿＿＿＿＿＿＿＿＿＿

问题 3：＿＿＿＿＿＿＿＿＿＿＿＿＿＿＿＿＿＿＿＿＿＿＿＿＿＿＿＿＿

证据：＿＿＿＿＿＿＿＿＿＿＿＿＿＿＿＿＿＿＿＿＿＿＿＿＿＿＿＿＿＿＿

问题 4：＿＿＿＿＿＿＿＿＿＿＿＿＿＿＿＿＿＿＿＿＿＿＿＿＿＿＿＿＿

证据：＿＿＿＿＿＿＿＿＿＿＿＿＿＿＿＿＿＿＿＿＿＿＿＿＿＿＿＿＿＿＿

问题 5：＿＿＿＿＿＿＿＿＿＿＿＿＿＿＿＿＿＿＿＿＿＿＿＿＿＿＿＿＿

证据：＿＿＿＿＿＿＿＿＿＿＿＿＿＿＿＿＿＿＿＿＿＿＿＿＿＿＿＿＿＿＿

其他问题：＿＿＿＿＿＿＿＿＿＿＿＿＿＿＿＿＿＿＿＿＿＿＿＿＿＿＿＿

练习 3　对你向往的工作环境作出总结

本章已经指出，你所希望的工作环境总括了你认为理想的工作经历，例如，你感兴趣的工作任务、你希望表现出来的才干、工作中自主权的重要性，等等。重新检查一下你对练习 1 和练习 2 的答案，并写出你对期望工作环境中每一个因素的评论。例如，对"任务与行动"这一因素，你可以这样写："我喜欢的是那种技术性的和需要大量分析的工作。"

期望工作环境评价因素＿＿＿＿＿＿＿＿＿＿＿＿＿＿＿＿＿＿＿＿＿＿＿
＿＿＿＿＿＿＿＿＿＿＿＿＿＿＿＿＿＿＿＿＿＿＿＿＿＿＿＿＿＿＿＿＿

你最感兴趣的任务与行动＿＿＿＿＿＿＿＿＿＿＿＿＿＿＿＿＿＿＿＿＿＿
＿＿＿＿＿＿＿＿＿＿＿＿＿＿＿＿＿＿＿＿＿＿＿＿＿＿＿＿＿＿＿＿＿

你希望工作中能够表现出来的重要才干＿＿＿＿＿＿＿＿＿＿＿＿＿＿＿＿
＿＿＿＿＿＿＿＿＿＿＿＿＿＿＿＿＿＿＿＿＿＿＿＿＿＿＿＿＿＿＿＿＿

工作中自主权的重要性＿＿＿＿＿＿＿＿＿＿＿＿＿＿＿＿＿＿＿＿＿＿＿
＿＿＿＿＿＿＿＿＿＿＿＿＿＿＿＿＿＿＿＿＿＿＿＿＿＿＿＿＿＿＿＿＿

工作关系(是独立工作、与人协作还是在监督下工作)＿＿＿＿＿＿＿＿
＿＿＿＿＿＿＿＿＿＿＿＿＿＿＿＿＿＿＿＿＿＿＿＿＿＿＿＿＿＿＿＿＿＿

工作的物质环境＿＿＿＿＿＿＿＿＿＿＿＿＿＿＿＿＿＿＿＿＿＿＿＿＿＿
＿＿＿＿＿＿＿＿＿＿＿＿＿＿＿＿＿＿＿＿＿＿＿＿＿＿＿＿＿＿＿＿＿＿

金钱的重要性＿＿＿＿＿＿＿＿＿＿＿＿＿＿＿＿＿＿＿＿＿＿＿＿＿＿＿＿
＿＿＿＿＿＿＿＿＿＿＿＿＿＿＿＿＿＿＿＿＿＿＿＿＿＿＿＿＿＿＿＿＿＿

工作安全的重要性＿＿＿＿＿＿＿＿＿＿＿＿＿＿＿＿＿＿＿＿＿＿＿＿＿＿
＿＿＿＿＿＿＿＿＿＿＿＿＿＿＿＿＿＿＿＿＿＿＿＿＿＿＿＿＿＿＿＿＿＿

工作与业余生活的关系＿＿＿＿＿＿＿＿＿＿＿＿＿＿＿＿＿＿＿＿＿＿＿＿
＿＿＿＿＿＿＿＿＿＿＿＿＿＿＿＿＿＿＿＿＿＿＿＿＿＿＿＿＿＿＿＿＿＿

你所希望的工作环境中的其他因素＿＿＿＿＿＿＿＿＿＿＿＿＿＿＿＿＿＿
＿＿＿＿＿＿＿＿＿＿＿＿＿＿＿＿＿＿＿＿＿＿＿＿＿＿＿＿＿＿＿＿＿＿

练习4 环境测评

通过练习4.A或4.B，你可以进行环境测评。如果你现在还没有找到工作，你应该做练习4.A，这样你就有机会去做职业测评。如果你已经有了工作，你也许会发现练习4.B(即工作测评)更有用。因此，应该先看一下题中的内容再做题。

练习4.A：职业测评 请选择一种你比较想了解的职业。它可能是你一直想从事的一种职业；也可能是你肯定有把握去做，并且想更仔细了解的工作。如果此时你还定不下来该去从事哪种职业，那你可以看一下第6章(特别是"开发出准确的职业信息"那一节，)让它来帮你决定，在这个练习中应该测评哪种职业。然后请写出你已经选定作测评的那种职业的名称。

＿＿＿＿＿＿＿＿＿＿＿＿＿＿＿＿＿＿＿＿＿＿＿＿＿＿＿＿＿＿＿＿＿＿

请复习一下你在练习3中所作的关于期望工作环境的陈述，然后看一下第4章所建议的职业信息的来源。根据你选定要测评的职业，尽可能多渠道地收集与你的期望工作环境有关的所有因素的信息。然后利用下表，把这些信息及其来源进行归纳整理(这样你可以再把原始数据再核对一遍)。要记住，尽量使用你能找到的不同的信息来源。

职业名称：＿＿＿＿＿＿＿＿＿＿＿＿＿＿＿＿＿＿＿＿＿＿＿＿＿＿＿＿＿

期望工作环境的各种因素	与该职业有关的信息	信息来源
• 要执行何种任务、采取哪些行动？		
• 需要哪些才干？你是否具备这些才干，或者可以学到这些本事？		
• 与同事能形成何种工作关系？		

续表

期望工作环境的各种因素	与该职业有关的信息	信息来源
• 工作的客观条件如何？		
• 长期和短期做这项工作能各挣多少钱？		
• 工作安全有多大的保障？		
• 这种职业对你的家庭、休闲、宗教信仰、邻里关系的影响		
• 其他重要的问题（如：工作前途、流动机会等）		

　　练习 4.B：工作测评　如果你已经就业，请从你所在企业的工作中选出一项并非你目前干的工作。这项工作可以是你希望以后能去做的，也可以是你想了解得更透彻的。写出这项工作的名称。

　　请复习一下你在练习 3 中对期望工作环境得出的总结。对某项工作请考虑下述信息来源：书面工作特征描述，第 4 章建议的职业信息来源，你的上级，目前正在做或以前做过该项工作的雇员，人力资源部门的工作人员，在其他企业中正在做或以前曾做过该项工作的雇员。使用尽可能多的信息来源，收集与你的期望工作环境有关的各种因素的信息。最后，利用下表对有关信息进行整理归纳（以便对原始数据作一次复查）。切记要使用各种不同的信息来源。

期望工作环境诸因素	与该项工作有关的信息	信息来源
• 准备从事何种任务、行动？		
• 需要哪些才干？你是否具备这些才干，或者可以学到这些本事？		
• 与同事能结成何种工作关系？		
• 工作的客观条件如何？		
• 做这项工作的长期收入和短期收入会是多少？		
• 工作安全有保障吗？		
• 从事这种职业生涯对你的家庭、休闲、宗教信仰、你所在社区会有哪些影响？		
• 其他重要的问题（如：工作前途、流动机会等）		

第 **5** 章

职业生涯管理模型的应用：
目标、战略和评价

在本章，我们将集中阐述职业生涯目标的设定、职业生涯战略的开发以及对职业生涯的评价。与第 4 章一样，我们把重点放在职业生涯管理模型的实际应用上。本章末尾提供了同步练习，帮助读者开发和练习运用职业生涯管理的主要技能。我们还为读者提供了如何有效地设定目标、制定战略和进行职业生涯评价方面的知识。

5.1 职业生涯目标设定

我们都知道或听说过，很多人都宣称自己到 30 岁将成为百万富翁。或者，也许我们知道，有人表白过强烈的愿望，希望自己能成为公司的高管，或者成为顶尖的律师或外科医生。很多小孩子年幼时就开始谋划自己的职业生涯了——"我要当警官"或"我要当芭蕾明星"。甚至是行将退休的老年人，在退休之前也往往在计划着创办自己的企业，或参加一些志愿活动。

这些例子的共同主题就是确定职业生涯目标，无论这些目标是试探性的，还是有问题的。目标是指一个人行动的对象或目的。目标之所以有用，是以目标能调整人的行动这一信念为基础的。目标可以从多种方式上影响人的行为和业绩。首先，它能鞭策人们尽力而为。其次，它能给人指出努力的重点或方向，因为具体的目标能提供一个使人努力奋斗的具体目的。第三，目标能使人坚持不懈去完成任务。第四，具体的目标可以帮助人们确定有用的战略以实现这一任务。最后一点，正因为目标都是具体的，所以人们就有机会得到反馈，知道任务完成得如何。由此，我们可以将职业生涯目标定义为：人们希望从自己想从事的职业生涯中获得的结果。

但是，在如今这个组织裁员、经济又不确定的时代，即使设定目标的积极作用众所周知，人们仍不免要问：职业生涯目标的设定是否仍然有用。一些研究者主张，在当前不确定的环境中，目标的设定往好里说是徒劳无功，往坏里说则有害无益。照此说来，工作本身就是一个处处充满着不确定性的世界，任何目标的设定都是没有用的，而且设定目标只会招致痛苦和失望。进一步说，还有人声明，当人们还能谋求其他职业生涯或职业方向时，真正需要的是灵活调整，而职业生涯目标却只能使人变得僵化。

我们认为，在大多数情况下，职业生涯目标的设定都是有用的，是能够催人奋进的。正如我们已经指出的，目标可以指引方向，可以作为衡量进步的标准。此外，就职业生涯目标本身来说，并不会使人在其职业生涯管理中变得冥顽不化。因为职业生涯目标不过是对人们瞄准的方向所作的一种描述；它并没有规定人们应该如何去实现自己所希望的那种结果。再进一步话，随着条件的变化，目标是能够、也应该随之而改变的。

尽管职业生涯目标能给人带来很多好处，但有时设定的目标也会使人反受其累。我们在本章后面部分将探讨的问题是：为什么说，当一个人确实不具备足够的知识去作决策时，不设定目标反倒是明智之举。

以前面所介绍的内容为背景，本节将考察职业生涯目标的几个构成因素，讨论职业生涯目标的设定过程，并为读者提供如何有效设定目标的一些指南。

职业生涯目标的构成因素

对于职业生涯目标，可以从两个基本方面来考虑：一是其概念因素与行动因素，二是其时间维度。

概念目标与行动目标　职业生涯的概念目标，就是对人们所向往的工作经历的一种本质性的概括，而不考虑是哪种具体的工作或职位。它应该能够反映出一个人的重要价值观、兴趣、才能和对生活方式的偏好。例如，你的概念目标可能是寻找一份以下特点的营销工作：需要广泛地研究、分析市场，赋予了很多责任，活动范围很宽，工作节奏经常变化，能与各种客户打交道，又不会长时间干扰家庭事务；所在组织应该地处温暖气候之中，规模不要很大，但发展势头应该很足，等等。这种概念目标强调的是工作的性质、人际关系与物质条件，以及生活方式的其他方面。概念目标还应包括人们从与目标相关的经历中得到的内在享受。从这个意义上，就可以把目标概念适当地表述为：这种目标一旦实现，就能使人从事愉快的、能够自我实现的和得到满足的工作；工作中可以发挥聪明才智，生活方式也令人满意。

而行动上的职业生涯目标则是把这种概念目标变成具体的工作或岗位。除此之外，行动目标还包含一种工具性的作用，即这个目标一旦实现，就会导致（或有助于）实现其后续的目标。在上述例子中，你的行动目标可能是成为 X 公司营销部门的研发经理，如果你实现了当营销部门经理的目标，就可能促使你去实现下一个目标——当营销副总裁。而对另一人个人来说，他的行动目标可能是保住现在的职位，以待将来的进步。认识到下面一点非常重要：行动目标只是实现你心里的概念目标的手段。分清概念性目标和行动目标，将有助于你搞清什么是职业生涯目标。

职业生涯的短期目标与长期目标　用时间尺度来衡量，职业生涯目标有短期与长期之分。当然，所谓短期与长期，其实主要是人为划分的，而且根据一系列因素还会有不同的变化。简言之，一般来说，短期目标更注重当前，也许在 1～3 年；而长期目标一般的时间结构是 5～7 年。表 5.1 中是一名人力资源经理助理所设定的短期目标与长期目标。

表 5.1　人力资源经理助理的短期目标与长期目标

	短　期　目　标	长　期　目　标
概念目标	承担更多的人力资源管理职责	参与人力资源规划
	在人力资源各方面管理工作中要多多出头露面	参与公司的长期规划
	与部门经理更多地互动	参与制定并贯彻公司的政策
行动目标	2～3 年内成为人力资源经理	5 年内成为公司的人力资源部主管

制定长期与短期的概念目标

在理想的情况下,确定职业生涯目标的第一步,是确定长期的概念目标。既然长期概念目标是自我测评与评价过程的自然结果,那就要考虑你的需要、价值观、兴趣、才能和期望。因此,它应该反映出你的有代表性的问题,包括工作职责、自主程度、人际交往的类型与频度、物质环境以及生活方式等方面。实际上,长期概念目标就是一种规划,把你所偏好的工作环境放在某个特定的 5～7 年的时间框架中的规划。这也就是要问你自己:在未来一个长时期内,你想做什么类型的工作,从事哪些活动,获得何种回报和承担哪些职责。

接下来就要考虑短期的概念目标。应该还记得,短期概念目标是用来支持长期概念目标的。为了从长期目标中提出短期目标,你需要回答以下问题:什么样的工作经历使你有条件去实现这个长期目标? 你需要开发或提高哪方面的才干? 要具备什么样的眼光才能使你达到下一个更高的目标? 这些都属于战略上的问题。也就是说,短期目标的价值在于使长期目标得以实现,因此,追求具体的短期目标,就是在体现职业生涯的战略。

但是,虽然只是短期的概念目标,也要展示你在工作中希望表现出的才能和素质。这样,就不能再认为短期目标的价值只在于它是一个阶段的终点,而是要看它能否给你提供重大的回报,能否带来有趣的、有意义的工作,能否让你过上你所希望的生活方式。因此,就像长期目标应当与个人所偏好的工作环境的主要因素相一致那样,短期目标也应该如此。例如,如表 5.1 所示的人力资源部经理助理,他的短期概念目标包括:承担更多的职责,多出头露面,与他人互动;这些都是实现他长期概念目标的手段,使他能够参与公司的长期规划,并实施人力资源管理,贯彻公司的战略。

制定长期与短期的行动目标

行动目标就是把概念目标转化为某一特定的工作或职位的目标。要实现这种转化,就要对环境进行测评,即:什么样的具体职位(或工作、组织)能给你提供机会,来满足你的重要价值观、兴趣、才能和生活方式的要求(也就是你的概念目标)呢?

不存在一个自动的公式可以(或应该)指明你应该选择哪个行动目标。对于每个行动目标是否理想和是否现实,指导你的应该是你自己的判断(以及从你信任的人们那里获得的信息)。不过,你应该试着估计一下,能够满足你的概念目标的主要因素的那些具体行动目标,应该具有哪些性质。例如,如表 5.1 所示,那位人力资源部经理助理的长、短期行动目标就应该包括在该部门内的职务晋升(这是行动目标),由此可以获得更大的权责,对公司的政策发挥更大的影响（这是概念目标）。这样，你只有重新审视自己对一个或几个行动目标的原有估计后，才能对每个行动目标是否适当作出评价。

要把概念目标变成行动目标，显然不能在真空中进行。相反，要对每一个行动目标的相关活动和回报作出评价，就需要大量的信息。但靠苦思冥想是得不到这些信息的。你可以从雇主或潜在的雇主那里获得自己所需的大部分资料。关于雇主在提供这类帮助中能起到哪些作用的问题，我们将在以后章节中阐述。另外，当你完成了这种职业生涯评价过程以后（见本章后面部分），你就能知道某一具体目标有无可能实现了，而这也是一种与职业生涯相关的信息。

有必要制定长期职业生涯目标吗

在目标设置的过程中，可能自然就引出了长期的概念目标和行动目标。但要想由此就做出未来5～7年的目标，还要准确或可信，那就往往不太可能了。即使如此，你也应该试着至少定出某一概念目标的部分内容，即使它可能含糊不清，即使它和你当前的具体行动目标没有什么联系，也不要紧。请考虑以下例子。

　　28岁的琼斯所希望的是这样一种工作环境：他既能够帮助别人，又能与个人客户和团体客户打交道，还能为所在社区开展一些教育，而且所有的这些活动又不用占多少周末和晚上的时间。这就是他的长期概念目标。

　　广泛的环境测评表明，从事某种社会工作很可能使琼斯实现自己的概念目标。尽管这种长期行动目标（成为一名社会工作者）还很模糊，但是在当前，这种模糊是正常的。什么类型的社会工作最适合他？他应该做儿童工作还是做成年人的工作？抑或与各种年龄的人打交道？他应该在医院工作，还是在学校、精神病医疗所或组织工作？此时，这些问题都还说不清楚。

　　尽管长期目标不清楚，但这毕竟让琼斯有可能确立一个适当的短期概念目标：他应该接受相关的教育，获得成为合格的社会工作者所需的经验和阅历。同样，他的短期行动目标也与此有关：在2～3年内获得社会工作专业的硕士学位。

琼斯的例子说明，一个人不一定非得精心确定非常详细的长期目标，才能给自己定出很灵活的短期目标。重要的问题在于"风物常宜放眼量"，即在未来长期过程中，培养出一种感觉，能使工作和生活方式相结合（不管是否差强人意），再制定出与这个未来目标最为适应的短期目标，先不去管它模糊不模糊。

你可以想象一下长期目标模糊不清或不确定的多种情况。一名机械工程师说不准自己在5年内是继续当工程师，还是会晋升为管理者。一个会计师也说不准自己是应该在目前的组织继续干下去，还是去开一家小注册会计师事务所。一个高管也说不清自己当公司总裁所得到的回报能否补偿其所付出的代价。此时此刻，这些工程师、会计师和高管也许还没形成什么清晰的、确定的长期目标，但是，如果他们仔细考虑过自己长远的发展和各种抉择，就能较好地确定其短期目标和适当的战略，这比他们根本没认真考虑过这些问题要强得多。

同步练习 5　见本章附录。做这项练习,你就有机会锻炼一下怎样确定职业生涯的各种目标。你可以现在就做这些练习,但我们建议你还是先把本章看完再做。

克服目标设定障碍的一些指南

确定目标的过程与职业生涯测评一样,不可能没有一点障碍。职业生涯目标的质量如何,归根到底取决于这一目标是否与个人偏好的工作环境相一致,取决于实现这一目标是否现实可行。下面列出有效地设定目标时可能遇到的障碍,以及克服这些障碍的建议。

为他人作嫁衣裳——不适合自己的职业生涯目标　如果你的目标不符合自己的需要和价值观,如果你对目标中的任务没有兴趣,如果你既不具备、又不看重为实现该目标所需要的才能,那么,即使你实现了这种职业生涯目标,也没有什么意义。

但有些人却好像是为了取悦别人——父母、老师、配偶或老板——才去制定自己职业生涯目标。他们不大看重自身的需要,而是让别人来决定这个目标是否适合自己。其实这种人这样做也许是无意识的,他会说:"我怎样想并不重要,我也不知道什么目标最适合自己。"或者会说:"我那点儿事真的不算什么事。"最后,这种人所选择的职业或工作,不是发挥不了自己的长处,就是他自己也不感兴趣,也不会觉得有什么收获。从长期来看,即使他实现了目标,也会产生挫折感和失落感,而不是成就感和成长感。

解决这一问题的办法包括两个方面。首先,人们必须把这个目标与自己的价值观、兴趣、才能以及所偏好的生活方式挂上钩。其次是他们必须认识到,达到这个与自身特点相适应的目标有多么重要。关于第一点,所有的自我评价程序实际上都使你有机会去认识自己。写自传,做"价值观厘清练习",分析自己的生活经历,这些都能帮助你分清哪些是自己的能力和愿望,哪些是别人的希望和价值观,哪些是社会对自己的期望。

更难的任务是根据这种认识而采取建设性的行动。制定职业生涯规划最多也只能做到这种程度。可能最终的答案是:当你追求的目标与个人志向和价值观相关联时,那就是自我感觉良好了。所以,与家人、朋友和同事讨论一下如何满足个人的需要,这就是重要的第一步。

根本不考虑生活方式的职业生涯目标　很多人在选择职业生涯目标时,并不考虑它对自身生活其他方面会带来哪些影响。只有当婚姻关系变得紧张或遇到个人悲剧时,他们才意识到工作与家庭生活之间的关联。很多人是到了职业生涯中期,才特别注意到如何协调工作职责与家庭、与闲暇活动之间的关系。但不管怎么说,在人的一生各个阶段中,工作与业余生活始终都在互相影响着。

有效的职业生涯管理者能够预见到工作与业余生活的相互关系,他们所确定的职业生涯目标也能与自己所期望的全部生活方式相一致。正如我们前面所指出的那样,很多职业生涯规划活动都把生活方式问题考虑了进去。但我们仍然很容易用非常狭隘的眼光看待工作挑战、回报和自己的声望,乃至实际上把家庭、信仰、休闲和社区生活等都忘到九霄云外了。因此,在职业生涯目标设定的过程中,要有意识地给所有生活方式问题留有余地。

忽略当前工作的职业生涯目标　职业生涯目标(无论是短期目标或长期目标)不需要

考虑工作变动与否。任何具体工作都仅仅是满足更基本的价值观（即概念目标）的一种手段。如果最初表明的就是概念目标，那就可以彻底审查一下目前的工作能力，看能否满足这些价值观上的要求。成功的职业生涯管理往往建立在两个基础之上：一是能充分理解概念目标，二是具备能利用当前工作来实现这一目标的能力。

　　然而，处于太狭隘的视野，人们只知道追求其他工作，而忽略了一点：只有做好当前的工作，才会使职业生涯得到令人满意的发展。这种情况是太多见了。在今天的工作环境里，对工作流动的这种短视偏见就可能是严重的问题了。因为如今晋升或平调的机会并不多；或者，即使有这种机会，也会给家庭或闲暇生活带来严重的负面影响（也就是说，新的工作需要你搬家或经常出差）。进行职业生涯规划有很多方法，包括审查有哪些方式能改进当前的工作，比如说扩大权力，或拓宽管辖范围。这就需要作职业生涯规划的人与其上级之间开展建设性的交流。这是一个很健康的聚焦方法，在很多职业生涯管理行为中都很有用。

　　过于笼统的职业生涯目标　具体的目标往往比笼统的目标更有意义，这一点很好理解。因为具体的目标代表着具体奋斗的方向，因此，它们比笼统的目标更能有效地指导人们去努力。此外，目标越具体，反馈就越多，因为你很容易就能看出工作的进展情况。

　　请设想这样一个笼统的概念目标："我要做自己感兴趣的工作。"如果能具体指出你最喜欢哪些活动（例如，细致的统计工作、撰写报告或频繁与同事和客户交流），可能更加有意义。把一组具体的概念目标的因素变成行动目标，要比一个笼统的概念目标更加容易。进而言之，用具体的言语说明一个概念目标，可以使人避免大而化之的说法，能够更深地理解自身的志向。

　　设定具体的行动目标也有很多好处。我们很难将一个笼统的行动目标与自己的概念目标进行对比。比方说，"想搞营销"这句话就可能太笼统，等于什么也没说，因为很多营销工作都和你的概念目标沾边，但其实差别很大。而"当一名市场研究分析人员"这样的行动目标就比较具体，比较有用了，因为它与你心目中的概念目标有更明确的联系，实现目标的路径也好确定。不过，正如我们在前面指出的那样，在很多情况下，要想定下一个非常具体的长期目标，都是不太可能的。要判断一个目标是否足够具体，最简明有效的办法就是看它能否提供充分的信息来有效地指导你的行动。

　　只考虑行动目标的手段而不顾其他　行动目标越具体越好，但是它也会使人视野狭隘，坐井观天。人们可能一开始就只顾去实现具体的目标，而忘记了他们为什么要达到这一目标。他们还可能太过专注于行动的过程，对不利于该目标价值的新信息则充耳不闻。最大的问题可能是，人们只想着实现了这个目标再去实现下一个目标，以至于每时每刻所能享受的乐趣都被剥夺殆尽而不觉察。这样，人们看上去是在追求某个最终结果，其实反倒是受它驱使，被它摧残。换个例子来说就是，如果你在旅游时只想着目的地，旅游本身就索然无味了。

　　这种可能性反映出一种两难境地。一方面，有了职业生涯的行动目标，会促进将来职业生涯的发展，并提高你的满意度。而另一方面，具体的行动目标在某些情况下也会降低你当前的满意度。解决的办法也许是应该平等对待同一目标所表达的几种性质（特点），你才能既关注目标的实现，又关注实现目标所带来的愉快情绪。

我们来看一个理工学院毕业生的情况。他在其职业生涯早期,就把眼光盯在一家大型制造企业总裁这个职位上。他把每一次工作任命,每一次晋升,每一次调动,都当作达到这一目标的手段。他是如此热衷于实现这一行动目标,以至于他不肯"浪费"时间去重新检验一下该目标到底有多重要。他也从不肯停下来问问自己,是否所有这些中间目标的实现能使自己感到快乐、满意、有成就感,也不问问它们是否给自己的业余生活造成了负面影响。这种把现在作为抵押,以争取未来的做法,其实很是危险。

因此,正确对待职业生涯目标的内部及外部特点,才是职业生涯管理最基本的问题。这就要求持续地关注概念目标。其实,无论是当上公司总裁还是其他什么行动目标,都没什么可自鸣得意的。恰恰是行动目标所带来的那些任务、活动、机会和回报,才会使人得到内在的满足。关键在于既要考虑目前是否满意,又要考虑将来的发展方向。而只有对自己、对环境作出不断的评价,才能做到这一点。

太容易或太难以实现的目标　有人认为,个人发展和心理满足的实质在于心理的成功感。要在心理上产生成功感,需要完成富有挑战性的、有意义的任务。因此,太容易实现的职业生涯目标不大可能使人产生真正的成功感。不管这个目标是指向当前的工作(例如,自己在某些方面的改进),还是得到另一个工作,都必须具有足够的挑战性,实现这一目标才能产生真正的成功感。

另一方面,难度过大的目标是不太可能完成的。人如果达不到他所期望的目标,会产生很强的挫折感和失败感。富有挑战的目标和实际上根本达不到的目标之间有一条"边线"。要找出这条"边线",就需要深入了解自己已有的才干,开发新才干的能力,以及工作环境中存在的机会和障碍。因此,如果一个人选择了一个极为困难的目标,他就应该认识到其中的风险,并愿意承担这些风险。

不灵活的职业生涯目标　尽管人们心里把目标的设定看作一个可以灵活调整的过程,但付诸实施后往往又会丧失其灵活性。这是因为,首先,人们可能会沉迷于某一行动过程之中,并为之付出大量时间、精力和感情。其次,说到目标中包含的未来发展方向,人们就往往强调"最终结果",并把它作为一个难以质疑的"客观现实"。进一步说,既然大多数人都觉得很难改变它,因此,要让人们重新审视其职业生涯目标,有可能的话还要改变其职业生涯的方向,人们就会觉得是塌天之祸了。

然而,正如我们在前面所强调的,灵活的目标对于有效的职业生涯管理来说是必要的,而且它是无界限职业生涯管理的核心所在。因为工作环境和人都不可避免地随时变化,过去一直很适当的目标在目前或将来就可能已经不再合理了。在当今这种跌宕起伏的经济世界里,再要设定具体的长期职业生涯目标,可能就不可取了。的确,由于几乎所有公司的就业情况都变得不确定了,人们就会发现,灵活地设定和改变职业生涯目标,可能倒是更适当的行为。例如,随着企业重组或提出新的战略计划,工作岗位和职业生涯途径可能会消失或发生变化,必然会冷落那些缺乏灵活性的员工。同样,技术进步和产业结构的变化又会催生很多新的职业生涯途径,这就要求人们去修正自己的职业生涯目标。从广义上说,人们需要从自己的工作和生活经历中学习,才能保持职业生涯目标的意义和现实性。本章后面部分将讨论的职业生涯评价,就是让人通过学习和反馈,学会灵活地管理自己的职业生涯。

5.2 因犹豫不决而无法确立职业生涯目标

尽管我们已经指出，确立职业生涯目标是职业生涯管理过程当中关键的一步，但是对很多人来说，包括学生和已工作的成年人，选择职业生涯目标是一件困难的（甚至是不可能完成的）事情。如果人们一直没能确立职业生涯目标，或者他们对自己确立的职业生涯目标感到很没有把握或并不舒服，这类人就被认为是职业无主见者。由于选择职业生涯目标被看作职业生涯管理过程中的最大任务，因而可以认为，职业生涯决策中的犹豫不决不仅会干扰，而且有害于职业生涯管理。然而，正如本节所示，谁也不敢说，择业犹豫就一定不合适；正如你不敢断言，择业果断（即选择职业生涯目标果断）就一定合适一样。据估计，10％～30％的大学毕业生属于职业无主见者，但就事物的普遍发展过程来说，这个比例也还比较正常。

当我们理解了择业犹豫这一问题的重要性以后，本节将讨论以下三个相关的问题：择业犹豫的基本原因和缘由，择业犹豫的不同类型，以及哪些做法可使人在作出职业生涯决策时变得果断起来。

择业犹豫的原因和缘由

对高中生和大学生择业犹豫的研究发现，他们不能选定具体职业或职业生涯的目标，其原因五花八门。但总体来说，这项研究区分了择业犹豫的4种缘由：缺乏自我信息，缺乏有关工作环境的信息，在决策时缺乏自信，以及存在心理冲突。

我们对管理人员和专业人员作了大样本的研究，认为择业犹豫主要有7个原因，这就比前述4原因说更为具体了。

1. 缺乏自我信息，是指人们不了解自己的兴趣、长处、价值观和生活方式偏好。

2. 缺乏本组织内部工作信息，是指人们对本组织内部的职业生涯机会和工作可能性了解不够。

3. 缺乏外部工作环境的信息，是指人们对本组织以外的其他职业、组织和行业的工作机会缺乏足够的了解。

4. 缺乏决策自信，是指人们在作出有关职业生涯决策时不具备足够的自信。

5. 决策恐惧和忧虑，是指人们在进行职业生涯决策中，由于害怕和忧虑而不敢作出决策。

6. 非工作的要求，是指人们的职业生涯愿望与来自非工作（例如家庭）的压力之间的冲突。

7. 境遇制约，是指人们职业生涯决策要受收入状况、年龄和在既定职业中的工作年头的影响。

大体来说，前三个原因——缺乏自我信息、缺乏本组织及外部工作环境信息——强化了我们在第4章说明的观点：对自己和对工作环境的认知，是职业生涯决策决策的基本要求。而缺乏自信、害怕决策和对决策的忧虑则与上述三个关乎信息的原因（它们可以通过增加测评活动而解决）相反，更多地反映了深层次的个性错位和心理状况。最后，非工作需要和客观因素的制约也会对个人的职业生涯决策和期望有所限制,可能会削弱职业生涯目标的设定,也可能会给已选定的目标带来重大的不确定性和不适感。表 5.2 有助于你估计出自己处于上述七种犹豫不决原因中的哪一种之中。

表 5.2   择业犹豫不决的七个原因举例

择业犹豫不决的原因[a]	解 释[b]
缺乏自我信息	"我十分明白最需要从工作中得到什么(例如,大量的金钱、充分的责任、旅行)。"[c]
缺乏内部工作信息	"我十分清楚我们组织在未来 5～10 年中将往何处发展。"[c]
缺乏外部工作信息	"换个老板,我就能很好地抓住任何适合我的工作机会。"[c]
缺乏决策自信	"我确信自己能作出适合自己的职业生涯决策。"[c]
决策恐惧和忧虑	"让我作出与职业生涯相关的决策,这种念头令我害怕。"
非工作的要求	"家庭的压力与我期望的职业生涯发展方向互相矛盾。"
境遇制约	"我在现在的职位上已经干了这么多年,其他工作即使很吸引人,也不去想了。"

a. Sources identified in G. A. Callaman andJ. H. Greenhaus, "The Career Indecision of Manager and Professionals: Development of a Scale and Test of a Model", *Journal of Vocational Behavior* 37(1990): 79-103.

b. Items scored on a scale of 1(Strongly Disagree) to 5(Strongly Agree).

c. Item is reverse scored.

择业犹豫的类型

以往对学生所作职业生涯决策的研究表明,择业犹豫可以分为两种:一是"没有主见",这可能是因为阅历和知识不够;二是"犹豫不决",就属于长久无法作出职业生涯决策了。下文中我们把"择业犹豫"型称作发展性犹豫,而把"优柔寡断"型称为久拖不决。我们对管理人员和专业人员的研究表明,发展性犹豫不决和久拖不决的人都客观存在。而发展性犹豫不决的员工都比较年轻,对工作的内、外环境没有多少了解,面临的工作以外的要求也很广泛。与之相比,久拖不决的人年纪要大一些。此外,他们对自己的了解也不够,缺乏足够的自信,往往对职业生涯决策怀有很多担心和忧虑,受客观情况的制约也比较大。

对于管理人员如何选择职业生涯目标,我们的研究还分出了另外两种类型。借助埃文·杰尼斯(Irving Janis)和里昂·麦纳(Leon Mann)提出的类型,我们又可以将择业果断型再细分为草率型和慎重型。草率型的人能选择自己的职业生涯目标,但是他们可能是在信息不充分的情况下作出决策的,或者是由于压力和顾虑而匆忙作出决策的。慎重型的人也能选择职业生涯目标,不过他们的情况表明,他们只有在掌握信息,又没有什么压力和顾虑的情况下才去决策。

我们举一些简短的例子,可能会帮你分清这四种决策类型(无主见型、犹豫不决型、草率型和慎重型)之间的区别:

1. 35 岁的安妮是纽约一家消费品公司的内部审计经理。她在该公司工作了近 12 年后,开始对现有的职位感到不满足,并认为自己在公司内已经没有进一步提升的机会了。此外,大都市中那种整天"疲于奔命"的生活也开始令她和家人感到厌烦。因此,安妮简直不知道自己的职业生涯该如何发展是好。后来，安妮用迈尔斯—布里格斯个性分类指数指标和其他评价工具对自己作了一番测试，结果表明，她属于创业型性格。事实上，她也真想自己开办企业。于是她就回到老家密西西比州，考察了几家令她感兴趣的公司。

2. 萨伊 27 岁，是一家纸质产品公司的销售代表。他在大学毕业获得工商管理学位后的 6 年里，已经换了四份工作。看起来萨伊无法给自己确立职业生涯目标，而且他到现在仍然说不清自己应该从事何种职业。只要一问他到底应从事什么职业，萨伊就感到焦虑和"紧张"，所以直到现在，他都不知道该选择什么长期职业生涯目标。但他知道，目前这个销售代表的工作不适合自己。

3. 吉妮芙 26 岁，刚刚从法学院毕业。她全家都为她将成为一名律师而高兴。她父亲本身就是律师，尤其高兴女儿能决定继承父业。不幸的是，经过毕业之际一阵心血来潮和天马行空的畅想以后，吉妮芙开始认为她"跻身"律师这个行当可能为时过早。当年就是因为她父母施加了过多的压力，她才不得不去考法学院的。她的父母显然对她两个哥哥决定不当律师很不高兴，而吉妮芙之所以听话，是她不想让父母再失望。由于她草率地把法律当作将来的谋生手段，杰妮芙从来没有开发自己其他的兴趣和价值观，也没有关注那些可能适合自己的职业。如今，她内心压力重重，因为她不知道以律师为职业能否给自己的将来带来幸福。

4. 48 岁的丹这几年很快乐。作为一名高中数学老师，丹乐于跟年轻人打交道，他真的喜欢教代数和几何这类课程。尽管丹才教了 4 年书，但是他还是为自己的"坚定"决策——辞去系统分析员的工作——而高兴。丹确信，他对教书这个职业感到满意，是因为他经过认真、彻底的思考，才选择了这个工作作为自己的职业生涯目标。丹拿出时间来一再审视自己的兴趣和价值观。他知道自己不仅喜欢与数字打交道，习惯逻辑思考，而且喜欢与年轻人一道工作。在作了一些测评之后，他了解到当地的学校缺乏合格的数学老师。丹在与妻子讨论并获得她的鼓励之后，就决定试一试去当教师。他一获得教师资格证书，就安心工作了。从此他再也没有为自己改变职业而后悔过。

很明显，上述四个案例代表了四种不同的择业犹豫。在第一个案例中，安妮可以说是那种发展性犹豫不决的人，因为她虽然没确定职业生涯目标，但却在积极地测评自己的兴趣和机会。而杰伊则可以归类为久拖不决型的人，因为他迟迟不能确定自己的职业生涯目标，而且整天为此焦虑。在第三个案例中，吉妮芙代表着草率型决策的人。她决定去当律师是有点儿欠考虑，她根本没考虑自己的兴趣、能力以及才干。她选择这种职业生涯只是为了使其父母高兴，而没有考虑自己。丹属于慎重型的人。他选择数学老师这种目标，是对自己的兴趣和生活偏好以及工作环境作了彻底评估后才决定的。

正如上面的案例所示，所确立的职业生涯目标在多大程度上有用、合理，要取决于环境。有时选择的职业生涯目标是有利的（正如丹的情况那样），但有时这种职业生涯目标就是无用、甚至有害的。对于安妮这种尚未充分掌握信息的人来说，说她属于"发展性犹豫"就比较适当，而像吉妮芙的例子所反映的那样，草率决定当然就不合适。只有当充分了解自我和环境，并确信职业生涯目标与个性特征相符时，才应该确定职业生涯目标。

走向择业果断的可能步骤

正如第 4 章所示,在确立职业生涯目标之前的关键行动是进行测评。人们应该参与各种各样的职业测评活动,从而加强对自我和对环境的认识。对自我和对环境的深入了解将有助于人们确立现实的,与他们的个性特征和所偏好的工作环境相适应的职业生涯目标。当然,只要你还处于要进一步认识自我和环境的过程当中,那你当然就处于发展性犹豫的状态之中。而对于那些可能久拖不决的人来说,多积累一些信息固然有所帮助,但仅此尚不足以使人作出职业生涯决策。久拖不决的人必须想办法打破因"杞人忧天"和境遇制约而产生的"麻木不仁"。职业生涯咨询计划和其他活动可以减轻那种把人压倒的压力和焦虑,增强自信心,这些是克服久拖不决的毛病的有效措施。像第 4 章中描述的其他一些职业生涯规划活动,如职业生涯培训班和聊天聚会,都可以减轻心中的压力,加强考查活动和确定职业生涯目标的活动。值得注意的是,要想完全消除决策中的焦虑和压力是不大现实的。研究表明,有一定程度的压力和焦虑反倒能促进、激发所需的职业生涯考察行为。

对于那些需要确定自己职业生涯目标的人来说,最主要的是应该考虑这种选择是以充分的信息作基础(即很慎重),还是急不可待作出的(即很草率)。如果是匆匆忙忙就选择了不适当的职业生涯目标,又一去不回头,那将带来不利的结果。我们的研究发现,与那些更慎重地选择自己的职业生涯目标的管理者相比,那些匆忙选定职业生涯目标的管理者的工作态度差得多,其生活压力也大得多。应该鼓励那些草率型的人重新考虑自己的职业生涯抉择,评价一下自己的选择是否真的与自身的才能、兴趣和志向相一致。

总之,我们对职业生涯选择犹豫的情况进行了讨论,从中得到的重要教训是:职业生涯目标的选择本身没有积极与消极之分,而要看这种选择所处的是什么环境。如果是由于缺乏足够的信息而择业犹豫(即发展性犹豫不决),那是可以的。相反,如果不考虑自己真正的兴趣和能力,就作出职业生涯抉择,可想而知,它是使人感到不满意的根源,并会给雇用他的组织带来不利的工作结果。从理想的意义上说,所有的职业生涯决策都应该是慎重作出的,即具备了充分的知识和认识才能选择职业生涯目标。学校和组织应该尽力提供机会,使人们学会慎重作出职业生涯决策。

5.3 确定职业生涯目标对组织及其员工的意义

慎重确定职业生涯目标的员工,即以洞察自我、深知自己的选择余地以及对当前和未来能综合作出考虑的员工,最有可能得到产生硕果同时又令人满意的职业生涯。因此,各种组织都应该通过各种各样的方式推进这种慎重设定职业生涯目标的工作。

促进员工对自己的了解 如果人们不充分了解自己的能力、价值观、兴趣和生活偏好的话,就很难设定合理和合适的职业生涯目标。组织可以通过提供职业生涯咨询和资助职业生涯规划活动等方式,帮助员工提高自我认知能力。其实,对自我的认识大部分来自在组织中的日常工作经历。有效的绩效评价和反馈机制,教育和培训,临时的任命,工作变换以及扩展当前的工作范围等,也都可以使员工积累经验。当他们对自己有了深入的认识,并把这种认识与其他有见识的人、特别是自己的上级来讨论时,他们便会得到最大的收获。

促进员工对环境的了解　为设定现实并且合理的职业生涯目标,有必要广泛收集关于环境的信息。比如,一个从事市场研究的职位能得到多少回报? 当公司的产品经理需要出多少次差? 做一名成功的销售经理,最关键的本领是什么? 一两年后,或 5~10 年之内,这家公司将变成什么样子?

组织要提高员工对环境的认知,可以通过不同途径,给员工提供本组织内其他可选择工作的关键信息,例如岗位、职责、所需技能、出差要求以及在岗时间的压力等。这就要求组织自身先要了解不同岗位和职业的行为要求,才能给员工提供这些信息。此外,对于那些正想弄明白自己的需要与组织的需要是否相适应的员工,组织还应该让员工了解组织的使命、结构和文化等信息。

在如今实行分权化的环境下,很多员工可能在自己的下一份工作中改变职能领域。通过各种联络网——组织正式资助的或非正式资助的——都能鼓励员工扩大自己的视野,确定未来的职业生涯目标。另外一个办法是,通过专题小组或课题组,以及临时职位和(或)平调,扩大员工的接触面。这些机会为员工提供了灵活的方式,去学习组织内部其他领域和职能的知识。对于妇女和少数族裔雇员来说,由于他们所能得到的有效赞助比男性白人要少,因此,这些活动安排特别有效。

鼓励实验　对自我和环境的大部分了解都来自积极的实际体验。人们通过从事新的工作可以获得大量的知识。一个打算进入管理部门的财务分析人员或销售人员应该受到鼓励,如作出专门的任命或负责某项计划,使其对现在岗位承担管理职责。还有一种实际体验,就是让他们去收集原先不熟悉的领域的信息。此外,与咨询人员讨论职业生涯中遇到的两难问题,参加为新成员而组织的帮助小组,参加有关财务咨询行业的营销研讨会,或者参加在职研究生培训课程或项目等,这些都可以激励员工从不同的角度考虑自己的将来。

对久拖不决者的回答　我们前面的建议都是建立在一个很关键的假设之上:那些犹豫不决的员工所需要的,不过是对自我、环境或行动的替代选择有更多的了解而已(即他们属于“发展性犹豫”)。有的是员工当前的工作环境、家庭压力或职业生涯兴趣发生了变化,使他们对自己的未来进行重新评估。有的则是个人生活上发生了变化(年纪变老,担心死之将至),工作环境的变化(公司被合并或收购,公司战略的改变),家庭环境的变化(空巢、配偶职业志向改变),都给职业生涯目标带来重大的不确定性。如果是因为这些变化而犹豫不决,说明应该采取适应和发展的方法,有助于人们下定决心,作出职业生涯决策。

然而,正如前面所说的,有些员工对职业生涯决策可能会久拖不决,那是因为他们对决策过程感到高度的焦虑和紧张。管理人员应该学会这样的见识:在选择职业生涯目标上,什么时候的犹豫不决属于久拖不决,什么时候又属于麻木不仁。对这种人,让他回顾一下自己原先的职业生涯之路,会有所帮助。此外,与员工讨论一下他的职业态度,可能会表露出他们在职业生涯决策中到底有多紧张,感到多大的压力。有些员工是害怕自己作出“很臭”的职业生涯决策,所以他们可能很不愿意作出任何职业生涯决策。有时他们会宣称自己还需要更多的信息(如再多一些测试、咨询和辅导课)才能作出决策,而实际上,再多的信息也不能使他们作出决策。

我们并不是主张管理者应该成为治疗专家,而是说他们应该去发现员工犹豫不决的原因,并向他们推荐合适的行为课程。例如,那种久拖不决的员工在决策时往往愁眉不展,缺乏信心,那么,除了公司举办的学习班以外,还可补充以"一对一"的方式为他们进行职业生涯咨询,会对这些员工有帮助。由于这些久拖不决者还可能表现出有着太大的生活压力,所以,咨询工作的一个关键就在于确定,在决定应该选择哪些职业生涯目标之前,是否还有某些问题需要给以更综合性的援助才能解决,例如理财的技能或减少员工紧张心理的办法。简而言之,对久拖不决者只靠提供更多的信息是不够的。

阻止员工草率决策 那些草率决策的员工作决策往往像"条件反射"一样,是在没有花适当的时间去反应、准备和思考其选择的情况下,就作出决策的。这样做的结果往往造成决策与员工的价值观、才能和兴趣不一致,由此陷入一个不满意或失败的怪圈。对于这样的人来说,关键在于摆脱日常压力和顾虑,才能有适当的时间来作出反应。而有效的职业生涯管理计划,由于能帮助这些员工区分不同职业生涯目标的衡量尺度的差异,因此可能会有一定的帮助。当他们要考虑什么样的选择和目标才真正适合自己时,研讨会、学习班、计算机培训以及个人咨询等可能会非常有用。

对组织的好处 员工固然乐得确定实事求是的职业生涯目标,但如果组织能促进这种活动,对组织也有某些明显的好处。组织鼓励员工设定职业生涯目标的一个主要动机,是让员工学会对自己的职业生涯负责。第二个好处是,当员工开始按照自己的职业生涯目标行事时,他们就可能提高自己的技能,他们对组织也就更有用了。

此外,很多职业生涯目标设定计划都包括员工技能分析这一项,这不仅是要员工自己来分析自己,也包括他们的上级和(或)同事来作这种分析。而当员工知道了别人是如何看待自己的优、缺点时,就可以进一步鼓励员工去改进自我;尤其是当别人的看法威胁不到自己的尊严时,就更是如此。通盘考虑一下这个计划,有助于他确定需要进行什么样的培训和开发活动。应该从积极方面看待这些活动,因为这往往会带来员工技能的提高。而一旦公司减员,员工还可以带着自己的"一整套本事"去干其他工作,或者到其他组织去工作。

鉴于这些原因,可以说,职业生涯目标的设定往往都能给员工和组织带来最大的利益。当然,个人和组织也都有一定的风险(个人可能会失望,组织则可能失去有才能的员工),但我们仍然认为,总体上说是利大于弊的。与其他开发计划一样,对于确定职业生涯目标这件事,最高管理层的支持都是成功的必要条件。而其特殊的重要性则在于能为员工创造出良好的工作氛围,让员工感到充分的安全,从而放心地确定其职业生涯目标。在如今的商业环境中,员工们往往并不愿意公开表达自己对设定职业生涯目标的兴趣。因为很多人认为,如果你对未来的职业生涯计划感兴趣,人家就会怀疑你对现有职位和老板的忠诚。所以就会出现另一种情况,即高层管理者信誓旦旦地表态要重视职业生涯选择,而员工的直接上级在具体工作中却对此只字不提。

我们认为,对公司和管理者来说,重要的是要表现出一种强烈的使命感,通过推动职业生涯规划,持续地促进员工的发展。即使环境动荡,员工们也可能会有另谋高就的想法。然而，经理们往往认为，当公司鼓励他们去促进员工的发展时，他们自己却被公司遗忘了。因此，对于一家组织来说，重要的是应该在内部不同等级上都推进职业生涯管理工作。保证做到这一点的最好方式是，每一个管理者的薪酬考核体系中都应该包括下级的职业生涯成长问题。用我们前面讨论的道理来说就是，管理者所能使用的最适当的标准，并不是看下属是否设定了职业生涯目标，也不是下属是否为提拔作好了准备，而是看他能否鼓励下属对自己和环境进行测评，能否为下属提供有用的反馈、指导和支持。

最后，对组织的管理者来说，重要的是认识到一点：公司的战略需要和组织所采用的职业生涯管理做法这二者之间应当保持一致。更准确地说，组织的经营战略和其他竞争因素是什么样的，往往也就决定了公司有什么类型、什么层次的员工。本章描述的职业生涯管理的实践，是通过把个人志向与组织对员工的责任这二者联系起来，从而有助于满足这些人力资源的需求。

组织的高层管理者了解了员工的职业生涯目标，有助于自己制定培养接班人的计划。高层管理者可以锁定那些职业生涯目标符合高层管理职位需要的员工，并推荐他们到这些职位上工作。这样，一家公司就可以发挥自己的优势（对现有人员的了解），将他们安排到与个人志向相一致的部门和岗位上去，从而获得利益。如果组织不了解员工的差异，在分配工作时就可能心中无数，或者会"乱点鸳鸯谱"。

总之，我们认为，组织和员工都可以从精心设计和仔细维护的职业生涯管理计划中获益。我们已经指出，员工职业生涯目标是如何通过全面地评价员工自己的兴趣、才能和生活偏好，以及对工作环境的考察而确定的；职业生涯目标的确定又是如何带来积极的工作态度的。我们还指出，不利用这种全面评价固有的好处，就去确定职业生涯目标，则会产生负面效果。实施职业生涯管理计划以帮助员工开发自我和工作环境的组织将获得以下回报：员工可能会更有成效，员工的期望与公司对人力资源的需求更相匹配。

5.4　制定职业生涯战略

"无边界的职业生涯"这个概念在很大程度上是基于以下想法：个人在管理自己的职业生涯时，无论所采取的行动，还是所作出的改变，都必须适合于自己，并且是灵活可变的。它还反映出这样一个观点："一辈子"只干一种职业的那种"铁饭碗"的职业生涯，已成为明日黄花。有关研究也确实表明，支配职业生涯的已经越来越多的是在公司之间的流动，而不是公司内部的流动了。在美国和其他工业化国家，一个人从刚参加工作算起，或者从其早期职业生涯算起，他这一辈子通常都要换七八个雇主。出现这种情况并不奇怪，因为很多公司都拆除了那种传统的工作等级阶梯和职业路径。在这种环境下，主动管理自己的职业生涯就变得更为关键了。具体地说就是，个人必须确定职业生涯目标，实施职业生涯战略，使自己得到最大的机会，取得职业的成功。

我们把职业生涯战略定义为：为使人们实现自己的职业生涯目标而设计的各种行为、行动和经验。一个职业生涯战略就代表着个人有意识的一种选择，是个人为实现自己的职业生涯目标而自愿进行的一种投资。理想的情况是，人们贯彻自己特定的职业生涯战略，是预期该战略能给自己带来个人成就和专业成功的最大机会。职业生涯战略就是能使人实现自己职业生涯目标的那些行动,也就是要有意识地选择进行哪些人力资本投资,避免哪些人力资本投资。

职业生涯战略的类型

正如第3章提到的那样,研究表明,人们用来增强其职业生涯的成功机会和实现职业生涯目标的机会共有七大类型。这七类战略包括:保持在当前工作中的竞争力,加班加点,开发新技能,拓展工作的新机会,拜师,树立自己的形象和声誉,参与组织的政治活动。具体见表5.3对这些战略的简要介绍。

表 5.3　主要的职业生涯战略

1. 保持在当前工作中的竞争力
   含义:希望有效地搞好现职工作。

2. 加班加点
   含义:决定在自己的工作中投入大量的时间、精力和心思。这经常被认为有助于使自己在当前工作中做到称职,但可能影响家庭和个人生活。

3. 开发新的技能
   含义:试图通过教育、培训和(或)工作锻炼,获取或提高与工作相关的技能。目的在于提高现任职位或将来工作的业绩。

4. 拓展新工作的机会
   含义:设计出使他人了解自己的兴趣和志向的举措,以及知晓符合自己志向的机会。

5. 拜师
   含义:设计出找到重要人士并与其建立关系、运用这些关系的举措,目的是为了得到或提供有关信息、指导、支持和各种机会。尽管建立师徒关系主要是为了接收(或发送)信息,但是师徒关系远远不限于简单的交换信息,还包含比较深厚的感情成分。

6. 树立形象和声誉
   含义:目的在于通过交流,使别人了解、接受自己的形象、能力、成功和(或)成功的潜力等情况。还包括接受并完成能使自己出彩的工作的能力,以求在组织内树立自己的声誉。

7. 参与组织中的政治活动
   含义:试图以好言好语、遵纪守法、建立同盟、投其所好以及个人影响等手段去获得预期的结果。这包括公开的和私下的行动,例如"使坏"和其他利己的行为。这些行为都能提高自己的在组织中的地位,但可能要以牺牲别人为代价。

既然各个组织都决定要促使员工提高现有业绩,那么至少在一定意义上说,保持自己在当前工作中的竞争力,是员工职业生涯的一项基本战略。进一步说,在一个岗位上发展起来的技能可能有助于你在其他岗位上(无论在本组织还是换一家组织)取得的业绩。从哲学角度讲,既然要追求随机应变的和无边界的职业生涯,那么,雇主需要员工具有什么技能,员工就应该掌握什么技能。集中力量开发你当前工作所需要的技能,可以改善自己未来就业的能力。

加班加点,是一种无论在单位还是在家里都普遍使用的战略,特别在职业生涯早期,雇员想让单位了解自己时,更是如此。多工作几个小时可以提高本职工作的绩效,还能让组织知道你对工作很负责,也有能力承担更多的工作。但这并不是说,加班加点总是必要的或有用的。我们都知道,一些组织中,很多员工在晚上和周末加班,但那是因为组织期望他们这样做，而不是真有那么多工作必须完成。加班加点也会带来长期的坏处，它会大量减少一个人花在家庭或个人活动上的时间。

开发新的技能这种职业生涯战略是指获得（或提高）有助于当前职位的技能，或以后工作所需要的技能。米歇尔·阿瑟及其同事把这种战略称之为"掌握诀窍"。他们指出，开发技能就涉及正式的职业培训以及边干边学。开发技能包括参加培训班，到大学听课或拿到学位，或参加领导力培训班。员工们还往往用以下方式来开发自己的技能：争取在现职岗位上承担更多的责，或者设法与经验丰富的同事一道工作，或者参加资助后续教育的职业协会。其要旨在于，参加技能开发和终身学习的做法，能确保个人的工作能力和知识符合现有职位的要求（因此也就有能力到别的组织去工作）。

拓展新的工作机会，其中包括一系列更具体的战略，设计这些战略的目的都在于增强选择职业生涯的机会。例如，一种很常见的是自我任命的战略，即有意识地向上级报告自己的才华、志向和希望担任的职务。自我任命的目的在于扩大自己的视野，使组织的更高级领导得以了解自己，由此可能得到他们的赏识、特别任命和资助。与此相关的另一个战略是建立关系网。阿瑟及其同事称之为"认识某某人"。关系网就是认识一群熟人和朋友，他们能给你提供信息、建议，并能使你获得有关的职业机会。

对于拓展新机会，传统的看法一直是指在某一组织内部得到提升，即组织内部的流动。然而，在今天这种环境里，由于雇主和员工之间的心理契约事实上已经被消除，所以应该从更宽的角度来看待这种战略。更准确地说，人们应该既在内部劳动力市场，又在外部劳动力市场开拓自己的工作机会。个人应根据自己处于职业生涯的具体阶段，积极挖掘外部劳动力市场的机会，这已经被证明是十分有效的，尤其是在提高薪资方面特别有效。

拜师，作为一种职业生涯战略，近年来受到了大量的关注。拜师指的是老员工指导新员工，或者同级、平辈人之间的指导；这种指导能提供多种开发作用。师傅这种角色可以由很多人充当，而不仅限于某一个人。对年轻人和没有经验的学徒来说，师傅既是教练，又是朋友、支持者和学习的榜样。在这一过程中，师傅也能满足自己的心理需要，即对另一个人的生活形成持久影响。建立师徒关系，经常被看作师傅和徒弟双方的一种职业生涯战略，对此我们将在第 7 章详细考察。

树立形象和声誉，是指传播自己成功和胜任的形象的战略。举例来说，举办婚庆、参加社区活动以及衣着得体，都可以向公众展现自己的积极形象，从而带来职业生涯上的回报。尽管这一战略并不是在所有或者大多数情况下都必然很重要，但以往的研究发现，有大量雇员都在为自己的形象建设而投资，他们认为这对自己的职业进步大有益处。树立个人的工作声望是一项重要的战略，因为人们会认为，一个人有了过去的经验和成就，自然就预示着将来会作出好成绩。因此，当人们致力于建立强大的个人工作声望时，也就改善了自己的就业可能，无论是被谁雇用。人们可以通过完成某些工作任务，如带头扭转某种不利的工作环境，或展示自己在一项具体工作上的领导能力等，来为自己树立积极的声誉。

与树立个人形象、声望战略相关的概念是"印象管理"。这是一个改变别人对自己的印象的过程，它涉及多种战略，包括人们希望让别人刮目相看，或者给别人留下特殊印象。

这反映了人的一种基本动机，就是要被别人看好（不要被看低）。当印象成为你获得职业成果的关键时，尤其需要进行印象管理。人们越是想获得某种结果，就越想努力做好印象管理。例如，求职者和其他想得到提拔者，就对印象管理特别上心，把它作为一种职业生涯战略，以实现自己职业生涯的行动目标。尽管很多研究者归纳出一系列的印象管理行为，但威廉·特雷与马克·伯林诺还是引用了下列5种战略，作为最常使用的"绝招"。

1. 讨好巴结，通过讨好、逢迎、吹捧他人而使人对自己产生好感。
2. 力求冒尖，通过带头作用或主动揽活，使人以为自己肯于奉献。
3. 耀武扬威，通过威胁、恐吓，使人以为自己"老虎屁股不可摸"。
4. 自吹自擂，通过吹嘘自己，使人以为自己精明强干。
5. 貌似可怜，通过"示弱"或说出自己的短处、弱点，使人以为自己需要帮助或需要支持。

另一个与树立形象和声誉战略有关的概念是开发社会资本。社会资本定义为在本组织的关系网内部，在个人的人际关系与有价值的资源中获取的潜在资源。建立了社会资本，就打通了"发达之路"——可以获得关于组织或某项工作职位的有价值的信息，如无这种资本，就得不到相关信息；可以在社会关系网的成员中创造信任；可以提高自己在同事中的地位；以及可以得到提拔或调换工作的机会。建立并充分利用这种社会资本，可以为你的职业生涯提供若干积极的结果，有助于实现你的职业生涯目标。当然，社会网中的这种关系是需要维护的，这样才能创造出成员之间的信任与沟通。从这个意义上说，个人要关注这个网络，要投身于其中，而不管它是在你工作单位之内还是之外，这样才能把社会资本创造出来。

参与组织中的政治活动包含的种种行为，也离不开上述印象管理的各种手法。组织政治包括多种战略，如迎合或者是吹捧你的上级，为公司的各种做法辩护，不抱怨组织的规章制度，与组织的其他人员建立合作或联盟关系。更极端、也更不能令人接受的政治性做法则是对别人的工作搞破坏，或散布流言飞语中伤他人。在很多组织中，"下海"参与组织政治，运用印象管理的种种伎俩，都算是为了职业生涯进步所必需的职业生涯战略，尽管其中某些行为被视为不道德的、应该谴责的。但不论你是否接受，参与组织政治都是一种经常用到的职业生涯战略。

对各种职业生涯战略的有效性进行的研究表明，发展多种技能，取得各方面的工作经验，会极大地改善你实现职业生涯目标、取得成功的机会。其他研究发现，运用诸如自我任命、建立关系网之类的战略，有助于取得职业生涯的成功。至于特定的职业生涯战略是否有用处，则取决于若干因素，包括工作性质、行业类型、具体组织的文化及行为规范。的确，一项职业生涯战略在这种情况下可以取得成功，但在另一种情况下可能就不行了。

职业生涯战略开发指南

总的来说，职业生涯战略的研究给我们以下建议：
1. 不存在"放之四海而皆准"的职业生涯战略。
2. 具体战略的有效性要取决于职业生涯目标的特性。举例来说，一个致力于成为组织总裁的人，可能会从有别于成为工程项目经理的战略中获益。

3. 具体战略的有效性还取决于组织的规范和价值观。举例来说，一些组织也许鼓励搞"办公室政治"那一套，而另外一些组织则可能提倡公开性和合作。

4. 个人不应该使自己局限于某一单独的战略，而应该采取一系列的战略行为。

5. 战略不应仅仅用来实现职业生涯目标，而且要用来测试一个人对某个目标的兴趣和投入的程度。例如，你想通过读成本会计专业的研究生，来提高自己的技能，以求将来当上财务部门的经理。但这个目标是否适当，也许就要看你学得怎么样了。这样看来，就可以把计划看作一个学会更了解我们自己以及环境的过程。

6. 职业生涯战略应该能反映出所要采取的步骤，以及应该避免的领域。个人应该追求"正面的"、能够导致成功的职业生涯战略，避免那种"负面的"或不适当的，会导致失败的战略。

要想预先规定职业生涯战略的每一个因素，既不可能，也不可取。职业生涯管理过程中的基本内容是边干边学。当一个人开始制定并实施某个战略的时候，临时增加的战略行为也许会变得比战略过程开始时更为明显。在这一节，我们提出制定一套职业生涯战略的"五步法则"如下。

1. 重新审视你的长期目标。确保你真正理解这个目标在你所希望的活动、回报和生活方式（即概念性的目标）方面意味着什么，以及为什么特定的职业生涯或工作（即操作性目标）能适合这个概念性的目标。

2. 认清能够帮助你实现长期目标的那些行为、活动以及经验。对于职业生涯战略的每一个因素，都应该提出两个问题：一是它能否帮助你实现目标吗；二是如果不考虑它是否有用，你还是否会乐意从事这些行为。

你首先就需要估计这一系列活动可能会有多大的用处。最有用的信息来源是讨论和观察。例如，在组织中与其他人谈论某一战略，也许可以听到有用的信息，或者消除一些不切实的想法（例如，要得到某项具体工作，每个人必须遵循同样的职业生涯道路）。

一般来说，在组织中同那些比自己更有经验的人交谈，比如你的上司或比你地位高的同事，能使你获益良多。而由于在上下级之间可能会有某种敌意，在某些情况下就会阻碍信息的共享；因此，师傅有时可能更适合于告诉你哪些职业生涯战略会有哪些用处。事实上，建立师徒关系，这本身就是职业生涯战略的一个组成部分。但话说回来，通过请上级对自己的绩效进行评估，或是参与自己的目标设置工作，这种正式的反馈能帮助你分清应该采取何种职业生涯战略，应该进行哪些职业生涯开发活动。

我们来看这个例子。28 岁的贝斯是一家中型保险公司会计部的经理。她 22 岁在美国一所很大的州立大学获得会计学学士学位。后来他在一家医院的财务科工作了两年，就到这家保险公司做会计分析员了。在这家公司的四年中，她进步很快，以相对来说很年轻的年龄就当上了经理。她热爱在保险公司的这份工作，她的长期目标是到 35 岁时成为这家公司的副总裁。她在年终述职时向自己的上司——会计部门的主管——请教，她应该怎么干才能再进一步。那位上司欣然提供几点建议。首先，他告诉她，公司一般是提拔拥有 MBA 学位的人来补充高级职员的职位空缺的。此外，他还指出，要当上管理者，就得在各种技能上都表现出竞争力，并且还要有在公司其他部门干过的广泛经历。最后，他指出，做好那些能让她在高层领导面前露脸的工作,她就可能得到提升的机会。获得了这些信息以后,贝斯开始着手制定自己的具体职业生涯战略,包括参加 MBA 的学习计划,留心公司的工作岗位设置以求更多地了解公司其他部门都有哪些机会,要求得到更多出头露面的工作,以便有机会接触高层领导等。

第二个问题说的是一个人决定要采取某些战略行为,而不管它有没有明显的用处。有些行为固然可以帮助我们达到某个职业生涯目标的某个要素,却会阻碍达到这一职业生涯目标的其他要素。举例来说,频繁的更换工作以及随之而来的不断搬家,固然可以使一个人获得有用的经历,但是也许会严重妨碍家庭生活。因此,某一具体职业生涯战略是否有效,必须从整体上进行判断。

还有些战略可能很有用处,但让人感到不是滋味。建立政治联盟,踩着同事向上爬,明知组织的实际做法有问题还死心塌地地给予支持,这些都可能触犯道德或伦理价值观。因此,不能只以实用的观点来看待职业生涯战略。

经过这一过程以后,一个人就应该有了一份范围缩小了的清单,包括对重要的、可接受的职业生涯战略计划的概括;如果可能的话,还要有大致的时间表。表 5.4 给出了一个想在人力资源部门求得发展的人的假设的职业生涯战略的内容。

表 5.4 人力资源经理助理的职业生涯战略报告

以当上公司人力资源总监为长期目标所采取战略

行　　动	目　　　的	时间表
在现有职位上有效工作	工作要保持成效、有发展	正在进行
提升为人力资源经理	在公司内有竞争力、有阅历和有出头露面机会	2~3 年
取得人力资源专业 MBA 学位	获得专业知识和声誉	3~4 年

以当上人力资源经理为短期目标所采取的战略

行　　动	目　　　的	时间表
在现有职位上有效工作	保持提升希望和工作发展	正在进行
开始参加 MBA 课程	获得关于劳资关系的更多知识	0~6 个月
同上司讨论职业生涯目标	使上司了解自己的职业生涯志向并获得反馈和建议	0~6 个月
获得本公司人力资源经理职位空缺的信息	评估在本公司达到该短期目标的可能性	0~6 个月
与猎头公司联系	估计在其他公司实现该短期目标的可能性	6~12 个月
结合现任人力资源经理的意见和工作需要,启动工作生活质量项目	提高劳动生产率,发展同直线经理的关系,以获得改进工作生活质量的经验	1~2 年

3. 审视短期计划。特别要审视短期目标和长期目标的匹配性。从长期职业生涯战略上考虑,看自己的短期目标是否仍然可以作为达到长期目标的手段。如果不能,你或许就要修正短期目标以提高这种匹配性了。

4. 分清哪些行为、活动和经验可以帮助你达到短期目标。正如第二步所示的那样,应该把这些行动可能的用处和人际接触作为评价一个战略的两个孪生指标。为了达成短期目标,要列出一个简明的单子,写明关键的和可接受的战略计划。

5. 将长期和短期目标战略结合起来。为达到这两类目标而设计的战略有可能特别关键，那就应该列在两目标合并后的单子的开头。按照时间顺序，排出这些战略活动的顺序，并使之便于管理。

　　某种职业生涯战略计划和实施，并不是机械地遵循这五步所建议的过程。首先，这五步在时间上是有些重叠的，因为将目标、长期战略和短期战略——单独讨论就是人为的。其次，战略并不能总是事先规定好。人们可能不得不先实行战略的一部分，才能确定以后的步骤。这一过程的重要结果在于，它能使你对不同的战略会如何反过来影响你的若干重要目标作出评价。这一过程的基本因素是收集信息，衡量自己的意愿，以便重新审视——可能还要修改——你的目标或战略，简而言之，是监督和评价你的职业生涯。

　　本章后面有同步练习 6。它提供了一个练习提出职业生涯战略的机会。尽管你现在可以做同步练习 6，但我们还是建议你在读完第 5 章后再开始做题。

5.5　职业生涯评价

　　如果职业生涯管理是一个灵活的、可调整的过程，人们一定能找到一些方法，根据关于自身或环境的新信息来调整自己的战略。职业生涯评价是实现这一功能的过程，我们把职业生涯评价定义为收集并运用有关职业生涯的各种反馈的过程。

　　通过职业生涯评价获得的反馈有两个具体的作用。首先，它可以测试某一职业生涯战略是否适当，了解这一战略是否真能让人更接近自己的目标。其次，这种反馈可以测试目标本身是否适当，即是否能继续坚持这一职业生涯目标并有望实现。

　　我们可以考虑这样一个例子：一位 36 岁的高中历史教师，已经越来越厌倦这一工作了。他经过多方面的自我评价后得出结论：自己应该在教育领域寻找一份比现在岗位的灵活性更大的工作，而且能提供多挣钱的机会，还能发挥他善于与别人共事的长处（这属于概念目标）。在看了大量关于教育职业生涯方面的资料并与很多同行谈话以后，他把这个概念目标变成了具体的操作目标，那就是他想在三年内去从事高中的管理工作。

　　这位教师的战略有两个部分。首先，他报名攻读地方大学的在职硕士学位。读完这一研究生课程可使他获得从事管理的资格，等将来有机会时就有资格去争取获得管理职位。其次，他要求并被获准代表本学校参与地方和州举办的会议以及"家长教师协会"的活动。他采取后一种战略是为了使自己更多地了解学校的事务。这些实际上都是他制定的战略，目的是为了测试自己对管理领域的兴趣和才能，为将来改变职业生涯作准备。

　　这位教师读研究生的经历是有启迪性的。读了一个学期以后，他发现自己对管理一个学校的兴趣不如面对面教孩子的兴趣大（因为他讨厌编预算、搞人事和排课表）。第二学期的几门心理课则强化了他的这一发现。最后的结果是他改选了教育心理学的博士学位。

正如这位教师的经历所显示的,职业生涯评价能反映出职业生涯管理中是如何解决问题的。如果能有一个有效的职业生涯评价过程,职业生涯管理就成为一个学习经历,在这一经历中,你就可以找出证明或者推翻原先决策的蛛丝马迹。这些就代表着一条条的信息,这些信息会促使你重新审视自己的职业生涯开发工作,再通盘考虑自己的职业生涯管理问题。这位教师攻读硕士学位的想法之所以破灭,是因为他经过战略上的思考,对自己的兴趣和学校日常管理工作有了新的认识。而正是这种基于战略发展得到的认识,使他得以按照更适当的方向修改自己的目标。

职业生涯评价中所产生信息的种类和来源

如果一个人对周围的环境密切关注,就可以得到许多与自己的目标和战略相关的信息。尽管这些信息不好严格分类,但我们却可以把与职业生涯相关的反馈信息归为以下几类。

1. 概念目标。你对自己的价值观、兴趣、才能、理想的生活方式了解多少? 这类信息是否与你概念上的目标相一致? 例如,那位历史教师的职业生涯战略经历就强化了他的概念目标:有更多的变化,可以挣到更多的钱,从事更加个性化的与他人一起工作的机会。

2. 操作目标。你的操作目标是否适当? 在概念目标与操作目标之间是否还互相适应? 换句话说,你是否仍然相信自己瞄准的工作与概念目标是一致的? 请注意,该历史教师最重要的结论是:学校管理这种职业生涯不会充分地满足他的价值观和兴趣。

3. 战略。对于战略的适当程度你了解多少? 它有作用吗? 你是否有了离目标更近的感觉? 如果这个目标中还包括做好当前工作的另一些能力,这些能力是否已经在令你满意的绩效评估中得到了反映? 如果这个职业生涯目标还包括某项不同的工作,那么你所在的组织会把你当作这项工作的候选人吗? 在那位教师的例子中,尽管他明白,他的战略是适合他最初的目标的,但是如果他想当心理医生,他就还得修改这个战略。而他选修心理学学位的计划就是他修改自己的战略的第一步。

关于目标和战略的反馈信息有各种各样的来源。与他人的社会关系是第一种来源,而这些人不是能观察到你的行为,就是与你有同样的经历。上级、下属、师傅、客户、家人、朋友、熟人等都属于这一类。

第二种信息反馈来源于你对工作环境和非工作环境的观察。一个连续失去三次销售机会的推销员可能就会对自己的工作绩效有了进一步的了解。生产率、要达到的定额、已申请的专利,这些都能提供有用的信息。当你看到 5 个同事(不包括你)最近都得到了提升,这也是信息。看一下自己家庭生活水平是在提高还是在降低,也是了解环境的一个重要线索。

人们自己也是这种信息的来源。自己对自己的绩效作出独立判断,并与周围的人对你的判断进行比较,就是如此。

有效进行职业生涯评估所要遵循的原则

成功的职业生涯评估要求你提高警惕,尽早发现某一战略是否会如你所预期的那样进行。这种预警比那种不检验某一战略是否有效,只是简单执行战略的做法更有用处。职业生涯管理模型所建议的持续反馈建议人们,对各种活动及其结果多多少少要进行一些监督检查。

进行持续的职业生涯评估可参照以下原则。

1. 最基本的、但也许最难的一条是：看清形势，只要适宜，就应该对目标和战略作出修改。我们知道有一种"升级效应"：尽管不可能成功，但人们仍坚持采取行动。人们有时候对于"理由越来越不充分的做法"仍坚持不改，无非是为了向自己和别人证明，自己以前的决策没有错。这种做法与有效的职业生涯管理是相悖的。有效的职业生涯管理要求我们收集新数据，必要时修改以前的决策。因此，我们提出如下建议：

- 不要自欺欺人。如果事情进展得不那么顺利，就要认真考虑是你的最初决策出了问题，还是环境发生了变化。
- 不要太在意向别人证明你最初的决策是正确的。
- 要"闻过则喜"，无论真有问题还是看似有问题。尽管我们的社会崇尚坚持不懈和始终如一，但走向极端就变了味道。

2. 以职业生涯战略为基准来衡量所取得成就的大小。战略的表述应包括目的和预期的结果。根据具体的基准来检验战略的有用性。通常情况下，战略既不是完全合适的，也不是全部无用的。基准的建立能够帮助你鉴别出特定战略的具体优势和劣势。

3. 战略是学习的机会，同时也是获得成功的手段。定期根据你所获得的最新信息，检查你的职业生涯目标的正确性。对经理们的调查材料显示，成功的经理都知道如何从经验中学习，如何对目标和战略进行必要的调整。

4. 如果你被雇用了，要与你的上级建立关系，去获取所需要的信息。你应该根据自己的时间安排参加绩效评估会议，以辅助（而不是代替）你的上级对你的评估。你当前的绩效，你的优势和劣势，以及组织有哪些需要，能够帮助你评估自己的目标和战略。关于这些问题，你能从你的上级那里了解多少？你的上级应该对你的志向有哪些了解，才能帮助他给你提供有用的反馈信息？

5. 把你的经验和感受讲给你信赖的人听。同事之间坦率的讨论对大家都是有益的。首先，别人能看到你自己不了解的一面。其次，别人亲口说出来的目标、愿望、预想和战略，能帮助你理清你的感受。最后，其他人也可能愿意把自己在工作中（这些环境也与你有关）的成功、失败和启迪讲给你听。

这实际上就是要你尽量形成一个网络，来提供相互反馈、相互指导、相互支持和相互鼓励。你这样做时要选择那些能与你无所不谈的同事。因为如果不这样就很难发现职业生涯中那些敏感的问题，所以这个网络内的成员之间要建立一种信任和坦诚的氛围，而这是需要花费时间和耐心才能形成的。至于你所在的组织能否提供或批准这样一个网络，或者，通过非正式方式能否建成这样的一个网络，这些问题与网络成员愿意交心和互相帮助的意愿比起来，就不那么重要了。

6. 从非工作环境中寻求信息反馈。正如我们反复论证的那样，工作与非工作生活是相互影响的。不仅是你的工作决策会影响家庭生活，而且家庭状况（如配偶也有职业生涯要求）也会影响你的工作生活。例如，某人加班加点地工作，以此来表现他的能力和忠诚，可能就是他的职业生涯战略的一部分。应该说，最开始他可以假定这样做不会影响家庭关系。然而，时间一长，就有必要检验一下这种假设是否还靠得住了。正因为人们容易误解家人的感受和态度,所以,随时与家人沟通,就是协调工作和非工作活动的必要手段了。

5.6 职业生涯管理:正式与非正式行动兼顾

职业生涯管理过程看起来结构严谨、非常正式。你要参加团队会议,写个人自传、对目标进行排序、作探讨性面谈。难道说你必须参加无穷无尽的研讨班,填写各种各样的表格吗?职业生涯管理确实有结构化的一面,正式的计划包括职业生涯咨询和(或)职业生涯规划研讨会或学习班,以及自我管理的职业生涯规划练习等。当然,很多其他计划也都以不同的方式进行这些活动。

然而,我们其实没有必要非得这样循规蹈矩地设计职业生涯管理活动。其实,只要是根据职业生涯信息而发展或采取的活动,就都是在进行职业生涯管理。例如,通过上课(有多少医学院的预科生在上了第一次有机化学课后就换了专业),兼职或全职的工作经验,与同事、家人和朋友的谈话,或者是有意识的反省和反思,你就可以了解自己的兴趣和优势。

因为职业生涯管理是一个持续的过程,所以从长远来看,非正式的活动的效果可能更为持久。每面临一次重要的职业生涯决策,就买一本工作手册或参加一个研讨班,这种做法是不可行的(甚至不值得)。你需要学习的是掌握这样的技巧:把日常获得的经验转化为学习的机会。一个正式的职业生涯管理计划经常可以提供这样的分析技巧。

如表 5.5 所示,研究职业生涯理论的专家建议,把再评价活动按正式程度和强度分为三种类型。以 1 年为期,对目标完成情况和工作满意程度进行再评价的做法,其效果可能比较容易看到。而定期再评价的效果可能不大明显,但也很有用,因为这两种方式大致上还是分别适用于评价短期目标和长期目标的。也许我们会很容易看出,对已完成和未完成的目标以及可以满意和不能满意的经历来说,以 1 年为期的评价比较有用。而定期进行再评价其实也有用,但用处可能不太明显,因为这种评价分别只能与短期和长期目标的时间范围大致相符。

表 5.5 定期进行的职业生涯管理活动

活 动	强 度	频 率	投入和求助途径
评价一年的绩效和对生活各方面的满意度,看有什么问题?	需要用 1～2 天的时间	一年一次	以组织为导向的正式绩效评估 与自己生活中重要的人进行交谈
对自己的变化和自己面临的机会进行分析。你是否需要这种变化?	最多需要一周时间,可以一次完成,也可在几个月内分散完成	每 3～4 年一次	用 3～7 天作出职业生涯规划 与自己生活中重要的人进行交谈
对自己和这些机会作出基本评价	按本书所建议的方式进行	每 7～10 年一次	评价中心 职业生涯顾问 3～4 个月的大学进修 与自己生活中重要的人进行交谈

资料来源:From . Clawson, J. G. , Kotter, J. P. , Faux, V. A. & McArthur, C. C. , (1992). *Self-Assessment and Career Development* (p. 425). Englewood Cliffs, NJ: Prentice Hall.

但职业生涯管理的真正重要性在于它的思维方式。有效职业生涯管理的核心是一种精神状态，一种对自我利益和环境中的机会与约束的意识，一种对自身和周围环境变化的敏感性，一种作出认真决策和相应修改计划的意愿。我们应该把这种积极职业生涯管理的哲学作为我们终身参加正式与非正式活动的基础。

小结

职业生涯开发为建立职业生涯目标开辟了道路。要建立某个职业生涯目标，不应该只盯着某项具体工作或某个具体职位，而应该根据自己乐于从事的工作经历，从更广的范围来构思。职业生涯目标还应该：(1)关注工作经历本身的乐趣；(2)包括整个生活方式的方方面面；(3)把当前的工作作为获得满足感和成长的源泉；(4)具有足够的挑战性和灵活性；(5)能够满足自己的需要和有助于实现个人的价值观，而不是其他人的期望。本章已勾勒出建立职业生涯目标的一般程序，并提供了课后练习以实践这一程序。

择业犹豫不决的定义是：没有选择职业生涯目标的能力，或者说不能承受此后发生的重大不确定性，或对选定的目标感到无所适从。造成择业犹豫不决的原因很多，包括自我认知不充分，缺乏关于工作内、外环境的信息，不自信，决策恐惧和焦虑，非工作需求，以及各种环境约束。我们可以观察到各种择业犹豫不决和果断的类型，这表明，是否犹豫不决要取决于当前环境。个人在制定职业生涯决策的过程中要有足够的慎重，同时要敏锐地观察周围的环境，这样才能保证在选择职业生涯目标时有足够的自信心和耐心。

职业生涯战略是为帮助你实现自己的职业生涯目标而设计的一组行动。职业生涯战略的开发本身就是一种学习经历，能促使人们重新检验自己的目标，鉴别能够帮助他们实现这些目标的关键行为、活动和经历。如果人们能具体定出职业生涯战略的每一部分的目的和时间安排，将有助于实现这一目标。而与同事、上级和其他内行人交谈并观察他们的反应，能帮助自己制定合理的计划。

一个职业生涯战略无论看上去有多么合情合理，我们都必须对其效果进行检查和评价。当人们实施一个战略时，应该问问自己：你最初的战略是否还有意义？这一战略是否还能帮助你实现所制定的目标？人们要准备必要时随时修订最初的目标。

职业生涯管理既包括正式行动，也包括非正式行动，这些行动贯穿于一个人工作生活的整个过程中。对职业生涯成就和志向进行定期的再评价是非常有用的。积极职业生涯管理的核心是你要有这样一种意愿：为自己的职业生涯设定责任，采取必要的步骤来影响职业生涯发展过程，适时修订计划和战略。

作业

请思考：从现在起的 5 年之内，你的职业生涯和个人生活会走到哪一步。再列出一个名单：你希望的和将会从事的工作，你可能要开发的技能，你可能会接受的教育。根据这个名单，准备一份个人简历，要反映出你觉得 5 年后自己会是什么情况。然后把这些内容告诉你的家人和一个好友，再问问他们：照他们的看法，5 年后你会不会达到这份简历上写得那样。如果他们的看法与你不同,你能确定其原因吗? 而这个信息(指原因)又会对你现在的和未来的职业生涯决策产生什么影响?

讨论题

1. 为什么把重点主要放在目标的操作质量和手段的质量上?

2. 本章所述的职业生涯目标设定,强调要对概念目标和操作目标进行理性分析。那么,在目标设定过程中,情感和直觉是否也起作用? 你怎样看待凭情感和直觉来设定职业生涯目标的做法?

3. 你做职业生涯决策和确定志向时,主要是根据自己的需要和价值观,还是主要受别人对你的希望和期望所影响? 为了确保能按照对自己有意义的目标来指导未来的职业生涯决策,你能做些什么?

4. 为什么职业生涯目标很容易变得僵化而缺乏灵活性? 如果某个目标已经不再有意义了,你是否还抱着它不放? 为什么? 为什么说缺乏灵活性的目标有违本书所述的职业生涯管理模型?

5. 你是否认为自己目前正处于选择职业生涯而犹豫不决的状态? 如果是,那么你认为主要原因(可能不止一个)是什么? 如果你是果断者,那么你认为自己是慎重的还是草率的? 为什么?

6. 尽管某些战略能够帮助你实现目标,但是从其他方面考虑,这些战略对于你也许是不可取的。当需要判断一个职业生涯战略对个人来说是否具有可取性时,应该考虑哪些因素? 你(或你认识、听说过的人)是否追求过对个人来说不可接受的某种职业生涯战略,还是回避或放弃之? 这种决策的最后结果又如何?

7. 在职业生涯管理过程中,为什么职业评价会如此重要? 你是否认为,只要做了职业评价,就不可避免地会使你的职业生涯战略或目标发生改变? 结果为什么会是这样(或不是这样)?

案例

即将大学毕业的金伯莉

金伯莉这下着急了。再过不到两个星期,她就该毕业了,可她还没找到一份全职的工作哪。问题是金伯莉根本不知道什么工作或哪家公司适合于自己。她写了一个简历,还带着一份求职信。可她都不知道该投给谁,那又有什么用? 她对自己念商业管理学位的决定,真的产生了怀疑。就像她的顾问说的那样,只靠一个管理学的学位,并不真能让她找到具体的工作岗位。她嫉妒自己那些学会计的朋友了。她们好像对自己想干什么工作,想去哪家公司,都了如指掌——事实上,她们中的很多人手里都捏着一大串公司名单。

金伯莉参加了几次校内招聘会,但其中大多数都只要金融和营销专业的学生,她觉得自己没有这些公司想要的那种进取心。当然这不是说她看起来不懂得如何与人打交道,而只是说，金融和营销领域的压力太大，对她并不合适。由于她最后一个学期要拿 18 个学分，她发现自己很难把时间都用来找工作，于是就到校园外面找面试的机会了。

金伯莉上初中、高中时，是拿"实打实"的 4 分的学生，而一上大学，成绩就差得多了。她是真心喜爱自己的管理课程，特别是那些教人怎样跟别人、跟领导打交道的课程。她还修了产业心理学和组织心理学，她发现自己对这两门课也有兴趣。她内心里甚至还想过改读心理学专业，没准能在这个领域找一份职业干干。有一点她知道得很清楚，她不想干那种与数字打交道的工作——她学数学、统计学都非常吃力，要做那类的工作就太难受了。她还想找一份离家不远的工作，因为她把与家人、朋友的关系看得很重，她可不想找外地的工作。她之所以要上本地的大学，原因之一就是这样她就能住在家里，坐班车去上学。

过去的 3 年里，金伯莉曾在学院附近的一家连锁饭馆里当服务员。大概在一年前，她被提拔为经理助理，轮到她上班时就负责管理这家饭馆。这份工作让她偷不得懒，可也给了她第一手的管理培训。金伯莉在经理助理的岗位上干得很出色，以至于她还在上学，连锁店就给了她一份全职的工作；而且等她一毕业，就送她去培训，回来就给她一个本地区一家饭馆的全职管理岗位。此外还有一堆好处，包括出钱供她念研究生。金伯莉原来是想过几年去攻读 MBA 学位，那就得找一家能为自己出学费的公司去工作了。

虽然金伯莉喜爱这份管理饭馆的工作，但她从来没把这当作自己的"目标职业"或专业工作——这只不过是为了挣钱付大学学费而干的一件事而已。除此之外，她父母也是想让她进大公司工作，可以进步得快些。他们对女儿当一名饭馆经理也许不会太高兴，尤其是他们已经为她的教育花了数以万计的钱。可是金伯莉并不认为在大公司工作就适合自己。要想顺着公司的阶梯往上爬，就得先在"小笼子"里关好几年——这样的事她想都不敢想。金伯莉从小就不是那种能长期"坐冷板凳"的人，她所需要的是"动"。这就是为什么她在饭馆的环境里能如鱼得水的原因。

金伯莉左右为难了一阵，然后去找人咨询。她觉得家里给不了她什么帮助，她的朋友中绝大多数人也和自己处境相同。大学的职业介绍中心倒是个面试的好地方，但他们好像对个别大学生找工作不那么感兴趣。她试着去想父母的朋友里有谁能介绍自己去一家本地的公司面试一下，但还是一无所获。金伯莉明白了：自己需要某种指导，而且越快越好。直到她最后明确了自己的职业选择，她一想到自己的未来就觉得倒胃口的感觉才不会再困扰她。

案例分析题

1. 你觉得金伯莉在选择职业时是否犹豫不决？为什么是这样或不是这样？根据择业犹豫和择业果断的 4 种定义及描述，你觉得她属于哪种类型？

2. 你觉得金伯莉此时有什么职业目标吗？如果有，是什么目标？

3. 你觉得金伯莉开始制定其职业生涯战略了吗？如果是，又是什么战略？

4. 你觉得金伯莉在作出胸有成竹的职业决策以前，是否做足了自我测评或环境测评？在她大学即将毕业的这段时间里，还有哪些关于自己、关于环境的信息她应该知道？在职业选择上，她应该从谁（哪里）得到帮助和建议？

5. 如果金伯莉想请你帮助，你会给她什么职业管理建议？

附录：同步练习5和6

练习5 确定目标

到目前为止,对于自己希望的工作环境(练习3),你已经有了结论,并考察了有关的工作环境(练习4)。在练习5中,你要练习怎样提出职业生涯目标。但在着手做题之前,应先复习一下本章中关于确定职业生涯目标的论述。切记,现在还不需要定出自己确切的长期目标,只求尽可能具体。

第一步是提出一项长期的(7～10年)职业生涯目标。提出该目标之前,应尽可能摸清与自己的期望工作环境有关的所有重要因素。下面是你设想的长期目标的各种因素,请对其进行排序,并参考练习3进行调整,以便把你自己的期望工作环境的所有重要因素都纳入这一长期目标之中。

你设想的长期目标的各种因素

1. _____   2. _____
3. _____   4. _____
5. _____   6. _____

下一步是把上述设想的长期目标调整为可操作的长期目标(可参照表5.1的例子)。先(根据前一节的内容)把所设想的长期目标各因素排出次序,分别填入上面的空行中,然后选出你认为自己会感兴趣的两个可操作的目标(具体职业或工作岗位),并且标明。

设想的长期目标中的重要因素	可操作的长期目标	
	A	B

下一步,根据你所确定的可操作目标,列出与此目标有关的所有肯定的(有利的)和否定的(不利的)因素,并排出顺序。

第一个可操作的长期目标

有利因素:

1. _____   2. _____
3. _____   4. _____
5. _____   6. _____

不利因素:

1. _____   2. _____

3. ＿＿＿＿＿＿＿＿＿＿＿＿ 　 4. ＿＿＿＿＿＿＿＿＿＿＿＿

5. ＿＿＿＿＿＿＿＿＿＿＿＿ 　 6. ＿＿＿＿＿＿＿＿＿＿＿＿

第二个可操作的长期目标

有利因素：

1. ＿＿＿＿＿＿＿＿＿＿＿＿ 　 2. ＿＿＿＿＿＿＿＿＿＿＿＿

3. ＿＿＿＿＿＿＿＿＿＿＿＿ 　 4. ＿＿＿＿＿＿＿＿＿＿＿＿

5. ＿＿＿＿＿＿＿＿＿＿＿＿ 　 6. ＿＿＿＿＿＿＿＿＿＿＿＿

不利因素：

1. ＿＿＿＿＿＿＿＿＿＿＿＿ 　 2. ＿＿＿＿＿＿＿＿＿＿＿＿

3. ＿＿＿＿＿＿＿＿＿＿＿＿ 　 4. ＿＿＿＿＿＿＿＿＿＿＿＿

5. ＿＿＿＿＿＿＿＿＿＿＿＿ 　 6. ＿＿＿＿＿＿＿＿＿＿＿＿

如果你现在还拿不准到底哪个可操作的目标适合自己，那也不必着急。重要的是，你正在谋划自己的长远未来，而且将来思考和采取行动的目标也已经确定。

下一步就是确定你设想的短期目标（1～3 年的目标）。请重新审查一下你在期望工作环境中做的总结，以及你对自己设想的长期目标和对可操作目标进行的分析。为了得到你设想的短期目标，需要回答下列问题：要具备哪些工作经历、学历、其他经历和责任，才能帮助你达到所设想的长期目标和可操作的目标？请把你设想的短期目标的诸因素按次序写到下面。

你设想的短期目标的诸因素

1. ＿＿＿＿＿＿＿＿＿＿＿＿ 　 2. ＿＿＿＿＿＿＿＿＿＿＿＿

3. ＿＿＿＿＿＿＿＿＿＿＿＿ 　 4. ＿＿＿＿＿＿＿＿＿＿＿＿

5. ＿＿＿＿＿＿＿＿＿＿＿＿ 　 6. ＿＿＿＿＿＿＿＿＿＿＿＿

现在就可以把你设想的短期目标转换成可操作的目标了。按照前面的做法，把你设想的短期目标中所有重要因素——按次序排列出来，并选择两个可操作的短期目标。

第一个可操作的短期目标

有利因素：

1. ＿＿＿＿＿＿＿＿＿＿＿＿ 　 2. ＿＿＿＿＿＿＿＿＿＿＿＿

3. ＿＿＿＿＿＿＿＿＿＿＿＿ 　 4. ＿＿＿＿＿＿＿＿＿＿＿＿

5. ＿＿＿＿＿＿＿＿＿＿＿＿ 　 6. ＿＿＿＿＿＿＿＿＿＿＿＿

不利因素：

1. ＿＿＿＿＿＿＿＿＿＿＿＿ 　 2. ＿＿＿＿＿＿＿＿＿＿＿＿

3. ＿＿＿＿＿＿＿＿＿＿＿＿ 　 4. ＿＿＿＿＿＿＿＿＿＿＿＿

5. ＿＿＿＿＿＿＿＿＿＿＿＿ 　 6. ＿＿＿＿＿＿＿＿＿＿＿＿

第二个可操作的短期目标

有利因素：

1. ＿＿＿＿＿＿＿＿＿＿＿＿ 　 2. ＿＿＿＿＿＿＿＿＿＿＿＿

3. ＿＿＿＿＿＿＿＿＿＿＿＿ 　 4. ＿＿＿＿＿＿＿＿＿＿＿＿

5. ＿＿＿＿＿＿＿＿＿＿＿＿ 　 6. ＿＿＿＿＿＿＿＿＿＿＿＿

不利因素:

1. _____ 2. _____

3. _____ 4. _____

5. _____ 6. _____

如果你现在还拿不准到底哪个可操作的短期目标适合自己,那可能就需要对这两个(或其中一个)目标重新仔细审视一番了。也就是说,你的职业生涯战略中应该包括收集其他数据的计划。

练习6 制定职业生涯发展战略

在这个练习中,你要制定若干战略,以使自己能够实现选定的职业生涯目标。请再读一下本章关于指导制定职业生涯战略的论述,并重新审查表5.3和表5.4对职业生涯战略的描绘。然后,按照本章所说的5个步骤的程序去做,并把有关部门信息填入下表中。

为实现长期目标所采取的战略(目标=_____)

行　　　动	目　　　的	时　间　表

为实现短期目标所采取的战略(目标=_____)

行　　　动	目　　　的	时　间　表

现在,请把短期战略与长期战略目标结合起来考虑。要按照合理的时间表安排这些战略行动,以此保证能对最终的时间表进行管理。从这种行动中应该引申出行动的总体计划——也就是:你希望做什么,为什么这样希望,什么时候实现这些希望。请把这一计划写在下面的空行中。

_____

_____

_____

_____

第二篇

职业生涯发展阶段

职业生涯管理(第 4 版)
Career Management

第 **6** 章

职业和组织选择

本章将介绍职业生涯管理过程的两个重要步骤。第一部分讨论关于职业选择的几种不同观点,主要讲述人们是如何着手去发现某个职业目标的。我们要先看看职业选择的理论和有关研究,再看看职业选择过程中可能遇到的困难,最后再就这个过程提出改进的建议。一旦选定了某个职业领域,下一步就是要去发现一项工作。因此,本章第二部分讨论进入组织这一问题,这是指求职者将会(或者不会)通过什么途径来选择、评价自己想找的雇主。说清楚这个问题,就会明白人们是如何敲开一家组织的大门而进入其中的,这反映在进企业、上学、参军等具体过程中。进入组织的过程是一种同时的双向选择行动。一方面,人们会对各种组织作出评价,以确定哪个组织最适合自己的职业生涯需要和价值观。另一方面,组织也会评价各位候选人的素质,吸收那些最有前途的人。候选人要选择组织,组织也要选择候选人。

6.1 职业选择

试想象下面的情景:

- 杰西卡是一个 22 岁的女孩。大学毕业后她找到了第一份全职工作,在一家工业企业当初级会计。她终于要开始自己的职业生涯了。她满怀信心,自己是会计本科毕业,夏天还实习过会计工作,自己一定能胜任这个新的职位。

- 汤姆是某大银行 34 岁的商业信贷员,工作 11 年后提交了辞呈。他做这个决定是因为,银行的报酬虽然很高,工作本身却不是自己期望的。他认为银行的官僚作风太过束缚和限制,过于谨慎的贷款方式也与自己的创业精神不符。此外,随着银行业兼并浪潮的兴起,他无法确定将来是否还能保住工作。于是,汤姆最后调整了职业目标,接受了一家小医药公司销售代表的新工作。

- 威尔玛是位 43 岁的妇女,最小的孩子也开始上高中了。经过些许犹豫,她决定再次进入组织开始全职工作。尽管尚不确定应从事哪种工作,威尔玛希望能在工作中展示自己的计算机能力。上完互联网资格认证课程后,她开始找工作。两个月后,威尔玛在一家小公司担任网络站点管理员。

- 安东尼奥,58 岁。3 个月前,他所在的专业化学品公司为降低成本而撤除了他所任产品管理员的职位。安东尼奥在退休前还想再干上十来年,于是,他在公司推荐的职业介绍公司的帮助下对自己能做的工作进行了评估。最后,他从各种方案中选择了当地一家医院的运营主任的工作。

这是有关人们职业和具体工作选择的四个完全不同的案例。人们通常都认为,职业选择仅是职业发展早期阶段中的关键行为。然而上述例子却表明,每个职业阶段中,人们都有可能遇到职业选择的问题。杰西卡、汤姆、威尔玛、安东尼奥的经历说明,选择合适的职业(既包括最初职业,也包括职业的改变)是职业管理过程中的关键目标,同时,还可能在人一生中的任何时候发生。

你正在选择自己的职业吗? 如果答案是肯定的,那么你是否确信自己能够作出正确的选择? 或者你常常对此疑惑不定? 你知道去哪里收集信息和正确的意见吗? 你是否考虑过,如何在多种职业中进行选择?

6.2 职业选择理论

职业是指若干事业中具有共性的工作的集合。这个定义把在某一特定组织中从事某一特定工作(如在宝洁公司从事市场营销分析工作)的概念与更广泛的职业概念(如营销调研)区分开来。为此,我们可以考虑很多不同类型的职业,比如会计师、药剂师、计算机工程师、政府官员等,这些工作在工作要求和报酬上各不相同。

本书没有对各种职业选择理论进行全面分析,这些你可以从别的书上获得;相反,我们在下面列出 4 个重要的主题,它们将更有助于我们理解人们选择职业的方式,以及选择职业时涉及的心理、社会、经济和文化因素。

1. 职业选择是一个匹配的过程
2. 职业选择是一个发展的过程
3. 职业选择的目标是作出决策
4. 职业选择会受到社会和文化的影响

我们要对每个题目的有关研究作出评价,其中将突出重要的发现,并阐明它们对职业管理模型的重要作用。

职业选择是一个匹配过程

绝大多数职业选择理论认为,人在选择工作时,无论是否有意识,都会选择那些与自己独特的需要、动机、价值观和才能相"匹配"的工作。最早研究职业选择的理论之一,即所谓特性和因素理论,也许最能说明这一点。根据这种观点,个人在必须进行职业选择时会有意识地按以下程序进行:分析自己的职业长处和短处,收集职业方面的信息,然后再作出决定。按照这种观点,人们应当先确定自己的能力、需要、价值观,然后选择适当的职业目标,最后再选择那些最适应这些目标的职业。

约翰·霍兰德的理论最著名,也最有影响。他把职业选择看作是一个职业与人相匹配的过程。霍兰德的理论指出,人们在选择职业时总会表现出自己的个性,按相似性可以把人的个性分为六类,这在第 4 章里已经描述过了。这些类型包括现实型、研究型、艺术型、社会型、创业型、传统型。每种个性类型都各有其共同的行为偏好、兴趣和价值观。比如,像表 6.1 中所显示的,创业型个性的人认为自己敢作敢为、雄心勃勃、精力充沛,而传统型个性的人则认为自己能干、顺从、实际和冷静。

表 6.1 霍兰德对个性和职业的分类

1. **现实型**
   性格特征:害羞、真诚、讲究实际、坚持、稳定
   职业例子:机械工程师、钻工、飞机机械师、干洗工、女招待
2. **研究型**
   性格特征:爱好分析、谨慎、好奇、有独立见解、内向
   职业例子:经济学家、物理学家、保险精算师、外科医生、电力工程师
3. **艺术型**
   性格特征:无秩序的、情绪化的、理想主义、有想象力、爱冲动
   职业例子:记者、戏剧艺术教师、广告经理、室内设计师、建筑师
4. **社会型**
   性格特征:与人合作、慷慨、乐于助人、好交际、善解人意
   职业例子:记者、历史教师、顾问、社会工作者、神职人员
5. **创业型**
   性格特征:敢作敢为、雄心勃勃、精力充沛、专横、自信
   职业例子:购买代理人、房地产推销员、市场分析师、律师、人事经理
6. **传统型**
   性格特征:能干、服从、讲究实际、冷静、诚实尽责
   职业例子:文员、会计师、打字员、出纳员

注:The entries are selected illustrations. For a complete classification, see Holland J. L (1985), *Making Vocational Choices: A Theory of Vocational Personalities and Work Environments*。Englewood Cliffs, NJ: Prentice Hall.

霍兰德还认为,职业环境也可以分成六类。每类环境都受特定的个性类型支配,从反方向来说,这种环境也能强化对应的个性类型。此外,霍兰德在对个性进行分类的同时,按相应的口径把具体职业分为六类。比如说,现实型职业包括工程和建筑工作,研究型职业包括物理学和生物科学,艺术型职业包括音乐和艺术,社会型职业包括教学和政府部门的工作,创业型职业包括公共关系和广告工作,传统型职业包括管理工作。

约翰·霍兰德的主要假设之一是,人们所要寻找的工作单位,是那种能使自己充分展示才华,表达自己的兴趣和价值观,还能从事相关任务的单位。此外,该假设还认为,人们是否能在一个职业领域中稳定地工作,取决于其个性类型与职业环境是否适应或匹配。比如说,社会型个性的人发现,电力工程师(一种研究型职业)的工作不能使自己满意,就有可能选择其他更适合自己的、社会型导向的工作。研究表明,个性和职业环境之间的匹配可以带来很多好处,例如对工作的满意度更高,工作的稳定性增加,工作更投入。另一方面,如果个性与职业选择不匹配,人们就会改换职业。

总的说来,传统或古典个人职业匹配观的立论基础是"补充性"一致,或者说,个人与他的工作环境匹配,与在该工作环境中工作的人有共性。不过,有些研究者注意到另一种

可能性,即所谓"补充性"一致,是指某个新人的性格特征和能力对已经在该环境中工作的人们的性格特征和能力能起到补充作用。从这个角度来说,这个人的力量能够在给定的工作环境中起到填补空白的作用,因此促进整个组织的绩效。

唐纳德·苏庇尔(Donald Super)所作的广泛研究也是建立在个人与职业相匹配这一概念上的。在他的模型中有一个关键的概念是人的自我意识,即"个人对自己的看法,或者说是经过实践检验后形成的心目中的自我"。换句话说,我们的自我意识包括我们相信自己所拥有的东西:能力、个人特点、需要、兴趣和价值观。

苏庇尔认为,由于职业可以选择,人们有可能扮演与自我意识相适应的角色。一个人在进行职业选择时也就贯彻了自我意识,也就是说,他选择的职业应该是与自我意识的主要内容相适应的。实际也是如此:人们提出自我的概念,对一系列职业形成印象和信念,然后步入与自我意识最匹配的职业领域。有大量证据支持以下说法,即个人所偏好和选择的职业,就是与其自我意识相吻合的职业。

职业选择是个发展的过程

虽然有证据说明,人们在选择职业时会注意职业与自我意识的匹配和贯彻,实际进行职业选择时,却不是"急来抱佛脚"那么简单的。比如说,一个学生想成为药剂师,但这可不是他在高中时期一时心血来潮就能定下来的。

我们可以把职业选择看成是一个随着时间而演变的发展过程。首先,决定从事某一具体职业的决策其实是由一系列决定组成的,它会涉及整个人生的各重要关头。要成为药剂师,可能就得参加五年级的科技作品展,高中时要上数学提高班并加入学校的化学俱乐部,暑假要在当地的药房打工。正是有了这一系列教育和职业方面的决策并付诸行动,某种职业选择最后才有可能实现。

其次,就如唐纳德·苏庇尔和其他人所指出的,人们形成、区分和修正自我意识会需要一个很长的时期。要培养才能、确定兴趣和价值观,就得花时间,有阅历。要了解各行各业的情况也需要时间。只有我们对不同的职业和工作有所了解,才能用更准确的印象取代那些错误的信息。无论是小孩、少年、青年,还是成年雇员,只要能获得新的信息,就都有可能谋求或拒绝某些职业。

正由于这些原因,我们才应当把职业选择视为一个开放的、逐步的发展过程。正如本章前面杰西卡、汤姆、威尔玛、安东尼奥等例子所表明的那样,人的一生都有选择职业的需要。同样,收集相关职业的信息、获得对某些职业的真知灼见等活动也会贯穿不同职业阶段。

人们通过不断的测评来了解自己,了解各行各业的工作。人们经过青少年时期,上了中学再念大学,逐渐成熟起来。自我意识越来越稳定、清晰、现实。比如兼职和暑假零工也提供了进行现实测试的机会——它们可以直接考察我们自己到底是什么样的人。侍候进餐、当店员、搞销售、做修理工,这些工作不但能够测出自己的才能和兴趣,还能帮助我们了解家庭之外的工作是怎样的。此外,当临时工,不管是做实习生、学徒,还是合作教育项目,都可帮助学生形成对自己的准确看法,了解各种职业领域和组织的环境,以及不同工作的不同需求。用前面的例子来说,正是个人成长发展、早期相关工作经验、对自己好恶和具体能力的了解等多方面原因,导致杰西卡选择了会计职业。

　　工作单位总是鼓励人们终身学习、自我发展的。成年人到了生命周期的老年阶段,同样也能继续深入了解自己。我们需要不断对照自己的职业目标,评价自己对目标的实现程度。通过对目标实现程度的评价,现实不符合期望的时候,人们就会改变职业目标,转向自己喜欢的另一个职业。如同前面的例子,汤姆在中年决定改变职业,离开银行选择别的职业,这就反映出他对工作环境的不满和实现创业个性的渴望。

　　生活角色的转换和改变也会导致职业选择。照顾孩子的负担减轻后,威尔玛重新上班工作。威尔玛的情况就是人生角色变化导致职业选择的一个代表性例子。最后,组织行为也会强迫人们改变自己的职业。组织裁员、合并、收购、竞争失败等都会导致人们设立新的职业目标,必然引发相应的职业选择。本章开头举出安东尼奥的失业例子,组织的变化因素即使算不上导致安东尼奥寻找新职业最根本的动机,至少也是一个重要的动机。

职业选择是一个决策任务

　　职业选择是一个过程,它的本质就是发展。随着经验增加和日益成熟,人们形成、修正并明确了自我意识。在职业选择的过程中,人们会更深入地了解各行各业,选定的职业和自认的兴趣、能力、价值观也会相互匹配。

　　如果一个人面对一系列可加选择的职业,他会怎么做?根据第 3 章里的职业管理模型,他应该研究各种职业,更清醒地了解自己和可供选择的职业,并设立职业目标。就职业选择而言,设立行动性职业目标就是进入一个特定行业,不过,这并没有解释清楚,个人是怎样选定某一行业的。比如,人们如何判定更适合自己的是金融业还是营销业?选择这一行业的心理又是什么?

　　就此问题已经发展出了很多职业决策模型。它们之间各有不同,但绝大多数都建立在心理决策理论的基础上。对职业决策的研究有一个基本性的假设:人们根据补偿法或比较法来做职业决策,这也就是说,人们用工作的有利方面抵消不利方面。按照一种观点,人们会根据理性的、逻辑上的、可程式化的决策过程来选择自己的职业,为此他们只选择那些可以带来合意结果的行动过程。有了这种决策方法,人们对某种职业应该给自己带来什么满意的结果或报酬(如晋升机会、薪水、感兴趣的工作)就可了然于胸,然后对这些结果的价值作出评价了。这样,他就可以去搜索、确定能够提供这样结果的工作。只要有了这些数据,人们就能系统地选择那些最为满意的职业了。不过,觉得一项职业有吸引力和选择这项职业并不是一回事。可能有很多有吸引力的职业(如职业运动员、政治家、脑科医生),出于这样那样的原因,最终我们还是放弃了。这也许是因为我们认为自己没有从事该种职业的各种才能,也许是我们的经济实力不足以支付大量培训所需的费用。这样,人们就会作出评判:真正进入这种选定的职业后,到底会是什么结果。换句话说,我们最可能选择的职业,就是不仅有吸引力,还有足够机会进入的那种职业。

　　不过,人们真的会以这种理性的、精打细算的方式选择职业吗?人们真这样先比较一系列的工作结果,最后才选出那种最能使自己满意的职业吗?看来,从工作中寻求最大回报的愿望确实在支配着我们的职业偏好和职业决策。但有一种很能吸引人的职业决策观点却认为，职业选择可不像我们在前文所说的那么有理性，那么系统化。人们在面对生活中的真正选择时，常用的决策方法是：只要这种职业的属性能够满足自己的最低可接受标准，就把这种职业作为自己的第一选择。这种"非程序化"的或者说非计算式的方法说明，人们不会一上来就把某项工作会带来的一系列结果全部评价一番，他们只会考虑其中一两个重要结果。如果某一工作在这些重要结果方面达不到可接受的水平，无论其他方面是否合意，人们也会把它撇到一边，不再往下分析。对于挑选留下的工作，人们也不会把它们——进行对比，而是把它们作为可选方案，排出"可选名单"，根据一两个结果再次进行筛选。也就是说，人们常常是按照"默认法"(这种选择方式连他们自己也没有意识到)来进行选择。

这两种职业选择的决策方法，即理性的或程序化的方法，以及非程序化的方法，到底哪种方法更为有用，迄今为止还没有进行充分的研究，还没有得出可靠的结论，尽管最近的研究似乎是在建议把结构性的、理性的决策战略作为改进决策质量的方法。但即使还没有定论，这两种方法都遵循同一个重要原则：人们是根据自己对不同工作或职业的洞察力来作出选择的。无论这种选择是基于一两个关键性的结果，还是基于对一大堆结果进行价值与重要性的加权，最终决定个人职业偏好的，还是人们对某职业可提供工作结果的看法。如果对该职业的看法和感觉脱离实际，职业决策就很可能是错的：假如某人误以为某职业能够提供有趣的工作，那么，当他真正从事该职业时，他也许会感到失望，于是以往的希望破灭落空。这一章后面的部分，我们还将详细讨论有关期望落空的理论。

社会和文化对职业选择的影响

正如第2章所讨论的那样，社会影响能够在相当大的程度上改变人们的职业生涯及其决策。因为行为是人与环境相互作用的结果，我们的选择只是对个人性格和生活环境的一种反应。职业选择也会一无例外地要遵循这一普遍规律。

似乎绝大多数有关职业选择的研究都认为，在职业计划和职业决策公式中，人是一个积极的因素变量。我们的职业管理模型也强调，对职业进行计划、管理和评价时，人们是能够，或者应该有所行动的。迄今为止，大多数看重心理作用的理论和研究都把人的目标、意图、认识、信息搜索、战略发展等因素看作是影响职业决策的关键。

不过，也有人用其他方法，尤其是用社会学的方法来研究职业选择和职业决策问题。特别是社会心理学有一个观点认为，超出个人控制能力以外的那些环境，可以对人的一生几其职业选择产生重大的影响。这一点毫无疑问，无论是过去的环境，还是现在的环境，都会对你的职业决策起到重要的作用。个人过去的环境包括家庭出身、所属社会阶层、收入以及居住地区，而现在的环境则包括个人所处于的经济、政治和文化氛围。

首先，让我们看看(儿童的)社会背景会以何种方式影响儿童对工作的主导看法。美国文化虽然不像其他文化那样强调阶级意识，不同社会经济阶层成员的生活方式之间，还是会有很大的不同。社会阶层和经济地位不仅影响人们的职业选择余地，还会影响人们的态度、习惯和期望。

研究表明，人们在价值观和态度上的差别，尤其是职业取向和教育导向的差别，会造成社会阶层上的差别。相应地,父母从事什么职业也就决定了儿童在童年时会遇到、敬仰什么样的人。医生的孩子在其成长过程中所看到的角色模式,就与消防员的孩子所看到的不同——这不是说哪种角色更好,而只是说这两种角色并不相同而已。孩子们见过的成年人越多,经由这些成年人刺激引起的职业志向也就越广泛。除此以外,社会地位与经济富足的情况也会影响到职业决策的自信程度,富裕人家的孩子长大后,在选择职业时就可能更为自信。

此外,社会阶层也会影响人们的工作期望。如果父亲或母亲经历过一段不稳定的生活(如罢工或长时间的失业;由于组织减小规模或大萧条带来的经济下滑),这段生活就会促使孩子把安全视为工作中最重要的事情;大学教授或科学家可能会促使孩子一生重视学习和研究;社会工作者或医生可能会影响孩子看重服务工作;组织家的孩子则可能看重竞争。这并不是说孩子会自动接受父母的工作价值观,而是说他们有机会认同父母所做的工作,并使父母的工作价值观在孩子心中扎根。

家庭背景对人的职业选择和志向也会产生重大影响。父母的职业会影响孩子在某些领域的兴趣和技艺发展,尤其是关于选择白领还是蓝领工作。一个汽车修理工的子女最初认识的很可能就是前后左右的“东西”和操作机械。医生的女儿如果跟着母亲去诊所或医院,自然就培养起在紧急情况下与人共事的兴趣和能力。另外,父母的职业还会影响家庭收入。富有的家庭可以给孩子提供形成特殊业余爱好的条件,或许,还能开发出潜在的兴趣和技能。财力支持还可以使孩子轻松地进入大学或职业学校。

父母的职业和收入还会影响家庭周围邻居的类型。居住地对孩子的影响在于“近朱者赤,近墨者黑”。居住地决定了我们在每天的生活里会遇到谁,和谁打交道。由于居民们的背景和价值观各不相同,有的邻居重视体育成就,有的看重学术成果,有的则重视职业成就。孩子们之间互相比较的压力也会鼓励或阻碍孩子对学业和志向的追求。

人们所处的特定社会阶层或左邻右舍会影响其职业选择,但除此之外,他们所居住的地理位置也会影响到职业选择:城市中长大的孩子对守林人的生活几乎一无所知;住在热带的人也许从来没有认真想过去当滑雪胜地的管理员。地理方面的问题不是不能克服的(到新泽西大学读书的迈阿密人也可能喜欢上滑雪并且滑得很不错),但它的确对人们的职业观有所限制。

影响职业选择的因素除家庭、社会阶层、地理外,通常还有更大范围的、人们生活于其中的社会环境和文化环境。经济条件和消费者偏好使某些行业和职业比其他行业和职业更有前途。消费者购买力持续增长,以及消费者对休闲生活方式的偏好,引发了服务行业的增长;技术变化创造出几年前还闻所未闻的职业。“意外事件”对职业选择的作用也万万不可忽视。比如,如果你没有参加某次政治集会,就不会遇见你的未婚夫,他也就不会把你介绍给他的堂兄弟,后者就不会让你参加某次社会活动会议,而恰恰是这次会议,最后激起了你对公共管理的兴趣。这种任何时候都有可能发生的“随机的”意外事件,很容易影响我们的生命历程。

总的说来,一个人的社会背景会刺激或压抑他的某种技艺、价值观和能力。现在已经发现,人们所处的社会阶层会影响人们的信念,这包括个人对自我能力的认知、对形势的控制、工作的重要性(从身份角度考虑)。社会背景影响着人的贫富,结果,这在很大程度上决定了他所遇到的人,而这些人对其青年时期是起着重要作用的。此外,文化环境还能强化某些价值观,使人们认同某种职业志向,从经济、政治及技术等更广阔的环境下考虑职业选择问题。简而言之,环境会影响人们对自己的看法、对未来的看法以及对从事各类工作的看法。

6.3 有效选择职业的思路

本书认为职业选择是一个匹配的过程,然而,观察和经验却告诉我们,很多人并不一定根据自己的才能、价值观、兴趣来选择匹配的职业。有些人选择的职业既无法发挥自己的才能,又不能满足自己的需要和价值观,同时,其本人对应担负的职责也没有丝毫的兴趣。在本节中,我们将分析一些因素,借此提供给大家一个有助于正确选择职业的职业管理模型。

发展自我意识

自我意识是有效管理职业的基石。如对自己的价值观、兴趣、个性、才能和生活方式偏好缺乏深刻理解,要找到合适的工作就只能依靠特别的好运。第4章里,我们已经讨论了阻碍自我意识发展的主要因素,在这里我们要考虑自我意识程度。看一看第4章末尾的练习1(收集数据)、练习2(确定主题)、练习3(你喜好的工作环境),这些内容对你来说有意义吗? 你喜欢与(研究)主题一致的工作环境吗? 你的归纳结果涉及练习3中的8个要素吗? 如果没有任何关联,问问自己,为什么会漏掉某些因素?

请看本章附录中的练习7。请修改或完善对自己喜好的工作环境的描述。如果你认为自己在某些方面需要加深了解,我们会教你如何收集这方面的信息。我们建议你考虑以下几种方式:求助于一位职业顾问;参加考试;阅读有关如何自我评估的材料;与朋友、亲戚、配偶、同事、合作者和教授交谈。记住,自我开发是一个过程,绝不会一劳永逸。因此,定期对自己喜欢的职业进行评价是很有帮助的。

收集准确的职业信息

对可选职业的正确理解必须与自我意识结合起来。然而,如果缺乏相关的工作经验,职业定式僵化,对职业领域也不熟悉,职业信息的基础坚实性就会大打折扣。

实际上,进行职业开发有两个相关步骤:第一步是确定你能胜任哪些你所满意的工作;第二步是更深入地收集每种职业的信息。很明显,你可以反复使用这两个步骤,但如果时间不够或信息头绪太多,你的筛选就必须是大致性的。如第4章所讨论的那样,借助咨询,我们可以得到广泛的职业信息,从而有效地筛选职业。一旦完成了最初的筛选,我们就可以针对余下的少数职业进行广泛的信息收集了。搜集有关信息的时候,你必须根据自己对所偏好工作环境的理解来进行。

其他人,如顾问、教授、朋友、亲戚、同事,都可以提供某种具体职业的信息。此外,通过个人关系或家庭关系,你也可打听到某人目前是否正在从事某职业,或是否愿意介绍向你介绍他自己的经验和观点。特定职业(如"广告职业")讲座也能提供有用信息和可能的联系人。讲座通常是由各种学生社团(如美国先进管理学会)、咨询事务所和职业协会赞助举办的。最后是我们一再提到的工作经验,能够提供相关的个人信息和工作信息,因此也是一个很有用的信息来源。对寻找各种打工机会的学生而言,与人合作、目标实习、打零工和暑假工作等方式都可开拓出就业机会。除此而外,有的学生也可以试着从自己感兴趣的职业或公司里找一个人聊聊,搞一次"非正式会见"。如果提出要求并安排了这样的非正式见面,就能从非正式渠道获得关于某种工作或某家公司的信息,而不用像正式面试那样,受到"把自己卖了"的那种压力。由此可以获得该公司及其业务种类的有关信息。

确定有效的目标

职业管理过程中最重要的一个内容是建立现实的、合适的职业目标。整个职业选择过程中,建立职业目标可以帮助我们进入某个特定的职业领域。假设一个人已进行了充分的自我调查和职业调查,接下来,他应当如何从众多职业中作出选择呢?

第 5 章后面的练习 5 给大家提供了设立长、短期行动性目标,并对这些职业目标的适宜性进行比较的机会。如果在练习 5 中你确定了具体的职业,现在你就可以对这些职业进行打分并对其优、劣作出比较。如果你还没有确定练习 5 的职业,你就应该赶紧做完。然后另用一张纸,列出概念性目标(长期或短期)的要素,确定两个你感兴趣的职业,然后把每个职业的优劣势列出来。

就其本质而言,职业选择主要依靠主观和情感经验,因此,没有什么绝对的标准可以判定什么是"正确"的职业选择,也不存在(或者说不可能存在)某个可以弱化主观影响的独立的公式。然而,选择职业的时候,如果能够系统地收集相关信息,并对这些信息进行分析,倒是可以为决策提供比较真实的数据基础。

制定职业战略

一旦选定了职业目标,我们就得明确实现这一目标所需的战略、行动以及经验。选择战略的时候,需要同时考虑两个标准,一个是战略可能的作用,另一个是个人对战略的接受程度。此外,战略还有另一个重要功能,就是帮助个人测试其职业目标的生命力。在这种情况下,战略能帮助你来确定所选择的职业是否明智。采用哪种战略没关系,重要的是必须清楚每次的行动目的和行动结果,并制定完成这些活动的时间表。这里重申一遍:制定和实施职业战略的时候,必须保持灵活性。没有一成不变的战略,就算战略目标保持不变,具体的战略行动也应根据需要及时增减。最重要的是,人们应该从战略的反馈功能和评价功能中获益,每隔一段时间就问问自己,你选择的这个职业对自己是否还有意义。如果答案是否定的,且还有明确的、前后一致的否定性证据,那你就准备改变行动路线吧——不然,不知何时你就得为此付出代价。

本章附录中有练习 8。假如当前你正考虑从事(或改变)某职业,那么,你可以根据练习 8 的公式来制定一个战略。

6.4　选择组织：进入一家组织的过程

一旦你确定了具体的职业，下一步就是去找工作并成功地进入一家组织。选择组织像选择职业一样，也要使以下几方面互相匹配：个人方面是指价值观、兴趣、能力和偏好的生活方式，工作方面是指必要的技能和资质，组织方面是指任务、产品、文化和工作岗位的地理位置。选择好一家组织并且进入去工作，要经过多个阶段。这些阶段包括求职者个人要做的事(诸如再次研究这家公司，准备好个人简历和一份说明书以及有关的证明人等)，以及这家组织同时也要做的事(做招聘广告，参加招聘会，组织适当的筛查手段，等等)。

过去的研究显示进入组织的过程共分四个阶段，对求职者和组织来说，每个阶段的任务各不相同，但又相互关联。这四个阶段分别是招聘、选择、定向、社会化。招聘是个人和组织之间相互吸引的过程。这个阶段，个人要框定工作和组织的范围，组织则致力于寻找和吸引工作候选人。选择也是个双向的过程：个人要参加面试，对工作岗位作出评价和选择；招聘组织的关键任务则是估计求职者将来的工作表现和工作长久性。定向是一个调整过程：个人要适应初入组织的压力；组织则必须关注新来者的情绪和需要。最后一个阶段是社会化，这仍然是个相互的过程：个人在此经历主要的工作阶段，体验不同的成功；组织则通过社会化手段和社会化策略影响新人的行为，确保他们与组织同化。本章里，我们讨论招聘和选择问题，在第 7 章，我们则将讨论定向和社会化问题。

在进入组织阶段里，最终目标是个人与组织相适应。求职者的能力必须符合工作要求，个人需要与组织报酬或组织补偿也应当相吻合。个人能力与工作要求能力的相互适应可以反映雇员未来的工作绩效水平；个人需要和组织报酬的相互适应则会影响雇员对工作的满意程度和工作经验。这两种相互适应情况都会影响到新雇员在组织里发挥的作用。

如果不能相互适应，后果会很严重。从雇员的角度来看，不适应会带来不满和失望，伤害自尊心，接着就可能引发"离职"。从组织的角度来看，工作表现差的人会降低组织的效率，大量人员离职又将导致新人的大量补充，而再招聘、选择、培训，使新招来的人胜任工作，成本又太高。由此可见，理解个人进入组织的动机是很重要的，包括个人如何选择在组织中从事的工作，如何在进入组织过程中摸清这份工作是否与自己的期望角色相符，以及为提高进入组织的成功率，个人和组织可以有哪些作为。

6.5　组织选择的理论

个人在选定雇主时所用的基本方法，与选择职业的方法类似。求职者被吸引到最可能 提供他想要的工作的那种组织，而避开那种带来他不想要的结果的组织。从某种意义上说，求职者在入职过程中，会使用程序性的方法来选择组织：首先，他会很理性地、系统地收集有关的信息，再利用这些信息对候选的雇主作出估计，选出一组满意的雇主；然后，他再用理性的、系统的方法，对入选的雇主进行评估，看他们都能给自己提供多大的满足和多大的价值。这样一来，他就会作出最合乎逻辑的选择：他只接受企业提供的、最符合自己价值观的工作。也就是说，这项工作能给他带来最积极的结果：感兴趣的工作，令人愉快的工作条件,还有晋升机会,等等。

与这种理性的(或者程序化的)方法相反的观点是:求职者不必在选择程序上做得那么彻底,那么系统化。按照这种替代的(非程序化的)观点来看,求职者看中的是某个组织的一两个关键性优点(而不是一系列优点);他的潜意识(通常是无意识的)就倾向于到这家组织就职;此后,为了迁就自己心目中的选择,他反而会甘心情愿地自己欺骗自己。根据这种分析,人们只是根据一些主观的判断作出选择,认为只要能得到几条主要好处,这个组织就是令人满意的组织。例如,有研究表明,一个组织的"公司形象"对个人到哪个组织去就业的选择具有很大的影响。

程序化的方法和非程序化的方法,哪种方法能更准确地描述人们选择组织的过程呢?尽管这两种决策方法都得到了有关研究的支持,我们还是要说,研究得越彻底,所考虑的结果和挑选的组织数量越多,个人与组织之间的匹配性就越好,找工作的过程就越成功。或许,最有关的问题不是哪种找工作的方法更有代表性,而是哪种方法对个人、对组织更为有利。以下说法应该不会使人惊讶:程序化的方法,加上彻底的调研,以获取广泛的信息,才可以使求职者对自己进入组织的过程更为自信,也更为满意。

预期对进入组织的作用

选择组织的基本方法反映的是一个匹配的过程,即人们选择的是能够满足自己重要价值观的工作。实际上,对于求职者所预期的工作结果来说,不同组织给予满足的程度不同,而求职者对组织的这方面情况也已持有预期。正是这些预期指引人们走近或远离了不同的工作机会。个人之所以受某项工作的吸引,正是以这样一种预期为基础的:这项工作能够提供令人满意的工作结果,比如工作有趣、自己有自主权。无论预期是否准确,预期却真的给个人择业方向带来巨大影响。

不过,等到真的进入组织成为一名新员工,以前那些预期——比如有趣的工作、升迁的机会、稳定的收入等,也许并不能实现。有证据显示,无论大学毕业生还是没有上过大学的人,对自己进入组织后初始工作的预期往往都高得不现实。此外,预期目标越抽象(如希望得到个人成长的机会),申请者的预期就越不现实。新员工常常受到"现实的打击",觉得工作现实与事先预期相去甚远,于是幻想破灭、失望、不满。

典型的求职者预期有以下几种,见表 6.2。我们把成为新员工后实际的情况也列了出来,以对两者作比较。不是所有求职者都持有表中的预期,也不是所有新员工都会经历同样的现实。但是,在天真的预期和日复一日的现实工作之间,的确是存在差距的。

表 6.2 预期和现实的对比

求职者的预期	新雇员的实际体验
1. "我应该能自由地决定如何完成工作。"	1. "绝大多数情况都是老板决定我做什么,如何做。"
2. "我的工作大多都应该很有趣、很有意义。"	2. "看来这辈子就得干这些琐碎、平凡的工作了。"
3. "老板会给我帮助和指导的。"	3. "我真不知道我该怎么干。"
4. "能否升迁和增薪,就看我干的好坏与否。"	4. "升迁和增薪很困难,而且也不大看工作表现。"
5. "我能用最新的技术和工艺为组织出力。"	5. "明知老办法陈旧无效,也不采纳我的意见。"
6. "协调工作和家庭的矛盾并不困难。"	6. "工作和家庭常常有冲突。"

产生不现实预期的原因

当预期被证明是不现实的时候,会发生什么情况? 一般认为,当怀有预期的求职者对工作现实变得不满时,最终会选择辞职一途。例如,一个求职者在面试中得知:企业很少要求员工加班加点。但他上班后发现,长时间加班是很正常的现象。他就会很不满意,他的幻想破灭了,他想辞职。对于这种缘于不现实的预期的破坏性结果,我们将在后面几节分析其原因。目前我们只假设,对工作和组织持不现实预期的新人在看到自己的工作与预期不一致时,至少会大吃一惊。如果工作的总体情况令人不快,这种吃惊还会导致不满和希望破灭。

我们暂且假设不现实的预期会对新雇员产生负面影响,这就要回答以下问题:人们为什么会产生不现实的预期? 产生这些预期的根源是什么? 为什么说这些预期的落空是由于脱离现实? 下面,我们将分析导致预期不现实的一系列原因,以求回答上述问题。

职业转换　导致预期不现实的最根本原因也许在于职业转换,即个人角色的转变:由求职者转变成雇员。职业转换分为两种:一种是角色间转换,即个人改变自己的职业角色;另一种是角色内转换,即个人角色改变到现在的方向上。举例来说,一个人从学校毕业,进入组织(这属于角色间转换),新旧环境在使命、行为要求、规则和预期等各方面都会有很多不同。学生和雇员之间的生活的确有很大不同。而如果在同一组织内改变职业,又或由一个组织转入另一组织,虽然也是一种职业转换,却没有学生和雇员两个角色之间的差别那么大。

简而言之,很多新雇员,无论直接从学校毕业的还是从另一家组织来的,都不得不面对他们并不熟悉的一整套要求。新雇员肯定会经历很多事情,如依靠他人(老板、同事、顾客),不自由、没有自主性,提出改革建议却广受非议,工作要么过重要么闲着没事,组织中也玩政治,等等。组织是不会为迎合一个新员工而进行改革的。为了使未经考验的新雇员有令人满意的表现,组织通常采用封闭式管理、平凡的任务、低度职责和严密控制的方式。

组织的政策和实践也许可以解释新雇员所需面对的工作经历的性质,但却可能应对不了员工的预期。为什么有这么多人想尽可能自主工作,在短时间内升迁,获得一个既有支持力又有同情心的老板的好评和建议? 为什么有这么多人想得到有挑战性、有意义、报酬又丰厚的工作任务? 这些念头是在哪里萌发的? 要回答这些问题,我们还必须对那些造成不现实预期的重要因素进行研究。

招聘过程　尽管组织对招聘的投入很大,招聘过程仍常被视为导致不现实的预期的重要原因。其本质在于,组织把工作岗位描述得过于乐观,使一部分求职者受其误导而产生不实际的预期。何以如此? 原因在于组织的目标是吸引符合要求的人才,为了使他们对组织有兴趣,招聘部门常常注重于"推销"组织。也就是说,描述在组织中的工作情况时,不是有所隐瞒,就是言过其实。

比如,粗略地看一看招聘小册子,或者到公司的网址上查一查,就会发现,它们在宣扬其公司时会强调以下这些正面的内容:工作有挑战性和令人兴奋,薪酬以工作表现为基础,有升迁的好机会,老板会及时作出指导性的反馈。这些组织能否兑现其承诺显然是个问题。就算它们能付诸实际,对于几乎任何公司、任何工作都会存在的不那么惬意的内容,招聘描述中都会略而不提。对招聘广告的依赖和言过其实是导致不现实的预期的一个关键因素。

并不是说组织故意说谎,不过,由于它们努力要把自己最好的一面表现出来,就很容易会使其描述表露出的信息过于乐观。此外,负责招聘的人通常没有在组织一线工作的经验,他们也可能会相信对组织的这些生动描述,于是乎,在招聘过程中,也就把这种不现实的预期传递给了求职者。

当然,求职者在应聘过程中也有自己的目标:使组织对自己感兴趣,选择最合适的组织来工作。为了使组织感兴趣,求职者就有可能强调自己的强项,对自己的弱项则加以省略或有所保留。所有这些都会导致"相互推销",两个当事人(求职者和组织)都不愿展露自己不太好的一面。

目标冲突使招聘和选拔无法坦诚地进行,信息也无法完全共享。如本章最后一节所述,组织可以选择修正其招聘惯例,不再像传统招聘那样进行一般的许诺,而是给求职者一个"真实的工作简介",更完整、更准确地展示组织。

对组织的先入之见　很多求职者在与组织进行广泛的接触之前,就已经对某些公司或行业有一定的印象和成见。例如,研究发现,求职者对小公司怀有特殊的成见,远远不同于对大公司的看法。此外,某些公司在求职者心目中的形象可能极高。求职者对组织的印象缘于组织所提供的工作机会、所生产的产品、劳资关系、管理中的做法、地理位置、实际的薪酬情况以及财务业绩。此外,组织形象也是影响求职者决定是否选择该公司工作的一个重要因素。

从某种意义上说,对组织形象的先入之见会造成各种预期。由于先入之见本身的定义就说明其含义不完整、不准确,由此所带来的预期也就不可能很现实。一个对某公司抱有先入之见("名声好,升迁快,收入高,挑战性强")的求职者,也许不会费心去检验这些假想是否正确,不相信公司所提供的任何与自己假想不符的信息。

教育过程　高校为本科生或研究生开设的课程往往不足以为学生提供进入实际工作领域的准备。举例来说,工科和商科的课程就很少告诉学生,新雇员进入组织后会遇到哪些麻烦。此外,很多大学试图对其学生灌输骄傲感,对他们所选择的职业也是给予强烈的热情鼓舞。在这种情况下,很多大学生在面临他们选择的第一份工作时会抱有不现实的想法就不足为奇了。组织按过高的资格标准招聘毕业生时,这种错觉尤其严重。此时,雇员就不可避免地认为自己是大材小用了。

缺乏打工经验　求职者缺乏广泛的打工经验,可能特别容易产生不现实的预期。在应聘期间,与那些没有经验的求职者相比,有打工经验的人善于彻底地搜集各个组织的信息。毋需赘言,经历过多种工作的人就会懂得,组织并非千篇一律,因此需要收集有关每个未来老板的信息。

求职者的错觉　迄今为止,我们已经考虑过环境(招聘、教育、工作经验)对产生不现实预期所起的影响。此外,还必须考虑到某些人有可能自己骗自己。个人的价值观和其预期之间有很强的正相关性,这就是说,人们所预期的工作也就是他们想干的工作。

为什么人们在寻找工作时会自己骗自己?首先,当求职者已经看上了某项职业时,如果这项工作有某些不利因素而自己又不愿正视,他就有可能歪曲或否认这些不利的信息。另外,有些求职者由于几乎没有选择机会,不得不接受某项工作,他们就会专挑夸赞该职业的好话听。

人们作出重要决定后会有不协调感和紧张感,这种感觉也会导致对事实的歪曲。人们只要进行选择,通常都会舍此求彼。然后,他们会扭曲或片面地使用自己的注意力,以使自己确信所做选择是明智的。不过,在这个过程中,他们就把自己置于预期破灭的境地,因为美化得过分的被选组织在第一年就无法与雇员所遭遇的现实相吻合。由此可见,产生不现实预期的原因之一就是我们的本性倾向于透过玫瑰色玻璃来看世界,即只看我们希望看到的。

中老年期选择和进入组织

第 2 章里我们已经讨论过描述各职业阶段的特定年龄范围。进入组织及与之相关的挑战一般都发生在青年期,或 18～25 岁之间。当然,任何年龄里都会有改变工作或转换职业的需要,不管是自己选择还是环境所致,它们也会使个人重新进入组织。于是,尽管个人在年龄上有可能已经处于中年或老年,但在应聘、挑选工作、定向和社会化等要求面前,就又属于选择和进入组织期。中老年人与年轻人的重要区别就在于:面对上述要求,他们会进行多方面的、更富经验的考察和判断。换句话说,应聘、挑选工作、定向和社会化对中老年人来说仍很重要,但中老年人在处理这些事时,却有望更明智成熟。看看下面的例子:

> 莎伦从来没想到还会不得不再次向他人证明自己的能力。毕竟经过 22 年的职业生涯,她已经有了一系列重大成就——几次升迁,最终成为负责公司计划发展的副总裁;年薪 17 万美元;名牌大学的 MBA 文凭;组织内公认的领导地位;同事和下属的爱戴;有机会规划公司的未来。在第 23 个年头上,莎伦的飞速发展突然到了尽头:公司被一敌对方兼并了,新公司解聘了她。于是,莎伦在 46 岁时失业了。她写了新履历,找了一家介绍管理性工作的公司,准备再寻找有前途的领导工作。然而,几乎没有什么合适的经理职位和高层管理职位。莎伦发现,在那些适合自己阅历和经验的空缺职位上,竞争非常激烈。她对每一家候选公司进行广泛的调研,以确保自己为每次面试做好准备。经过几个月的求职,莎伦接受了一家小型自动化产品零售组织的组织计划预测经理一职,薪水和地位都比先前的工作低,但她确信新老板与自己很合拍。

尽管莎伦已人到中年,但她仍然不得不"再走一次回头路",重新面对找到一个新老板、进入一家新组织的各种任务。在这个意义上她就像刚毕业正在寻找第一份工作的大学生,不得不准备简历,寻找公司,提出问题,评估聘书。不过,处理这些事时,她有更成熟的眼光,23 年的组织生涯使她充分了解自己的才能和兴趣所在,对组织的内部运营也是了如指掌。理所当然的,她非常清楚自己想要哪种类型的工作,想避开哪种工作环境。由于有经验,莎伦极少会对新工作存有不切实际的预期。这样,虽然她不得不忍受初次进入组织的那份罪,她却能以一个过来人的身份处理好这个过程。

6.6 入门过程中的组织行为

组织在新人进入过程中要达成三个主要目标。第一,吸引有才能的合格人才,使他们对本组织感兴趣并应聘。第二,通过把求职者不现实的预期降低到最小程度的方式吸引求职者。第三,准确地评价求职者,给有可能为组织做贡献的人发出聘书。各种组织都会在吸引、招聘、评估和选择雇员时,运用多种方法,尽管运用的程度不尽相同。本节将讨论组织为了有效、现实地吸引和选拔求职者所采用的技术和方法。

吸引求职者

组织如果不能在招聘过程中留住和吸引人才,当然也就无法合适地配置职工队伍。对于招聘的研究已经指出了对组织有重要意义的若干重大问题。

招聘人员的影响 很多谋求管理类、专业类或技术类职位的求职者,第一次正式接触的总是组织派出的招聘人员,第一个行动也总是接受筛选面试。以下所示的,是求职者与组织在初次打交道时,双方都感到满意的几种情况。

首先,当求职者认为招聘人员熟悉自己的情况时,就会对面试作出最积极的反应。因此,如果招聘人员既熟悉求职者的履历,又熟悉组织和工作岗位的细节,那就再好不过了。虽说问题是如此简单,实际情况却令人吃惊:招聘人员往往被认为既没作准备,又不了解情况。不过这可能是由于组织在对招聘人员的培训和准备上出了问题。很多大公司和小公司都没有为新来者提供培训项目,或者不能确保这些新来者在分配工作之前就已经作好了准备。

除了有足够知识和充分准备外,招聘人员在面试中的行为也会影响求职者的看法。如果招聘人员能就相关问题提问,准确回答求职者问题,准确陈述职位晋升系统和工作资格的情况,求职者就会有积极的反应。最终起支配作用的,是招聘人员在面试中展现的水平。大家可以理解,一个温和的、热情体贴且善解人意的招聘人员肯定会影响求职者的反应。

虽说没有关于面试失败次数的直接证据,但有一点很清楚,面试可以造成求职者的消极反应。对此现象可能的解释是,招聘人员明显不了解求职者的价值观及需要、预期和抱负。除此之外,招聘者常会高估或低估求职者对职位或组织的某些方面的重视程度,如果判断错误,招聘者就不大可能有针对性地提供对求职者来说很重要的特定信息。

这些发现给我们的启示很清楚:组织必须充分重视开始时的面试以确保向求职者提供适当信息。要这么做,招聘人员需理解求职者关心的事情,帮助他们进一步了解组织,以积极、关心的态度向求职者描绘组织。认真选拔和培训招聘人员,这肯定是组织招聘时应当跨出的第一步。

后续工作 组织对某求职者初次面试后就要考虑,是继续下一步呢(通常是让求职者到组织实地参观),还是终止与求职者的关系。求职者往往对遴选过程带有一种不现实的预期,包括对该组织为决定是否把招聘过程走完所花费的时间的预期。通常情况下,组织会用3个星期(或更多)的时间来决定是否招聘一个雇员;具体时间的长短,则要看需要进行多少次面试,以及要经过多少道批准程序才能进入下一步招聘而定。显然,只要压缩从面试到决定录取与否的这段时间,很多公司都能从中获益。至少而言,从面试一开始,就应该指出这段过程需要多长时间。

组织应周密地安排初选上来的求职者进行实地参观。如果这种参观能给他们提供机会与上司及同事见面,自由提问并得到坦诚回答,从而获得有关本组织的足够的信息,那么他们就会重视这种参观。实地参观前,还应告知求职者有关现场参观的细节。已经有研究发现,如果求职者认为这种参观很有帮助,而主人方面又和蔼可亲,他们接受工作聘书的可能性就会增加。

组织招聘了这些求职者以后,也还要认真处理有关问题。比如,招聘以后还愿意提供其他信息,随时回答问题,愿意就具体雇用条款进行讨论,则求职者就会采取更积极的态度与组织配合。

总的说来,在招聘过程中,组织可以采取很多更有效的措施来吸引求职者。对招聘人员的形象和初次面试的态度,是怎么重视也不嫌过分的。实地参观组织也需有计划且按计划进行,后续工作也会影响到求职者的态度。而所有这些都会提高组织在公众心目中的形象。千万记住这点,招聘过程中,组织形象和组织声誉会吸引或抑制潜在的求职者。

招聘要实事求是

前面研究了组织给求职者留下好印象的办法,然而,如果不实事求是,组织形象就会"好过头"了。由于招聘过程是带来求职者非现实工作预期的源泉之一,重新评估和修订招聘过程就成为一项很重要的任务。

实事求是的招聘,就是把本单位工作的真实而无扭曲的信息告诉求职者,即使这种信息可能是负面的或非赞美的。这种向求职者展示真实情况的方法叫作"如实的工作介绍"。顾名思义,如实的工作介绍就是把本组织的正反两方面真实情况,以及该项工作的利弊,都告诉求职者。这可以利用公司的内网、录像、图片、手册、作报告、当面讨论等方法来完成。它不同于传统的工作介绍,传统的介绍总会把工作岗位和要求讲得天花乱坠(因而不现实)。

如实地提供信息,能够降低最终入职者的自愿离职率。这个观点有以下论据支撑。第一,如实介绍能使求职者合理地降低自己的预期,即他们的预期会更贴近工作本身。如果雇员能够达成预期的目标,往往对工作就比较满意,而满意的员工的离职可能性是低于不满意的员工的。根据"满足预期"的观点,如实评价组织自身能够降低新雇员最初的预期,使之不致在面对现实时感到失望、理想幻灭和不满。

第二,把如实介绍工作情况看作给新员工打预防针。这有助于新员工制定应对战略,正确对待工作可能带来的失望及不满情绪。比如说,求职者在应聘过程中得知,这是一份需要接受密切监督的工作,那么他就可能反复练习如何适应这种监督,或者是彻底想通了:"密切监督其实也不那么可怕。"无论是哪种情况,如实介绍都有助于新雇员成功地适应组织的要求。

第三,可以向求职者表达出组织的诚实态度。这会带来两个效果:一是求职者会钦佩和敬重这家足够坦诚的组织,因为它"说真话",这种态度会"拴住"新雇员,减少离职率。

二是在组织诚实地揭示出工作的不利因素后,接受此工作的求职者会对组织和工作负责。因为他们认为,自己是在掌握了全部真实情况后作出自主选择的,组织并没有强迫自己和扭曲事实。

第四,人们认为,如实介绍给求职者提供了一个在招聘过程中进行自主选择的基准。换句话说,它使求职者能够判断出,这个工作是否与自己的重要价值观一致。面对这种准确且能作出比较的工作前景,某些求职者可能认为组织提供的报酬和机会不能满足自己的需要及价值观,相应地,他们就不会接受这份工作。

如实介绍有没有用

实事求是招聘的主要目的是降低新雇员的自愿离职率。因此,测量如实介绍有效性的合理方式,就是把招聘中听过真话的新雇员的离职率与没有听过真话的新雇员的离职率进行一番对比。对比的结果是,如实介绍的做法大大降低了离职率。这就为组织节省了大量的费用。因为离职的人少了,补充人员的招聘、选择、培训等费用也就降低了。不过,这里要提示两点。第一,并不是每次如实介绍都能大大地降低离职率,如果留职率低是由于员工对工作不满意,那么即使是如实介绍,也不大可能减少离职现象。因此,在不同的情况下,如实介绍对解决离职问题的作用也是不一样的。第二,据说,如实介绍的有效性源于四种机制(满足期望、适应工作、坦诚相待、自我选择),但目前并没有证据支持这种说法。这两点综合起来就说明,人们还不是很了解如实介绍这种做法在什么时候起作用,为什么会起作用。此外,有研究表明,假设求职者面对两种工作,一种是如实介绍的工作,另一种是传统介绍的工作。那么,当其他条件相同的时候,绝大多数人会选择后者。不过,其他人的研究又发现,在如实介绍方式能给予更高工资的情况下,这两种介绍方式对求职者的吸引力是相同的。因此,对于如实介绍造成的工作吸引力降低的问题,可以把工资水平作为一种机制,以减轻这方面的不足。在很多情况和背景下,如实介绍可以成为最有效的方法。第一,当求职者可以作出自由选择时,他不会觉得自己是迫不得已才接受一个工作的,因为他还有其他出路可走。只要有其他选择机会,如实介绍方式中包含的自我选择机制就能发挥作用。与此相反的是,看不到其他机会的人,在招聘期间听到负面的介绍,就会曲解这些信息或者扩大其负面想象,导致如实介绍的后果很差。第二,当求职者没听过如实介绍时,他难免就怀着某种不切实的幻想。当他听到实事求是的介绍时,能看得更清楚。第三,当求职者在不了解真实情况的条件下就接受了一个工作时,他就很可能难以适应工作的要求。这时就显出如实介绍的可贵了。最后一点,当求职者很有希望被招聘时,他从如实介绍中得知了重要的或与自己有关的信息,这时如实介绍的作用就大了。如果进行如实介绍的目的是帮助求职者自我选择,并有效地适应组织要求,那就必须介绍与众多求职者有关的、广泛的主题。

我们来总结一下:在招聘工作中,如实介绍可能是一项很宝贵的内容。它除了能降低新雇员的离职率以外,还给雇员一种印象,即组织老板很坦诚,也很关心人。如实介绍这种方法不是只对新员工有用,它还可以扩展到以下环境中:老员工面临提升、调整工作或易地工作。在这些情况下,如果对未来环境做到有言在先、实事求是,这将对个人和组织都有好处。

无论组织采用哪种招聘手段,现实情况中,总有一些冲突难以避免。毕竟,除了招聘手段外,还有很多因素会导致不现实的期望。进入组织,职业生涯发生转换,在这个过程中,总会发生令人惊异和不快的事情,还有一些事情也有待调整。因此,对新人和组织双方而言,最初 6 至 12 个月都是一种新挑战,在第 7 章中,我们将对此进行具体分析。

评估和选择

一旦有望入职的求职者被工作所吸引,并且听到了如实介绍情况,对于组织来说,下一步就是进行最后的评估和选拔。在本节中,我们将简要地讨论组织上评估和选拔人员的程序问题。要了解对这一问题的更全面的讨论,可参见其他著作

选拔人才时,组织首先考虑的是求职者的知识、技能与工作特定要求之间相互的适应性/适宜性。某些招聘的评估范围更广泛,组织还会考察求职者与组织战略、文化、公司价值观等因素之间是否也合适。理想的状况是,组织所使用的选拔技术(以及实际选择)都要以保证双方彼此协调为基础。从这个角度来说,选人是全方位的:新人不仅需要满足工作的挑战性,还得适合组织的工作和文化环境。

与这种用人要进行全面考察的做法相反,有些优秀组织在招聘选择时,并不要求求职者与组织之间达到严丝合缝的相互适应。一些公司只凭一个(或有限几个)标准,比如凭良心办事的程度,或智力水平,就作出了雇用决定。对于只靠少数标准就作出雇用决定的做法(也就是简化评估过程),尽管有人持有异议,我们仍然相信,个人与组织之间全面适应的人事工作战略,才是确保个人与雇用组织双方长期满意的最好方法。尽管如此,在大多数(如果不是全部)作出雇用决策的场合下,显然还是人的智力因素和个性因素在起着关键性的作用;而且人们早就发现,这两个因素还可以用来预测个人的业绩,而且效果很稳定。

总之,如果个人的能力和性格特征与工作、环境相互适应,结果将会是良性的:组织的员工流动率降低,员工们安心工作。正因如此,运用能够确保人与环境相互适应的选人方法,可以使组织(以及个人)得到最大的利益。

6.7 入职过程中的个体行为

从个人角度来看,进入组织的主要目标就是得到一份与自己向往的工作环境较为一致的工作。就这一点来说,个人也可采取某些步骤,促使自己在新的工作角色中作出适当的调整,向好的结果发展。本节分析了在进入组织过程中需面对的五个主要任务,包括:开发自我意识,识别未来的雇主,开展有效的工作面谈,对各种组织作出评估,选择自己要去工作的组织。对上述每一项任务,我们都提出一些指南,以提高入职过程管理的效率。

建立自我意识

现在就应当清楚,作出有效的职业管理决策是有前提的,那就是自我意识。如果连自己的价值观、兴趣、才能都不了解,就更不用说对工作和组织作出评价了。有研究表明,进

行自我测评和环境测评,不仅能帮助那些刚开始找工作的人对各种可选择的组织作出评价,还能帮助那些失去工作的人,更理性地寻找再就业的机会。在进入组织的阶段,摆在求职者面前的是不同组织的信息。求职者借助这些信息可以对各组织作出评定,并弄清自己所向往的是哪种工作环境。

识别未来的雇主

很多资源都可以作为寻找工作的线索,这些资源包括:大学中的工作介绍办公室、直接送上门的招聘书、个人门路、报纸杂志上的招聘广告、职业中介和工作介绍公司、国际就业网,以及各公司的网站。

虽说大学里工作介绍办公室是大学生们利用最广泛的资源,个人门路的重要性也不容低估。对专业类雇员、管理类雇员及技术类雇员,个人门路为他们提供了有关潜在雇主最有用的信息。个人门路有两个方面:(1)家庭成员、朋友、社会上的熟人;(2)现在或过去的老板、同事或教师。正如我们在第 2 章所讨论的,人们的社会资本使其能够运用"社会关系网"中的个人门路,打听到哪里有职位空缺,或者去找那些知道哪里有空缺的人帮忙。也就是说,他们认识很多人,这些人要么知道哪里有空缺,要么认识那些知道这种空缺的人。

一般情况下,年轻人较难运用个人门路这种方法,因为他们的社会关系网没有年长的人和经历更丰富的人那么广。不过,只要能够发现具有潜在价值的信息,任何时候建立关系网和建立社会资本都不算迟。学校教员、同学、亲戚、家庭朋友都会知道有用信息;参加学校协会和学生职业性组织也能带来工作机会和未来的关系。不过,单纯的见面是不够的,必须与别人交流自己的需求、价值观及渴望,让他们知道你的要求。这就要求你有一个斩钉截铁的态度,而这种态度在职业管理的方方面面都是必不可少的。

近年来,公司网站和互联网已经成为吸引、填表报名、测试、评估求职者等工作的关键手段。网络提供了有效的手段,以供各种公司发布招聘信息、公司战略与使命简介,还能让有兴趣的求职者马上就找到空缺职位的信息。有了这些信息,再使用电子化的筛选手段,网络就能使各家公司迅速确定哪些人要作进一步考察,同时自动剔除了那些不符合岗位基本要求的人。对于求职者来说,各家公司网址上提供的都是信息财富。

有效的面试行为

与组织一样,求职者在招聘过程中也有许多目标:给招聘人员留下一个好印象,收集有用的待考虑公司的信息。有些时候,这些目标可能还会相互冲突。本小节将讨论如何管理这些目标,接着再考虑具体的工作和职业评估。

公司会细致地审查求职者的教育情况和工作经验,有时甚至会用到心理测验或更多设计精巧的评估方法,然而,用得最多的评估方法还是面试。正因如此,求职者应当留心可能影响面试成功的各种因素。对个人而言,在以下条件满足时,面试是最有效的方法:面试者了解公司、有特定职业目标、会问问题、世故、善于表达。这五个因素会影响面试者行为的两个方面:面试准备/知识和有效的人际沟通技巧。

第一,对组织进行详尽的调研,为面试做好准备。可能的信息源除常见易得的文件外

(如报纸文章、年度报告、公司网站),还包括可给予潜在帮助的人,比如说朋友、家庭成员、行业和社会组织成员、有关系的人或是认识有关系者的人。

在自己感兴趣公司中工作的人特别有帮助。这里对求职者有个建议,即约见上述人,见面的目的不是为了得到工作,而是获知有用的信息。见面时应当带着有关工作环境喜好的问题去。最后,求职者应当了解清楚工作任务、报酬和机会,能够鉴别组织和工作的大部分特征。

第二,有效的人际交往可反映出社交技巧和口才情况。虽说没有什么万无一失的方法能使社交技巧和口才得到提高,然而,只要能够减少焦虑,求职者仍可以在面试中有好的表现。雇用面试令大多数人焦虑,这多少源于面试的不确定性和面试对职业的重要性。不过,下述建议有助于减少焦虑,并能对焦虑的程度加以恰当管理。

- 了解自己。人们如果知道自己想要什么,面试时就能更放松、更自然有效地回答职业目标和期望工作方面的问题。
- 把组织研究透彻。对显然会问到的问题加以准备。
- 参加能够提高面试技巧、求职命中率及自信心的项目,这在很多大学工作介绍办公室和组织出资的培训项目中都有。

总之,充分地计划和准备面试能使求职者在应聘时更放松,面试效果更好。

分析组织

要作出现实的职业选择,求职者就必须仔细而系统地分析组织;要使分析有效,就需借助各种各样的资源来收集和分析数据。表 6.3 列出了几种不同类型的信息,它们能帮助你分析组织和准备面试。

表 6.3　对分析组织和准备面试有所帮助的信息类型

1. 属于什么组织
2. 组织规模
3. 组织结构
4. 组织的经营眼光
5. 组织的财务状况
6. 组织对未来的商业计划
7. 组织总部及主要机构所在地
8. 培训机会和发展机会
9. 晋升和提拔政策(如提拔哪些人)

如果获得有用数据比较困难,这或许出于两个原因:其一,求职者可能先入为主形成对组织的正面形象。由于已经得到了一份工作聘书,他们就不再找寻信息,同时也不是很注意组织提供的信息。其二,组织不愿或不能提供某些重要信息。

求职者可以采取以下几种方法来克服上述障碍:

首先,在应聘过程中,求职者必须清楚自己的动机和目标。求职者必须意识到,一旦对公司形成固定印象,收集重要信息的时候就会偏离目标;求职者还必须懂得,对组织的分析和对组织的印象形成是可能同时进行的。的确,如果连重要的问题和敏感问题都不闻不问,又怎么能形成对组织的印象?

其次,求职者应当研究自己向往的工作环境和所分析组织之间的关系。一般情况下求职者提出的问题多是琐碎而无关紧要的。所以,每次面试前,求职者都应该大概地重温自己向往的工作环境,这样,求职者才能在面试时鉴别出某些信息。到了分析组织和个人价值观、兴趣才能、期望生活方式时,这些信息都是用得着的。

再次,求职者应该了解最恰当的信息收集技术:观察未来主管和同事在其工作环境中的行为。这能为你提供一些线索,使你得知未来主管及同事的能力、合作性,对组织的态度和彼此之间的态度。就算是没观察出什么决定性的东西,至少也可以发现一些能向组织深究的直接问题。

此外,理解提问方式也是一件很重要的事情。提问方式会影响他人对你的印象,以及你获得有用信息的可能性。组织成员也有着人的本能,如果他们认为问题威胁到个人或是令人尴尬,会变得警惕起来。因此,应当以敏感而不具威胁性的方式问问题。表 6.4 给出了一套就财务分析职位的面试提问示例。

表 6.4　面试提问示例

目标工作:财务分析师

面试提问示例

1. 在这个公司,财务分析师的作用是什么?
2. 有什么培训机会?
3. 同时进行不同项目的财务分析吗?
4. 财务分析师在工作中的职责和独立性如何?
5. 有计算机支持吗?
6. 对财务分析师提供长期的职业机会吗?
7. 组织如何决定增薪和升迁?
8. 出差次数?

最后,求职者要克服的一个障碍是面试或参观组织时信息过载。为了避免信息遗失,应聘面试后,求职者应立刻记下关键性的客观数据,如面试的时间、地点及面试人员的名字。记录下的细节应与个人所偏好的工作环境的重要因素相关(如"这个工作能充分体现我的才能吗?""这个工作的自由度够吗?""有培训机会吗?")。借用这种方法,求职者能对多个待选组织进行分析,同时还能发掘出需要进一步了解的信息。除此而外,求职者应该在面试过程中或在现场参观时,向面试官索要名片。有了名片,就能避免信息遗漏,还能提供关键的联系资料,如电话号码、邮箱地址,以及这些人的职务。

选择组织

同职业选择一样,选择一项工作既不是机械的"常规"决策,也不是投机性或非系统性的决策。个人应以偏好的工作环境为基础,确定一批自己喜欢或不喜欢的工作结果,然后根据各备选工作与各工作结果的吻合性来挑选工作。这样,很快就可排除一些工作聘书,同时,再针对某些聘书收集信息以进行更详尽的分析。

当然,如果你只得到一份工作邀请,你就很难"丢下"这份工作,因为你可能找不到其他工作可做。在这种情况下,你就必须对这个职位和这家组织进行评估,评估的依据是:自己有没有其他选择的可能,如果再找另一份更有吸引力的工作,自己在时间上能否等得起。如果接受一项工作邀请,只是因为自己别无选择,那么在这个职位和这家公司并不符合自己的兴趣、价值观和能力的情况下,就有可能让自己处于一种长期失望的境地了。

把期望结果和其他标准作为评估待选工作的基础,可以促使个人思考自己的价值观和渴望,思考各工作满足这些期望的可能性。列出每个工作的优缺点,这可以显现出每种工作各自的诱人之处。选工作的时候,没有必要压抑自己情绪化的主观因素。虽然理论上强调系统地收集和分析信息,实际上,选择一个工作而放弃另一个工作却往往只因为"感觉"上对路。

不要过于看重他人对需要及价值观的看法。虽说广泛听取不同类型人的意见很重要,然而,最终需要通过工作满足的仍然是求职者自己的需要和价值观,而不是别人认为要得到的东西。

小结

4 个主题基本把握住了有关职业选择过程的理论和研究结果。这 4 个主题分别是:(1)职业选择是个匹配的过程;(2)个人会寻找与其价值观、才能、兴趣、所希望生活方式相一致的职业;由于人们要制定并修改他们对自身和有关行业的认识,职业决策不是一朝一夕就能完成的;(3)职业选择的任务就是决策,对于那些能给自己提供满意结果的备选职业,我们要评估其性质;(4)个人在作职业决策时,会受到其社会背景以及当前经济、政治、技术环境的影响。

作为职业管理的基础,自我意识是进行有效职业决策的必要成分。此外,人们需要建立可靠的信息基础,以便从各种备选职业中筛选出尽可能适合自己的职业。从一系列备选职业中挑出来的工作应当是最能与自己的目标相一致的职业。与职业选择关系极为密切的是职业战略,它包括具备目前开展活动的能力、毛遂自荐、建立关系网和寻求指点。

进入组织是一个过程,在这个过程中,求职者由局外人变成组织成员,这要求个人的才能和需要与工作的要求和报酬相互适应。求职者会设定指导工作选择和组织选择的期望,这些期望通常是过分而非现实的。不现实的期望源于突兀的角色转换(如一毕业就工作)、招聘过程本身、求职者对某组织先入为主的观念、求职者原先的教育情况和工作经验、求职者看事情不考虑本来面目(只看自己想看的)。若现实无法满足过高期望,新雇员会希望破灭,对组织不满。

组织应当发展能有效吸引求职者的招聘技术。与此同时,组织还应当设置现实性的招聘程序——使求职者看到工作的两个方面:正面的、负面的。现实性招聘在一定条件下能够降低新雇员的不满和流动率。

个人也需要管理进入组织的过程。求职者尤其应当注意的是以下几点:了解自己向往的工作环境,建立能够识别未来雇主的网络,改进面试技巧或使面试技巧更高明,精确分析组织,在信息合理和自我认识的基础上选择工作。

作业

1. 回顾雇用你的组织,列出组织特征。在做应聘选择时,你是(用非程序化决策)考虑公司的一两个重要特征,还是(用程序化决策)在一长串明显特征基础上更为仔细地分析公司? 回顾一下,你对自己的职业选择满意吗? 你的决策方式后来影响到自己对所选组织的满意度吗? 为什么(不)是这样? 请加以解释。

2. 问问你的父母和亲戚,了解一下家庭背景(曾经)如何影响你的职业选择;回忆一下,在你成长过程中,父母有哪些理想和志向,亲戚朋友、家庭收入、邻居、体育运动和宗教习惯等情况如何。试着追溯这些因素对你目前的职业计划有何重要作用。你的配偶或与你同年龄的人(兄弟姐妹、朋友或同事)对你的职业选择又有什么影响?

讨论题

1. 大多数人会选择与自己的才能、价值观、兴趣、所希望的生活方式相匹配的职业吗? 这么做会遇到什么障碍?

2. 决定是否要接受某工作时,情绪或"冲动"起什么作用? 正规理性的分析和主观情绪化的分析应分别放在什么位置?

3. 如何就自己感兴趣的工作建立现实的期望? 可能的话,有几种信息来源?

4. 你所受教育和(或)以前的工作经验能从多大程度上帮助你了解新组织的现实? 学院及大学是如何帮助个人建立更为现实的工作期望的?

5. 什么促使组织开始实行现实性应聘? 是涉及的风险吗? 在先前找工作的经历中,组织向你展现过平衡而现实的工作及组织画面吗?

6. 为什么了解自己向往的工作环境对寻找工作和进入组织的有效性那么重要? 如果在这方面没有远见,求职者有什么风险?

7. 拜访工作成员或组织成员能使你了解什么? 拜访前,如何准备才会得到最多有用的信息? 如何分析未来雇用组织与你向往工作环境的一致性?

案例

零售部经理娜塔莉娅(A)

娜塔莉娅从一所很大的州立大学毕业,她有两样重要的资产:一是营销学和管理学的双学位,二是心怀壮志。她相信凭她的教育背景、个人能力和积极的上进心,肯定会在管理领域上得到一个报酬不低的职业生涯。当她为了毕业后的第一份工作参加了几家公司的面试之后,发现零售公司似乎能提供快速跻身于管理层的最好机会。而零售公司似乎也能给她提供很好的机会,使所学的两种专业知识有用武之地。伊尼格玛公司(一家销售高档消费品的连锁商店)的快速晋升计划对娜塔莉娅特别有吸引力。该计划包括一项强化培训课程,能使胸怀大志的经理们从事富于挑战性的工作。招聘人员告诉娜塔莉娅,那些选择了这项计划的人有机会直接晋升到高级管理层。招聘人员拿出一份描绘伊尼格玛公司光明前景的发展计划和宣传该公司文化的材料,娜塔莉娅看后被深深地打动了。

娜塔莉娅庆幸自己选择了伊尼格玛公司作为第一个雇主,她兴奋得都来不及与她的父母或朋友讨论一下关于这家公司的事。而且,因忙于为毕业和年终舞会做准备,她几乎没有多少时间把伊尼格玛公司当作一个雇主来审查一番。在娜塔莉娅看来,招聘人员给她做的公司介绍既公正又客观。毕业一个月后,娜塔莉娅在达拉斯的伊尼格玛公司总部开始了为期3个月的,理论与实践相结合的商店经营基础培训课程。

娜塔莉娅发现这个培训课程有点儿强人所难。它最为强调个人的主观能动性和成就感,经常在商业模拟时让受训者相互竞争。娜塔莉娅认为对个人行为这么强调有一点奇怪,因为招聘人员强调说,伊尼格玛的成功是基于团队工作和集体精神。虽然娜塔莉娅的这个班由40多个受训者组成,但她发现很难与他们交上朋友。培训的残酷和对个人竞争能力的强调使得私人之间没时间、没心思去建立朋友关系。在培训期快结束时,娜塔莉娅获得她的第一份个人表现评价。教员认为她的聪明和专业技能是其强项,但也指出她需要更能决断,对顾客的需求要更加敏感,并且在处理雇员行为等难题时要培养出"刺刀见红的本能"。尽管培训并非娜塔莉娅所预期的那样,她仍相信自己已经为商店的日常管理工作做好了准备。

在完成培训过程后,娜塔莉娅对工作充满自信,在伊尼格玛公司位于东海岸市郊的最繁忙、盈利率最高的一间分店中当助理经理,开始她的职业生涯。虽然她对培训中过分强调竞争感到不解,她仍非常期待这个工作,因为那儿离她父母的家近,而且从那儿开车到城区很方便。作为一名助理经理,娜塔莉娅负责管理店铺的日用品部门。她的职责覆盖了该部门的各个方面,包括存货控制、客户服务、员工工作安排和雇用、货品陈列等。娜塔莉娅被告知,她的"正常"工作周是星期二到星期六的上午9:30到下午6:30;但按照伊尼格玛公司的文化,经理人员应该一周7天、每天24小时对商店都负有责任。

一年后

娜塔莉娅真的开始害怕去看病了。她刚到伊尼格玛公司时得了周期性偏头痛,现在已变得非常严重了,而且心律不齐和胃痉挛几乎难以忍受。坐在医生诊室里,娜塔莉娅就开始回顾在伊尼格玛过去的一年。头6个月她几乎被压垮了。她很快就明白伊尼格玛公司是用达尔文主义的"适者生存"方法来处理雇员发展和去留问题。她被塞进了日用品部,实际上,事先却没有得到任何关于营运或全体员工情况的提示。当上班第二天的下午遇上老板时,娜塔莉娅第一次被告知,后来又多次被告知:"游不过去就得沉底,所以最好跳进去开始向前游。"

在日用品部门工作的全体员工有全职的和兼职的。总的说来,安排在日用品部的全职员工都上长期正常班,而兼职雇员则依据其缺勤率或提拔的预案等因素,被安排在商店的任一小组。从一开始工作,娜塔莉娅就察觉到了三个全职雇员对她的敌意。他们每人都在伊尼格玛公司待了5年以上了。娜塔莉娅相信这股在过去几周内有所平息的敌意产生于两个原因:其一,任期较长的雇员对她没有在部门第一线经过任何"回合"就当上了助理经理感到气不平;其二,几乎伊尼格玛商店所有雇员都对公司的管理有意见,这主要是因为公司实行的是虐待式的要求和"工厂式"监工方式。

　　娜塔莉娅能够接受第一个原因,她确实刚从大学毕业不到 6 个月,而她所管理的那些员工已在商店干了许多年。至于第二个原因,娜塔莉娅也感到不解,但它确实管用。她应聘时,伊尼格玛公司将自己描绘成一个关心雇员生活质量的进取的、关爱的组织。然而三个月的培训和她的工作经历清楚地表明这是一个与其所言不同的组织,它仅仅视雇员为可榨干而后被替代的人力资本。令人害怕的事情(和很高的解雇率)是家常便饭。雇员的工作时间经常长到近乎荒谬的地步,或者以需要他们待在店里为由而迫使他们在最后时刻放弃个人的计划安排。而且,这种管理文化强调用霸道冷漠的方式来处理雇员的难题。这种以雇员为敌的态度和文化困扰着娜塔莉娅,因为这与她的个性、脾气相违背。她认为自己是一个友好仁慈的人,但商店要求她以另一种方式去思维、行事,不然就可能被认为不是自家人。

　　娜塔莉娅与她的老板和当助理经理的同事们的关系,最多只能说是勉强可以。在培训课程中所培养的竞争性被带入了商店的运营中。娜塔莉娅的老板是一个 30 多岁的女人,有非常明显的勃勃野心。她毫不掩饰地告诉每个人:她的目标是在 40 岁前成为公司副总裁和地区总经理。老板会欣赏为她干活的人,但这些人只不过是能帮助她晋升的一种工具而已。娜塔莉娅认为,如果自己表现出胸怀大志,或以任何方式质疑商店早已形成的惯例或文化,她就会被视为威胁,会被烙上不服从的标志,不会获得本商店管理层或伊尼格玛公司的支持。因此,娜塔莉娅学会了以一种默默的方式在自己的部门内推行改革和改进工作。她还试图在日用品部内建立一种新的文化,用这种方式来鼓励店员们提升绩效。通过她的努力,日用品部的销售额稳步增长,到娜塔莉娅工作的第一年末,该部门已成为店里绩效最好的两个部门之一。

　　在同事的关系上,娜塔莉娅发现,自己还是很难与其他 11 位助理经理建立起某种私人的或情感上的联系。由于商店鼓励的是个人主义行为,倾向于部门之间的工作比较评价,由此带来的对个人主义行为的鼓励导致这么一种工作环境:每个人只关心他个人的绩效,而不是商店总体的绩效。这样的工作环境又导致从背后捅刀子到公开破坏等一系列的政治性行为的使用。虽然只花费了不多的时间,但娜塔莉娅仍不得不投入这场追逐私利的竞赛中,去学习如何面对这些政治性行为。

　　在娜塔莉娅的个人生活中,致力于各种社会活动、无法去找寻一份亲密的关系,对她来说是多么的不易改变。她在伊尼格玛的整个一年中每周投入 70 个小时的工作,几乎没有时间休闲或锻炼。她意识到她目前的身体健康状况部分是因为缺乏能减轻压力的户外爱好。就在最后的 2 个月,娜塔莉娅发誓要花更多的时间投入到工作之外的活动中。她加入了一家健康俱乐部,并开始更多地与家人和朋友待在一起进行各种社交活动。

　　虽然在过去一年中遇到种种困难,娜塔莉娅相信她在伊尼格玛公司的管理职位上获得了发展。尽管工作环境不稳定,她还觉察到下属残存一丝敌意,但她已学会了如何处理,并在她的部门和商店的工作事情上成功地施加她自己的影响。在开始这份工作 6 个月的时候,她想过退出。但现在,即使有周期性偏头痛、胃痛和医生给出的另找份压力轻的工作的建议,她认为自己能在这份工作上坚持得更长久(娜塔莉娅案例 B 见第 7 章结尾)。

案例分析与问题

1. 评论娜塔莉娅在选择伊尼格玛作为雇主时所经历的过程。你认为选择伊尼格玛公司对她来说正确吗？她在找工作时本来能做些什么不一样的事？

2. 你认为伊尼格玛公司用来招聘娜塔莉娅的方式正确吗？是否雇主应该有一贯采取真实的招聘方式的道德义务？

3. 你认为伊尼格玛公司用于发展其经理人员的"适者生存"策略是合适的战略吗？你认为娜塔莉娅应该比案例中更加努力去改变她所发现的管理方式和文化上的错误吗？

4. 你同意娜塔莉娅在工作一年后作出的在伊尼格玛"坚持得更长久"的决定吗？娜塔莉娅是否应在她职业生涯的这一时点上采取更多的前期行为来考虑其他的雇用建议呢？

附录：同步练习 7 和 8

练习 7　重新审视你所希望的工作环境

请先看一遍你对练习 1～3 的答案，再做这道题。

所希望的工作环境诸因素	所希望的工作环境准确否？		所希望的工作环境全面否？		从何处能得到更多信息？
你对哪种工作感兴趣？	准确	不准确	全面	不全面	
你想运用哪些才能？	准确	不准确	全面	不全面	
你希望有多大自主权？	准确	不准确	全面	不全面	
你希望怎样的同事关系？	准确	不准确	全面	不全面	
你理想的工作环境是什么样的？	准确	不准确	全面	不全面	
金钱对你有多重要？	准确	不准确	全面	不全面	
安全对你有多重要？	准确	不准确	全面	不全面	
工作、家庭及休闲兼顾对你有多重要？	准确	不准确	全面	不全面	

练习 8　制定职业生涯战略并开始选择职业生涯

请列出：必要的行为，这些行为的目的，以及完成每项行为所需的时间表。要相信，对于你将要考虑的每一种职业，都会遇到战略规划问题。请把你所要采取的行动都填写在下列格式中。

行动	目的	时间安排
_____	_____	_____
_____	_____	_____
_____	_____	_____
_____	_____	_____

第 7 章

职业生涯早期：立业和成就

前面几章里，我们讨论了选择职业目标、选择或选定一项工作和组织的过程。本章将研究早期职业阶段的两个重要内容：在职业中站稳脚跟和追求进一步的职业成就。然后，我们还会就该阶段向大家提供一些提升职业管理水平的方法。

对任何一个新工作而言，首要任务都是立业。立业阶段有很多东西要学：新人必须习惯日复一日的例行公事；向大家展示，自己已经掌握了新任务；被同事和老板接受也是一件重要的需要考虑的事情。简而言之，新人希望自己能干、有生产力，同时也希望自己对新职位和（或）新组织感到满意。而要实现这些要求，不花上几年工夫是不行的。立业期结束后，随之而来的就是成就期。

一旦经过了立业期，获得自信，并被他人接受，职业早期的下一个主要目标就是提高个人成就，为老板做出点儿事来。这时会出现一些问题：从目前的职能部门调到另一部门吗？是否应为管理职位做准备？要实现多种不同想法，公司中有足够的机会吗？如果没有，其他公司有什么可供选择的高层次的机会？职业早期的第二阶段很典型地反映了人们对业绩和成就的关注，即便不是全神贯注。当然，近些年来，随着公司越来越多地使用"交易性"的手段处理员工的雇用和升迁，以及个人职业"边界"越来越模糊，追求业绩和职业成就的情况也变得越来越复杂。公司合并和规模缩减所引起的动荡也使得个人很难遵循一条标准路径，以实现职业目标。

表 7.1 列出了职业早期可能发生的典型变化。雇员在任职初期倾向于依赖组织、寻求指导，并且需要安全感。然而随着多年的经验增长，这些人比以前变得独立自信、说一不二、有支配欲、以成就为导向，也不太在意别人的评价。同时，他们对成就和自我实现的需要也变得更加突出。他们在其职业生涯早期逐渐成熟起来，但他们不是在真空中这样做的，而是与他人建立关系，形成自己的能力，从而培养出自我意识。假以时日，立业与取得成就这二者就会使他们在实践中成为合格的作贡献者。

尽管要确切指出从立业期转向成就期需要多少时间是不太可能的，但是这种转换多半都会发生。当然，这并不意味着新人就不考虑成就，老员工就不在意学习、安全感及他人评价。我们注意到，越是老资格的人，在一家新公司开始新工作时，就越注意立业问题；而同年龄的同事们则更关注取得成就。因此，在人们的职业生涯早期，就会出现有人重视立业,有人重视成就的这样一种波动。

表 7.1　早期职业的变化

立业期的主题	成就期的主题
融入组织	升迁
依赖	独立
学习	贡献
测试能力	能力不断增强
缺乏安全感	自信
寻求他人的承认	寻求威信

7.1　立业期

　　一个人开始其职业生涯或转换职业,就好比出国旅行一样。此时的新员工就像未经检验的新产品,需要回答一系列问题:这项工作能否提供一个考验我自己的机会?别人会认为我是个有价值的员工吗?我能坚持自己的个性和道德吗?我能处理好工作和家庭生活的关系吗?我会学到本事、成熟起来吗?工作环境有激励性并令人愉快吗?在家带了几年孩子之后,我还能融入工作环境中吗?此时此刻,这位雇员还是一个新手,心理上还没有适应这个组织。因此,他们强烈渴望被视为公司中能干、有用的一员,而表现出积极的工作习惯及工作态度,并与同事建立有效的人际关系。

　　与此同时,组织也必须保证让新人学会如何工作和融入组织。融入组织除了需要熟练掌握工作技能,还必须了解:组织是如何运行的,什么行为会受奖惩,组织的价值观、组织文化以及社交网络是什么。只要是在立业阶段,不管是新手还是其他人,一般也是最易于接受关于组织的信息,接受关于他们能以何种方式对组织作出贡献的信息。而组织一旦认识到员工的这种认同感,即互相接受了,则雇员和雇主之间互相欣赏就变得同等重要了。

　　正如一个人在成长过程中要掌握社会的价值观和规范(如节俭、诚实、协作)一样,新参加工作的人也必须学会如何在组织中行事。所谓的组织内社会化,可以定义为:人们根据自己在组织中的角色,学会举止得体并掌握必要的知识的过程。一般认为,那些融入得好的人,就更容易长期干下去,并且能发展其职业生涯。雇员在融入的过程中,了解了组织的职能和等级制,接受了组织文化的灌输,因此这种认识是正确的。

　　组织文化可以定义为:特定组织在学习如何适应外部、整合内部的过程中所发明、发现或开发出的一套基本假设模式;由于这套体系卓有成效,因此被作为正确的方法来教育新成员,使他们在处理有关问题时也能据此来想象、思考和感受。

　　新成员的社会化是一种主要的机制,依靠这种机制,组织得以确保其文化的稳定性和持久性。因此,正确的社会化在组织的长期生存中占有非常重要的地位:它能够保证人们始终遵循组织的规则、价值观和基本使命。通过创造一种互相接受的环境,组织就能使新员工得到适当的社会化,使他们能融入新的工作环境之中。

社会化的本质指的是个人由旧角色(也许原来是大学生、家庭主妇或家庭主夫,或者另一个组织的雇员)转到现在的组织的雇员这种新角色的学习过程。有证据显示,精心设计的社会化过程,能够从正面影响个人的动机、对工作或职业的满意度、收入、对工作的参与度和对组织的承诺。通过改善上述几个方面,既可以提高个人及组织的绩效,雇员的流动率也会降低。

从新员工的角度看,成功地实现社会化非常重要。因为,如果不学习、不适应组织,就想变得有能力、被别人接受,即使不是不可能,也是件非常困难的事情。社会化对组织也很重要。毕竟,组织有其久经时间和传统考验的历史和工作程序,也有正在依据既定的规范和程序运转的各个部门。新雇员无论如何也要学会如何在既定的组织文化系统中工作才能取得成功。

社会化的内容

乔治亚·T.曹及其同事综合考察了社会化方面的文献和研究,提出社会化的六方面内容。这六个方面代表了组织在社会化过程中希望获得的可能的结果。

1. 业务熟练：个体通过学习,成功掌握所从事工作的程度。
2. 人：个体与组织其他成员建立起活跃的人际关系的程度。
3. 政策：个体成功地了解正式或非正式工作关系及组织内部权力结构的程度。
4. 语言：个体掌握专业术语及本组织特有的缩略语、俚语和行话的程度。
5. 组织目标和价值观：个体对组织文化的了解程度,包括非正式的目标,以及组织成员,特别是各级领导所信奉的价值观。
6. 历史：个人对组织的传统、习惯、"神话"和仪式的理解和赞赏程度,包括了解组织中重要成员或有影响力的成员的个人背景和工作经历。

如果社会化的计划设计得好,即使不能涵盖上述六个方面的全部,也能涉及大部分。组织可以建立一种强大的文化,(正式或非正式地)持续灌输给新员工。由此,组织就可以支持员工的这种社会化。如果哪个组织想吸引、留住最有才干的员工,它就应该有意识地对这个社会化的过程进行管理。不过,有相当一部分的社会化过程却是非正式发生的,即依靠个人对他人一举一动的观察,以及他们听到、看到的有关老板的实际工作情况。

组织社会化的阶段

不少研究者都已经指出,社会化要经历如下的一系列阶段。

第 1 阶段：初期社会化 非正式的社会化进程其实在雇员全职地加入组织之前就开始了。人们最初选择职业时,心里只有一种想干哪种职业的粗略想法。他们读书、看电视或上网搜索,或者间接地,通过与他人(家人、老师、朋友)交谈,以收集有关的信息。求职者们带着对于组织内生活以及未来职业生涯的种种预期,来参加培训。正如第 6 章中所述,在这个职业的最初阶段主要应该注意的是,这些期望要比较现实,这样个人才能得到合理的机会来实现这些期望,发挥自己的才能。

正式的、有预期的社会化培训计划包括以下内容：实习生、学徒、岗位协作教育以及信息对话。这些培训可以给刚走上工作岗位的人提供经验。研究发现,这些培训能够改善自我决策的效率,强化人们的自我观念,使人获得与工作有关的技能,使学生毕业后在寻找全职工作岗位时取得重大进步。

第 2 个阶段:进入角色,面对现实 新员工一上班就进入了一个新的环境。事实上,这个环境除了新之外,更在很多方面与他原先的期望有很大不同。这种新的学习环境包括一个意会过程,即新来者虽然带有未被满足的预期,但也要适应新的工作现实。

对于新人来说,也的确有很多东西需要去学习:他们要学会干新的工作,要培养新的人际关系,要进入新的工作组织,要掌握新的政策和新的程序。总之,你要"找对路子"才行。新手进入新公司,必须要知道去积极地学习新公司的工作程序和公司文化。从性质上看,这些学习活动可以是正式的,也可以是非正式的。通常,非正式课程有助于补充正式课程,或者可以从公司不鼓励的方向上去影响他们。

组织认为新人有很多东西需要学习,于是就以培训为名把他们摆平,如同新鞋要"踩松"才能合脚。尽管把对鞋的词语用在对人上是否妥当尚有争议,但不容否认,新人在雇用初期必须广泛地学习。不过,新人怎么才能熟悉工作,进入状态呢? 无论有意还是无意,组织总想以多种方式使新雇员社会化。组织采用的社会化策略有两种:一是制度化培训,二是"单兵教练"。制度化的培训包括面向所有(或绝大多数)新雇员的正式的公共课程和培训,而单兵教练则针对某个人的特定活动和学习。下面是组织常用的一些社会化技术:

1. 招聘:是企业从事的以吸引潜在雇员为目的的活动;这些潜在雇员可以是内部的,也可以来自外部。招聘使得组织能够选拔才能和价值观最符合要求的应聘者,因此被视为一种社会化的技术。此外,在实际招聘中还可帮助应聘者把期望确定在更适当的水平上,实际招聘中,给应聘者提供的工作可以是令其鼓舞的,也可以是令其气馁的(以减少现实体验给他们造成的震动)。实际招聘中,为使应聘者能干好工作,通常都会告诉他们一些重要信息,这些信息在企业之外并不是人人皆知的。

2. 培训:各种培训内容都是为指导新雇员明白其工作任务,并引导其认同组织目标和具体做法。通过有计划的学习,新员工会开发出一定的能力,以胜任自己的工作。培训与开发课程包括(但不限于):一对一的师徒方式,教室上大课方式,系统的工作指南,学习小组方式,模拟练习,通过上网或计算机进行个别指导,电视电话会议培训等方式。研究者建议:只要公司能提供多种多样的培训,雇员是能够选出最适合自己需要的培训方式的。

3. 下基层锻炼:这也是组织用来使新雇员社会化的一种方式。简单说就是"让他去闯",即给雇员分派一项有难度的工作,但不予指导和支持。组织还可以指派一些琐碎任务或无法完成的任务,让新雇员"栽跟头"。这样就使新雇员明白,组织是有规矩的。比较温和的下基层方式包括分派"折腾人的"工作和"无从入手的"工作,就是为了不让那些新人们"翘尾巴"。大多数人都干过(或将要去干)"跑腿的事"(如替人去买咖啡)这种最低级的人或最新来的人才会去干的活。不管采取哪种形式,这种下放锻炼的战略就是要打掉新人的"牛气",这样,组织才能影响和重新设计他的行为。通过基层锻炼以后,就要举行入职典礼。这标志着新来者已经不再是"生瓜蛋子",而是"羽翮已就"的组织成员了。

4. 报酬和控制制度:这两种制度也能使新雇员体验到"社会化"的味道。他们看到哪些行为或结果会受到奖励，就能了解到组织看重的是什么。在诸如提高销售额、增大利润或推动变革等工作领域中，就要使用客观的市场指标及财务指标来考核雇员了。评价业绩和提升职务都要与这些由来已久的考核标准挂钩。

组织可以动用多位考官或运用多种信息来源（或称之为"全方位反馈"），来作出业绩评价。使用这种方法，可以从内部、外部（即顾客、同事、上级和下级）多种渠道获得各种资料。进行全方位评价的目的之一，在于消除只靠一个人（即上级）来评价其雇员的主观主义。反之，集思广益，就能对雇员作出他所希望的全面评价；这本身就给他提供了具体的发展机会。

第 3 阶段：调整和改变 我们已看到新人在新的工作环境中会遇到何种现实情况，会面临怎样的压力迫使他们适应这种现实。面对新的环境，他们应当如何改变自己呢？换句话说，他们怎样才能知道自己的社会化过程是否成功？有研究指出改变和成功的调整可以有多种形式：

1. 雇员学会如何工作了吗？最起码要知道，自己已经充分掌握了有关工作的要求，才能成功地、独立地完成任务，体会到自己的工作是成功的。

2. 雇员融入了工作团队吗？要使个人与工作团队成功融为一体，双方就必须相互信任、相互认同，只有这样，工作团队才能有效地运行。受聘者必须与工作团队现有的运行方式、规则及价值观保持一致。比如说，工作团队重视的是合作，喜欢开善意的玩笑，这就给新成员适应这些做法施加了压力。

3. 雇员对本职角色认识得够清楚吗？这种认识能否被别人认可？他能正确对待组织中那些说不清楚的问题和冲突吗？这种冲突有两类：一是工作与外部生活（家庭或休闲活动）之间的冲突，二是组织内本群体的要求与其他群体的要求之间的冲突。学会解决这些冲突是新雇员要学会的重要一课。

4. 雇员学会了如何在系统内工作吗？在系统内工作意味着要处理好与上司及同事之间的关系，要克服对新点子的排斥，刚开始要干最低层次的工作，还要了解报酬制度。有意思的是，当有经验的雇员帮助新来者社会化时，反倒是他们自己学到的东西——关于自己的角色、关于组织——更多。

5. 雇员了解并接受组织的价值观吗？比如说，受聘者能自觉地把自己当作公司的一员来做事和思考吗？换句话说，新雇员的自我概念是否正在变得和组织价值观日趋一致？本组织的文化和规范是否已经成功地传达给他？事实上，这正是社会化过程中的核心。

雇员需要某些价值观，虽说这些价值观不是绝对必要的，埃德加·舍因区分了两种价值观：一种是关键性的或本质的价值观（如：有关自由组织的信念、承认下级服从上级的制度）；另一种是与此相关、但不要求雇员必须接受的价值观（如着装习惯）。有一个标志可以判定社会化是不成功的，那就是新雇员拒绝接受组织所有的价值观及规则，无论是本质性的还是相关性的。有"反骨"的新人不大可能继续待在组织，除非他具有极强的才能，使组织不得不容忍这种叛逆行为。

舍因还提出，盲目地接受所有价值观将导致过于顺从和思想贫乏，而这会给组织和个人带来灾难性的后果。举个例子，全盘接受组织价值观的新雇员会受到整个系统的太多束缚,以至于将来他们掌握一定权力,而又需要作出变革时,却无能为力了。与此观点一致,一些研究者也发现,社会化的类型和强度会损害个人的创造力。

还有一种社会化的结果,舍因称为"创造性个人主义",这是社会化最令人满意的结果。这是指个人会接受重要的价值观和规则,而可能拒绝那些次要的价值观和原则。由于保留了自己的部分个性,这种具有创造性的雇员会随着时间推移为组织作出最原创性的贡献。他们在接受组织的核心目标和价值观时,还会对组织中用处不大的规矩提出疑问,等他们的影响力增大后,就会对改变这些规矩起作用了。

组织与个人的相互认同和心理契约

社会化要做成功,重要的一点在于相互认同。个人要接受组织,是指要全力投入,动机端正,承诺认真,并且现在就决心要在组织长期干下去。

与此同时,组织也要把新人视为可靠的、有价值的一员。在通过最初的考验和克服了障碍后,个人已经在某种程度上向组织证明了自己的价值。而资深员工则将用以下几种方式表示接受了新雇员:积极评价其工作绩效,分派更具挑战性的工作,提供升迁的机会,或可观的加薪;介绍有关本组织及其人员的重要社会知识;让他更广泛地参与本集体的活动。如果新入职者还没有被本集体所接受,他就不大可能全面地融入组织之中。这种吸收、接受的过程,能使所有成员都成为全面合格的组织成员,能够同心协力去实现组织的目标。相互认同还表现为个人与组织达成某种初步的心理契约。心理契约是雇主和雇员之间的一种不言而喻的协议,它规定了:雇主认为哪些贡献应该归功于组织,雇员知道哪些激励应该由组织回报给自己。正如在第 1 章和第 2 章里我们介绍过的那样,心理契约有两种形式:一种是关系契约,另一种是交易契约。"传统的"职业观点假设雇主与雇员之间会形成一种关系契约,契约双方都对这种关系作出高度承诺。交易契约则与此相反,从本质来看它属于较短期契约;并且,由于是按绩效付薪,双方的承诺水平都较低,彼此很容易退出契约。交易契约是一种明算账的契约,一般在整个雇用关系期间都是明示的,也不会调整。

从历史经验上看,这种关系式心理契约是雇员和雇主之间形成的一种不成文的社会保证,由此为组织和个人双方提供了安全保障。从这个角度看,如能坚守这种关系式心理契约,组织的日子和个人的生活就都很简单明了,未来也比较容易预见。说得再准确些就是,这种关系式心理契约就是组织能保证个人的职业稳定和有望提拔,雇员个人则以履行对组织的承诺作为报答。举个例子来说:新雇员刚进组织时可能会想,只要自己辛勤工作,业绩优良,忠心耿耿,组织就会给自己分配越来越有意思、有挑战性的工作,并且大幅度地加薪,加快提升的速度。因此,组织也就可以指望该雇员为了组织的利益而在个人和家庭利益上作出很多牺牲,以换取稳步的晋升和工作的稳定。

尽管心理契约已由关系式变为交易式的,但雇员和组织之间仍然要有一个相互考察的过程。这种考察使双方能够更好地评价自己所期望的结果是否能持久。个人会更好地感受到,组织对自己的努力会作出什么反应。组织也能更好地了解雇员能为自己做哪些事情。无论多么短暂,只要做到相互认同,就表明可以试签继续雇用的合同;或者说是对心理契约的一种认可。请看下面这个相互认同的例子。

　　莎拉在一家大型连锁商店的预算部门做了一年多了。从一开始，她就被公司打动了——部门内外的每一个人都让她觉得自己很受欢迎。两个月后，她在职业上有了巨大的进步，尽管当时她自己不这么认为。先前负责资本支出和未来预算分析计划的高级预算分析师这时突然辞职，由于没有别的人能补缺，莎拉接手了这个工作。作为一个工作经验有限的初级分析师，莎拉发现，要做好这个工作，既要学习资本预算制度，又要处理各种日常开支问题，简直是忙得抬不起头来。幸好，她以前的工作经验帮上了忙，她决心把这个工作干下去。由于莎拉干得很出色，公司仅在六个月后就提升她为预算分析师，还加薪 10％。以后，公司经理不断地表扬她的突出成绩。莎拉被确定为可以迅速提升的人，她的管理权限也增大了。她喜欢自己的工作，也和自己部门的同事打成一片。一年后，她就的的确确融入了公司；而从各种迹象来看，公司也完全接受了她。

　　本案例提供了一个社会化过程实现相互认同的情况。但个人或组织认为彼此不相适应的情况也很多——从某种意义上来说，就是背离了最初的心理纽带。这不是因为个人没能达到组织的期望，就是因为组织没有为个人提供他们所期望的工作条件。在这些情况下，雇员的生产力下降，满意度降低，最终有可能离开组织。在那些例子中，并没有出现双方互相接受的情况，也根本不会形成让双方都满意的心理契约。

立业期的持续性任务

　　个人与组织彼此认同并不表明立业期的真正结束。相反，这只是给个人与组织提出了某些具体的反馈信息。在这一阶段还必须处理舍因所指出的其他四个一般性问题。

　　第一，雇员必须继续改进其工作。如果被委派新的任务或得到升迁，还必须表现出胜任更复杂、权责更大职位的能力。

　　第二，雇员通常会在某一具体领域（如营销、工程、信息系统）形成工作能力，这是他未来职业发展的基础。商业组织常期望其部门经理在其职业生涯早期中就是某方面的专家，无论他们最终是否准备再担任更高一级的经理。

　　第三，作为组织中缺乏经验的一员，新雇员必须不断学习如何才能更有效率地工作。因为他们相对来说还是新手，还得不到所向往的充分自主权。大体上来说，他们必须清楚地意识到自己的状况，必须继续学习如何在组织的约束下有效率地进行工作。

　　第四，雇员应当根据最近的工作体会，对自己的才能、价值观、兴趣作出再一次的评价。在此时刻，应该通过再评价，对所选择职业的适宜性和在该组织得到的机会有一种透彻的认识。这时就要作出留任或离开组织的决定。

拼搏：在经历中学习

　　立业期有可能是在一种职业领域和一个组织之中发展。不过在找到合适工作及可提供这类工作的合适组织前，人们也许会遇到大量的磨难和考验。20 来岁的人自大学毕业，面临选择职业时，会经历一个"青年危机"，他们要决定自己到哪里生活，开辟人际关系，并且开始学着管理金钱。这个时期确实让人觉得困难重重，特别是当难于找到一份满意的工作时。年青人要懂得，走向成年的这段时间，会随着自我认同的过程——就是整个成年的过程——而逐渐变得舒服起来。所以,很多人在找到满意的工作之前,也许要经历多次立业的尝试。

我们来看看 30 岁的 MBA 学生雷金纳德的情况,他进入研究生院前曲折的职业道路也许是很多人在立业期里都要经历的。

雷金纳德在大学里主修管理,但他几乎没有考虑过自己最想从事哪一种职业。由于缺乏对工作的考虑,他接受了某家大保险公司的理赔估算师一职,对他来说,这是了解自己、了解工作社会的一个机会。他掌握了专业技术,懂得了如何处理人际关系,他干得非常成功,所以三年后就升迁到理赔主管的职位。然而,正是这次升迁迫使雷金纳德考虑,自己是否真的喜欢理赔这种职业。等他想明白了自己其实渴望的是比目前更多自主性和更多报酬的工作,雷金纳德拒绝了升迁,并很快离开了公司。

接下来雷金纳德接受了一家全国性办公用复印机生产商的销售工作。他很快就明白,这回的选择是正确的。他非常热爱销售工作,并成为最出色的销售人员之一。但是,该公司有很多令人烦恼的政策和人事变动(包括能力较低者反而升迁),雷金纳德确信这不是那种能使他成长或进步的公司。

雷金纳德换了几家老板,为的是彻底搞清他本心所向往的职业目标——成为一家能够不断发展的公司的销售经理。于是,他接受了分销复印机的地区销售经理一职。雷金纳德在这个职位上表现得不错,但却又认为,这个公司的管理风格太压抑、太独裁了。

到了 26 岁,雷金纳德开始怀疑自己是否还能找到适合自己价值观和职业目标的公司。他辞去工作,又去一位以前的老板,现任一家办公用品生产企业的地区经理那儿打工。尽管雷金纳德只是从一个销售代表干起,但老板向他许诺,再等六个月,等到现任分公司经理走了,那个位置就是雷金纳德的。但不幸的是,这个职位还是给了别人,即雷金纳德老板的另一个老朋友。

因希望破灭而感到痛苦的雷金纳德离开了这家公司,又与另外四个有抱负的创业者共同成立了一家网上营销组织。雷金纳德期望借着营销及服务创新来考验自己的才能。但过了 6 个月仍然没什么顾客,仅成本支出一项就耗尽了现金。希望又一次很快破灭了。

在这次商业冒险中,雷金纳德真心实意地与一个姑娘相爱并考虑结婚。他开始更加关注职业及生活的稳定性。而在这一年里,公司发展得很慢,前景也不确定。于是,雷金纳德切断了与这个自己曾参与组建的公司的关系。

雷金纳德开始自我怀疑,自己是不够幸运还是本就是个失败者?是自己的职业目标太不现实,还是只不过遇上了一连串的坏运气?就在差两个月就 30 岁、过九个月就结婚时,雷金纳德还很绝望。他给朋友打电话,寻求各种好的工作机会;他浏览报纸的职位空缺信息。鉴于以往在销售上的失败经历,当未婚妻建议雷金纳德考虑营销方面的工作时,他对此既感兴趣又很激动。与很多人谈过之后,雷金纳德对营销工作与其职业兴趣的吻合性很满意。然而他也得知,要从事营销工作,要么以前就得有营销经验,要么就得有一个 MBA 学位。

怀着些许动摇,雷金纳德回到母校攻读脱产的 MBA 课程。他加入了一个由学生组织的 MBA 社团,参加了一个指导性座谈会,这种座谈会请已毕业的学长给学生们介绍各种不同领域的工作机会。与这些人交谈的结果是,雷金纳德最终得到了一个在一家著名消费品大公司营销部门进行暑假实习的机会。等到圆满地完成实习后,雷金纳德发现自己终于找到了职业方向。这样,在他满 30 岁时,才开始搞起了营销。

这个案例说明,有些人在立业时会是多么困难,说明并不是很容易就能找到合适的工作的。以下一系列因素,包括选择职业时犹豫不决、期望值不现实、个性上的缺点、缺乏自知、组织内部管理混乱、宏观经济大起大落,都会给个人的职业和生活带来巨大的不确定性和挫折。

不过,从积极的一面来看,人们也可以从经历中学习。在北卡罗来纳州格林斯博罗有一家创造性领导研究中心,其研究人员对经理人员在职业生涯发展过程中的生活和工作经历进行了研究,其结论是,职业生涯中遇到的困难、艰辛和创伤反而能促进个人的发展。职业生涯的艰难困苦包括事业失败和犯错误、职业生涯退步(如降级、错过升迁、令人不满的工作)、下属的个人或绩效问题,以及种种个人困难(如离婚、工作与家庭难以兼顾、爱人或合作者生病或死亡)。对于这些职业生涯挑战,如能成功地作出反应,则能展现一系列的生机,包括对他人更敏感、意识到自己的个性缺点、懂得如何协调家庭与工作的矛盾、学会对自己的职业生涯负责、想出各种应对的战略。

任何经历都是有益的,尽管当时看起来似乎没有什么用处。对雷金纳德来说,他从中得到的是对自己更进一步的了解,是使自己事业有成的决心,是不值得干就走人的意愿,以及自己能够影响自己职业生涯的强烈自信。

7.2　组织在个人立业期里采取的行为

有效的招聘

对工作的期望与组织现实之间的反差会抑制新雇员对组织所作的调整行为。正如我们在第 6 章中谈到的,重要的是,组织在招聘中要实事求是,它能帮助新人立业,使他们与公司建立起健康、坦率的关系。

此外,组织在招聘中还有一种倾向,即挑选那些条件超过职位要求的人,原因是选拔条件最好的人比选拔最适合的人来得容易,而且看其学历或资历总比看其真实能力更容易。这样一来,组织就可能用大学毕业生从事仅需高中生干的职位,招聘 MBA 去干本科生即可的职位。在某些情况下要求高学历是对的,因为将来这些人可能会从事职位更高的工作。不过,此时很多高学历的新人会认为,自己做的第一份工作实在是大材小用,从而可能在站稳脚跟之前就离开了(或疏远了)公司。组织若要避免这种情况,使新人保持高度积极性和参与性,就必须给他们提供具有足够挑战性和责任感的任务。

有效的职业定向计划

在新人进入工作环境的最初几天或几周,是组织帮助他们确定工作方向的相当关键的时期。有效的定向计划，现在通常称为"入职"教育，能帮助新员工真正成为组织的一员，使他们熟悉组织政策、组织福利和所提供的服务。根据研究，新员工定向教育（和入职计划）的功能如下：

- 介绍公司
- 讲解公司的重要政策和做法，包括福利和提供服务的内容
- 福利计划登记
- 填写雇员表格
- 介绍雇主对雇员的期望，明确雇员所应持有的期望
- 介绍同事和工作设施
- 介绍新工作
- 介绍师傅
- 最初定向的后续反馈

定向教育和入职教育都是用来给新入职者提供所有最重要信息的（即有关人员、过程及技术等信息），以使他们尽快地融入组织之中。组织认为这些新人应该尽快了解的重要信息包括：对公司政策及落实的评论，以及公司福利情况。定向教育还能帮助新入职者理解组织的文化，以及个人在提高公司效率中所起的作用。这些信息要能有针对性地回答他们的具体问题和具体需求，比如与工作岗位有关的问题，或者是职业生涯道路方面的具体问题。因此，在入职教育和定向教育中，就应该拿出一块时间来组织小组讨论，或进行单独面谈，这样可以提高对他们的问题的关注度。例如，有些新入职者可能会极度焦虑，进行定向教育就可以化解这种焦虑。这种支持应该是无时不在的，从刚入职的前几周，一直到第一年结束。最后，经过这些培训，还要由人力资源部门举办一次测试，以确定新入职者是否都掌握了所有这些基本信息。在这一时期，应该征求定向教育和入职教育的真实反馈。

工作早期的挑战

大多数员工都期望在新工作中承担较大职责，接受具有高度挑战性的任务。然而，大多数组织却不愿一开始就这样，除非新人已经在严格的监督控制下变得经验更丰富、技能更高、更值得信赖。

然而，如果新人最初的工作就具有挑战性，效果会更为有益、持久。甚至于入职前的机会都能给新入职者带来正面的经验。让实习生去做一项具有挑战性的工作，那么，当他成为该组织的正式员工后，他就会关注更高的职位，对组织也会更加忠诚。有研究发现，工作的挑战性和重要性会提高人对工作的满意度，会使雇员增强学习新工作技能的动力。因此可以说，认为自己的工作有挑战性的人，会在工作中得到更大的满足，也会对工作更加负责，工作起来也更有创造性。

最初的挑战性工作能使新雇员适应工作的高标准。经受过重大挑战的新人会明白组织对自己的严格要求，希望他们承担决策的责任，并对工作的结果负责。当新来的人明白了要珍惜这种重视挑战和责任的做法时，也就学会了把这些标准当作自己的标准，并会按照与这些标准相一致的方式采取行动。

众所周知，他人的期望会影响我们的行为。如果上级希望下属能灵活地处理更多的挑战，就可以给他们这种富于挑战的工作机会，并且帮助、鼓励、支持他们，这些上级将发现，下属会以成绩来肯定自己对他们的乐观期望——最初的预见实现了。下面这个例子可以说明百事公司是如何向员工提供最初工作的挑战的。

> 在百事公司，初始工作中的挑战是培养管理才能和行政才能的关键一步。百事公司的目标是抓住并传播这样一种激动的心情：能成为一家富有活力的、以结果为导向的，拥有强大品牌和世界级人才的公司的一员。在百事公司的职业生涯，就是经过多年的历练，积累起应对挑战性工作的经验——每一次这样的经验都会对个人和组织的发展作出贡献。这个目标就是把伟大的才能与重大的机会结合起来，去建设我们的事业。
>
> 新员工最初都要在一个部门干上几年，但会在大量不同岗位间轮换。公司一开始就向受聘者下达明确的工作要求，并要求他们严格按标准工作。百事公司的很多政策的确苛刻且要求甚高，但是，一旦成为幸存者，就会享受优厚的报酬。当然，百事公司的方法并不适用于所有人。有些人可能是"慢热型"的，有些人可能需要更进一步的培养。不过，百事公司的这些做法支持那个观点，即早期工作具有挑战性和高要求，这对员工的职业生涯发展和进步是至关重要的。

道格拉斯·霍尔指出，圆满完成工作任务的雇员会体验到一种心理上的成功（内心感觉到成功），这种心理上的成功感能增强自尊及对自我能力的感觉，同时还会增强工作热情，激励他们渴望更大的挑战。霍尔的心理成功模型解释了一句老话："从成功走向成功"——即给雇员一个真正的机会，他们就能发展出积极向上的自我形象，并用他们自己的方式诠释成功。要想一开头就给雇员提供有意义、具有挑战性的工作，组织就需要重新审视其关于新成员的假定以及现有的的传统。而且，组织可能还必须重新评价其培训受聘者的最有效的方法，也许要转向开设"学前班"的方式，例如实习生。有证据表明，这几年来，招收实习生的情况确实已经大大增多。

组织不应该按自己的老一套规矩来干预员工的职业生涯早期发展。比如说，有证据表明，分配给女性的工作任务，就不像给男性的挑战性大；尤其是当组织还没有在某些工种中安排女员工（或其他弱势群体）的经验时，或者是由男性员工来分配工作任务时，就更是如此。而这种早期职业生涯上的差别，可能会导致女性在工资和跳槽上的不同经历。这一点一定要说清楚：如果一开始就把挑战性较低的任务分配给女性或其他弱势群体的雇员，就会不公平地阻碍其职业生涯发展。

不断给予建设性的反馈

绩效评价和反馈在职业生涯发展各阶段都很重要，然而，由于新雇员极需增长能力并获得他人肯定，立业时期对他们作出评价并给予反馈就变得尤为关键。仅布置挑战性的任务是不够的，新人还必须知道自己的这些任务完成得是好是坏。这种反馈必须经常进行，以使雇员可以不断修正自己的行为，从而学到最多的东西。此外，如果是正面的反馈，还可对雇员行为给予有力的赞扬和强化。并且，绩效反馈面谈提供了一个上下级之间讨论沟通彼此之间的想法和期望的机会——这也是一个澄清心理契约的方式。

不过,只有用建设性和支持性的方式对待这些反馈,它们才能发挥作用。雇员常会同时带有两种互相冲突的需要:一方面,他们需要诚实的反馈,想听真话;另一方面,他们又只想听好消息以保护自尊,得到外来的奖励。

有些时候,反馈的批评意见太严厉,打击太大,以至于引起上下级之间的关系对立、互相防范。有时则相反,上级太想表现得"和蔼",以至于对下属根本提不出什么有用的反馈。还有一种最常见的情况,那就是上级实在不喜欢绩效考评,于是他们干脆直接躲过这道程序。

正如本章前面所说,组织可以采取全方位(360度)反馈的方法,改善评价和反馈过程。这就使新员工能够理解:进行评价,目的实际上是为了他们自己的发展,而不是为了惩罚他们。如:开发更加有用的绩效评价表,鼓励新人自我评估,让组织内外的同事及其他人也来参与评价工作,培训主管人员学会如何给下级反馈,将绩效反馈的问题与薪金及升迁的问题分开讨论。

第一位上司最为关键

新人要想增强自己的能力并获得他人的肯定,就需要得到道格拉斯·霍尔所说的那种"受到支持的自主权",即充分的挑战和足够的自主;这样他们才能培养一种成功的心理,才能感到无论是犯错误,还是学习、成长,整个工作环境都是支持自己的。在给予这种"受支持的自主权"上,新人的上级的作用非常重要。

在不同的职业生涯阶段里,管理者可以满足下属的很多工作及个人需要。它要求上级主管扮演的角色是以理解认可、尊重支持的方式,担当教练、反馈者、训练者、角色榜样和保护者的角色。在对下级进行培训、树立远大目标和价值观问题上,管理者必须是让人感到放心,而不令人感到受威胁的。实际上,管理者应该成为下属员工的职业生涯开发者,并且,要使他们做到这一点,就应对主管们加以培训和奖赏。

> 德鲁是一家大型日用品商店的有经验的零售经理。他管着15名店员。最近他手下又新来了两位新员工。但这两位刚一上手,就明显地表现出他们在适应环境上有着不同的需求。一位是多丽丝,40岁出头,有3个孩子。她在生小孩之前,在另一家零售商店里干过11年。另一位是克雷格,20来岁,刚从本地一所大学毕业,学的是商品设计与营销。他没什么工作经验,只在放暑假时在一家零售店里打过零工。一开始,德鲁是把他们当作熟手的,但他很快就认识到,他得通过"现场调适过程",辅导多丽丝学会使用公司那复杂的电脑系统。他告诉她,要适应这份全职工作,掌握具体技能,首先是要有耐心。相反,他对克雷格就直截了当得多。他想调节一下克雷格对新工作的那股兴奋劲,让他专注于手头的工作,帮助他更合理地安排自己的时间。作为一名优秀的管理者,德鲁有意识地使自己的领导风格适应这两位新下属。他知道,虽然他们同是新手,但由于工作经历不同,他们的需求也不一样。

鼓励建立师徒关系和其他支持性联盟

师徒关系可以这样定义:上下级同事以及同级同事之间对职业发展提供各种帮助的

关系。建立师徒关系是一个人青年时最关键的环节之一。寻找一位师傅或支持者也是职业生涯早期发展的一项主要任务。

"师傅"一词起源于希腊神话，据说当时奥底修斯因参加特洛伊之战而出门在外，就委托其仆人门特(Mentor)管教自己的儿子泰勒马库斯。为了完成这一任务，门特凭借雅典娜赋予他的智慧，既当这个孩子的老师、教练、监督者，又是他的知己、顾问和朋友。因此，这种师徒关系从其历史本意来说，是一种全面的(包括教育上、职业上、身体上、社会关系上和精神发展上的)关系，是建立在高度的相互影响及相互信任基础之上的。同理，如表 7.2 所示，我们所说的这种师傅也要在职业生涯和心理方面发挥其作用。

表 7.2　师傅的作用

在职业生涯方面所起作用 （主要强化职业发展）	在心理方面所起作用 （主要强化对自己能力和效用的自信）
支持	作为角色的榜样
经常见面	接受徒弟并给予肯定
做教练	提供建议
保护	建立友谊
分派有挑战性的任务	

资料来源：Adapted from Allen, T. D. (2006). Mentoring. In J. H. Greenhaus & G. A. Callanan (Eds.), *Encyclopedia of career development* (pp. 486-493). Thousand Oaks, CA: Sage.

这些师徒关系绝大多数都是在学徒的职业生涯早期建立起来的，其中，又有一些是做自己直接上司的徒弟。有一项对管理人员的问卷调查表明，超过 75% 的人答复说，在其职业生涯中至少有过一位师傅。其他研究还发现，比起那些没有师傅的人，有过师傅的人更早地挣到了较高的工资，受到了更好的教育，也更可能按职业生涯计划行事。事实上，这项研究的结果从各方面都指出，有了师傅，就有了各种好处，如对职业生涯及组织使命的承诺程度更高，更高的认同感，更为满意，更容易升迁，报酬也更高。此外，这项研究还发现，师徒关系带来的这些积极结果，与(徒弟)的性别以及在组织的地位无关。同时，师徒关系还可以降低工作和非工作压力。因此，师徒关系对于个人的工作或职业生涯发展都有积极的效果。

大多数人一听就会同意以下看法：雇员有了这种教练、支持，能接触到高级管理人员，找到支持者，明确了以哪些成功的角色为榜样，就更容易成就自己的事业。问题在于，他们需要一个师傅还是一个师傅团队来完成所有这些角色。至于一个师傅是否能够(或可能)起到传统意义上的"师傅"的全部作用，这一点还不很清楚。当前对师徒关系的研究认为，徒弟会建立一个"师傅网"，因此当师傅的人可以有很多。根据"一个师傅一个样"的假定，有了这个师傅网，当徒弟的就有了一大批师傅，有的教本事，有的拉感情，有的给他透露重要信息。我们已经指出，新员工的第一个上级作为他的教练、培训者和信息反馈者，是其职业生涯至关重要的开发者。这个团队中的其他人可以包括下属、同事和顾客，他们也能提供与工作有关的反馈及职业生涯战略信息，同时，还能给予精神上的支持。

组织可以为新员工提供种种方便，使其易于和各种提供帮助的人来往，来鼓励发展多种关系。其中讨论小组、研讨会、社交集会都是可用的方法。再进一步,组织还可以为那些没找到师傅的新员工着想,让他们有机会接触到其他职业生涯管理方式及评估机制,以增进了解和促使其成长。这些活动可被视为正式"拜师计划"的补充或替代,其内容应该包括职业生涯咨询和指点、全方位的反馈以及其他评估方式。

有的公司制定了正式的师徒计划,这就带来以下好处:使徒弟得以社会化,能较好地理解公司的使命、架构及非正式系统;增进组织内的沟通;增强个人技能、上进心和业绩;提高组织责任感;提高新员工的留职率;发现管理人才;以及增强组织内部的多元化。不过,这种(正式的)关系一旦开始起作用,就会对以同时相互吸引为特点的师徒关系产生不利的影响。而正式的师徒计划又有以下缺点:会使参与者感到焦虑、不舒服;会使没有参加进来的人感到职业前景无望;而且会过于偏重单线支持,而在现实生活中,真正丰富多彩的是那种具有发展性的联盟之集合。最新的研究证据表明:个人从正式师徒关系中得到的益处,比不上他从非正式关系中得到的益处。但是,正式关系中最重要的成分是这种关系的性质,因此,组织就需要发展出一种机制来,使师徒关系能形成互相帮助的纽带。

因为美国公司中的高层职位还是白人男性的天下,对处于职业生涯早期阶段的女性及少数民族员工来说,她(他)们在建立并维持师徒关系时遇到的潜在以及实际困难,已有大量著述论及。关于这种对个人、对组织的挑战问题,我们将在第 11 章研究多样性管理时予以讨论。

7.3　个人在立业期的行为

组织可以采取某些措施来推动雇员的立业过程,但有效地管理自己的职业生涯,归根到底还是要靠个人自身。下面是个人在立业期里采取的行为步骤。

职业生涯目标的确定与测评

新雇员在立业期里,最基本的是要明确自己的发展需要。同理,新来者还须知道,立业期是个相互考验的时期,个人和组织都在估量彼此是否能相互适应。如果对这些问题没有一个自觉的认识,个人就不大可能获得有用的信息,无法作出正确的决定。因此,对于新雇员来说,关键是要干好本职工作,正确对待业绩评价,逐日做好观察,并利用好那些非正式关系,以求多了解自己,多了解组织。掌握了有关知识和信息,他们就愿意并能够在必要的时候调整职业生涯目标。职业生涯管理是个动态过程,个人的目标会随眼界的更新和组织实情的明了而变化。

确定影响环境的职业生涯战略

在立业期,虽说个人需按新环境的要求来调整自己,但新人并不是完全任组织摆布的被动受害者。事实上,他们可以积极应对,成功地完成社会化。对自我能力有强烈自信的新人可以采取积极的战略和妥善的应对之策,去理解组织的文化,影响环境。

但是,信息和帮助并不是总能在最需要的时候出现,因此,新人一般需要制定某种坚定不移的战略。这种战略可以包括以下行动:

- 就本职工作和上司作一初步讨论,请教增强工作的挑战性、责任和多样化的办法。
- 与上司讨论自己最近的工作表现。如果上级答复不够细致或确切,要礼貌而执著地请求更详细的解答。
- 分析上司的需要并与其进行讨论,以考察自己能以何种方式提供帮助,使其更有效地工作。
- 从负责观察你表现的那些同事中听取意见。
- 参加正式活动以尽可能了解组织的情况。
- 阅读有关组织的文献,寻找问题答案。
- 与组织中能给你提供信息,帮你开拓眼界,或具有丰富的组织经验的同事建立非正式关系。
- 准备与他人分享你的感受和想法。相互分享信息比只听不说的交流更能维持关系。
- 试着了解组织的发展方向,学习将来可能需要的技能。
- 再次检查个人价值观、兴趣、才能与组织价值观、要求和机会是否兼容。

员工网络是可将这些战略付诸实践的方法之一。员工网络是由员工组织而成的团体(正式的或非正式的),为其个体成员提供有关公司的信息,允许员工向公司反馈信息,并鼓励他们的职业生涯管理行为。埃万制造公司就成立了正式的员工网络。埃万认为,修一条林荫道供其员工休闲,是本公司社会责任的一部分。埃万提倡工作场所多样化,并努力创造一种环境,以珍惜、鼓励每位雇员的独特性。埃万致力于创造一种文化,以支持其雇员摆平工作和个人责任(这二者有时会互相矛盾)之间的各种关系。该公司内部的网站包罗万象,包括父母网、拉美裔网、黑人专业协会网、亚裔网以及同性恋网。这些网站像联络员一样上传下达,供雇员和管理者讨论对本单位和市场有重大影响的问题。对处于职业生涯早期阶段的雇员来说,上这种网显然对个人及专业都有好处。

7.4　成就期

在职业生涯早期的某一时刻,对认同和融入问题的关注逐渐平息,取而代之的是为取得成就和权威而奋斗了。虽说大局已定和被组织接受可能会引发个人为成就而奋斗,但这种从立业期到成就期的转变却既不能定时,也不是突然开始的。还有一点也很重要,那就是要记住,成就期的大部分时间都与成年人发展中的一个时期相吻合,此时渴望按既定目标有所成就的愿望变得极其强烈。

有些研究者想当然地认为,这个"成就期"也可以说是"进步"阶段,因为此时个人有非常强烈的"天天向上"(即升迁)的渴望。之所以用"成就"一词而不用"进步",是因为前者的范畴更广泛,可以涵盖各种不同的成就。对不同的人来说,成就的含义也各不相同;而且由于现在很多员工并不能快速升迁,用"成就"这个概念也更合适。

的确,职业志向、职业方向和职业模式这几个词,都可以从多方面去理解。因此,要理解成绩、成就和成功的含义,就要看你选择的是什么职业方向,你自己又如何给它们下定义了。进一步说,如果职业生涯方向和工作岗位相符合,个人对工作和职业生涯的满意程度就高,对组织就有责任感,跳槽的意向就不强。反之,如果两者不相匹配,则会令人非常不满,离开具体工作岗位的愿望就强烈。看看下面的例子。

　　阿朗发现,令人愉快的工作环境与令人不快的工作环境之间真可以说是泾渭分明。在过去四年里,阿朗所在部门的主管一直鼓励大家对工作要有主见。他希望手下职员能够凭借自己的知识和判断,从头到尾地完成一项任务;此外,如果职员们认为有必要,还可以自由提出建议并付诸实践。阿朗对此感到轻松、兴奋,因为他就喜欢按自己的主见工作。这种工作环境使他感到自己是在真正对本部门的成功作出贡献。不幸的是,五周前一位新主管上任了。从那时起,阿朗看到,新主管管理下的团队工作方式发生了180度的大转变。新主管制定了监控员工每天的行为和表现的新规则、新程序。有好几次,阿朗都不得不辩解,说他自己拿主意的那些事只不过是日常工作中的小事。他甚至还受到批评,说他不请示就擅自行事。上级的干预和严格的批准程序令阿朗心烦意乱,他决定,如果情况不能在短期内发生转变,自己就准备另找一份工作了。

以下问题是很多雇员在成就期里集中考虑的普遍问题:

1. 在本职工作中要显示不断提高的工作能力。
2. 要求扩大本职工作责权。
3. 要确定能对自己、职业和组织作出贡献的最恰当的方式,比如说,是从事专业技术工作,还是搞一般的管理工作。
4. 要对组织内部和外部的机会作出评价。
5. 要制定符合个人职业生涯志向的长期和短期目标。
6. 制定能实现个人职业生涯目标的战略并付诸实施。
7. 按照自己的价值观进行职业决策,并且要自己指导自己作出决策。
8. 对不断变化的环境要保持灵活的应变能力。
9. 要懂得在"传统的"边界以内或以外,都有可干的职业。
10. 自己给"成功的职业生涯"下一个定义。

7.5　组织在个人成就期的行为

提供具有充分挑战性和相应职责的工作

　　如果说在立业期,最初的工作有挑战性,使新人得以考验自己的能力并为组织作出点儿实实在在的贡献,那么进入成就期后,员工就会渴望扩大自己的职责范围,更独立自主,并开始发号施令了。经过了几年的学习和"启动",雇员已经为要求更多的职责做好了准备。

　　不仅升迁和调动工作可以扩大责权范围,现在从事的工作也可达到这个目的。通过"拓展"工作内容,就能赋予雇员更多职责和自主性,使他们得以继续学习、成长。雇员也想得到有意义的工作任务,从而感到自己的工作是很重要的。而在组织尤其是雇员的直接上司一方，必须充分了解雇员，判断他们所能承受挑战的大小，然后必须考虑以什么方法增加额外的挑战和职责。这些方法包括：让雇员参与目标设计，参与计划和预算控制，增大工作中的处置权，参与特殊任务。把雇员完成任务的情况反馈给他们，可以使雇员了解这些结果，他们就能按照需要作出调整，以实现既定的目标。此外，工作轮换，尤其对处于职业生涯早期的雇员，在诸如升迁和加薪以及整个工作表现等方面都有积极影响。当企业对雇员及其技能不摸底时，轮岗也能使企业受益。因为这样一来，企业和雇员就都能更好地了解这位雇员有多大的能力，还需要学习什么。

渴望升到更高管理层次的雇员要求当前的工作拥有更多挑战及职责，这样才能锻炼自己，考验自己是否具备担当将来职位的能力。此外，对于愿意留在原职能领域甚或是愿意留在当前工作岗位上的雇员，赋予更多的挑战及职责也能使其保持能力、动力和对组织的关心。对领导力发展实践的一项国际研究发现，最有利于员工发展和成长的关键，是认真对待在职人员的工作分配和技术评估，而未必需要正规的培训。最受尊重的领导行为包括：心中有数、敢于拍板和善于鼓动。对于以取得成就为目的的人来说，还要有其他本事和经验：

- 善于沟通
- 看重结果
- 慧眼识人
- 结识高人

"创造性领导中心"（The Center for Creative Leadership）的研究者利用有关经理和行政主管的发展经历的研究成果，提炼出管理工作的 14 个不同要素（如表 7.3 所示），这

表 7.3　研究在职学习后提炼出来的发展因素

发　展　目　标	有　关　因　素
改换工作	从生产性工作转到行政性工作
	扩大职权范围
	彻底改换工作
	辞职、改变地位或职能
创造改变工作的机会	从零开始
	对现有工作进行改革
承担更大的职责	提高在组织中的层次
	扩大管理范围
发展权限外的人际关系	参加特别工作组
	处理和协调部门之间的事情
克服困难	对付难以相处的老板
	渡过难关
	改变不利状况
	解决危机和离心离德

资料来源：Adapted from McCauley, C. D., Ruderman, M. N., Ohlott, D. J. & Morrow, J. E. (1994). Assessing the Developmental Components of Managerial Jobs, *Journal of Applied Psychology*, 79, 544-560.

些要素对职业生涯发展都具有重要作用。这 14 个要素可按以下五方面进行分类:一,是否表示要改换工作(如改变工作角色、工作内容、工作地位或工作地点);二,是否需要改变现状的创造性工作(例如,从零开始一项新工作,或对现有工作进行改革);三,是否承担更大的责任(标志是增加出头露面的机会和扩大管理范围);四,能否在职权范围以外发挥影响(参与某个需要沟通和协作技巧的团队或项目);五,能否解决难题(即应对困难处境或不利的经营状况)。上述所有任务分派都能为员工增加工作挑战性和激励性。

进行绩效评价和反馈

永远不要停止绩效评价。对处于职业生涯早期的雇员,组织必须作出多次决策,包括:有无提升的可能性、需要如何培训和发展以及加薪问题。这些决策不仅对所谓快速提升的管理者很重要,对其他管理者和非管理者也很重要。此外,雇员需要的是不断的绩效反馈,特别是与自己的职业生涯目标有关的反馈。

构建既现实又灵活的职业生涯通道

在传统意义上,职业生涯通道就是一连串的工作职位,一般都与工作内容有关。市场营销人员的标准职业生涯通道可能会依次包括:营销代表、部门经理、公司总部的工作人员、地区营销经理、区域营销经理和营销副总裁。确定职业生涯通道能帮助组织对员工的需要加以规划,同时给员工提供一个职业生涯框架,以利其规划自己的职业生涯。但重要的是必须认识到,在过去 20 年里,这种传统的对职业生涯通道的标准看法已经迅速发生了变化。在很多公司,由于公司合并、缩小规模、新技术发展、工作重组、新的组织结构设计,这种种变化的综合作用已经取消(或毁坏)了很多的职业生涯通道,或者使人难以再根据一条前后一致的工作轨迹来制定自己的职业生涯计划。如前所述,工作环境发生的这些改变要求人们如想继续沿着这条随时都可能转向(或被取消)的通道前进,个人就必须更加主动,更开放,更能随机应变。

确定职业生涯通道的传统方法是看雇员在组织内的工作调动轨迹。就像上面市场营销人员的例子那样,这种轨迹是按职能或部门的发展顺序进行,强调的重点也是向上的升迁。这种按(工作)历史推导出来的职业生涯通道可能很有用,但现在却太过狭隘和局限,所依据的基础也只是已经发生的事实,而忽略了可能或应当发生的情况。

另一种确定职业生涯通道的办法是以工作所要求的行为、知识和技能之间的相似性为基础,而不是依赖历史和传统。这种确定方法包括:详尽地分析工作内容,按相似性把工作进行"分组",并从中找出合乎逻辑的、可能的职业生涯发展通道。

这种职业生涯通道确定方法是非常现实的,因为它不是根据工作名称或传统习惯,而是根据实际工作行为的要求来进行的。由于人们跨职能改换工作变得更加容易,这种方法能提供灵活的职业生涯机动性。在对职业生涯通道所需的行为、知识和技能进行过分析后,原先有限的工作变换机会大大增加了。

鼓励员工进行职业生涯测评

很多组织都设有帮助员工进行自我评价的各种学习班、座谈会、讨论组及咨询服务。

并且，由于员工可以通过持续的工作经验加深自我认识，因此上级主管及其他重要人士给予的及时的建设性反馈和谈话辅导在任何自我评估项目中就都很有用了。

组织也能够帮助员工收集关于其他工作机会的信息。要使职业生涯开发产生效力，就需要提供有关工作的最新动态，包括关于工作职责和工作行为的准确描述、知识技能的要求，以及关于薪水的准确信息。不过，这种工作或职业生涯通道的信息也只对需要它的人才会有作用。理想的状态是向直线管理人员提供关于各种工作及职业生涯通道的充分、详细的信息，这样他们就能帮助属下雇员进行职业生涯规划。此外，还有些方法，如"职位公示"、"职业生涯日"，也可提供与工作相关的信息。如今，在很多公司的内部网站上，都可以查到职位公示情况。这些网站可供员工和可能成为员工的人使用，用来对自己的职业选择进行测评。下面就是一个公司成立的职位公示网站的例子。

强生公司(J&J)的总部设在新泽西州的新布伦斯维克。该公司使用一个全公司范围内的职位公示计划，名字叫"快联网"(QuickConnect)。公司把所有的职业机会和职业活动的信息都放在这个网上。强生引以为自豪的是，它是一家大公司，却能给其雇员提供小公司才有的环境，尤其是有关员工职业生涯方面的环境。在快联网上还能查到本公司的各种信息：经营战略、公司历史、员工多样化发展计划、公司组织结构、共同遵守的价值观与口号、职业生涯途径选择、职业生涯开发，以及薪酬、补偿制度。此外，还包括招聘有工作经验的专业人员以及应届毕业生的广告。强生公司的员工可以对自己的职业形象进行现场管理。由此可使那些正在网罗人才的管理者找到符合自己需要的员工。对于那些即将毕业的 MBA 们，如果他们有志于从事金融、人力资源、外贸或物资采购等管理性工作，可以参加领导力开发培训班。与此相同，大学高年级学生也有机会参加金融、全球经营、信息技术专员的领导力开发培训班。其培训方式主要有师徒方式、跨行业经历、与高管互动、培训以及多种轮岗，目的在于提高受训者的学习能力。

组织应当鼓励、支持职工为进行职业生涯考察而做的工作，包括了解组织的目标和战略、未来的人力资源需求、工作调动机会、报酬制度等情况；这种鼓励、支持可以采取很多方法。在大多数情况下，这都是通过师徒关系以非正式方式进行的。然而，组织也可以向他们提供本组织的企业信息及人力资源计划。组织提供的工作调动模式和职业生涯预览应该真实可靠，使雇员的期望能与组织的实际情况相一致。为了促进新的竞争，在企业内部平调可能是一种可靠的调动战略。一旦某人的职业生涯被认为"走到头了"，也就是走了下坡路，被降级了，而他也想换个职业，这时他就可以用这个办法，去学一些新岗位所必需的技能。

7.6　个人在成就期的行为

前面已经为有志升迁至组织更高位置的员工提供了大量建议。这些指导性建议的共性在于强调个人的主动性和自己的事自己定——这是一种积极的职业生涯管理方法。下面会讨论有关文献所建议的一些可能有用的做法。

制定现实的目标

第 5 章已经展开介绍过职业生涯目标的设定程序。这里重要的是回顾一点：如果雇员没有为自己制定目标，组织就会按照它自己的需要来为你设定（或假定）一些目标。因此，如果个人能定期回顾自己已制定的职业生涯目标（包括概念目标及实际目标），在必要的时候制定新的目标，并与组织进行交流，那对雇员来说是再好不过的了。

很多人都会面临一个重大的决策，即究竟是留在组织的专业技术岗位上，还是准备去从事更一般性的管理职务？是做一名专才还是做一名通才，不能只根据所在组织及其他组织中有没有职位而定，还要看这个职位与自己的职业方向是否一致。持有某种职业生涯追求的人，比如技术定位或功能定位的人可能就希望成为专家；有其他追求的人，比如想做一般的管理工作，就可能会在一般的管理位置上寻找更大的挑战及更多的报酬。职业生涯早期阶段中的成就期是考验这些选择的一个关键时期。如果雇员能在这时对自己以往积累的工作经验作些分析，与自己的上级或其他重要的人讨论讨论，或者参加职业生涯计划项目，都会有助于员工评价自己的主要职业生涯方向。

另一个需要考虑的问题是，传统意义上的晋升，至少是提级，在当前的组织环境下，其可能性是相当有限的。紧张的竞争、兼并收购，让企业保持"精干"的需要，加之婴儿潮那一代的人口激增，有效地压制了提升的机会。正是这些矛盾因素的作用，使人们在等级制度中的成就（即晋升）变得很不寻常，但要取得主观能动性上的成功，还是有无数途径的。承认这一事实，是设立现实的、可实现的职业生涯目标的关键。事实的确如此，人们应该少操心一点提拔的问题，转而欣赏职业途径的多样化，以及这些途径所要求的技能，以满足自己的需求。要实现职业生涯多样化就得计划和制定职业生涯目标，包括平级调动、降级调动，在现有职能部门向更专业化的方向发展，离开现在的组织加入新组织，以及自己开公司。但有一个前提，即可以有多种方式实现个人的成就感、满足感和收获感，不一定非要得到升迁才算成功。对这一概念的讨论，我们将在第 8 章分析职业生涯高原期（稳定期）和退化期时深入分析。

当前工作的绩效和职责

有一种常见的现象，即乖巧的管理者懂得如何使自己成为精明的老板所倚重的下属。所谓倚重，当然是指要有技术能力，但还意味着要练出能为老板补台的一套本领。

这种战略要求下属了解上司的技能、需要和志趣。我们看到，老板的需要取决于他本人所处的职业生涯阶段。举个例子来说，处于立业期的老板就需要从下属处获得技术和心理支持，而处于成就期的老板则要求下属的忠诚，以提高自己的绩效和声誉。因此，下属就应当了解自己及老板的需要，清楚老板的工作受什么条件的约束，并建立一个反馈及评价系统，以便对自己与老板的关系作出评价。

职员还必须认识到，在责任要求很高的工作中，以往工作经历的类型和任职时间也对职业生涯表现及职业生涯进程起着至关重要的作用。如第 5 章所述，制定职业生涯战略时，除了考虑对未来升迁有重要影响的工作任命外，还需认识到，某些工作会扰乱职业生涯的进程。因此，如果可能的话，要尽量避免从事此类工作。明白哪些工作没有出路，哪些工作会造成"脱轨"，这是成功地对自身职业生涯进行管理的一个关键因素。无论是"脱轨"，还是偏离了已铺好的职务提升的轨道，通常都意味着工作环境的要求和个人技能之间不匹配。导致脱轨的原因很多，其中的个人及环境因素包括下列一种或几种：在人际关系上遇到麻烦，不符合业务目标，无力组建或领导一个团队，面对新的工作环境和要求，不能求得发展或不适应。人们发现，脱轨的管理者没有动力，也不会集中精力，去进行持续学习的。

不能因工作而作茧自缚，这一点也很重要。员工可以通过自愿参加新任务、承担新职责的方式来扩展工作。当然，这又要求个人要抱着一种积极的态度。如果既不可能扩展工作，又不可能进一步地学习，最好就尽快地离开这个工作。

升迁之路

志在不断升迁的员工应当学会毛遂自荐。不过，并非所有的变换工作都是有用的。提升快的经理人员必然知道最有把握得到提升的通道（以及相关的职业生涯战略）；这使他们得以实现自己的目标。此外，他们还借助职业生涯管理中的开放和随机应变的意识，使他们以提升为目标的职业生涯战略保持足够的灵活性，以适应整个工作生涯中遇到的不可避免的扭曲和变动。

要想事业成功，制定适当的职业生涯战略当然是一个关键，但与此同时也必须认识到，人的个性对职业管理也有很重要的作用。人的个性的诸多特点——比如，情绪稳定、性格外向，脾气急躁，情绪乐观，勤于自省（发现缺点，乐于改正）——这些都与职业生涯成功有着千丝万缕的联系。即如米切尔·克兰特在论个性与职业生涯的关系时所下的结论那样，"基本上可以说，个性塑造了我们的样子，决定了别人怎样看待我们，决定了我们所选择的处境。如果我们对'自己是谁''我们的个性是哪些因素决定的'等问题有了更好的了解，那我们就能作出更好的职业生涯决策来。"

获得帮助

通常说来，要实现目标，老板、师傅和其他有影响力的人的支持和帮助是很重要的。要得到支持，就必须多在他们面前"露脸儿"，不能躲躲藏藏，但仅此是不够的。受支持的个人还需要绩效突出，让上级觉得忠诚可靠。也就是说，要辅助领导实现组织的目标，降低领导的风险，让领导避免尴尬的结果。简言之，这样的雇员才是主管的重要下属。在一个人的成就期里，发展人际关系、获取他人支持特别重要。如前所述，可以给予帮助的人很多，如师傅、上级、同事、下属和朋友，无论是组织内的还是组织外的。

一些忠告

上述的很多战略都有点儿像国际象棋的特性，它们需要不断进行调整，频繁变换招数。每一步都是下一步的基础。只要一路上的各个工作都让人满意，且与个人需要及价值观一致，这种战略就没有问题。同时，人们还必须确定一点，即考察所设计的职业生涯目标和战略是否与自己希望的工作、家庭和闲暇活动之间能保持平衡。因为过分投入工作、高强度的竞争以及频繁地变换工作,虽能带来职业生涯上的成功,其代价却是后方个人生活上的失败。组织及职业生涯上的要求如果过严,也会给个人和周围的人带来不利后果。社会关系及家庭关系紧张、压力大,非工作时间和闲暇时间太少,都有负面效应。至于工作对生活压力、生活质量的影响,我们将在第9章和第10章中考察。

7.7 职业生涯早期:时机问题

我们已经看到,职业生涯早期始于立业期,而进入立业期后主要关心的是取得成就和收获。我们还把职业生涯早期的年龄定位在人的青年时期(25至40岁之间)。通常,人们正是在这个时期步入社会,参加工作,追求自己梦想的实现。

然而必须认识到,人在成年后,不管何时转换职业,都有可能引发立业期和成就期的转换。任何工作变动都将面对某种不熟悉的任务和人际关系环境,因此需要再次社会化。以后要取得成就和创新,这种再次社会化可能就是必要前提。只要是改换雇主或职业领域,毫无疑问就要求再次社会化和二次立业,因为人们对新的环境不熟悉,就像刚开始面对之前的环境时一样。

进一步说,在进入中老年后,都有可能需要重新考虑立业和取得成就的问题。即使到了四五十岁,甚至六十岁,只要换了工作、雇主或职位,就同样会面临在新环境中站稳脚跟的压力;最多是随着工作经验和生活阅历的增长,这种压力也许不再那么严峻。

回忆一下第6章中莎伦的例子。她在原先的公司里待了23年,升到计划发展副总裁的位置。46岁被公司辞退后,她在一家小型自动化产品零售组织中找到了一份新工作,任组织计划经理(虽说职权不如原来)。虽然已过中年,莎伦还是要熬过本章所介绍的立业阶段。她必须认识一批新的人,要遵循新的规章制度和工作程序,要了解新的组织文化。她不得不接受新工作的挑战并"一炮打响",以证明自己的价值。

如本例所示,职业生涯早期的主要内容即立业及取得成就,并不是只限于二三十岁的阶段。推而广之,本章对组织行为和个人行为的那些建议,不仅适用于处于职业生涯早期的人们,也适用于年龄更广泛的人群。归根到底,个人(无论年龄多大)应该理解自己的发展需要,组织也应该知道,这些需要对个人职业生涯的发展以及组织的效率具有何种意义。

小结

在职业生涯早期,员工有两大任务:立业和取得成就。职业生涯早期的第一个任务是在某一职业生涯领域中立住脚,也就是说,培养出工作能力,熟悉组织中的业务,最后成为对组织有用的员工而被组织所接受。在组织一方,要通过提供与工作有关的培训、奖功罚过、通过沟通交流而强化本组织的主导价值观及规范,来实现新员工的"社会化"。在新员工一方,当其顺利完成社会化以后,就能胜任工作,融入工作团队,弄清了自己的角色定位,学会了如何在整个系统中工作,按照组织的关键理念和标准来考虑问题。

　　组织帮助新员工立业的方法有：有效的招聘和职业定位，在早期就赋予其具有挑战性的工作，对其业绩提供建设性的反馈，帮助员工发展与其上司及组织中其他重要成员的人际关系以获得支持。与此同时，员工个人也要认真进行职业生涯考察，理解自己和理解新环境，并开发出有助于影响自己工作环境的战略。

　　当新雇员在其职业生涯中已经立住脚后，原来那种适应组织的想法就逐渐弱化，取而代之的是对成就、权威及责任的渴望。在此期间，这些雇员还需要保持自己的良好工作表现，要对职业生涯前景看得更清楚，制定现实的职业生涯目标，了解各种职业生涯通道在实现自己的目标中的作用，并从组织内外获取支持。为帮助雇员实现这些目标，组织可以鼓励其职业生涯考察，赋予具有挑战性的工作及相应责任，构建现实而灵活的职业生涯通道，对其业绩提供建设性的评价，帮助员工制定好自己的职业生涯管理计划。

作业

　　如果你已经参加工作，请花几分钟时间考虑一下，自己所在公司针对处于职业生涯早期的员工，是否制定了帮助他们立业的计划。如果有，具体是什么内容？你认为这些内容在帮助员工设立目标方面做得如何？如果你现在还没有参加工作，可以考虑采访问一下关系好的同事或自己的亲戚，问问他所在公司的情况。或者在互联网上作一下测评，看看其他公司提供了什么帮助。然后再回答这些问题。

讨论题

　　1. 为什么组织要在新人刚进公司时就对其进行培训？请描述一下组织在使他们实现社会化时所采取的主要措施，并把这些与你刚参加工作的经历结合起来考虑。找出成功和不成功的社会化经历的标志。

　　2. 重新考察一下本章所说的那个 30 岁的 MBA 学生雷金纳德的案例。评价一下他对自己职业生涯早期的管理效果如何？他有没有办法以其他方式来缩短犹豫不决的时期？

　　3. 在新雇员一参加工作，就分配给他责任大、自主性也大的挑战性工作，有哪些好处（和缺点）？为什么很多组织都对这种做法有所保留？如果组织既想保留控制权，同时又想向新人提供有意义的挑战性工作，组织又应怎么做？

　　4. 描述师徒关系的重要性。师傅起的是什么作用？他们怎么做才能推动徒弟在职业生涯早期的发展和进步？你是否同意以下命题，即师傅的作用能由很多人来实现，并说明同意或不同意的理由。没能找到师傅的员工应该怎么办？

　　5. 看看第 4 章中舍因的八种职业生涯定位。按照这些职业生涯方向来看，你属于哪一种？员工怎样才能更深入地了解自己的职业生涯方向？了解这些又能在多大程度上优化职业生涯管理？

案例

案例1 零售部经理纳塔利雅(B)

我们在第6章最后提供了纳塔利雅案例(A)。在开始读B部分前,你也许会想再复习一遍这部分内容。

A的结尾告诉我们,纳塔利雅在恩格玛公司刚刚干满1年。她反思了一下,觉得心里不大踏实,就决定在该公司再多干一段时间。案例的B部分说的是5年以后纳塔利雅在这家公司的情况(该公司名字系虚构,请勿与现实中的公司对号入座)。

进入恩格玛公司这五年

纳塔利雅在恩格玛公司的职业生涯现在已到了一个十字路口。她面临的是在自己的职业生涯和个人生活之间作出艰难的抉择。恩格玛公司最近说,让她去做西雅图商店的经理。她将全权管理这个商店,薪水会增长40%,1年后还能得到一笔数目可观的业绩奖金。虽然有这么好的机会,但纳塔利雅还有其他因素需要考虑。她正准备结婚,婚礼将在8个月后举行。她的未婚夫已经很明显地表示过,他不想迁移到西海岸去。此外,他俩也商量过两年后有一个家。但要去西雅图,就离双方的父母和其他亲戚太远了。而他们早就说了,一旦两人有了孩子,他们负责看孩子。

纳塔利雅需要时间来考虑怎么选择。在恩格玛公司的4年中,纳塔利雅的想法一直像坐过山车那样大起大落。她好几次想离开公司,但最终也没去"趟那道浑水"。她一直认为待在公司的理由比离开的理由充分。繁重的工作任务使她一直很忙,而公司的文化仍然致力于建立起不必要的敌视和各种障碍。但恩格玛公司一年前提升她担任商店的副经理并且让她参与许多的行政官员发展培训计划,表明公司信任她的能力。而她许多大学时期的同窗仍在为获得初级的管理职务而努力。他们都为纳塔利雅已经获得的经历惊讶。纳塔利雅把她的情形比作卷入了流沙,她在恩格玛陷得越深,就越难离开。在思想深处,她也常想是否另一个雇主或另一种类型的职业生涯会更适合她和她的个性。实际上,她经常梦想开办一家高档日用品商店。她生命中的五年贡献给了恩格玛,五年的头痛、压力和各种政治斗争,但五年的回报也在这儿,良好的薪水增长、奖金、较快的晋升。

西海岸区域经理希望在两天内获得答复。如果纳塔利雅不接受提拔,会使得她的未婚夫和家人很高兴,但她知道很难再在短期内再获得提升为商店经理的机会了。如果她接受任命,职责要求会增大,也许伴随着更大的压力和更多的头痛。纳塔利雅知道如果她真地劝说她的未婚夫,他会勉强同意搬去西雅图。而且她相信当他们夫妻确实有了孩子时,能在离开这儿后找到某种安排来照顾孩子。但她还没有排除创建自己的生意的可能性。接受提拔或不接受,这是纳塔利雅有生以来面对的最艰难的选择。

案例分析与问题

1. 纳塔利雅处在早期职业生涯入门阶段还是收获阶段?为了回答这些问题,她实际考虑的是哪些因素?

2. 请明确指出,纳塔利雅在作出这一重大决定时,她需要考虑的一切问题。她的家庭生活对她必须作出的决定有哪些影响？作为一名在早期职业生涯中就前途无量的经理，纳塔利雅是否应该考虑这些工作以外的问题？为什么如此或为什么不是？

3. 如果换作你，在恩格玛公司干了5年，你准备选择怎样的职业生涯和个人生活？你在做这种决定时考虑的最重要因素是什么？

4. 如果你来续写这个案例，你怎样预测纳塔利雅大学毕业10或15年后的情况？她的未来会令人高兴还是令人沮丧？

案例2　克劳迪亚：一个明星员工的故事

克劳迪亚在大学高年级时，就被好几家公司聘用过。作为商科毕业班的尖子生之一，克劳迪亚相信自己有资格去选择老板。她择业的一个重要标准就是看招聘她的公司能否替她支付将来要读MBA的费用。最后她选择了一家中等规模的商业银行，做一名研究助理。该银行给她的工资很高，还给她报销研究生学费。

为了实现自己的目标，克劳迪亚立刻开始攻读MBA学位。她利用业余时间，进入了一所全国著名的商学院。三年后，她的公司已经为她花了4.5万美元，克劳迪亚终于取得了金融学的MBA学位，还辅修了国际商务。

克劳迪亚在学校为MBA毕业生举行的招聘会上，背着雇主参加了好几次面试。她对一家到该校招人的大投资银行尤其感兴趣，还希望能在纽约找到一份工作。克劳迪亚并非对现在这家商业银行不满意；事实上正相反——银行对她很好，给了她有挑战性的工作，还两次给她晋级。克劳迪亚只是想看看自己到底有多大的市场价值，并以此为筹码与商业银行谈条件。另外，如果能进这家顶级投资银行，克劳迪亚就能一圆她从小就有的纽约梦，还能常去看演出。

后来，克劳迪亚接到了两家纽约著名投资银行的录取函，她喜出望外。这两家投资银行给她开的工资比现在这家要高50%，并给她报销搬家费用。这两份工作都能让她专业对口，都让她管理公司的研究部门。克劳迪亚相信自己别无选择，只不过还想问问现在这家商业银行是否能够付出同样的代价来挽留她。当然，她知道这家银行的薪酬结构非常死板，对于给她涨这么高的工资必然非常勉强。而且她的经理也不会很快离开而腾出这个职位。不出所料，这家银行拒绝为她一下涨这么多工资，但声明可以在下次绩效评估时慷慨地为她加薪。克劳迪亚觉得这简直是逼她上梁山，所以第二天就递交了辞呈。

克劳迪亚对于离开这家银行并没感到太多的遗憾，她给自己开脱的理由是，开放的劳动市场才有效率，就要有资本主义的味道。克劳迪亚还感到，这也许是她既能过上纽约的生活，又能实现个人理想和职业兴趣的唯一机会。银行的管理层有苦说不出来，因为他们失去了一位优秀员工，而且一大笔投资打了水漂儿。但这家银行并不是第一次经历这种事，以前它的优秀员工也有取得研究生学位后就投奔了竞争对手的事情。而这家银行在最近的经理办公会上正在研究不再为员工提供读研究生学费的补助问题，而且从外部劳务市场上雇用MBA学生可能更有把握。

案例分析与问题

1. 作为一个明星员工，作为一个还想在业务上继续发展的人，克劳迪亚想在别的雇主那里另找工作，她这是不是在犯错误？如果换了你，凭着这种工作经历和MBA的学历,你会不会这样做?

2. 你觉得克劳迪亚这么快就接受了那家投资银行的工作,在道德上是否有点说不过去? 作为一个还处于职业生涯早期初建阶段的雇员,她要进步,应该考虑哪些其他方法? 莫非她还应该给那家银行更好的机会,进一步提拔她? 请说出应该或不应该的理由来。

3. 对这家商业银行来说,克劳迪亚的这种行为在经济上意味着什么? 如果你是这家银行的一名执行经理,你在开会时会提出什么解决办法? 这家银行怎样做才能更好地管理这种重要的人力资源?

第 **8** 章

中晚期的职业生涯：对有经验的
雇员的职业挑战

正如第 2 章所讨论的，职业生涯中期阶段是指 40～55 岁这一阶段，大概是 15 年的时间；而职业生涯晚期则包括 55 岁以后的阶段。当然了，我们在第 2 章也讨论过，这种划分难免有些主观，因为公司规模在缩减，人们未来收入变得难以确定，再加上预期寿命延长，这就打乱了中年和老年的界线，说不准什么时候该退休。

幸运的是，关于中老年问题，近年来有了大量研究成果。美国人在变老，这已经不再是耸人听闻的了。情况很明显：婴儿潮那一代人，也就是"二战"后的 20 来年里出生的那 7800 多万人，正在变老。在今后几十年里，它会给各种工作组织、政府的法律法规和个人职业生涯管理带来戏剧性的变化。美国劳工统计局（简称 BLS）的数据提供了一幅未来劳动力变化的生动图景。在 2000 年，婴儿潮这代人的年龄为 36～54 岁，占美国公民劳动力的 48% 左右。到 2010 年，这代人为 46～64 岁，估计占美国公民劳动力的 37% 左右。到 2010 年以后，他们占美国公民劳动力的比例大幅度下降。例如，BLS 预测，到 2020 年，婴儿潮工人（那时为 56～74 岁）就只占全部劳动力的 20% 左右了，比 2000 年降低了 28 个百分点。从劳动力数量上看，BLS 预测的结果是：2000—2020 年的 20 年间，婴儿潮时期出生的劳动力人口要减少 3000 万人。到 2030 年，就剩下不到 1000 万人了，在公民劳动力中的占比不到 6%。

这些预测的含义很清楚。无论个人还是组织，都必须更适应职业中期和职业晚期劳动者的需求和经验才行。进入劳动力大军的年轻就业者在减少，对熟练劳动力的需求也阻止了各种组织实行提前退休的制度，谋生的压力加上预期寿命延长也迫使人们不得不推迟退休。这些因素加在一起，使得至少在下一个 20 年中，会有越来越多的资深雇员要继续成为劳动力中的有生力量。这些雇员就不得不作出两种重大决策：一是何时退休，二是他们将以何种方式度过退休前、后的时光。

在这一章中，我们将考察职业生涯发展过程的中晚期两个阶段。我们将分别讨论这两个职业生涯阶段所面临的任务和挑战，以及处于这两个阶段的员工所遇到的一些普遍问题，并且对组织和个人提出一些职业生涯管理的指导方针。

8.1　职业生涯中期阶段

职业生涯进入中期，人们会遇到有关职业和生活的两大任务。其一是要面对中年转型期，包括对照原来的抱负和梦想，重新评估自己的成就，重新审视一下工作对自己生活的重要性。同时，许多处于职业生涯中期的员工还应学会应对中年转型期带给自己的个人压力和专业压力。其二是在职业生涯中期阶段保持生产力，这就需要处于这一时期的员工更新并且整合他们的技能，充分主动地展现这些技能，同时还应发展新的技能，例如指导年轻的同事。

面对中年转型期

根据丹尼尔·莱文森的研究，中年转型期通常出现在 40 到 45 岁之间。有很多因素可以引起中年期转型：对于不再年轻和错过机会感到恐惧，意识到人生苦短、壮志难酬，工作和家庭又互相掣肘，以至不得不放弃年轻时期的梦想，虽然那些梦想对早期的工作和生活起了很大的推动作用。实质上，处于这一时期的人越来越发现自己青春已逝，而且正在渐渐衰老。处于职业生涯中期阶段的员工还不得不与更有精力、更有雄心、受过更高教育的年轻同事进行激烈竞争，因此他们时时以邻为壑，处处小心提防，但这样做又使他们感到有些内疚。中年员工的技术和管理技能普遍比较陈旧，更加深了这种受挫感。人们认识到自己已不大可能再获得晋升——即认为自己已达到了职业生涯高原(平台期，职务已经到头了)——这种想法毫无疑问会加强失败感，并且感到前途渺茫。甚至，连许多极为成功并有望再升级的员工到了中年都认为自己是失败者，因为在雄心勃勃地追求事业成功的过程中，牺牲了家庭关系，谢绝了亲朋好友，从而感到是内疚，甚至是一种罪过。

既然这样，那么许多处于职业生涯中期阶段的员工会变得六神无主也就毫不奇怪了。尽管少数人可能改做完全不同的职业或追求另一种生活方式，但是更多的人内心会感到强烈的矛盾。于是，一部分人重新积蓄能量，寻找新的工作；一部分人会继续投身于所追求长期目标之中；还有一部分人则会减少投入在工作当中的精力，把注意力转移到家庭和自身上。

我们对人到中年的从业者的描述有点儿消极。事实上，莱文森和他的同事通过研究得出结论，有 80% 的男性和 85% 的女性在这一时期经历了危机。然而，另外一些研究者则对"中年危机普遍存在"提出了质疑。他们认为，不同的人会在不同时期感觉到挫折、压力和死亡的威胁，这取决于人们具体的生活经历、文化和所生活的历史时期。并且，危机的主要原因，诸如经济压力、失去工作、患病或离婚等，这是成年人随时都会遇到的。最近有人对几千名成年人作了研究，提出与莱文森相反的看法：只有 10% 的人认为自己经历过中年危机。研究大脑功能的神经病学家发现，人过 40 岁以后，其大脑的灵活性和适应性要比以前所认为的更强。这些研究认为，人到中年以后，大脑的左、右半球配合得更好了，因此会产生更大的创造力。"用进废退"这句话得到了科学的确认，由此说明：在整个中年期都向自己的脑力提出挑战的人，是能够继续强化其认知能力的。除此以外，中年期会给人带来以下积极结果：人们更善于调节情感，更有智慧，也更会办事，当家作主的意识也更强。因此,中年时期并不总是一个动荡的、危机四伏的时期,它也可以是一个不断成长、不断发现自我的积极的时期。

关于中年人的这种转型,我们能得出什么结论呢? 首先,人到中年就不得不重新审视并评价自己的生活,这是不可抗拒的。认清这一事实并且在以后的生活中作出适当调整是必要的。青年时期以及所有那个时期的财富——年轻、相信永恒、拥有梦想和希望——已经一去不复返了。虽然我们仍不确定这些问题是否如莱文森和他的同事所说的在 40~45 岁之间出现,还是如其他人所认为的会出现得更晚一些,但是有一点似乎可以肯定,那就是这些问题会在步入中年的早期就显现出来。

其次,在中年期作一番自我评估所带来的感觉是否就那么强烈,以至于会引发一场危机,也还不清楚。不过,也许完全有理由认为,人在进入中年期以后会遇到某些问题,这些问题又造成了他对于社会的、心理上的以及身体(物质)上的各种情绪。因此,进入中年期以后,对自己的成就和生活目标作一番再评估就很重要了。再评估使他能发现有益的方法,使自己在整个职业中年期都保持在专业上、在生活中的创造力。在这个转变时期作一番自我评估,就能使自己适应中年生活的角色。关于个人和组织以哪些方式来对待中年转型期,我们会在本章的稍后部分谈到。

8.2　保持生产力的问题:提高、维持或是停滞不前

职业生涯中期阶段的第二个主要任务是保持生产力。很多人在这一时期常常就是维持现状,可能是因为他们所在的组织中没有这样的机会,他们并没有感受到什么需要"重打鼓另开张"的动力。这个时期被称为"烦恼中年期",因为人到中年,甚至可能像青年期一样感到失望和彷徨。成千上万的中年雇员都在这个时期苦苦挣扎,试图从自己的工作中发现新的意义,同时处理好工作、家庭和闲暇之间的关系。当很多人在职业生涯中期还渴望继续提高自己,有所发展时,有些人却仅仅只是维持现状甚至开始走下坡路,实质上已经从组织里"退房"了。这时期有两种体验,即职业生涯高原和落伍感,会影响职业生涯中期阶段的生产率并且使人感受到压力。

职业生涯高原

现实中,每个人或早或晚总会达到他的职业生涯高原。尽管这种情况在职业生涯的任何时期都可能发生,但在经验丰富的老员工中发生的几率特别高。因此,我们认为职业生涯高原是职业生涯中期阶段的核心问题。

职业生涯高原的传统定义是"职业生涯中再晋升的可能性非常小的那一时刻"。研究者们区分了职业高原的不同类型和成因。当某人不能在组织中继续进步时,也就是说不大可能再升职时,他就已经"结构性"高原化了。而当他在目前工作岗位上不可能再增加、扩大职责时,他就已经"内容性"高原化了。因此,有理由认为,当他既不能在公司等级制阶梯上再往上升,又没有机会在当前工作中扩大权责,那他就是在这两方面都被高原化了。

而当某人达到这种高原以后,他往往想找出为什么会变成这样的缘故。最简单的答

案是：企业把员工挤上了这个"高原"，或员工自己走上了这个"高原"。企业这样做通常出于两个原因。第一个原因是组织自身存在着种种限制，无法提拔雇员，或者没有更多的事情让他来管。组织的"庙"太小，经营不景气，而且还在"瘦身"，招聘和培训也不适当，或者同一岗位的竞争增大了。因此，雇员就无从得到提拔（这是结构性高原化）。雇员还可能得不到更多的事情来管（这是内容性高原化），这是因为职责范围不固定，或者因为面对新技术而得不到培训。这都属于组织内部行为或形势造成了雇员的高原化。第二个原因是组织对雇员作出了负面的评价，从而把他高原化了。某个雇员没有得到提拔（结构性高原化），是因为管理者认为他缺乏高一级岗位所必需的经验、人际关系能力、工作道德、责任感或为人处世的本事。或者，这位雇员没得到更多的工作权责（内容性高原化），那是因为他"没准备好"，"应付不了"，或者说没那个愿望或技能。这种负面的评估，无论算不算数，都使这位雇员被高原化了。因此说，各种组织都可以出于结构上的原因或评价上的原因，把其雇员高原化了。

有的资深雇员出于个人原因，会故意选择把自己高原化。这在中老年雇员里是很常见的，很多双职工家庭的雇员就是选择待在本岗位，而不去追求（或接受）额外的权责。新的压力，以及旅游、搬家的念头，还有各种干扰、业余生活（家庭、健康或闲暇）等，可能会超过新职位所能带来的额外报酬或权力。由于企业文化的不同，有些雇员四处张扬，想让别人知道自己的个人选择就是被高原化，而有些雇员则是模糊地向管理层表达这个意思。尽管他们自己选择"高原化"与组织的预期是相悖的，他们出于个人的考虑，还是有意识地作出这种决定。

为什么这是一个如此普遍的做法呢？

1. 最基本的一点在于大部分公司的金字塔式结构：等级越高，可提供的职位就越少。因此，一个人在组织中的职位越高，可供他晋升的职位就越少。如果使这种金字塔变得扁平化，就更没有多少可供人们向上爬的管理层级了。

2. 对于少数高级职位的竞争越来越激烈。这主要是因为：在婴儿潮出生的那批过剩人口已经同时做到了公司的中高层管理职位；过去几年中公司规模的缩减。

3. 在那些成长缓慢的、毫无发展或要缩减经营规模并裁员的公司中，雇员高原化的程度就尤为严重。把工作"外包"出去，不论是出州还是出国，都会增大高原化的势态。而且，公司的经营战略也能影响晋升机会的数量和类型，使某些职业生涯进程出现"高原化"。

4. 强制退休在实际上被取消，阻塞了职业生涯发展途径，使较为年轻的员工无从得到提拔。

5. 技术上的变革可能会终止某些职业生涯发展途径，或者开辟出一些新发展途径，而员工对此毫无准备。

6. 有些员工更容易达到"结构性"职业生涯高原，这主要是因为组织太看重他们在现有的职位上的作用，因此必须留在现有职位上；或者是缺乏晋升所需的技术或管理技能；或者是缺乏制定灵活导向策略的职业生涯管理技能。

7. 正如我们在第7章所说，有许多因素会引起管理者和其他人从"快车道"上掉队，止步于其职业生涯高原。这些因素包括人际关系问题，未达到经营目标，在建立和领导团队上失败，在人生的转变时期不能与时俱进或无法适应。

8. 如前所述，出于对更均衡的生活模式的需要，越来越多的雇员让组织意识到，他们并不希望得到晋升，因为这会和家庭以及他们的闲暇生活发生冲突。

达到职业生涯高原的后果是什么？有证据表明，许多达到职业生涯高原的男性有失败感，因为他们把阳刚之气和事业成功相提并论。对于许多男性来说，这种失败感多少有点儿愧疚的味道，因为他们为了追求事业的成功，几乎没有时间和家人在一起。而对于一些女性来说，如果她们甩开婚姻和家庭，集中精力去追求事业，最后却是一场空，就容易产生被出卖的感觉。高原化的雇员可能会"占着茅坑"或者在组织里变得格格不入。其他有害的心理反应包括自暴自弃、自称无能、抱怨上级和同事不认可（因自己贡献小）。

绝大多数人都把高原心理与负面结果相联系，这一点毫不奇怪。高原化的雇员不会对工作尽心尽力，特别是当他们认为组织也看低自己的贡献时，就更是如此了。最后，他们工作绩效下降，并且使所在部门和组织的绩效跟着下降。毕竟，历来最有激励作用的手段，即许诺晋升或增加工作责任，已经不再切实可行了。有研究表明，那些认为自己已达到职业生涯高原的人，往往表现出较低的工作满意度和公司认同感，感受到更大的压力，更容易离开组织。

难道说这些负面结果是不可避免地和职业生涯高原联系在一起的吗？由于被高原化是一种相对普遍的现象，因此陷入这种高原的人们也不像以前那样，觉得很不好意思或有很大的压力了。其实，长期不提拔（即职业生涯高原所代表的情况），对于个人发展和成熟来说，也有其积极的作用。原因在于，职业生涯高原代表着一段相对稳定的时期，个人趁此机会可以掌握新的技能，追求一种更易把握的家庭和个人生活，而且可以修身养性。他们还可以利用这段时间，重新审视自己的现状，数一数自己的成就。他们可以对自己在工作以外的使命更感兴趣，付出更多的心思，并且从中获得幸福。

和上述这些有关职业生涯高原带来的潜在正面影响的结论相一致的是，研究者观察到，绝大多数员工不费什么力气就适应了职业生涯高原。我们还不清楚这究竟是他们的价值观真正改变了，还是他们对现状的认识更加理性而已，总之这些随遇而安的员工的工作绩效没有受到太大影响。请看下面的例子：

> 年度绩效评估以后，简好不容易才摆脱了失魂落魄的感觉。已经是第三年了，她又只是被评了一个"良好"——这也表明她得到晋升的可能性几乎为零。简并不总是这样的。在她早期职业生涯阶段她总被评为"优秀"或"出色"，而且每两到三年就得到晋升。虽然她并不是扶摇直上，但总体还是稳定持续地在进步。

> 在她 25 年职业生涯的过程中，简在工作和个人生活中取得了许多成就。她监督过一套新的自动化系统的安装，她接管了经营绩效低下的工作并彻底扭转了局面，她还向主管提出过有关节省成本的建议，而且确实使费用大大减少。简还利用业余时间修完了 MBA 课程，并且结了婚，有了两个小孩，最后又离了婚。她刚刚买了属于自己的房子，并且正在和镇上另一个公司的经理约会。

> 总之，她对自己的工作和生活状况很满意。但是，从她最近的评估结果看，简不知道接下来该怎么办了。她意识到她不会再得到晋升了，而且，她也能感觉到年轻同事想要得到晋升的渴望。处于职业生涯高原的简感受到了压力和紧张。她可以换份

工作,但她对于前途仍感渺茫。而且,她也不断问自己,为什么要丢掉现在这份收入颇丰的工作,而去另外找一份,默默无闻地从头干起。

一段时间以后,简开始接受她这种职业生涯高原状态了。她认识到,不必为更高的职位、更好的报酬去竞争,其实是有好处的。她现在有更多的时间和孩子们在一起,并且可以找些其他感兴趣的事来做了。她甚至开始有时间使用公司的运动器械来锻炼身体了。工作中,简并没有让她的职业生涯高原对绩效产生负面影响。她决定尽最大可能把工作做好。

简还想方设法扩充自己在新的电脑应用方面的知识,认为这可以提升她对于公司的价值。最终简和老板讨论了她平级调动到公司另一部门的前景。她强调她想要进入另一领域以获得更多新经验。老板高兴地接受了这一想法,并说自己会看看能帮上什么忙,同时也鼓励她留意公司公告牌上的新机会。

四个月以后,简调离了原来的部门——这时她正打算好好利用她新学到的个人电脑技能呢。她相信自己还能继续给企业作贡献,她还为自己能在新岗位上继续学习而感到激动。

然而,和简不同的是,一些处于职业生涯高原的职员更易变得情绪低落、绩效降低。表8.1显示了描述这个问题的一个模型。把员工按两条标准分类:一是未来晋升的可能性(存在结构性高原期的可能性),二是现在的绩效。要注意,进入职业生涯的结构性高原期的职员也有两类:一类是“可靠的员工”,他们在现在的岗位上仍然出色工作;而另一类是“没用的员工”,他们的工作绩效不合标准。尽管公司的大部分工作都是“可靠的员工”做的,但管理者往往注重的是鼓励、奖励那一部分迅速升迁的“明星”,或是处罚、解雇那些被视为“没用”的人。因此,对于管理者来说,有一个重要的挑战就是防止“可靠的员工”变成公司的“累赘”。管理者的这种做法将在本章的稍后部分谈到。

表8.1　职业生涯管理模型

现在的绩效	未来晋升的可能性	
	低	高
高	可靠的员工 (有效的职业生涯高原期职员)	明星
低	“没用”的员工 (无效的职业生涯高原期职员)	初学者 (有望成功)

资料来源:These categorizations are based on Ference,T. P.,Stoner, J. A. F.,& Warren,E. K. (1977). Managing the Career Plateau,*Academy of Management Review*,2, 603.

落伍

像职业生涯高原期一样,落伍的问题不只是职业生涯中期才会有,但它在这一阶段会比职业生涯早期更加突出,也更具破坏性。老资格的员工如果不能在工作中有所发展,那就很容易会落伍,会被组织认为“廉颇老矣”。对于“落伍”一词,已有如下定义:“员工缺乏保证有效业绩所需的最新知识和技能,不再胜任现在或将来的工作”的程度。因中年改换工作和其他经历造成的人事变动,会降低其工作中的成就感和积极性;反过来,这又会打击他留在当前岗位上的意愿。

落伍来源于变化。有研究指出，导致落伍有几个因素，包括：环境动荡、个性、工作性质和组织氛围。对于那些以技术创新为特点的组织来说，环境的动荡打破了他们之间的竞争均势。在这种情况下，一家公司采用了新技术，会迫使其竞争对手也采取同样的技术，才能在竞争中站住脚。在这种公司工作的员工也必须掌握这种新技术，否则，他（以及该公司）就将面临着落伍。人们的一些个性特点也会使他们落伍。有的人年纪一大，就不想再学新技能，不想再理解新技术了。工作的性质，即工作中所包括的知识、技术和能力也会使员工落伍。在这种情况下，知识、技术和能力变化太快，雇员追赶不上。最后，在导致雇员落伍的因素中，组织的氛围也有一定的作用。有些组织放手让其雇员互相学习和沟通，鼓励参与型的管理风格，以便让劳动者及时了解本专业和相关领域的新技术。此外，组织的氛围如果是鼓励专业发展，允许冒风险的行为，并且奖励创新，通常都会延缓工作人员落伍的速度。当工作人员看到企业是这种态度时，他们一般都会全力以赴，保持自己在本专业领域不落伍。

如上所述，个人和工作环境在防止落伍方面都能起很重要的作用。当工作具有挑战性的时候，当定期轮换工作以保持刺激作用和避免专业过窄的时候，当充分赋予工作上的权力和责任的时候，当同事之间能自由地相互影响的时候，以及当组织通过提供具有挑战性的工作、升迁和加薪来奖励与时俱进的职员的时候，人们是不大可能落伍的。事实上，工作中产生的持续不断的学习和发展机会，是解决落伍问题最有力的手段。关于对付落伍的详细建议会在本章的稍后部分提到。

职业变动

大众媒体、影视节目使人相信，中年时期的不安几乎不可避免地导致职业生涯上的重大改变。活生生的例子也都在强化这一看法：城里的经理人员跑到乡下开百货店，工程师改行当了艺术家，会计离开企业寻求有机农业方面的工作。然而，尽管很多人在职业生涯中期阶段确实转换了职业生涯方向，但这种职业变动既不是中年转型期不可避免的结果，也并不仅仅限于职业生涯中期阶段。

职业变动是指改行去干非本行工作的那种变动。很明显，越来越多的人想在有生之年去尝试另一种职业领域。而且，尽管有些职业变动仅仅是工作要求和生活方式上的微小变动，但是另外一些职业变动就是巨大的转变了。有学者认为，触发事件并不一定必然导致职业变动，但它使人忐忑不安，会带着可能导致职业变动的想法，去进行个人测评和实验。也确有研究发现，下岗之忧并不是人们改变其职业道路所必需的充分条件，但它确实会使人另做打算，考虑其他职业道路。

是什么原因迫使人们改变职业呢？尽管具体的理由不计其数，但常可归纳为以下几类。首先是个人方面的一些因素会影响职业变动。研究表明，除了年龄、性别、健康状况、兴趣爱好、价值标准和技术转让等个人因素外，一个人的自我概念和专业身份也可能促使他偏离已有的职业生涯通道。如果某人感到自己的工作已经配不上自己目前的身份，他可能就会换个职业，以解决二者不和谐的问题。人对自己的看法，不仅是看自己现在什么样，还要看未来是什么样。那些认为自己未来的样子（或地位）与目前工作无关的人，也可能要改变自己的职业。

个人对于现有职业生涯或生活方式的不满,是引起职业变动的强力诱因。造成这种不满的原因之一是现有机会不适合个人的重要需求、愿望或目标。个人用来干工作的技术也许不再适合需要了。或者他发现自己的兴趣偏好已经改变,与自己选择的职业发生了冲突。而且,一般来说,对于个人生活的不满也对工作满意度和改变职业的愿望有重大影响。另一种个人因素是需要取得更大的成就和贡献,但从目前的职业生涯来看是无法实现的。所有这些个人因素都会影响一个人改换工作的愿望。

还有一些环境因素也能导致职业变动。失业或面临失业的威胁当然是使人改变自己职业生涯道路的直接原因,但除此之外还有很多其他的环境因素,包括技术上的变革、经济上的压力、公司重组或缩减规模、薪酬制度的改变、工作的要求提高以及家庭关系的变化。

除了上述个人的和环境的因素之外,职业变动通常还另有原因,那就是一份比当前职业更诱人的工作。这份工作能比当前职位更适合个人的需求、价值标准或能力的条件。例如,职业变动会提供对个人更有意义,也更适合个人价值观的工作机会,而这些常常是职员改换职业的重要原因。与成功的职业变动相关的另外一些因素包括:确信变动能真正实现,相信人能在变动中掌握自己的命运,以及亲友、同事的支持。事实上,社会网可以从积极方面影响着职业变动,它能给被指点者提供很多吸引人的职业选择机会。

总之,上述这些个人和环境因素有助于解释为何处于职业生涯中期的人会决定改变职业。但具体到处于职业生涯中期阶段的职员来说情况又如何呢?考虑到职业生涯中期的员工所面临的复杂多变的生活环境,变换工作是有"正当"理由的:

- 达到职业生涯高原
- 变得落伍
- 觉得被错用或未被重用
- 认识到最初的职业选择不正确
- 相信换个组织,自己才有用武之地
- 相信并非只有金钱才能使自己满足

所有这些理由或多或少都与当前职业生涯状况和自我概念的不相符有关,因此,如果不采取行动,很可能会增加个人对于当前职业角色的不满。在职业生涯中期阶段,当衰老、死亡和丧失机会等普遍问题开始出现时,这些不满情绪可能会增加。人们在职业生涯中期着手改换工作之前,必须搞清楚自己的动机是什么,自己的理想的"自我概念"是什么,以及如果决定转换职业方向将不得不承受的变化的性质。改换职业,就要面对一系列自己有把握的工作机会,同时对自己能找到什么工作,还要有实事求是的心态。对于职业中期想改变职业的人来说,找个职业指导也会很有帮助。职业指导,或者称为求职教练,能帮你确定技能(或所需要的技能),制定职业方案,并帮助你作出职业决策。职业指导能帮助你确定,跳槽到一个新的职业领域,其好处能否超过你失去现在这家公司中资格和名声上的损失。改变职业的确会遇到一些障碍。这些障碍有可能是财务方面的(薪水减少、在新的企业中收入受到损失、放弃退休或医疗福利),时间方面的(需要时间接受新的职业生涯培训),或者是心理上的(在新领域形成竞争能力的不确定性和没有保障)。

本章后面的内容将介绍组织和个人采用哪些具体措施来解决职业生涯中期阶段的此类问题。

8.3　职业生涯中期阶段组织的措施

我们已评述了职业生涯中期阶段发展方面的主要任务，以及职业生涯高原、落伍和职业变动的可能性。接下来，我们将讨论组织能采取什么样的措施，来帮助员工处理好这一时期的职业生涯发展。

帮助员工理解职业生涯中期经历

无论什么组织，在帮助员工了解他们的职业生涯中期经历之前，组织的管理人员首先必须重视职业生涯中期阶段的员工所面临的问题。这样，对那些不善于对中年期变化作出调整的员工，领导者就不至于大惊小怪，才能提供有效的措施。此外，要教育管理者理解这些问题，因为这样有助于改善上下级关系，特别是当上级或下级中的一方处于职业生涯中期阶段时。作为组织，还必须认识到，不同雇员对自己的职业生涯中期阶段将会作出的反应可能差别很大。让高层管理者参加各种研讨会和培训班，可以教他们懂得理解职业生涯中期动态的重要性，特别是，有那么多员工是处于职业生涯中期的。

同时，如果能帮助雇员弄明白，这些只是他们对于不同的职业生涯处境所作出的自然的、正常的反应，他们就可以更有效地处理好中年期的思想变化、职业生涯高原、落伍以及焦虑不安等问题。人总要努力克服这些感受，然后才能更坚强地、更健康地进入中年时期。如果不能正视这些感受，那么在以后的日子里就可能产生更严重的问题。各种研讨会、学习班和互助小组，都可以给这些人提供机会，让他们讲出自己的感受，从而意识到自己并不孤单。对某些雇员来说，专业咨询和操作性的指导可能也会有帮忙。

提供更广泛、更灵活的流动机会

职业生涯中期阶段的晋升机会毕竟有限，因此，其他形式的工作调动也可刺激、驱动那些处于职业生涯高原状态的员工。职业流动是个很宽的概念，它表示职业生涯中各种可能的发展方向。平级调动，尤其是不用到外地去的调动，对处于职业生涯高原的雇员尤其有吸引力。明智地使用定期工作调动等手段，可以防止可靠的雇员变成"无用的人"，不至过早落伍。职业流动机会不仅充分利用了员工的能力并给其激励，而且也为解决组织的某些问题提供了新的视角。

平级的、甚至降职的调动，只有在能够带来新的挑战、新的技能应用和扩大激励时才是有效的。长期做同样的工作会产生负面影响或导致停滞不前，因此，任何方向上的职务调动，只要处理得当，都可能提高积极性，激发动力。但是请记住，并不是所有的处于职业生涯中期阶段的员工都会遇到职业生涯高原期。许多员工的流动志向其实很现实，他们只需要组织给予帮助来实现这些目标。因此，组织在职工的早期职业生涯阶段可以使用的几项手段——仅举几项，如鼓励职业生涯测评，寻找职业发展途径，制定职业生涯发展计划——也适用于那些处于职业生涯中期的想流动的管理者。

挖掘当前工作的潜力

尽管许多处于职业生涯中期阶段的员工可能不再指望晋升,但是他们对于成功和自主权的需要依然很强烈。有一种代替或补充职业生涯中期阶段平级调动的方法,就是改进当前的工作,使之更具多样性、挑战性和责任感。加入任务小组、项目团队和临时任务,都能激发员工并使他们获得(组织的)认可;如果由此带来的责任不至于太影响他们个人和家庭生活,这种方法应该会受到许多处于职业生涯中期阶段的员工欢迎。在整个职业生涯中期阶段,给他们提供充分的挑战和责任,是防止出现"无用"态度和行为的一种主要方法。

有明晰的工作职责和约定的绩效目标,是"可靠的员工"的工作态度的标志。而且,即使由于不涉及晋升机会,会使有关领导对绩效的讨论感到不愉快,但清晰而准确的绩效反馈对于处于职业生涯高原的雇员维持其高绩效是非常关键的。准确的绩效评估,特别是全方位的反馈,对于找出现有的或潜在的落伍者也是非常必要的。

鼓励和训练为师之道

第2章中提到,人到中年,尤其需要传宗接代(培养后辈)。而且,许多处于职业生涯中期阶段的员工又有着长期的工作经验和丰富的阅历,这使得他们特别适合来培训和辅导年轻的同事。然而,在他们帮助别人之前,必须先要了解自己关于职业生涯和生活的感受。这可以通过开展专门讲座、小组讨论或训练来进行。许多这类员工可能还需要接受一些培训,培训他们如何当师傅,去辅导、提出建议以及提供反馈信息。

培训和持续教育

有关文献反复提到,应该对达到职业生涯高原或落伍的员工进行培训和再培训。但是,也有一些管理学者对将持续教育当成一种防止落伍的手段提出了很苛刻的批评。首先,虽然组织上有可能作出支持和赞同持续教育的姿态,但具体到管理者个人,却往往对此并不鼓励,而且对参加这些行动的员工也不给报酬,因为这种再教育会让员工从正式分配的工作中分心。

其次,参与持续教育是否真能防止落伍,其结果并不十分清楚。而工作中持续的挑战和定期工作轮替才被认为是最有效防止落伍的手段。如果员工能得到建议,使他们在合适的时候,依照自己的需要和目标,参加适当的教育课程,而且如果持续教育只是作为补充,而不是取代那些激励性的、富有挑战性的工作任务,那么,计划周密、要求严格、创新性的持续教育计划就能有所帮助。相对短期的、集中解决具体问题的持续教育,有助于较好地降低雇员落伍的程度。

持续教育的一项重要功能是使那些处于职业生涯中期阶段并打算改变职业的员工有所准备。持续教育能起到催化剂的作用,鼓励员工考虑在将来某一时期到另一个职业领域工作的可能性。就这一点来说,对此感兴趣的员工常常利用组织提供的这种教育便利,帮助自己为改行做好准备。组织甚至可以鼓励"过剩的"员工提前从本组织退休,另找其他职业领域去工作,或者自己创业。

拓宽奖酬面

本书在此提出的许多具体建议,都涉及重新考查并拓宽一个组织的奖励系统。作为激励高绩效的手段,不应仅限于或主要限于晋升和加薪,组织还应该考虑其他奖酬方式。比如,令人感兴趣的、富有挑战性的工作,具有刺激性的新任务,领导的认可和表扬,以及金钱的报酬等,都可以使用,以使处于职业生涯高原期的员工保持其高效率,并有助于防止员工变得死气沉沉。

对下列员工给予奖酬,如制定长期学习和发展计划者,在富有挑战性的工作岗位上取得成功者,参加适合于自己的持续教育计划者,是防止功能性落伍的最有效方法。给予流动的机会,提供成为师傅的平台,拓宽报酬制度以承认对组织的各种贡献,以及其他途径,都是吸引职业生涯中期员工的方法。这些方法明确地表明了长期职业绩效的重要性,而不仅仅是按等级的提升。

8.4　职业生涯中期阶段个人的作为

在职业生涯中期阶段进行自我评估是非常重要的。除了考察个人的价值、兴趣和才能之外,主要应了解自己对中年期的真实感受,对工作、家庭及自我发展三者之间优先次序改变的真实感受。特别是,个人应该作出定期的自我评估和再评价,来确定他们自己的兴趣、价值标准和技能是否与已建立的目标、计划相符合。认清这些问题,能使个人在机会来临时更快地抓住和利用它,也能使他们对于工作环境的任何改变作出更主动的反应。如果组织不能提供一种机制激发员工进行这种评估,那么员工就要主动参加正式的职业生涯发展座谈会,或者和同事、朋友、家庭成员或顾问就此问题进行讨论。

要考察有无其他选择,就需要详尽地分析工作和家庭等环境。就工作领域的分析来说,对工作志向以及改进当前工作的可能作一番再评估,调查一下平调的机会,采用弹性工作安排,这些办法都可考虑采用。像第 6 章中对不同的职位和组织的测评,就比较适合以上要求。而且,个人还需检讨自己与配偶及孩子的关系,重新排列优先的次序,并且留出更多的个人时间。

处于职业生涯中期的员工在考虑改变职业时,不仅需要了解他们自己的动机和兴趣,还必须预计、考察职业重新定向会带来什么结果,特别是重新定向会带来创业风险时。打算职业生涯中期改换工作的员工应该考虑下列因素:(1)改变工作会给家庭带来什么影响;(2)与当前所在组织中的同事和朋友会不会疏远;(3)职业变动以后自己在社区中的地位可能会下降;(4)在新领域中要赢得尊敬需要一定的时间;(5)收入降低的可能性。

职业生涯中期阶段的目标可能不大会涉及职位晋升,不过目标的设定过程与其他职业生涯阶段并没有根本的区别。特别重要的一件事,就是要树立一个并不局限于某一特定职位的概念性目标。在职业生涯中期阶段,个人对自己的职业生涯管理能否成功,基本上取决于你能否了解这种概念性目标,取决于你在当前职位或其他工作领域中,能否发现满足这一目标的可能性。

制定职业生涯战略或者行动计划,都必须与目标挂钩,并且必须对其可行性进行检验。无论要建立哪种战略，只要它是积极的、现实的，就要对目标有一个清醒的认识，要有与别人交流这些目标的意愿，要有观察能力、听取情况和意见的能力以及分析的能力。参加专门为处于职业生涯中期阶段的员工开设的技能培训课程，能帮助他们谋划更积极、更现实的战略，来解决本章中提出的这些问题。也许最重要的一点就是要确信，人们对自己的任何一个职业生涯阶段的发展进程，都能产生相当大的影响。

如何对待失业

在生命周期中的任何时刻，失业都是一种痛苦的经历，但对于中年人来说，失业造成的困难和损伤可能更严重。首先，中年人正处于一个自我怀疑，对自我价值和能力提出质疑的时期，这使其很容易受到伤害；而失业只能强化他们的自我怀疑（和由此而受到的伤害）。其次，中年人的经济压力也大，家庭日常的花销，大件物品的购买，攒钱准备（或赚钱支付）孩子上大学的学费，还要为退休存点儿钱，这些方面的需求都达到了顶峰。失业只能使原本捉襟见肘的经济状况更加恶化。而且，失业还会使因中年转型期压力而不稳定的婚姻关系变得更加紧张。

说到员工为何被雇主解雇，有很多冠冕堂皇的理由。最常见的原因是员工绩效较差、公司规模缩减、公司被出售、公司面临的财务状况或经济状况不佳、违反公司政策或者有不道德的行为。但是，工作绩效不佳并不一定意味着员工的能力不强，理解这一点非常重要。相反，它有可能是下述一些因素造成的，例如，在有关事件的优先次序和战略上持有不同意见，人们的个性冲突以及组织的政策原因。

人们对失业的反应各有不同，这主要是取决于经济条件、社会关系和地位、工作对个人生活的意义以及个人的自信与自尊程度。大体说来，失业会打乱人们在生活各方面建立起来的平衡，包括经济、心理、生理以及社会等方面。失业所带来的后果，包括快乐减少、沮丧增加，身心疾患，焦虑增多以及消极避世，就是生活中的平衡被破坏的反映。但对有些人则相反，他们可以把失业当作成长中的一种经历。即使在被解雇的那一刻，失业未必被看作一件好事，但它也可以能是塞翁失马，因为它促使人们重新确定自己的兴趣和愿望，为自己的成功寻找新的道路。研究者已经发现，不管个人最初的经济、精神状况如何，人们应付失业和寻找新工作的过程都会经历一系列可预见的阶段。

第一阶段是人们对失业的最初反应。关于这些反应，研究者分出了四种不同的类型。第一种反应是感到震惊，不相信，即使当预示着结果来临的警示信号已经出现时也还是不相信，因为人们常常以为失业"不会找到自己头上"。第二种反应是对公司和管理部门感到愤怒，因为他们竟然让失业真的发生了。第三种反应是感到解脱，因为可能会出现什么结果已不再是不确定的，人的紧张情绪也终于消除了。最后一种反应是人们面对困境而故意显出与己无关、无动于衷的状态，借以逃避现实。

当最初的反应过去以后，人们会进入第二阶段，这时他们面临重新找工作的任务。寻找一个新的职位包含种种行动，包括准备和邮寄（或通过电子邮件发送）最新的简历，起草推荐信，跑职业介绍所，技能帮上忙的老同事，练习如何应对面试等。

对于大多数人来说，当一份新工作找到后，应对失业的行动在第二个阶段后就结束了。然而，如果找工作的过程要持续很长时间，人们也许就会进入第三个阶段，这时，寻找新工作的失败会导致对于职业生涯的犹豫不决，对自我能力产生怀疑，并且容易生气，怨天尤人。在经历了这些沮丧之后，就会进入第四个阶段，这时他们会认为自己不可能受到雇用，开始放弃所有的活动，包括为了找工作所做的一切。

由上文可以看出，失业后为找到一份新的工作，第二阶段是关键时期。就是在这一阶段，人们会动用一切力量来寻找工作。出于这个原因，对于找工作的人来说，应用本书所讨论的职业生涯管理概念是非常重要的。更准确地说，人们首先应该对于自己的兴趣、才能以及所倾向的生活方式作出彻底的评估。其次，应该评估工作环境，收集有关的其他可选择的工作、公司和行业的信息。在进行自我测评和职业测评的同时，人们还应该对有关职务的类型（或具体职务）设定一个暂时的目标，作为再就业的努力方向。然后，就可以制定关于如何找到一份想干的工作的策略。

当然，不论这些行动有多么实用，都不能保证人们一定能够及时找到一份工作。但不管结果怎样，重要的是只要按照职业发展模式而采取行动，至少能保证人们的确是在尽其所能，去寻找与自己兴趣爱好相符的新工作。职业生涯管理模型能使人集中考虑寻找新工作这个"问题"；同时又能建立一种机制，来处理与再就业相关联的感情上的需要——与亲友商量，求得他们的支持。既关注问题，又有感情上的支持，这二者对于要成功地渡过失业困境的人来说，都是很有必要的。

组织可以采取许多行动来帮助其员工应付失业。最基本的措施包括提前通知、发给遣散费和展期救济金、给予重新培训、职业介绍机构提供的帮助和咨询顾问。鉴于辞退雇员要承担社会责任和法律后果，组织的领导人就还要确保辞退工作在程序上的公平。我们建议：在全面缩减规模（导致裁员）的情况中，组织应该尽量帮助员工驱散其不可避免的自责心理，使他们自尊心和自信心的损失降到最小。还有一点也非常重要，那就是组织要对失业员工给以帮助，帮他们增强找到新工作的自信心和提高其效率，因为员工的自信对于日后找新工作显然有非常积极的影响。有的研究还建议，当雇主提供求职援助和社会支持时，求职者报告说他们的新工作能获得更高的收入，但工作的节奏通常都比没有援助时更快。在第 13 章我们会进一步讨论公司用来解雇员工和裁员的方法。

8.5　职业生涯晚期阶段

公司既不能把老年员工甩掉，也不能以"想当然"的态度看待他们。首先，这是因为现在的老年人比以往任何年代都多，而且随着在婴儿潮时期出生的那一代人渐渐衰老，这种趋势将会继续下去。其次，在法律上，包括《就业年龄歧视法》（ADEA）中，都规定要保护40 岁以上的员工免受雇用歧视。再次，全球经济的增长和随之而来的劳动力需求继续增加，将导致未来的劳动力短缺，这使得老年员工具有了更为重要的价值，因为他们能使组织的员工队伍保持持久的稳定。最后，公司对于全部人力资源的充分利用，能给自己树立良好的、负责的企业形象。但是具有讽刺意味的是，即使在面临劳动力日益短缺的情况下，因组织兼并、重组以及其他公司行为，许多大公司仍在通过提前退休计划来"打发"老年员工。很多这类计划的目的都是为了减少固定经营成本，方法包括说服老年的、拿高工资的员工退休，用低成本的年轻员工来取代他们。显然，随着婴儿潮中出生的整整一代人接近退休年龄,如何对待老年员工的问题,将成为今后三十年或更长时间中雇主在组织管理上面临的主要课题。

对处于职业生涯晚期的员工来说,他们有三种发展的需要。首先,少数人要为担任资深领导做好准备。而大多数人的首要任务则是保持其生产率,并为退休做好准备。

保持生产率

保持竞争力和生产率对于处于职业生涯晚期阶段的雇员来说非常重要。尽管不会有人想成为公司沉重的"包袱",但在职业生涯晚期阶段要维持生产率,仍然存在许多障碍。首先,技术和组织的快速变化提出了落伍的威胁,尤其是对所受教育和技能都有限的老员工,更是这样。除非能杜绝或减缓职业生涯中期的落伍现象,否则到了职业生涯晚期阶段,问题只会变得更为糟糕。当由于组织使命、结构或技术的变化,导致削减工作岗位、阻断职业生涯道路,甚至取消组织的整个职能时,情况就会变得更加严重。

其次,前面所讨论的进入职业生涯高原期的过程,也会给处于职业生涯晚期阶段的员工的工作绩效带来负面影响。尽管那些"可靠的员工"在其职业生涯中期阶段可能只是刚刚沾上职业生涯高原的边儿,但如果再让他们感到厌烦,得不到应有的回报,失去了动力,那么等他们进入职业生涯晚期阶段,很可能就会变成无用的人。换句话说,落伍和职业生涯高原期这些问题虽然发端于职业生涯中期阶段,但终将在职业生涯晚期日趋恶化。

保持职业生涯晚期阶段的高工作绩效的愿望,则常常会因为社会对于老年人,尤其是老年员工的那种传统观念和偏见,而大受其害。老年员工普遍地(并且是错误地)被认为在以下几方面都不行了,包括生产率、工作效率、在压力下工作的能力、雄心壮志、对于新观念的接受能力、适应性、多面性以及开发新技术的能力等。然而,有研究显示,鼓励年龄歧视的那种成见毫无好处。事实也确实如此,大多数老年员工的年纪都远远超过了一般的退休年龄,但他们都能做好本职工作,而且还能很好地继续工作下去。而且,也没有证据支持以下假定:随着年龄增大,必不可免地发生工作绩效下降,事故增多,缺勤率上升。就如我们在第2章看到的,老年工人往往更忠诚,缺勤率也低,一般也比年轻人更可靠。

尽管这些关于老年人的传统观念并不准确,但这些偏见对于组织如何看待和管理老年员工仍然有重大影响。下面所列出的许多管理方面的行为,都与那种以否定的态度看待老年员工的思维定式和"想当然"有关:

- 如果认为老年员工死板、拒绝变革,组织也就不大可能帮助他们提高绩效。
- 如果认为老年员工不能积极主动地与时俱进,则组织也不愿意花费时间和资金为他们进行技能培训。
- 如果认为老年员工缺少创造性和革新性,那么组织也不大愿意把他们调到需要这些素质的职位上。
- 如果认为老员工的生产率低,组织只能从主观上评价其绩效,那么给他的打分就会降低。

这些管理上的假设会产生一种能够自圆其说的臆测,使老年员工得不到发展的历练和调动的机会,也就不可能有机会去驳倒这些传统的思维定式了。这些并不正确的思维定式对老年员工的看法是很消极的;反过来,这种看法又导致了在人员选择、绩效评估和获得培训机会等方面对老年职工的种种偏见。丹尼尔·费德曼用两个原因来解释这些负面的成见：一是给老员工打了低分，上级就能给年轻员工打高分，由此证明把稀缺资源分配给年轻员工是有道理的；二是上级想封死老员工的上升通道，以减少自己的竞争对手。在这两种情况下，如果老员工感到上级轻视自己的贡献，他们的满足感就会降低，感到失望和无助，降低自我价值和自尊心。

组织必须克服这些固有的偏见，认识到老年员工的价值所在。第一，老员工不大可能无故缺勤，除非事不得已。第二，老员工不大可能会自愿辞职而去，因为他们的工资收入和养老金待遇都不错，正好处于他们所希望的水平和实际得到的水平之间；还因为他们能从工作中获得满足感，还有固定福利和可变动福利，以及他们对组织的责任感。因此，只要组织尊重他们，认识到他们的价值，老年员工完全可以成为有奉献精神的、高绩效的和热情的员工。

为退休做准备

对于大多数人而言，退休是一个重大的职业生涯转变，因为它预示着 40,50 甚至 60 年持续职业生涯的结束。退休被定义为中年以后，人们离开某个职位或职业生涯道路，此后个人对工作不再承担或只承担很少的心理承诺。虽然这一解释看起来直截了当，但是，随着近年来兼职工作的增加，以及人们对于较长工作年限的态度已经改变，有时就很难确定一个人何时才算真正退休了。但是，总的说来，基于以下几点，我们可以将退休人员和未退休人员区分开：退休人员年纪都比较大，通常都超过 50 岁，也不愿再花很多时间为了报酬而工作；他们更愿意获得专为退休者提供的那些收入，而且他们总是把自己当作退休者。

为退休所做的准备包括：决定何时退休，为退休后能过上充实、满意的生活作出计划。然而，由于近些年来政府和公司的举措，退休的决策变得复杂了。一方面，《就业年龄歧视法》实际上取消了任何法定的退休年龄限制。至于何时退休，实质上已变成几乎所有美国员工的自愿选择了。社会保障制度的改变也是在鼓励员工延期退休。员工从 62 岁起可以开始享受社会保障福利了，不过如果他越晚拿钱，每个月能拿的钱将越多。这些措施都在退休时间上向老年员工提供了更大的自由度。

人们对待退休的态度很可能是来源于他们对待工作的态度。由于工作使人类实现了如此多的功能，并且成为个人自身的一个重要组成部分，以至离开工作就好像一个人丢掉了他的自我概念一样。工作向人们提供了一种合适的社会地位，使人觉得自己对社会有用，生活也有目标；使人有机会去满足自己的一些基本需要，如融入社会、取得成就、获得权力以及名气。工作还能向人们提供金钱方面的报酬，帮助人们按部就班地安排日常生活。对于许多人来说，要放弃这些有形或无形的利益并不是那么容易。实际上，许多退休后感到空虚的员工常常去干"职业生涯后的职业"。

另一方面，也有许多员工喜欢退休，盼望过上那种没有压力的生活，既不用害怕工期将近，也没有上司监督，和长时间工作。了解为什么有一些人比别人更喜欢退休是非常重要的。退休能否使人感到满足，与许多因素有关，包括：在职期间为退休作了什么程度的财务准备，一笔可观的退休金，良好的健康状况，希望发展自己的爱好或期待已久的旅行，对工作缺乏激情,规划日常生活的能力,积极参加义工以及自视清高等。

面对不同的形势,老员工可能会发现,退休也可以有不同的形式。他可以按"传统"在65岁时就退休,也可以更早或更晚一些,具体要看他所处的环境如何。老员工还可以考虑在新的职业领域中"重新焕发青春",或者说重新点燃他们的激情和兴趣。因为在那里,他们可以作出重大的贡献,可以继续参与有意义的工作;但这要看他们有没有这份时间,有没有自己愿意去奉献的工作了。下面是可供老年员工选择的各种退休方案。

提前退休 在过去的30年里,工作人员选择提前退休,已经是一种普遍现象。组织以提供退休计划为手段来减少劳动力数量,这种方式不像全面减员那样苛刻,从而节约成本。几乎找不到哪家大公司不实行员工提前退休的做法了。而员工个人之所以要提前退休,一则可能是由于其技术水准过时,对工作不满意,身患周期性的或慢性疾病等原因所致;再则可能是因为员工想把更多的时间花在家里,外出旅游,做志愿者,或者谋求其他经济利益;三则可能是他已经挣够了钱,可以回家休息了,或者是得到了雇主如此慷慨的经济激励,使得提前退休很有意义。因此,虽然对于提前退休还没有统一的定义,但一般认为,它是指在还没到有资格领取全额养老金时就退休的一种决定,尤其是对那些从40岁中期到50岁后期的人而言。

分阶段退休 分阶段退休的意思是,上年纪的工作人员继续留在雇主手下,但逐步减少工作时间,这被视为走向完全退休的一个步骤。这种分阶段退休法意味着雇员要每天、每周、每月或每年分别减少若干工作小时。它还允许雇员逐步减少工作行为,同时继续锻炼其在以前职业生涯中培养起来的技能。因此,这样一来,签定长期合同的雇员就得以选择减少工作时间,减轻工作责任,或者二者兼而有之,作为走向完全退休的过渡台阶。

从组织这方面看,分阶段退休能让有价值的雇员继续留在公司内,与按照规定年龄退休的全退相比,这样可以工作更长的时期。此外,分阶段退休体现了组织的一种社会责任,因为它通过渐进式的就业形式,表示组织愿意容纳其雇员。

尽管分阶段退休看似雇主和雇员的双赢选择,它还是有若干可能的缺点。一是组织可能并不情愿提供无条件退休,快退休的某些雇员只有拥有合适的能力与态度,才能在分阶段退休安排中对组织作出有意义的贡献。除此以外,雇主不愿实行分阶段退休,是因为有政策规定1年内最低劳动多少小时就可以领取养老金,而福利养老金计划又规定要根据雇员在公司工作的最后几年的收入水平来计算养老金。为了绕开这些规定,有些雇主搞出了一种称之为"退休后再雇用"的分阶段退休计划。按照这种办法,全职工作人员先正式从企业退休,然后再回到企业干兼职工或临时工;这样一来,退休时点与再雇用时点之间的间隔,也就是数天而已。

就业桥 雇主为了吸引老年工人,越来越多地提供"就业桥"。它使已退休的工人从职业导向的工作改为一种过渡性的工作岗位,这样就在长期职业生涯中,从完全工作到完全退休之间架起一座"桥梁"。工作桥是一种组合,通常包括:工时减少,工作压力和责任都减轻,工作更加灵活,体力要求降低。从工人的角度看,就业桥可以给老年人提供额外收入,提供经济上的安全,而且促进身心健康。在这个意义上可以说,工作桥被视为在人的一生中既能做点有意义的事,又能控制工作角色的那么一个机会。此外,工作桥能让雇员集中于工作的有意义的方面,而无须考虑提拔或与工作安全、流动等有关的其他事情。

8.6　职业生涯晚期阶段组织的措施

组织的高层领导和管理人员要想合情合理地管理好老年员工，需要对职业生涯晚期阶段的种种问题有敏感的态度。这就必须对关于衰老的传统说法和实际情况之间的差别有清楚的认识，而且要认识到不同年龄段的员工的不同价值。

绩效标准和反馈

对老年员工应该制定清楚明了的绩效评价标准并使之知晓。当面对老年员工生产率低的问题时，应该用清楚的行为术语来表述绩效问题，要确定持续低绩效的后果，并提出改善绩效的方法。准确、无偏见的绩效评估对于保持高效的工作表现是必需的；如果必须解雇一个老年员工，这也是一个关键的书面理由。

教育和工作调整

有许多建议本是用来阻止、缓解职业生涯中期的落伍现象和管理在此阶段到达职业生涯高原的员工，但也和职业生涯晚期的员工有关。不断学习的机会，各种激励手段，责任明确的工作委派，以及持续的教育，这几方面结合起来，对于职业生涯晚期阶段的员工恢复士气能起到重大的作用。

为了克服老年员工的落伍问题，必须强调两个因素。第一，雇员必须相信，他能控制自己的职业生涯及其发展。第二，雇员 相信，他所做的工作有意义的，对社会是有积极贡献的。教育、训练和工作调整应该包括以下几部分：(1)对员工的培训和发展需要进行透彻评价；(2)设计出一套发展其能力的工作经历，比如对高级的专业、管理或行政技能进行培训；(3)对这种标准方法的效用作出评价；(4)确定员工未来再培训的需要，并制定相应的长期计划。

制定并落实非歧视性的政策

《就业年龄歧视防御法》(ADEA)在雇用、安排工作、报酬、提升和解雇等方面都禁止年龄歧视。实行非歧视政策，能竖立良好的组织形象，使组织避免陷入代价高昂的诉讼之中。按照 ADEA 来培训经理人员，还可培养出良好的企业意识，可以保证组织从社会责任出发来对待其老年雇员。

制定退休计划

退休计划能帮助员工顺利渡过从工作到退休的转变时期。具体说来，退休计划要解决诸多问题，如退休给健康和安全、住房、时间管理、法律问题以及理财计划等带来的一系列挑战。下面给出了对成功的退休计划的一些建议：

1. 退休计划应该关注退休的内在因素和外在因素两方面。外在因素有财务安全、住房调整以及法律问题。内在因素则包括由于不再工作而产生的各种心理问题。有些研究者已建议进行"现实的退休预览",使退休者对退休后的情况心中有数。

2. 退休计划应该先在小范围内实施,鼓励劳资双方之间的交流并提供有关咨询。这样,就能用一种更坦诚的形式,来讨论退休会给人们带来哪些社会的和心理上的影响。

3. 理想的做法是至少在预期退休之前五年,就让员工参与退休计划的讨论,以便有充分的时间来探讨所有的问题。咨询活动在退休以后也应持续一段时间。

4. 在讨论退休计划时,可以请已退休人员提供信息,充当榜样。

5. 夫妻共同参与制定退休计划的效果更好,应该鼓励。

6. 针对那些有特别强烈工作愿望的雇员,组织应该考虑为他们定出特殊的退休计划。因为这些雇员可能非常难于面对退休的前景。

7. 退休计划应该这样设计:它既有助于将要退休的人员保持积极的工作态度和绩效,又能使组织留住想留下的老员工,并教育这些老年员工如何选择退休方案(提前退休、分阶段退休以及就业桥)。但是,必须对退休计划进行仔细的评估,看其是否满足了雇员和组织双方的需要。

建立弹性工作制度

毋庸置疑,对于处于职业生涯晚期阶段的员工,许多组织都希望既能把那些有能力、适应能力强的人留住,使其在超过"正常"退休年龄后继续工作,又能让其他人提前退休。建立一套弹性工作制度就能很好地满足这两个目标。

对于临近退休年龄的能干的雇员,如果能让他们有更多的选择,而不只是照目前的样子全天上班,就能吸引他们继续工作。这些选择包括:从事兼职工作,安排特殊的咨询工作,工作分担,弹性的或缩短的工作时间,以及调整工作。阶段性退休和就业桥等措施也可以帮助组织既留住那些有宝贵价值的老员工,又为更年轻的员工扫清职业生涯前途上的障碍。

退休问题的另一面是鼓励能力较差或适应能力不强的员工早点退休。而一些创新的措施可以满足雇员和组织双方的需要。这些创新措施包括:对没有拿到得全额社会保障金就退休的员工,对其所失给予补贴,给予现金红利,将其附加利益延长到 65 岁,提高退休金中的生活费,对提前退休给予全额退休金。

雇用老员工

婴儿潮那一代人的变老,创造出一个不断增大的年届退休者池,这些人要寻找替代的工作。与此相应,雇主也可以从这个池子中雇用人手,以充实目前和未来对劳动力的需求。这时,组织就需要发展出一些有创造性的方法,来吸引、培训这些工人。这些方法至少应该包括:把公司的招聘信息告知可能应聘的工人,运用营销技术以突出公司的计划,建立一种内部工作氛围以吸引年老工人。有几家组织已经发展出了创造性的方法,向 50 岁以上的工人伸出了招聘之手。

8.7　职业生涯晚期阶段的个人行为

在职业生涯晚期阶段以积极的态度进行职业生涯管理，其重要性并不亚于职业生涯发展早期阶段的管理。本章前述对职业生涯中期阶段雇员的建议，同样适用于处于职业生涯晚期的人员；尤其由于存在关于年龄的思维定式，上年纪的员工就更难获得挑战性和责任更重大的工作，或更多平级调动的机会。因此，要使职业生涯晚期阶段的雇员与组织相互适应，就必须明确个人目前的职业生涯需要，制定自信的职业生涯战略。

如同许多其他职业生涯问题，无论雇主是否提供一个正式的退休计划，退休计划都应该由雇员个人来掌握。另外我们建议，个人制定退休计划的方法可以采用贯穿本书的那些职业生涯管理的有效方法。应该鼓励临近退休的人，收集有关他们的财务收支、所喜爱的生活方式、社会和心理上的需要等有关信息。这个退休计划还应该包括发展经济上、社会上以及个人的目标，以及确定行动的步骤。个人还应该向专家寻求财务上的建议。总体上说，对退休计划应该给予和早期职业生涯计划同等的关注。

正准备退休的人应该问自己一些基本的问题，诸如：退休后我怎样生活？我真正关心的是什么？做些什么才是有价值的和值得的？通过这种方式深入地了解自己的兴趣爱好和价值标准，即将退休的雇员才能获得一张更清晰的图景，知道他们在退休后希望达到的是什么目标，喜欢过上哪种生活方式。

小结

职业生涯中期阶段给雇员提出了两大任务——正视中年期转型以及在工作中保持生产效率。中年期转型是沟通成年青年时期和中年时期的桥梁。意识到自己行将衰老和对失去青春的恐惧，使得许多员工需要将生活上的成就与他们年轻时的志向调和起来。虽然职业生涯中期阶段的员工在此期间并非必然经历一场危机，但是，对成就和目标做一番重新评价，对于帮助人们以一种建设性的、富有成效的方式步入中年阶段还是很有必要的。

如果雇员意识到他们已经达到职业生涯高原，将来已不大可能再得到晋升，其生产率就可能受到阻碍。虽然有些进入职业生涯中期阶段的雇员对这种高原现象会感到沮丧、愧疚、萎靡不振，但其他人会建立别的目标来替代向上爬这一原来的目标，从而适应这种变化。如果进入职业生涯中期的雇员缺乏足够新的知识和技能以保持高的工作绩效，就可能在技术能力或管理能力上落伍，最终会失去工作。

组织可以通过下列方式，促进处于职业生涯中期阶段的雇员对其职业生涯进行有效的管理：(1)帮助雇员理解他们在职业生涯中期的种种经历；(2)提供各种职务调动的机会，包括平级调动和降级使用；(3)给现有工作提供足够的挑战和责任，以维持员工的工作热情和生产效率；(4)当安排具有挑战性的工作时，要提供培训和再培训，补充其知识；(5)鼓励处于职业生涯中期阶段的雇员去培训年轻同事。而雇员个人则需要深入了解自己的价值观和动机，重新评价目前的职业生涯前景，还要建立一种通过做多种工作都能实现的概念性职业生涯目标。

职业生涯晚期阶段也会对雇员的动机和工作表现提出潜在的威胁。老年雇员不得不应付因职业生涯中期阶段落伍或陷入职业生涯高原所造成的种种麻烦,而且他们还不得不与那些阻碍自己继续进步的"年龄偏见"作斗争。最后,处于职业生涯晚期阶段的雇员必须开始考虑与退休有关的许多问题。处于职业生涯后期的雇员,可以有很多退休后工作选择(自愿退休、分阶段退休或就业桥)。

组织可以通过下列方式来帮助职业生涯晚期阶段的雇员:(1)理解他们的特有问题;(2)制定清晰的绩效标准并给出具体的反馈;(3)给予有挑战性的工作并提供持续的培训,以保持他们的活力;(4)制定和完善有关老年员工的非歧视政策;(5)制定有效的退休前计划;(6)为临近退休年龄的雇员建立弹性工作方式。个人在职业生涯晚期阶段应该保持积极的警觉,还应该认真仔细做好退休计划。

作业

如果你已经 40 多岁了,请花几分钟自省一下,想一想自己的职业生涯和个人生活经历。你认为自己是否度过了(或正在经历)中年期转型?如果这一过程已经过去,那么在转型期你都处理过(或正在处理)哪些类型的问题?描述一下你在中年转型以后,自己(在工作、家庭或个人生活上)经历了哪些变化。你以前(或现在)是把这一时期看作一个危机时期吗?无论是或否,都说说为什么这样看。如果你认为自己没有经历过中年期转型,那又是为什么?这种现象与本章和第 2 章讨论的莱文森的理论不相符合,你又如何解释?

如果你没到 40 岁,那就请去拜访一位 40 多岁或 50 岁出头的朋友、亲戚或同事。判断一下这人是否经历了中年期转型。如果已经有了这一转变,那么在转型期他都处理过哪类问题?请描述一下在中年转型以后,此人(在工作、家庭或个人生活上)有哪些改变。此人是否把这一时期视为一个危机时期?无论是与否,请讲出为什么。如果此人似乎没有经历过这场转变,那又为什么?这种情况与本章和第 2 章讨论的莱文森的理论不相符合,你又如何解释?

讨论题

1. 对于"在组织中,如果雇员达到了职业生涯高原,其生产率和满意度都会大大降低"这一论点,你是支持还是反对?请说明自己的理由。

2. 什么是区分组织中的"可靠雇员"与处于职业生涯高原的"无用的人"的标志?组织要采取什么行动才能来防止可靠的雇员变成"无用的人"?哪些因素可能会阻碍组织采取这些行动?

3. 什么原因能引发中年人产生改换工作的想法?哪些因素又阻止人真正发生这样的转变?中年人在什么时候改换工作是适时的行为?员工应该在什么时候变换工作才能使自己不受现实问题的困扰?

4. 对老年雇员的普遍成见是什么?你认为这些成见总的说来是对还是错?这些成

见对于组织管理老年员工的方式会产生哪些影响？

5. 为什么一些老年雇员盼望退休，而另一些老年雇员对离开工作之后的前景心存畏惧？为了给自己的退休做好准备，应该制定什么样的计划？为什么要提前开始制定退休计划？

案例

银行职员乔治

乔治头脑中一片空白，走上列车、列车驶动、回到家中都是下意识的行为。他的世界一片混乱，他不知道应该感到愤怒还是解脱，疲惫还是绝望？

乔治拥有一份大多数人都会认同的"好工作"，即在奥贝利斯科银行（名字是虚构的）担任会计部的副总经理。奥贝利斯科是一家拥有 40 亿美元资产的中等大小的地区银行。到 54 岁时，乔治相信自己将按自己的（经济）要求，在自己觉得合适的时间从奥贝利斯科舒心地退休。差不多 23 年前，乔治开始在奥贝利斯科工作。在高中毕业后，他在海军待了四年，接着用美国士兵奖学金修完了会计学士学位。后来他做了六年的公众会计，在此期间获得了注册会计师资格。这之后乔治加入了奥贝利斯科，担任助理主计长。他在银行的早期职业生涯一帆风顺，但他在八年前就已获得了现在这个职务。乔治对他的工作和自己的成绩记录基本上满意，虽然从他 45 岁左右开始就隐约地有一种不满足感甚至失望的感觉。他知道没有 MBA 学位阻碍了他的继续升职。他已发现在过去四年中为了提拔年轻得多的同事，他已两度与晋升擦肩而过。甚至他也曾半开玩笑地想回到学校拿个 MBA，但年龄和缺乏强烈的欲望使这事情未能做成。

乔治的大女儿今年从大学毕业。她计划在秋季升入研究生学院。他的小女儿也已进了大学。乔治很自豪地给同事讲他如何将两个女儿送入了大学。五年前乔治的妻子又重新参加了工作，负责管理一个礼品商店。她的薪水对家庭来说是一项很好的增收，但要真的支付所有账单还远远不够。大学学费是一项沉重的经济负担，而且抵押贷款还要再还九年。以自己的父亲作为榜样，乔治把自己的主要生活角色看成是家庭里的经济支柱。因为经济、情感和心理上的原因，乔治无论如何还不能退休。

这天早上，乔治像往常一样去上班。在过去的 3 个月中，奥贝利斯科内到处散布着"已经成为另一个州一家大银行的收购目标"的谣言。银行的高级管理层甚至写了给雇员的公开信，用非常确切的措辞告诉大家：银行不会出售，高级管理层会抵制任何收购竞标。乔治看了给雇员的公开信很受鼓舞。他个人相信银行的最高层会采取任何必要的措施来防止被收购。

乔治开始回想起他高中橄榄球教练告诉队员的许多格言中的一条："在橄榄球比赛中最糟糕的一击是当你措手不及时。因为你根本看不到这一击的到来，也就实在没法对它作出准备。"现在乔治对老教练的至理名言有了比以前更深入的认识。在这天下午晚些时候，他接到人力资源部一个秘书的电话，说人力资源部的头头要立即见他。人力资源部的高级副总裁很坦率地传递出一个信息。奥贝利斯科正在削减成本以避免被收购，几个高级职员成了免职的对象。乔治有两个选择：银行将名义上给他多增加三年的任职，使他能提前退休但到了 59 岁半的时候还能领取全额的退休金；或者给他一份包含一年薪水、六个月医疗保险和三个月职务介绍帮助的遣散费。公司只给了乔治一天时间作出选择，但无论选择哪个，他在奥贝利斯科的最后一天是星期五，也就是三天后。

当乔治回到家时，屋里没人。他的两个女儿出去了，妻子要工作到晚上 10 点。乔治很少在下班后喝酒，但今晚不同了。他放软了身子靠着椅子，小口地喝着酒，思考着。大约 29 年前，他的大学室友劝说他加入自己的公司，薪水一样多，但公司能资助他修 MBA 学位。而且，跳出会计领域进入到更全面的管理领域的机会是非常吸引人的。12 年前，乔治的表姐希望他加入她刚组建的注册会计师事务所。他能成为她的合伙人，但收入较不稳定而福利无论如何都不会像在奥贝利斯科一样好。乔治年纪更轻点时，交友非常广泛，这使得他在过去几年碰到过不少不错的工作机会。但每当他有机会改换工作时，他总想起离开奥贝利斯科他将失去的东西。银行坚如磐石。银行提供了安全感，而且由于他太有价值了，银行绝不会让他离开。当乔治发现每次他都选择了安全而不是机遇的事实，变得非常沮丧。

乔治开始怨恨。他将其一生给了奥贝利斯科。在需要时，他欣然地在晚上和周末加班。他还记得由于他太专注于银行的工作而错过女儿们学校的典礼的次数。他从不曾度过超过一周的假期，因为他相信他更需要待在办公室而不能空闲超过一周。乔治试图确定他在未来几小时内必须解决的所有问题。这些问题蜂拥而至，毫无头绪：在接下来的四年里，大学学费将花掉我多少钱？我还能活多少年？妻子和我是否还能像我们计划的那样周游世界？什么公司还会愿意雇用一个 54 岁、工作经历却很有限的会计？哪个遣散费计划更靠谱？我是否该考虑开始自己的生意？我是否该雇个律师投诉奥贝利斯科违反了年龄歧视法律条例？我的家人是不是会将我视为失败者？我们是不是要卖掉房子，找一个小点儿的搬进去？

乔治又灌了自己一杯酒。他听到车库大门正在关上，听到了日常的问候："嗨，亲爱的，今天过得怎样？"

案例分析与问题

1. 你怎么评价奥贝利斯科解雇乔治的方案？如果不这样，他们能够或应该怎么做？

2. 你认为乔治为什么在自己遭免职的事上被"蒙在鼓里"了？你认为乔治是否有别的方法能看到解职的来临？

3. 你认为为什么乔治每次都选择了安全感而非机遇？

4. 你认为乔治是否有权利怨恨奥贝利斯科呢？

5. 乔治应该接受提前退休计划还是遣散费计划？你看目前对于乔治来说近期和远期的职业生涯决策关键问题是什么？为了找到工作他应采取什么行动？

6. 如果你来作出一个预测，你认为在未来五年中乔治的职业生涯和个人生活会怎样？

第三篇

现代职业管理问题

职业生涯管理(第 4 版)
Career Management

第 **9** 章

工作压力和职业生涯

工作场所存在着工作压力,这是员工和组织管理者都要考虑的重要问题。工作压力严重地损害了个人的身体健康和精神健康,以及组织的盈利状况。确实,压力会导致诸如沮丧、筋疲力尽、心理和生理上的疾病,以及对工作满意度低的负面影响。每年因工作压力给美国各类组织造成的额外成本,即日益增加的旷工和人员跳槽、低生产率和高医疗费用,以及工人的赔偿要求等,已经达到几千亿美元以上。

在今天的组织环境中,人们承受着持续升级的来自更多方面的更大压力。研究表明,大多数雇员认为,工作压力在增大,这些压力导致其生理上出现了种种迹象,如疲劳、头疼、胃部不适和肌肉紧张。压力的产生有几种原因——工作时间过长,工作中缺乏交流,过高的工作要求,而自己在工作中又没有自主权,与同事之间的冲突,收入上的担忧,以及工作和家庭生活之间的失衡。人们必然更加认识到压力在他们生活中起什么作用。过大的压力会严重地损害雇员的工作绩效和职业生涯的成功。不仅如此,工作压力不会自行消失。人们对于工作压力,在学会控制它以前,先要理解其本质。最后,人们应理解为解决工作压力所需的支持机制。

在这一章,我们考察工作压力问题。首先,我们对压力作出定义,指明其原因和结果。然后,我们要进一步深入考察的主题是造成工作压力的三种具体原因——A 类行为、职业转换和工作环境中的偏见。此外,我们还要讨论媒体广泛论及的"工作倦怠"和技术引致的压力/沉迷工作问题。在本章最后,我们将提供一些使个人和组织在管理其职业生涯和个人生活的过程中,能够较好地应对压力的方法。

9.1 工作压力概述

压力是由人与环境的相互作用产生的,但它使人疲于奔命而不堪承受,无力应付。从更一般的意义上说,当人们面对机会、约束或要求时就会产生压力。"机会"是指某人所处的一种能使他的利益或欲望得到额外满足的情境,例如被委派新的工作或者得到提升。另外,"约束"则是会妨碍他获得额外满足的一种威胁,例如工作升迁被否决这种限制。"要求"则威胁某人离开当前令人满意的情境,例如某人被解雇而失去工作。

一种具体的情境可能同时代表了机会、约束和要求。例如委派某人去做新的、富于挑战性的工作,可能就代表着提供发展某种技能和获得必要展示的机会;但它同时约束了他与家人在一起的时间;并且,如果这种工作太沉重,超出了个人的能力,而影响到他的工作效率和满足程度,那就可能变成要求。一种情境——不论是机会、约束还是要求——在超过或者有可能超过个人的处理能力时都是有压力的。

说到压力怎样产生的问题,个人就必须留意,在大局已定,但对环境却缺乏控制,或者支持系统很薄弱时,会出现什么具体结果。如果某人对将来在工作组织内的职务晋升抱无所谓的态度,则分派给他的新工作可能就不会产生重大的压力,因为其结果(未来的晋升)对他并没有多么重要。压力是由不确定性、不可预知性和不知道所造成的。如果某人能确知一个新的工作将是令人满意并且稳定的,那么,与他不知道这些情况相比,他的压力就不会那么大。从这个意义上说,人们必须带着感情投入到某种不确定的形势之中,因为它有可能造成压力。让我们看看刚毕业的研究生克里斯蒂的例子:

> 作为一个刚毕业的 MBA,克里斯蒂度过了几个难眠之夜,盘算着怎样在新雇主的执行经理办公会上阐述自己对产品的建议。在最后 3 个星期,她夜以继日地准备自己的报告和出场的表现。她把这个建议看成对自己为组织作贡献的第一次真正考验。如果她成功了,领导们就可能认为她有当管理人员的潜质。克里斯蒂的陈述用了 5 分钟时间,接下来的 10 分钟是回答执行经理们提出的问题。公司总裁对她的优雅表现表示了感谢,然后请她退席。她离开房间时觉得浑身发冷,大汗淋漓。她迅速去了最近的女盥洗室,放松下来,浑身仍然战栗不止。

克里斯蒂的出席,是考验她自己的一个机会,也是给管理团队留下印象的机会,但也是对她的面子和她在公司内名声的一种威胁。她不知道汇报的结果将会怎样,但她对此非常关心,因为这对她未来在公司的职业生涯很重要。在这样的情境下,就可以理解为何她会感到如此大的压力,以致如此狼狈不堪了。

9.2　压力的来源与结果

图 9.1 表示了工作压力过程的概况。这种方法把环境的压力因素与人们对压迫感、紧张状态和压力的结果一一区别开来。

表 9.1 区分了造成环境压力的各种因素。这些因素可以被理解为"产生压力过程的刺激"。这些因素包括工作环境以内和以外的。压力可以产生于:工作形势不明确,超出(或者低于)某人的能力,要求付出额外的工作时间(加班),或者使某人处于冲突的两人或两个群体的夹缝之中。压力可能来源于组织的政策或实践,来源于工作本身的要求,来源于工作的物理和社会环境的性质。由于得不到职业生涯的发展机会,缺少与工作相关的声望,没出过几次差,也不像有什么前途,人就会非常苦恼。

有研究发现,压力刺激属于妨害型导向(如引发组织政治、文牍主义、角色模糊等),与工作业绩负相关。但挑战型刺激(如大工作量、时间压力、工作规模)能调动工作人员的积极性,因此与工作业绩是正相关的,甚至能引起其他紧张,如疲劳和筋疲力尽。在非工作

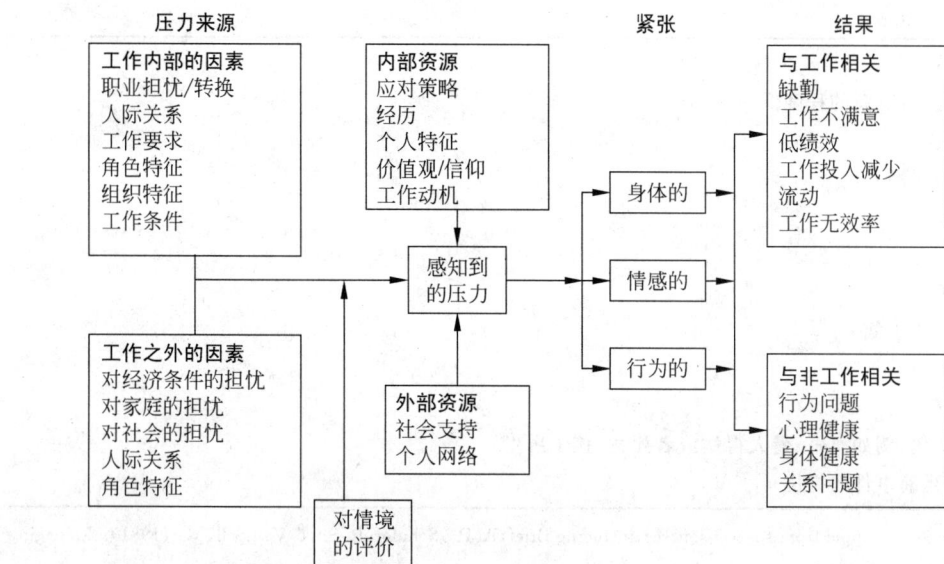

图 9.1 工作压力的过程（图示）

压力来源

工作内部的因素
职业担忧/转换
人际关系
工作要求
角色特征
组织特征
工作条件

内部资源
应对策略
经历
个人特征
价值观/信仰
工作动机

感知到
的压力

工作之外的因素
对经济条件的担忧
对家庭的担忧
对社会的担忧
人际关系
角色特征

外部资源
社会支持
个人网络

对情境
的评价

紧张

身体的

情感的

行为的

结果

与工作相关
缺勤
工作不满意
低绩效
工作投入减少
流动
工作无效率

与非工作相关
行为问题
心理健康
身体健康
关系问题

图 9.1　工作压力的过程

环境中也能产生压力,诸如家庭财务、健康问题和人际关系等个人因素,都能带来重大的负担和紧张感。

表 9.1　环境压力因素

本职问题或改变职业

工作、雇主或工作地点改变

技术过时

职业高原(不可能再进步了)

同事的偏见

失业

退休

人际关系

群体内或群体间的冲突

竞争

不妥帖或不公平的管理

工作要求

时间压力和最后期限

本人的职责

重复性的工作

角色的特征

角色冲突:陷入相互冲突的期望中

角色模糊:对期望和业绩规定不清

任务过重/不足:过多或者过少的工作

续表

组织的特征

集权化,参与决策的程度低

缺乏交流

不公平的报酬

工作条件

拥挤

噪音严重

温度过高或过低

非工作压力

家庭冲突

生活的变化,例如离婚、爱人得病或者死亡、孩子出生

对经济/当前事件的担忧

资料来源:Adapted from several sources,including Brief,A. P. ,Schuler,R. S. ,& Van Sell,M. (1981). Managing Job Stress. Boston:Little, Brown Spector,P. E. (2006), Stress at work. In J. H. Greenhaus & G. A. Callanan Eds. , Encyclopedia of career development(pp. 771-778). Thousand Oaks,CA;Sage.

　　存在着环境紧张因素,并非必然就使人紧张,具体要依人们如何理解和评价这些环境而定。对于某种环境,有些人可能并不十分看重,因而会减小他心目中压力的程度。例如,假如克里斯蒂的职业对她来说不那么重要,明天的汇报会就不会对她产生那么大的压力。或者,某人对自己应对某一情境的能力很自信,根本不把它当成一种威胁,就不会感到没有把握。因此,被某人视为压力的情境,另一人可能就不觉得是压力。人的性格,如个性或应付能力,有助于人们觉察这些紧张因素,并作出不同程度的反应。例如,高度神经过敏(情绪不稳定)的人就往往难以控制压力形势,因为当他们一遇到紧张局面,就容易感情冲动,不是力求躲避,就是急于否定。

　　除了具体环境的压力之外,某些人的个性特点可能会造成另一种压力。例如,不管环境条件怎样,高度焦虑的员工往往会感到更大的压力。其他的个人品质,诸如A类特性(我们很快将深入讨论之)、固执和对不确定性缺乏忍耐等,都会加强压力感。此外,某些人不能正确对待压力,不论工作形势有什么特点,他们都觉得有压力。重点在于,压力是由被认为是有威胁的某一具体环境产生,也可以由认为生活环境紧张的一般个人倾向产生。

　　除此之外,雇员对工作形势的控制程度,也能决定这种形势会不会给自己带来压力。如果雇员能完全把握住特定的工作任务(如完成任务的途径,或进行工作的时间、地点等),他就可能避免造成压力的苗头,或者把这种苗头视为一种挑战,而不是障碍。对于非常紧迫的工作,这种控制可能是非常重要的。

　　人一旦感觉到有压力,就会产生多种紧张症状。这些紧张的症状又会在身体的、情感的和行为的各种变化中明显地表现出来(见表9.2)。该表把工作压力对生理和心理健康的影响一一归纳出来。实际上,人们已经把压力和心血管疾病、肠胃功能失调、病毒感染、暴饮暴食、吸毒、嗜酒以及其他与健康相关的问题联系起来了。

表 9.2　紧张症状的例子

与生理有关的
短期：心率加快、起鸡皮疙瘩、呼吸紧张
长期：溃疡、高血压、心脏病
无特定部位的：肾上腺、胃酸分泌增多
与心理有关的
情感冷淡、厌倦
精神恍惚、无法集中注意力
喜怒无常
消极
与行为有关的
突然大量饮酒
吸烟习惯的突然变化
突然性、可被察觉到的体重增减
呼吸困难

资料来源：Taken from a longer list developed by Schuler. , Schuler, R. S. (1980) Definition and Conceptualization of Stress in Organizations. Organizational Behavior and Human Performance 24,115-130.

　　当然,并非所有感受到压力的人都会有这些紧张的症状。有些人天生就有较高的抗压能力。此外,有效的应对技能也能保护人们避免受到极度压力的破坏性影响。进一步说,能够得到其他人的支持,也有助于把压力保持在可控制的范围内,使人不会对产生压力的环境作出过于消极的反应。下面一节将讨论以什么战略来应对压力。

　　过分紧张会降低工作热情和生产率,而对工作的不满意程度、旷工和跳槽则增多。简言之,过大的工作压力不仅仅会威胁到人的身心健康,还会危及组织的正常运行。长时间处于压力状态会使人虚弱,明显影响其健康和生产率,可能还会造成身心疲惫。此外,研究发现,过度的压力与工作场所的骚扰和暴力行为有很大的关系。

　　压力本身并不一定有害,认识这一点是非常重要的。事实上,许多研究人员已经得出结论：适度的压力能够增进绩效和健康。压力达到极端状态(即压力过低或者过高)会使人苦恼,因为它们要么刺激不足,要么过度刺激。而理想水平的压力则具有挑战性,并使人产生积极压力(即积极的感觉和高度投入工作),而不是苦恼。现代思想认为,管理者应当鼓励员工把挑战视为积极压力。这种看法是从积极方面来解释眼前的挑战,从而可以最大限度地减轻痛苦。因此,必须对压力问题进行管理,以创造一种每个雇员自己所能认可的平衡,使个人和组织都处于发挥其最佳功能的平衡状态。

压力来源之一：A 类行为

　　前面说过,人的需求、动机和行为模式可以给人造成压力。有这样一种关乎个性的行为模式被称为 A 型行为,其特征是争强好胜,极端急躁,只争朝夕,愿意过快节奏的生活方式,喜好同时做许多事情,以及一贯追求成就和完美。与之相反的是 B 型行为模式,其特征是：其竞争心较低或仅为中等水平,相当耐心,追求成就和完美的心情不那么强烈。

人们认为,A型行为模式源自人们对自己和世界的某种信念和恐惧。例如,与B型的人相比,A型的人就会高估自己的能力、感情和自我价值。此外,A型人还倾向于根据他们获取的物质成就来评判自己的价值。

从积极的一面来看,A型的员工会埋头工作并具有高度的职业成就感和自尊心。此外,他们可能比B型的同事有更高的生产率,这主要是因为他们心存与自己竞争之信念,有能力处理多项工作,并且自己的绩效目标定得比较高。另一方面,对A型人格的研究发现,展示这种特点的员工也会遇到比较大的工作压力,以及患上诸如冠心病之类的疾病;而且他们对工作的满意度、对组织的责任感比较低,流失率也比较高。

目前已经开发了一些计划来帮助A类的人改变他们这些有害的行为。很多这类干预计划都包括自我评价、人生观重新定向、行为疗法以及精神疗法。然而,减轻A型行为会不会降低这些员工的工作效率呢? 一些研究人员认为不会。有研究认为,最有效的干预技术可以改变A型行为中的负面因素。其结果就意味着:在全面放松时,这些干预技术可以使心理表征得到更好的改善。其言下之意是,谁能成功地克制争强好胜和急躁脾气,谁能更好地控制自己急于表现的心态,谁就能在有压力的工作环境下减少损害健康的可能性,而不会影响工作绩效。

压力来源之二：职业转换

当某人得到第一份工作、得到升迁或者改换雇主时,这种职业的转变会带来客观上角色特点的变化,也会带来当前角色方向的调整,即由于工作职责、同事或自身行为的改变而引起工作态度的变化。所有的职业转换都会导致新、旧工作环境的变化和对比。例如,一名新被调动并重新安排工作的员工就需要作出许多调整,以适应新的工作、新的老板、新的同事、新的办公室,甚至可能包括新的工作规范和期望。此外,还得到另外的社区去安一个新家,遇到新的邻居;如果有孩子的话,还要去新的学校,建立新的友谊。

通常,改变职业要求作出调整以适应新的任务、人际关系和期望,这是不言而喻的。但是这些真的会产生广泛的压力吗? 就像第9章讨论过的那样,这种转变的形式之一——失业——是与诸如健康状态不良、沮丧、失眠、易怒、降低自尊心和孤立无助感等紧张症状息息相关的。除了失业以外,什么时候改变职业会产生高度的压力呢?

1. 改行去做自己不想干的职业,比做想干的职业更可能有压力。大多数员工都渴望得到升迁和通常会随之而来的加薪。另外,正如上面所指出的,失业或丢掉工作可能会对人的财力安全和自我价值感产生破坏性的影响。有消极内涵的人生变化会产生更多的心理压力。实际上,有几名研究人员已经讨论过,那些将职业高原看作职业失败的人,会在长时期感到与工作相关的压力。他们还研究了职业高原为什么会影响其所感受到的压力程度。例如,用两种人来比较,一种是不求升迁的人,另一种是觉得组织认为他们不值得升迁才使自己进入高原期的人,则前者体验到的压力会更小。

2. 如果职业转变引起广泛的变化,例如要去另一家组织、从事另一种职业,或者搬到另一个地区居住,与那些变动不大的职业转换相比,前者会产生更多的压力,也更需要适应这种转变。

3. 突发的、意料之外的职业转变比循序渐进的变换更令人震惊,压力也更大。此外,转变所产生的不确定性和恐惧感也会产生压力。如果这种转变在意料之中且结果也很明确,就使员工来得及对变化做好准备,并想出更有建设性的应对措施。

4. 如果职业本身在转变,再加上生活中的其他变化(例如结婚、离婚、生孩子、家庭成员得重病、经济拮据),就比单纯的、没有其他生活变化的职业变换更有压力。

5. 强加于个人的职业变换比个人自己控制的变换更有压力。强加的变换可能不像主动的变换那样合乎自己的愿望,而且变换的时间可能也超出了个人的控制范围。当那种产生压力的环境的起讫时间不受个人控制时,压力就会更大。非自愿的改换职业,比如丢掉工作,或搬到其他地区居住,都是导致压力的原因。

总之,职业变换带来的压力,可能会随着这种变换的具体特点,以及同时发生的生活压力、个人所得到的支持、应对措施和心理素质的不同而各不相同。个人的应对策略还能帮助他自己应对这种变换所带来的改变和调整。本章后面部分将评价这种有效应对行为的特点。请考虑下面的例子,该例子展示了改换职业所引起的压力的多方面性质。

> 伊沙贝尔感到自己快要崩溃了,急需别人的帮助。三个月前,她被出人意料地提升为公司的质量保证部经理。尽管这次升迁令她喜出望外,但对她的时间要求却非同寻常。她每周已经干到了 70 个小时,还看不出有松口气的可能。此外,伊沙贝尔的家庭生活也令她应接不暇。伊沙贝尔已经离了婚,有一个 3 岁的儿子,她上班时不得不靠她的母亲来照看这个孩子。这种安排对伊沙贝尔来说是理想的,因为这使她能腾出手来,需要工作多长时间就干多长时间,不用担心没工夫照看孩子,或因此而感到内疚。但不幸的事发生了,2 个星期前,伊沙贝尔上班时接到了本地医院的电话——她母亲摔了一个跟头,扭伤了胯骨。伊沙贝尔生活中的压力一下子加倍了——她必须完成工作,照顾孩子的理想做法也行不通了,还得设法照顾生病的母亲。她感到自己的头都快要爆炸了,简直不知该如何是好。她在本地区也没有其他直系亲属,朋友们的日子过得和她一样忙。她明白,她的新老板不会同情自己,她也不知道公司有没有办法能帮她度过这场危机。

这个例子强调了职业变换带来压力的多重性。伊沙贝尔升迁的新工作对时间要求过多,这本身就是一种诱发压力的职业变换。再加上伊沙贝尔生活中其他事件又给她额外加压,使她更加紧张。在此刻,伊沙贝尔从她的困境中看不到任何出路(也就是说,她无法得到应对的资源和支持)。我们本章后面会讨论到,更多创新型的组织已经作出调整,以适应像伊沙贝尔这样的员工的需要,他们正在经受重大职业变换及与之相关的各种压力。雇主们提出了几种方案,想帮助他们那些因职业变换而遇到矛盾的雇员,研究人员也在讨论组织应如何帮助那些正在经历充满压力的职业变换的员工。

压力来源之三:雇用偏见

组织和个人方面有一系列广泛的因素都会产生工作压力。而某些员工如果面对的是组织中的偏见和歧视,也会受到压力。尽管不清楚女员工和少数族裔员工受到的压力是否比其他员工更大,但有重要的证据表明,某些组织和社会条件确实可能会对这些群体有显著的压力。

从历史角度看,有研究表明,在男性占支配地位的领域中,女性尤其是职业女性,除了遇到男性所经历的一般压力之外,还会承受来自四个方面的独特压力:就业歧视、女性角色成见(性别歧视)、社交隔阂以及工作和家庭之间的冲突。此外,许多少数族裔员工还遭受到种族成见、升迁机会受限制和社交隔阂的压力。有若干项研究都报告说,种族歧视与压力之间存在着关联。这种可见的歧视往往与较低的组织责任感、较低的工作满意度以及工作压力大联系在一起。为了减轻少数族裔员工受到的压力,组织必须改变做法,不以种族或文化为基础,而是以技术为基础;并且对于很多少数族裔雇员受到的人际关系和制度上的种族歧视,组织必须坚持不懈地提出挑战。

当一个雇员被各种偏见、歧视和成见所包围,又不能使自己的才能或志向与组织中的机会相适应,就会对压力变得非常脆弱。在"显眼"职位上工作的员工可能会感到自己疏远了组织员工的主体。并且,任何"第一个"——例如,某家组织中第一位女性或少数族裔副总裁——很可能会感到压力很大。这些压力不仅包括作为"第一个"获得特殊职务者所受到的压力,还包括他不得不应对同事对他可能的偏见。保持高水平的绩效也会产生额外的压力,因为人们通常更密切的关注女性、有色人种和同性恋者,看他们是否配得上新的职位。由于此人已成为基层的少数族裔群体成员的榜样,所以也会感到压力。

并非所有的少数族裔都会遇到偏见和感到孤立,也并非所有组织都对其少数族裔员工抱有成见和歧视的态度。认识到这一点很重要。我们这里只是说,可能会有这些压力来源;并指出,如果有这些问题,个人和组织都有必要理解这个问题并作出必要的修正。毋庸置疑,对于少数族裔和女性经历的压力以及它对个人和组织所产生的结果,还需要做进一步的研究。第11章将对雇用偏见进行更彻底的讨论。

心力交瘁

传奇般的橄榄球教练迪克·弗梅尔(Dick Vermeil),1976年在美国橄榄球联盟费城老鹰队开始其主教练的职业生涯。弗梅尔教练在费城赢了很多场球,1989年被任命为美国橄榄球联盟的教练。1981年他率领老鹰队打入第14届橄榄球超级杯大赛。但在1982年赛季以后,他以心力交瘁为由突然退休,令很多人惊讶不已。90年代末期,弗梅尔教练终于又回归橄榄球联盟,执教圣路易斯的Rams队,并指挥该球队在2000年赛季取得了胜利。在过去30年里,许多企业界、政界和体育界人士都说过自己已经心力交瘁,感到职业生活的压力如此之大,使他们已经无法继续工作了。

心力交瘁是一种由于长期工作压力导致的心理过度紧张疲劳的反应。人们最初认为,心力交瘁主要与高强度接触人的工作有关,如社会服务单位和医疗健康单位的工作。现在人们认识到,心力交瘁在许多职业和行业中都是一种普遍现象。人们把心力交瘁说成是以感情耗尽为标志的工作中的萎靡不振。心力交瘁也被看作一种动机问题,因为遭受这种苦痛的人在工作中的投入度很低。心力交瘁的人往往表现为无法工作下去,大多数原因是他们感到自己已经无能为力了。心力交瘁像经济萧条一样,是一种复杂的现象,导致心力交瘁的原因很多,也可能以多种方式表现出来。

心力交瘁包括三种互相关联的因素或心理反应。首先,持续的接触(并且负责)他人的问题,最终会产生感情枯竭的感觉。感情枯竭是指因感情或身体原因导致感情过度拉伸而消耗殆尽的状态。为应付手头那些劳神伤气的工作，心力交瘁的工人变得对他人不是冷嘲热讽就是铁石心肠，把那些人像东西、而不是像人一样地对待。逐渐的，心力交瘁的工人，由于不能全面评价自己，导致工作中产生了一事无成的感觉。

　　造成心力交瘁的许多原因都是在工作环境中所遇到的那些压力来源：回报不足、工作失控、职责不清、缺乏支持、不公平、价值观上的冲突，以及无法承受的工作负担。而要使这些压力源造成人的心力交瘁，又在于几种个人特征：不切实际的期望，因失败而产生负疚感，以及应对压力的不当倾向。例如，一个理想主义的技术顾问本想在预定的截止日之前完成一项计划，而且本想热心帮助其客户从本组织得到适当的资源，来建成一个新的信息系统；但由于无法从组织凑齐这些资源，他就可能会沮丧。这个顾问可能还会在某种程度上认为，是由于他的个人缺点，才使组织提供不出这些资源的。当这种局面把这个人推到其所能承受的压力边界以外时，就造成了心力交瘁。

　　个人是以积极还是消极的方式来看世界，是另一种可能会导致心力交瘁的个人特征。这些以积极或消极的态度看待事件的倾向可能会影响人们对压力的感受。人们已经发现，有消极倾向的人会感到自己的角色压力太大，感情耗尽，失去个性，并抱怨社会支持不够。他们还会容易焦虑，往往感到工作中缺乏安全感。至于那些有积极倾向的人，人们发现，他们不大讲自己"心力交瘁"，反而大讲其个人成就，所管的组织事务很多，对工作很满意，以及缺勤少、工伤少等情况。由此可见，人们看待生活中事件的态度也能提高（或降低）心力交瘁的几率。

　　已经被确认的心力交瘁的普遍标志如下所示：

- 消极的情绪。尽管我们都有情绪消极的时候，但心力交瘁的人却是更容易焦虑，并且经常感到提不起精神，最后变得感情麻木。
- 人际关系上的冲突与退出。当感情变得麻木时，心力交瘁的人对与自己一起工作和生活的人就会缺乏同情心，同这些人的交流会变得紧张起来，心力交瘁者就很容易对别人敬而远之。在工作—家庭关系上，心力交瘁者有一种负的"溢出"效应；其配偶给他们的打分要低于那些没发生心力交瘁的人，而且会抱怨他们的工作影响了家庭关系。
- 健康受损。心力交瘁的人很容易感到疲倦，活力消失。就像感情之泉变得枯竭那样，身体的活力也不复存在。心力交瘁者的睡眠常常会昼夜颠倒，新陈代谢和内分泌改变，肠胃混乱，肌肉紧张，还易患感冒、头痛和背痛。
- 业绩下降。随着心力交瘁状态与日俱增，人会变得烦躁，发觉自己很难再保持工作热情和高生产率。对工作不满意是普遍的现象。心力交瘁者自述对组织的责任感下降，缺勤率上升，离职率提高，更想离开工作岗位。有研究发现，按照医院病人的说法，心力交瘁严重的护士对病人的护理是低水平的。
- 借酒浇愁。为了应对压力，心力交瘁者可能会猛喝酒和咖啡，滥服药物（处方药或非处方药），饱食终日（或者粒米不进），烟也越吸越多。
- 感到生活毫无意义。心力交瘁者往往会变得冷漠——他们会想"能把我怎样"或者"我又何苦呢"，玩世不恭代替了热情。心力交瘁者感情疏远，软弱无助，落落寡合，自我封闭。

高度的心力交瘁还与工作场所中越来越多的暴力行为有关。那些认为自己承受了高度压力或者心力交瘁的工人,其身心所受骚扰要比那些没达到心力交瘁的工人多一倍,另一位研究政策的官员发现,在心力交瘁和使用暴力欺负人之间存在着关联。并且,在家里,心力交瘁者会喜怒无常,动辄离家出走,而且使配偶也变得心力交瘁。因此,心力交瘁对员工个人、他们的家庭和工作组织都会产生破坏性的影响。

关心这一问题的组织可以试着改变引起心力交瘁的环境。管理者需要认识到,导致心力交瘁的原因有:工作要求高,控制水平低,缺乏社会支持,工作场所的价值观不一致。

此外,对那些在工作中已经感到心力交瘁的员工,组织可以提供帮助。雇员支持计划(EAP)可以提供咨询服务,其关注点是预防和(或)纠正雇员或其家庭成员所感受到的压力。人们认为,在管理者帮助雇员克服心理压力和心力交瘁问题上,雇员支持计划是一个主要手段。该计划对维护雇员的身心健康具有积极的效果,被雇员看作工作场所中最想得到的资源。雇主还可以提供厂内或厂外的健康中心、空手道和瑜伽训练班、按摩,以及室内和露天的篮球、排球课程,让员工"出点儿汗"。一个例子是洛克希德·马丁公司提供了室内的"加油屋",员工在工间休息时可以去那里打台球、空气曲棍球或乒乓球。显而易见,这些方法并不相互排斥。组织应尽力改变工作环境以减少发生心力交瘁的可能性;同时,对那些已经有了心力交瘁症状的员工,应提供咨询和帮助。

技术引致的压力与工作狂

计算机技术和通信技术日益成为普通的商业工具,给雇员的压力也日益增大:老板每天24小时、每星期7天都能找到雇员。诸如笔记本电脑、移动电话、掌上电脑这类工具使上级能随时随地找到手下的雇员,而雇主也已经习惯于随时支使他们的雇员了。这种工作场所的"电子绳索",即使在传统的非工作时间,也能产生巨大的压力。此外,电子绳索还与"工作狂"挂上了钩。有工作狂毛病的人表现为一种工作强迫症,能不顾生活中的一切而投入工作之中。人们对"工作狂"下的定义是:受内部压力驱使,不考虑工作乐趣,全力以赴投入工作的人。有人估计,在美国,大约25%的雇员符合这一定义。

最新的研究发现,工作狂与心力交瘁是两个单独而有区别的概念。工作狂不一定会心力交瘁,不同于那些心力交瘁的人,后者可以用工作时间、社会关系的质量以及可觉察的健康状态来衡量。而工作狂的特点则是拒不休假,带病上班,事必躬亲,大包大揽。有工作狂症状的男男女女都不能处理好压力与生活之间的平衡。不仅是他们本人及其家属,而且还包括他们的老板,都感觉到了这种行为的后果——生产率降低,医疗费用(尤其是压力导致症状加重)增加,甚至还可能招致法律问题,包括工资与工时问题。有工作狂的雇员就像那些心力交瘁的人一样,也需要学习应对之道,过上工作与闲暇之间平衡的均衡生活。

9.3 化解压力与社会支持

我们没有人能够或者说可以摆脱生活中的压力。所有的人都经历过职业变换,有些会带来创伤。工作可能充满压力,也可能单调而重复。家庭氛围、人到中年的再评价,以及健康的威胁,都会产生压力。经过生活考验的人,才是有办法并学会了如何应对压力的人。

有了各种应对措施,人就能避免压力环境带来的有害影响。有效的应对措施并不会把压力从我们的生活中消除,但可以把压力缩减到可以控制的水平,防止产生严重的情感问题或生理紧张。通过研究,我们知道有三类主要的应对措施。第一类是你可以尝试着改变产生压力的环境;换句话说,减少或改进实际的压力源。表 9.3 列举了这类针对性应对策略的例证。设法明确工作标准、减少工作负担、听取忠告、承担多样任务,或者改换工作,都属于应对策略,以改变工作环境或人在其中所担当的角色。

表 9.3　如何设计应对行为以改变有压力的工作环境

1. 尝试着消除工作中的繁重部分	8. 设法调动工作
2. 尝试增加人手,或实行"人尽其才"以减轻压力	9. 改换组织或工作领域
3. 尝试更具挑战性的工作或在工作中承担更多的责任	10. 听取别人的建议
	11. 通过培训或工作经验来提高工作技能
4. 设法界定工作责任	12. 与上级、同事或下属发生冲突时,要设法解决好
5. 设法明确职业前景	
6. 听取对自己工作业绩的反馈	13. 参与职业生涯计划项目
7. 设法使工作时间更有弹性	

第二类应对措施,是不必改变压力源本身,但要改变这种压力环境的含义。这被称为认知重组或"内心自省"。其实人们可以通过以下方法来创造一个威胁较少的处境:对处境进行再认识,与他人的条件作比较(当然是从有利的方面比较),多看积极因素;或者调整工作或生活的优先顺序,使之与自己所处环境能更加一致。处于职业高原时期的经理人员转变工作重点,更重视为本单位搞好服务,而不再考虑进一步升迁,其做法就是这种方法的证明。

第三类应对措施是尝试着解决压力症状本身。利用各种放松方法,诸如"人静"或意念反馈、瑜伽、健身和娱乐等,能够有效地减少诸如心动过速和高血压之类的生理紧张。适当的时间管理以及出外旅游,都可使人在日常压力面前做到未雨绸缪。最后,适当的营养和经常祈祷也能使身心得到安宁。

迄今,人们还没有研究出一种具体的、能够普遍有效的应对措施。要使具体应对行动有用,无疑取决于许多因素:压力的严重程度,个人的心理、应对方法和社会资源,以及产生压力的具体环境。事实上,这些不过是一种应急的应对方法,其中处理压力的最关键因素可能还是把众多应对技术和积极的态度结合起来。的确,积极的心态就是应对各种职业压力的缓冲器。具体包括以下属性:勇气、乐观、善结交、讲真话、有目标、诚实、有毅力、处事灵活,以及有远见。那些能把这些积极想法作为缓冲器的雇员报告说,他们的心理健康和工作绩效都比以前好了。这就是说,积极的思想情绪会使人更为乐观,更灵活,也更能应对日常压力。如果把解决问题、认知再评价、锻炼身体/身心放松这几种方法适当地结合起来,对减轻压力可能会非常有用。

埃德加·舍因提出了一种包括四个步骤的方法,该方法和这里所说的应急应对方法是一致的。第1步包括判断环境并正确识别问题的真正原因。在这一步,人们需要明白压力是否是由于工作、家庭、个人的顾虑,或者这些原因的某种组合所造成。第2步是自我评价。其中基本点在于,要花费(或者找出)一定时间,对自己的感觉和动机进行反省,要熟悉自己的盲点或其他使人不能深刻认识自我的障碍。

第3步需要选择如何应对的措施。通过与同事、家人、朋友、邻居和本单位人员讨论这些问题与压力,以及与他人建立支持性的关系,人们就可以选择合适的应对措施了。其中重点是确定依靠外部应对资源(例如知心朋友)还是依靠内部资源(例如自己的个性坚强),以便选择合适的应对措施。这些应对资源能够帮助人们选择那种对自己有益的反应。可选择的应对措施可能包括:改变压力环境的某个方面,改变自己的优先方向和环境的含义,或者对压力症状本身调整。最后,第4步包括要认识这些应对措施的效果(如果有的话),并在必要的时候进行调整。看看下面的例子:

吉因非常恐惧。在过去的3个月里,他的健康和身体状况逐渐恶化。开始的时候是复发性的头痛及经常感到背部和肩膀发紧。过了一段时间,他感到胃痛、呼吸困难和胸部疼痛。紧接着,吉因开始失眠,他很多晚上只是看着天花板而不能入睡。吉因的生理问题在一个晚上达到了顶点,当时他正在驾车回家,突然感到一阵心动过速。他把车停到路边,想到他的生命可能到头了。最后他的心跳恢复正常,但这件事让他非常忧虑。

第二天吉因打电话请了病假去看大夫。他还开始考虑这些健康问题发生的原因。他断定他的问题是生活中所经受压力的结果。他最近刚调到公司的另一个部门,尽管他不需要搬家,但他上下班的时间却加倍了。他现在每天上下班就要花一个半小时。除了新工作的要求,吉因还得应付家里的混乱。他16岁的儿子在学校表现很成问题——逃课,上课捣乱。校长警告说,如果他儿子再不改,就得停学。吉因担心儿子目前的困难最终可能导致更为严重的后果。

吉因开始思考自己生活中真正重要的到底是什么。他的工作使他和家人能够舒适地生活,不用发愁钱的问题,但是上下班和工作使他几乎没有时间松一口气,和家人待在一起。简言之,他断定,他花在工作上的时间太多,对他和他的家庭幸福造成了消极的影响。他决定把这些想法和妻子谈一谈。她同意他的看法——是他的工作造成了生理和情感的伤害。他反复思考得出了结论,感到浑身轻松。

吉因开始和妻子讨论自己有没有其他的选择。他们一致认为,吉因的工作对他是很重要,但家庭幸福却是更基本的。他们考虑再找一份新的工作,尤其要离家近,可能会使吉因有更多的机会把更多的时间花在家里。他还明白了,他需要更加注意饮食,要开始锻炼身体。有了家人的支持,吉因开始找新的工作,开始定期打网球。吉因决定,在找到新工作之前,应该尽量多花一点时间给儿子。通过倾听儿子的话语,吉因希望帮助他的儿子度过青春期的情感困境。

总的说来,吉因认识到,他大概还得找一份新工作,这可能使他经济上有所损失,但可预期的是减少了压力,增加了用于家庭和休闲活动的时间,因此还是值得这么做。

　　这个例子着重强调的是有效地使用应急办法来处理压力问题。压力导致的生理不适迫使吉因花时间来评估他的处境。这就为吉因进行自我评价、审视价值观和目标搭建了平台。他作了自我评价,改变了对自己生活中各种事务的意义的看法。工作固然重要,但他自己和全家的幸福更为重要。然后他选择了应对措施——找一个新的工作职位,改善饮食,加强身体锻炼,并且发誓要多和家人在一起。最终,吉因就要去体会他所打算采取的行为的后果了——在经济收入和较低的压力两者间作出取舍。

　　吉因的故事强调的是其他人提供信息和支持的重要性。长期以来,社会的支持一直被认为是对个人承受冲突和压力的无价帮助,而且它本身就被作为一种应对形式。其他人的支持能够帮助人们改变紧张的环境,使他们免受亲身感受到的压力对他们造成的有害影响。事实上,与报告处于轻度紧张状态的人相比,那些报告处于高度紧张状态但得到高度社会支持的人在保健上花费得更少。这一发现告诉人们,有社会支持系统的人也许能更好地应对压力,变紧张为动力,而不是压抑。

　　帮助解决压力的支持可能源于很多方面,包括非正式的(家庭、朋友、同事)和正式的(自助团体、心理健康专家或其他方面的专家、照顾小孩及其他服务的提供者)两大方面。研究者通常把这种支持行为分为四类:情感的、措施的、信息的和评价上的。表 9.4 给出了这四类支持的定义及示例。

表 9.4　四种类型的社会支持

支持的类型	意　义	示　例
情感的	同情、关心、信任、爱	老板表扬你工作有成绩
措施的	直接帮助有需要者的行为	下属改进工作可以减缓你的压力
信息的	对解决问题有用的信息	同事告诉你如何管理下属的建议
评价的	提供给人以反馈信息	老板对你最近工作表现的建设性反馈意见
		密友告诉你,她对你为人处世的看法

　　资料来源:Type and meanings of social support based on House. J. S. (1981). *Work Stress and Social Support.* *Reading*, MA: Addision-Wesley.

　　再说一遍,并不存在那种能鉴别最适用于某一特定环境的社会支持的来源和类型的神奇公式。了解自己,了解压力的来源和可获得的资源,是必需的前提步骤,但重要的是要认识到支持性的关系并不只是单方面的。你要得到别人的支持,你就必须愿意支持别人。有研究发现,人们能得到多少社会支持,与给予社会多少支持,尤其是与配偶、家庭或朋友之间,是高度相关的。

组织的行动

　　很多组织都已开展多种多样的能降低员工压力程度的项目。组织可以根据不同情况,分别利用这三种应对措施,或者改变造成压力的环境,或者与员工一起改变他们对环境的看法,或者帮助他们解决他们的紧张症状。

　　表 9.5 给出了运用这些方法的示例。任何特定的项目都可能适用于两个或多个应对策略。例如,为建立支持性工作小组而设计的项目可能会同时改变(通过培养个人间的建

设性交流)造成压力的环境,以及改变环境的含义(比如,理解何时竞争是健康的以及何时合作是必要的)。

表 9.5　组织为减少员工压力而采取的行为示例

减少压力源

消除种族/性别成见、偏见和歧视

重新设计工作使之更符合员工的能力和兴趣

通过目标设定计划厘清员工的期望

提供建设性的绩效反馈

建立支持性的工作小组

训练管理者处理人际关系的技能

消除工作的物质条件中有害于身体的因素

帮助员工掌握解决或应对问题的技能

开发弹性的工作时间表

为处于转换中的(例如转换工作地)员工开发计划

改变造成压力的环境的含义

为员工提供咨询服务

实施改进 A 类行为和心力交瘁的计划

实施时间管理的计划

运作好为员工服务的社会支持小组

解决紧张症状

提供放松计划(例如"入静")

提供体育锻炼设施

提供咨询和医疗

提供全面的"福利"计划

在任何项目开始实施前,组织必须正确地诊断出员工压力的程度和根源。这种诊断可能是涉及整个组织的,也可能是根据级别(例如,高级主管)、工作种类(例如,空中交通指挥)、位置(例如,核发电厂的员工),或其他相关的标准(例如少数族裔雇员)等,来选择不同的员工群体。组织诊断可以专门用于评估组织的压力源、员工紧张的程度,或影响这种紧张症状的员工的个性。组织同样需要意识到适用于某一员工的方法未必适用于所有的员工。每种诊断活动的示例列示如下:

对组织压力源的评估

- 压力的客观指标(例如,人员跳槽、旷工、事故)
- 测量组织条件的标准化问卷
- 员工的工作负担和岗位控制的调查资料

员工压力程度评估

- 生理的测量(例如,心率、血压)
- 医疗清单
- 心力交瘁或忧虑日久

员工压力减缓因素的评估

- 应对机制
- 社会支持
- A 类行为模式

21 世纪的全球经济发展步伐加快,如今工人受到的压力已经不大可能减轻或者保持不变。相反,现代生活中的压力,随着工作、生活方面的需求提高,正在逐步增大。因此,由组织支持的帮助雇员应对压力和心力交瘁的计划,就尤为重要的了。请参见下例。

> IBM 是一家把增进雇员福利视为自己分内之事的公司。IBM 保护雇员健康和增进雇员福利的战略是全球性的,但其实施计划却是适应各地的需要和文化而量身定制的。这些计划包括早期诊断和疾病预防措施,诸如健康体检、免疫检查、健身活动、营养和体重顾问,以及压力管理。其他主要预防措施包括人类工程学计划、预防伤病计划。在美国,IBM 还提供在线健康管理计划。雇员可以使用虚拟健身会所中心(VFC)的电脑系统帮助自己制定每天的健身计划。任何一台计算机都可以通过互联网,每天 24 小时、每周 7 天接通 VFC,并得以确定目标,跟踪自己的锻炼活动,并进行评分,与一年期的健身目标做对照。IBM 的雇员支持计划(EAP)也能帮助雇员进行工作压力和生活优先目标管理。IBM 在美国和全球范围内提供 EAP,最近在印度、中国和日本也开展了这项服务。IBM 的"全球压力管理计划"包括压力介入网、压力介入管理在线培训、特定地区压力管理资源。如果雇员有更多的需求,IBM 的健康福利计划还提供针对精神健康的专门服务。IBM 在欧洲的几个分部还提供团体福利诊断,以帮助各种组织或团队确定其压力的具体原因,并帮助采取措施以减轻这些压力。例如,IBM 德国分部提供的压力管理计划可适用于各种工作场所,重点是汽车制造业的工人。该计划包括管理人员培训,如何帮助雇员应对压力,以及教育雇员对压力进行管理。个人可以通过 IBM 的内部网直接获得这些服务。

小结

当一个人面对机会、约束或者需求时,都会产生压力。当一种情境的结果不确定、但对个人来说非常重要时,最有可能产生压力。压力可以由工作环境中很多条件产生——组织的特征、工作需求、工作控制松懈、人际关系质量、工作条件以及有关职业的考虑——还有来自工作之外的压力。由于每个人有不同的需求、能力和观点,所以对某一个人来说是有压力的环境,另一个人未必觉得有压力。压力大就表现为人的生理、情感和行为会发生变化,最终将导致工作满意度、工作投入及工作绩效的下降,同时导致旷工和人员跳槽率的上升。

本章考察了三类压力来源。对 A 型行为模式,压力特征表现为人们处于一种拼命竞争和时不我待的状态,这对其生理和情感都极具破坏力。而且,在某些条件下,职业转换期(如提升、调动工作或离职)都可能产生压力;这些条件是指:当它们要求人们在诸多方面作出自己所不愿意的调整,这些调整又会导致人们生活的其他方面也要作出改变,当这些改变又是他们想象不到并且是强加于人的,以及当缺乏个人的应对机制和社会支持机制,或者这些机制无效时。本章也谈到,妇女及少数族裔在工作环境中受偏见和歧视影响,最有可能遭受压力。

本章还讨论了心力交瘁的概念,这是指在一个负担很重的工作环境中,个人感到情感枯竭,与他人的关系上失去人情味,个人成就感开始降低之时人们对压力的那种反应。那些最初对工作抱有不切实际的预期的员工,以及那些最后认为他们要对组织的失败负责,以及最容易感到压力的员工,最有可能感到心力交瘁。

在有压力的环境中生存的人有可能学会有效的应对技能,或者会利用与他人的支持性关系来应对压力。但是,由于任何单一的应对行为都不可能有效地应对任何环境,因此个人必须学会评估环境并选择适合的应对措施。通过诸如放松、娱乐和体育锻炼等活动来加以应对,可以直接改变造成压力的环境,或者对环境作出重新估计,或者可以减轻自己不愿看到的那些压力症状。组织也可以使用相似的方法,设计一系列计划或项目,改变造成压力的条件,帮助员工作出适应环境的调整,以及(或者)减少消极的压力症状,来帮助员工缓解压力。

作业

想一想你可能经历过的来自工作和工作以外的压力来源。你出现的是哪些症状?你是如何成功地应对这些压力源的?

讨论题

1．阅读表 9.4 中关于四种社会支持方法的描述,举例说明你自己在情感上、手段上、信息上和评价上所获得的他人的支持,以及你对其他人的支持。

2．你能忍受多大程度的压力?压力达到多大你就会被伤害(感到痛苦)?多大的压力则对你有益(无关痛痒)?

3．调查一下你所在的公司(或你想去工作的公司),看其提供了什么样的压力管理计划。这些公司是否承诺要提供这种计划?如果没有这种计划,你还会那里工作吗?为什么会或为什么不会?

案例

有压力的女销售员萨莉

萨莉,29 岁,自从 8 年前大学毕业以来一直从事向制造商销售电子通信设备的工作。显然,她工作很出色。她不但始终完成或超额完成销售定额,而且客户反映说她了解她的产品,肯花时间来了解客户需求,并提供有价值的建议。萨莉在 GA 实业公司(虚拟的名字)的老板肯定了这些年她对公司的贡献,并丰厚奖励她。

　　前几个月萨莉过得很辛苦。她看起来总显得很累。她患感冒长达一个月之久，这是她第一次患重感冒，就因为这次感冒，那天早上出不了门，取消了与客户的一次约会。

　　最近萨莉脾气急躁。尽管这还没影响到她的销售额，但有好几次她都得控制自己，否则就会向反应迟钝的顾客吼叫起来，因为同样的一个问题她不得不向这些人重复解释多少遍。但是这还不是全部的问题。

　　萨莉发现自己总是和未婚夫史蒂夫无聊地吵架。她的问题是无论什么场合总是谈自己的工作，而他们俩的婚事却不得不退居其次，婚期不知推迟了多少次，这让史蒂夫大感失望。最严重的是，他们还在为把家安在哪里，要不要以及什么时候要小孩而争论不休。至今这些问题也未达成一致。

　　"为什么我这么容易生气?"萨莉一直在问自己这个问题。她工作仍然出色，仍然觉得工作充满乐趣和挑战。她的上司、GA 实业公司的销售经理玛丽亚，总是插手萨莉的工作，对如何抓住客户提出不必要的建议。玛丽亚让萨莉对一些客户施压，迫使他们购买一些他们根本不需要的设备。她的客户自然不能忍受这种强制性推销，萨莉则尽力回避这样的矛盾。最近萨莉已经很难见到玛丽亚了，大概隔一周才见一次，见面时也由于萨莉太忙，顾不上同玛丽亚说话。有时她也在想，不知道玛丽亚如何看待她，万幸的是，客户说自己工作很出色。

　　萨莉承认，她对公司半年前让自己扩展的业务有所不满。并不是她对新业务不感兴趣，而是觉得无法在这么大的领域中彻底完成一项工作。她发现自己一个星期要出差 4 天，有时是 5 天。这么多的工作让萨莉陷于文山会海，她已经在想怎样才能与未婚夫保持关系，因为他俩已经很难见面了。还有他们的结婚计划……

　　但这份工作很有挑战性。下周 GA 公司将推出一种新的生产线设备，所有的销售人员都要连续四周参加周末会议，学习更多有关新产品的知识。推销这样一种尖端产品是件令人兴奋的事。萨莉也真想更好地了解新产品。但在培训班里她无法集中精力，也听不懂讲座，看不明白推销手册。也许她应该再回到大学接受一些技术培训。但远水解不了近渴。

　　萨莉想跟人聊一聊自己的心情，但是找谁呢?跟老板玛丽亚谈是不用想的，那样她会认为萨莉很讨厌。再说玛丽亚又是个只顾自己的人，萨莉根本就找不到她。萨莉确信，家人和未婚夫都不能理解她的处境。至于其他的销售人员，她想，他们根本就不关心此事。而她实在需要与人交流，越快越好。

案例分析与问题

　　1. 有何证据表明萨莉感到工作压力? 具体表现是什么?

　　2. 是什么因素造成萨莉的压力?

　　3. 萨莉在工作中的压力是怎么影响她的家庭生活和个人生活的? 她的家庭生活和个人生活对她的工作有影响吗?

　　4. 如果你是萨莉，你会怎么做? 尽可能多选择几种替代方案并比较其优缺点，并说明你将选择哪种方案? 为什么?

　　5. 萨莉认为哪些社会支持(如表 9.4 所示)对自己最有帮助：评价性的，手段上的，情感上的，还是信息上的? 她应该从谁那里找到支持呢? 为什么?

　　6. 如果你是 GA 实业公司的总裁，听完萨莉的故事，如有可能，你会做些什么? 为什么?

第 **10** 章

工作与家庭角色的冲突：
职业生涯管理的意义

工作与家庭生活在很多方面相互交叉。想想你的工作责任是怎样影响你的家庭和个人生活的，想想一个良好的（或者糟糕的）工作日是如何影响你在家时的情绪的？或者，想想你有多少次是因为工作而错过了孩子的音乐独奏或自己去健身房锻炼的机会的？也想想你的家庭责任是怎样影响你的职业生涯的，比如：你到底愿意把数不清的夜晚和周末花费在办公室，还是和家人、朋友一起度过？如果搬家会妨碍你配偶的工作，会损害你的孩子的友谊，你还能否接受因为工作需要而搬家？

处理工作与家庭的平衡已经成为这个国家的热门社会话题，特别是在组织缩减规模，导致我们要用更少的资源去做更多的工作时。关于弹性工作制、产假立法、"母亲路线"，以及照料孩子的时间安排的文章充斥着 20 世纪八九十年代的大众媒体和专业期刊，这种情况在进入新千年后变得更甚。人们及其家庭都越来越关注如何"玩转"工作和家庭责任。

为什么最近几年，平衡工作和家庭生活的需求变得越发强烈？首先，与过去相比，从来没有像现在这么多人既要追求事业有成，又要对家庭关系负责。的确，在美国，每 10 对配偶中就有将近 6 对是双职工，世界上其他工业化国家也在出现这种趋势。劳动力的这种结构变化，主要应归因于女性参加有酬就业。请看以下的统计数据：

- 2005 年，美国 16 岁及 16 岁以上已婚妇女中，59.3% 的人参加就业，而 1960 年这一比例只有 30%。
- 2005 年，有 6 岁以下孩子的已婚妇女就业率为 62.6%，而 1960 年只有 19%。
- 2005 年，孩子年龄在 6～17 岁的已婚妇女就业率是 76.9%，几乎是 1960 年数据（39%）的两倍。
- 在子女不到 18 岁的家庭中，大约 28% 是单亲家庭，其中 82% 的家长是女性。

此外，男性也越来越需要协调工作与家庭生活。随着他们的妻子愈加频繁地离家工作，越来越多的家务和照料孩子的责任转向丈夫，因此他们就需要在这些家庭责任和自己的工作要求间取得平衡。此外，有相对较少、但是绝不能忽视的一部分离婚男性承担了孩子的监护权，他们会感到过多的家务事和工作要求相冲突。

除了人口统计上的这些变化以外，通信技术的进步也给很多组织的雇员造成了压力。掌上电脑、移动电话和其他电子通信工具经常使雇员感到每天 24 小时乃至一周 7 天都处于"被叫"状态，即组织要求他们立即行动的状态。最近的研究指出，10 万家以上的公司给其雇员发了掌上电脑，60％的雇员在节假期也随身携带移动电话或智能手机，20％的雇员在节假日被其雇主电话叫去干活。

不仅如此，经济日益全球化也要求很多雇员与其世界各地的同事、供应商和客户保持通话联系，而这种通话是在世界上不同的时区进行的。比如，某人不得不在凌晨 3 点钟从美国给在亚洲的同事打一个电话，亚洲同事处于正常的上班时间，但对美国这位已经不胜其烦的商务人士来说，就是一种额外的麻烦，打乱了他的睡眠规律。

繁重的工作任务与大量的家庭责任合在一起，对个人和家庭都是压力，迫使他们要有效地应对这种苛刻的生活方式所带来的压力。这对雇主也提出了挑战，要求他们制定"兼顾家庭"的政策并付诸实践，否则就会冒失去吸引及保留有才能员工这一优势的风险。

本章将考察工作与家庭生活之间的关系问题。我们会先讨论造成员工工作与家庭之间冲突的诸因素，以及这一冲突对个人、家庭和雇主的影响。我们还会探讨能够使工作和家庭生活相互加强及相互补充的多种方法。接着，我们将讨论双职工关系可能受到哪些压力，以及个人及其伴侣应对压力的方法。我们还要指明组织需要采取哪些行动，才能帮助其雇员解决工作与家庭关系上的挑战；以及个人需要采取的职业生涯管理行动，以兼顾工作和个人生活。

10.1　工作—家庭冲突：二者相互"敌对"

很多时候，我们的工作和家庭生活会相互冲突。当来自工作和家庭这两个角色的压力不能相容，即执行一种角色会影响到执行另一种角色时，就会产生工作与家庭的冲突。有时，我们的工作责任扰乱了我们的家庭生活（这被称为工作与家庭的冲突）。当我们说到一般的工作与家庭生活之间冲突时，我们将使用"工作—家庭冲突"这一概念；而当涉及具体的直接冲突或直接干扰时，我们使用"工作对家庭的冲突"或"家庭对工作的冲突"。有关研究指出了工作与家庭冲突的三种重要形式：时间上的冲突、情绪紧张的冲突，以及行为上的冲突。

时间上的冲突的出现是因为我们生活中的各种活动都在争夺一种稀缺品——时间。用在一种角色上的时间，通常不可能再用于另一角色。出差开会或在办公室加一晚上的班，就与在家吃晚餐和给孩子开家长会相冲突。这仅仅是因为谁都不可能有"分身法"。那些连着工作很长时间、频繁出差、经常加班以及工作日程难于调整的员工，最容易发生这种时间上的工作对家庭的冲突。所有这些工作上的特点都增加或者固定了花在工作上的时间，而不能用于家庭角色行为。

产生于家庭范围的时间压力也能导致冲突。家庭与工作的冲突最频繁的雇员往往是那些已婚、有小孩、家庭人口多而伴侣也有工作的人。所有这些家庭特征都增加了需要履行家庭角色职责的时间，这些都会干扰与工作有关的行为。

情绪紧张造成的冲突是指一种角色产生的心理压力会影响到在另一种角色中的表

现。工作上的压力会产生诸如紧张、不安、易怒、疲劳、沮丧和冷漠等症状,而且一个沮丧或易怒的人很难成为专注的伴侣、充满爱心的父亲(母亲)或善解人意的朋友。紧张造成的工作对家庭的冲突多发生在这些员工身上,他们在工作角色中遇到冲突或不确定性,或者工作要求付出较多体力、情感或脑力,工作环境不断变化,以及工作重复和乏味。所有这些产生压力的情况都会使他们把在本职工作内的负面情绪带到工作以外,称为负面情绪外溢。

当然,许多紧张也可能源自家庭角色。那些与伴侣、孩子关系紧张的人,或者从家人那里得不到什么支持和帮助的人,可能会发现,家庭的压力已经侵入了自己的工作之中。过多操心家庭环境压力的人是很难全力投入工作的。

有时,对一种角色有效的行为,对另一种角色根本就不适用。例如,人们一直认为,管理人员就应该是有主见、有闯劲、公正而又客观。另一方面,他的家人则可能期望他在家时是热情、慈爱和周到的。如果人们在进入不同角色时不能"换挡",他们很可能就会在不同角色之间发生行为上的冲突。员工在面对其家人时,如果拿出工作中表现出来的行为风格(讲究逻辑、客观、权力和权威),就可能达不到其伴侣和孩子们对他的期望。伴侣和孩子们可不愿意当他的下属!

因此,各种角色的压力会带来工作与家庭之间的冲突。这些压力有的要求占用过多的时间,有的则处处形成紧迫感,还有些是这两者都有。这些压力是从哪儿来的? 有些来自角色的指定人,即我们在工作与家庭生活中与之打交道的人。老板、同事、伴侣和孩子都属于此类人,他们要求我们完成项目、参加周末会议、刷碗和粉刷房屋。不能达到这些工作和家庭角色要求的人就会受到很严重的惩罚,这时他们就会感到更多的冲突。如果老板坚持要我们参加星期六的工作会议,而伴侣又坚持已制定好的度假计划一天也不能调整,我们就会进退维谷。如果老板或者伴侣允许与这种期望有一定的宽限,我们就还有回旋余地。

然而,很多要求我们搞好工作或在家庭中尽力的压力,不是来自其他人,而是来自我们对自己的期望——这样,我们自己就变成了自己的角色指定人。例如,我们在第9章讨论过的A类型雇员,就给自己施加了巨大的压力,要长时间地工作,要取得很大的成功。这样,他们会比B类型的人感到更多的工作紧张及工作与家庭的冲突就不足为奇了。人们为了实现在家庭中做一个"完美"的伴侣或者父(母)亲的心愿,而给自己施加的压力,远远超过伴侣或孩子所能给予的压力。

人们能给自己施加多大的压力,取决于他们的角色在自己心目中占有多么重要、显著的地位。以工作为中心的人会要求自己全力以赴地投入并胜任这一角色,从而加剧了冲突的程度。对那些既高度投入工作又高度投入家庭的人,这种冲突可能会最为严重。他们希望在工作中有高效率,同时做一个周到的伴侣和父母,如果他们不能始终同时做好这两者,他们就会有犯罪感。请考虑以下三种情景。

比尔是一位辛勤工作的律师,他30多岁,已婚,有两个孩子。工作占据了他的生活,他长时间工作、频繁出差,并且很多晚上和周末都把工作带回家里做。尽管工作压力很重,他的家人都还年轻,比尔并没有感到会有严重的工作和家庭的冲突。他是如此潜心于工作,以至于没有注意到围绕着他的家庭压力。因为他经常能说服妻子,在时间和感情上不能对他要求太多，所以他甚至看不到工作对家庭的影响；或者他虽然看到了这种影响，但并不感到太为难。这并不是说他的家庭不重要，只不过是被排在了工作的后面而已。

马利克是一位行政官员，他也是已婚者，有两个孩子，从事的也是那种很费时间的工作。但是不像比尔，马利克非常注意与家人共度时光，把工作中的事情告诉家人。他的工作重要，但家庭也同样重要。尽管马利克尽力在工作和家庭活动之间搞平衡，他还是总感到工作—家庭的冲突很强烈。既然他对两种角色都非常关注，因此他在时间和情感上都很吃力，就是不可避免的。

拉詹的情况略有不同。他在州政府机关做会计。尽管拉詹喜欢他的工作，但他的职业生涯并不是他生活中的重要内容。他工作主要是为了挣足钱来给妻子和两个孩子使用。他每周工作 40 个小时，总是设法避开出差，几乎从不把工作带回家去干。他把热情放在家人、他的家以及他的业余爱好上。拉詹并不感到工作与家庭有什么强烈的冲突。他的工作留给他充足的时间，使他能够追求真正的爱好，而且不会榨干他的精力。

在以上三种情景中，丈夫的工作与家庭之冲突取决于工作和家庭这两种角色孰轻孰重。那么，谁是最典型的人呢？——是比尔，马利克，还是拉詹？费尔南多·巴特罗姆(Fernando Bartolome)和保罗·伊万斯(Paul Evans)发现，大多数年轻的男性管理者沉迷于工作，过分追求工作的成功，被取得成就的需求所驱动，使他们的家庭生活失色。家庭对这些人来说是重要的，但是他们认为理当如此。一般说来，尽管现在的男性不像几十年前那样沉迷于工作，但从员工现有的人生观和他们工作领域的性质上看，每个人对工作的重要性的看法还是不一样的。

这并不是谁对谁错的问题。以上三种情景都有一个工作和家庭怎样取舍的问题。比尔的职业生涯发展是迅速和成功的，但并不是没付出代价——他的家庭关系。马利克的工作和家庭角色都很令人满意。然而，同时尽全力做好这两种角色，可能会使他一事无成，会使他怀疑，如果他能更多地以家庭（或工作）为中心，他将成为怎样的父亲/丈夫（或管理人员）。拉詹对其家庭成员和家庭生活固然满意，但同样是有代价的——缺乏重大的职业成就——尽管他可能愿意付出这个代价。要理解这种权衡的结果，人们必须明白，哪种价值对他们来说是最重要的；还必须明白，如果追求这些价值，会有什么的风险。

我们特意描述这三个人的经历，是为了证明男性并不会天然幸免于工作—家庭冲突与负罪感。人们最初的想法是妇女必然要比男人遇到更多的工作—家庭冲突，但这种想法并不总能得到一致的支持。最近有些研究提出：很多男性的繁重工作干扰了他们的家庭生活，而很多女性的繁重家务则干扰了她们的工作。然而，这种趋势也有很多例外，平心而论，任何人（无论男女）遇到诸多的工作或家庭压力，都会经历这两种角色之间的冲突或干扰。

表 10.1 列出了量度工作—家庭冲突的尺度。对某一项"非常同意"反映了相对高水平的工作—家庭冲突。因此，得分越高，工作—家庭冲突越强烈。过多的工作—家庭冲突会产生高度的压力，会破坏婚姻或家庭、工作以及整个生活的满意度，会导致身体和心理的健康问题。不过，这并不意味着任何遇到工作—家庭冲突的人都会感受到压力、不满意

和健康问题。在一个女性和男性都必须协调工作和家庭责任的社会中,一定程度的冲突是不可避免的。当工作—家庭冲突的强烈程度超过了个人的应对能力时,最可能出现问题。我们将在本章后面的部分讨论应对的技能。

表 10.1 工作—家庭冲突表

以下是 12 条对你工作生活和家庭或个人生活的描述。在每条陈述前填上合适的数字来表示是否同意。

1 = 完全不同意

2 = 不同意

3 = 不确定

4 = 同意

5 = 完全同意

"工作对家庭"的冲突

____ 1. 我的工作安排经常和家庭生活相冲突。

____ 2. 下班回家后,我已经累得不能做我想做的事了。

____ 3. 工作时,我有过多的工作要做,使我失去了兴趣。

____ 4. 我的家人不喜欢我经常回家后还工作。

____ 5. 我因工作缠身,在家有时就容易发脾气。

____ 6. 我的工作要求令我在家时也总不能放松。

____ 7. 我的工作占据了我希望花在家庭上的时间。

____ 8. 我的工作令我难以成为我希望成为的那种伴侣或父(母)亲。

"家庭对工作"的冲突

____ 9. 我的家庭占据了我本该用来工作的时间。

____ 10. 我的个人爱好占据了我过多的工作时间。

____ 11. 家庭对我的要求让我很难集中精力工作。

____ 12. 有时,我因个人问题而在工作中很急躁。

资料来源:Modification of a scale initially developed by Kopelman, R. E., Greenhaus, J. H., & Connolly, T. F. (1983), A model of work, family, and interrole conflict: A construct validation study. *Organizational Behavior and Human Performance*, 32, 198-215.

注:问题 1~8 涉及工作对家庭、个人生活的影响程度;问题 9~12 涉及家庭、个人生活对工作的影响程度。

10.2 工作和家庭"结盟":二者相得益彰

尽管我们中的许多人经历过工作—家庭冲突——有时候非常强烈——我们不应该得出工作和家庭总是不一致的结论。真实情况是:工作与家庭生活可能互相冲突,但也可以互相结盟。在讨论工作家庭冲突问题时,我们强调这二者是怎样互相干扰,造成关系紧张和彼此不满而成为"敌人"的。反之,当工作和家庭处于"盟友"关系时,工作会巩固我们的家庭生活,而家庭的经验又会改善工作的情况。我们把这种工作和家庭相互得益的结果称为相得益彰。

当我们从一种角色中获得的资源被用于改善我们另一种角色的业绩和满意度时,工作和家庭是相得益彰的。资源是一种资产,可用来解决问题或把控挑战。只要身处一种角色之中——家庭或工作——就有机会从这种角色中获得资源。这些资源包括：

- 新技术的发展。
- 用新方法看待形势、解决问题，由此发展出新的眼光。
- 因出色履职而增强自信。
- 积累社会资本，也就是我们建立的人际关系网络。这些人给我们提供信息和建议，并能利用其影响帮我们实现目标。
- 获得物质资源，如金钱和礼品。

设想一下，我们从自己作为家庭成员的角色中获得了资源，如配偶或"伴侣"，自己的或配偶的父母、子女、兄弟姐妹。

当我们学会和配偶或伴侣一起有效地解决日常生活问题时，我们学会了解决问题；在帮助我们的娃娃把他想说的话告诉我们时，我们学会了聆听；在我们手忙脚乱地履行自己对孩子、邻居和配偶的责任，同时又要满足自己的需要时，我们学会了办事要分清轻重缓急。

我们和子女或兄弟姐妹相处，会让我们形成跟别人共事的新看法，例如，先放手让他们自己解决问题，解决不了时我们再出主意。

在我们应对了那些棘手的家庭事务时，既照顾家庭，带孩子，当好配偶，还帮助父母处理那些陈年旧账，我们会变得更为自信。

在我们作为家庭一员，积累起社会资本时，我们就能从自己的小家庭或大家庭成员那里，学到智慧，听到劝告，得到直接的支持。

我们甚至还能接触到财务资源，比如配偶的收入，父母的遗产，或者配偶父母慷慨的馈赠。

不难想象，我们从家庭成员这一角色中得到的这些资源，会怎样有利于我们的工作生活。例如：

- 我们从作为配偶、作为父母所磨炼出来的解决问题和聆听他人的本领，能使我们在工作团队中做得更好。
- 认识到先放手、后建议的重要性，这个新视角使我们作为上级或师傅，工作起来更得心应手。
- 我们处理家庭内棘手问题获得的自信，使我们处理起工作中的问题来也会更自信，更灵活。
- 见多识广的家庭成员会给我们的职业生涯提出最棒的建议，甚至动用他的影响来帮我们在工作中站稳脚跟，或者帮我们从当地银行拿到商业贷款。
- 家庭的大额遗产可以用作投资，开办一项新的生意。

所有这些例子都说明，家庭与工作这二者可以相得益彰，从家庭范围内获得的资源被成功地运用于我们的工作生活中。玛丽雅·拉德曼及其同事所作的一系列重要研究显示出，女性管理者管理家庭的经验是如何增进了她们的职业生活的。当有人问她们，个人生活中哪些方面的经验增强了她们的专业生活时，很多女性都回答说，是业余经历中获得的资源使自己提高了领导水平。她们最经常提到的资源是改善了人际沟通艺术、增强了心理幸福感（诸如自尊心、感情支持、友情忠告）以及获得了驾驭复杂局面的能力等。研究人员在跟踪调查中发现,女性管理人员越是心甘情愿地做好家庭主妇,她们在工作中的办事能力和人际沟通能力就越强大。

正如家庭经验能提高我们的工作水平一样,工作中获得的资源也能丰富我们的家庭生活。例如:

- 一个参加过管理人员发展培训班的女经理,运用她所学到的沟通技能,就和妹妹建立了更亲密、更加互相支持的关系。
- 一个人报告说,他用新学会的欣赏意识来看待自己工作团队,结果他的家人也开始团结在一起商量解决问题了。
- 因成功处理棘手的工作而增强了自尊心的人,能更好地处理家庭问题。
- 和同事的讨论使一个雇员得到了很管用的建议,知道该怎样照顾自己年迈的父母了。
- 把大量的增薪收入都花在购买基本服务上,诸如托儿、就学和全家医疗等。

总之,当我们的工作与家庭生活挤在一起,都来争夺我们的时间和注意力时,我们就遇到了冲突和压力。另一方面,当我们的工作和家庭互相增进时,我们在生活中就能使二者相得益彰。至于发生冲突的机会,或形成相得益彰的机会,再没有比双职工家庭的日常生活表现得更为明显的地方了,这种家庭无时无刻都在工作责任和家庭责任之间忙活。我们将在下面考察这种日益普遍化的生活方式。

10.3　双职工家庭

"传统的"家庭模式——丈夫在外工作、妻子主持家务、有两个或更多的孩子——现在只代表了美国家庭的一小部分。其实,还有很多种其他的生活方式,包括单亲家庭、不要孩子的夫妇、"家庭妇男",当然还有双职工家庭。我们对双职工伴侣的定义是:共享同一生活方式,包括持续的爱情关系、同居和都有工作的两个人。与第1章提出的职业生涯定义一致,双职工伴侣中任何一方的工作都不必是专业性或管理性的,或者是在感情上有吸引力的工作。

为什么双职工生活方式变得如此令人青睐?当然,一个有吸引力的特征是双方的收入会带来财务上的安全。很多伴侣认为他们需要双收入来获得并维持自己所希望的生活标准。

然而,金钱并不是一切。伴侣双方的生活质量还会得到改善。从女性的角度来看,就业能够满足一系列需求——成就、挑战、多样性和权力——家庭妇女的角色不能完全满足这些需求。女性的就业可以提高她的自尊和情感健全程度,特别是如果她的职业提供了富于挑战的有趣工作机会。一项有报酬、令人满意的工作可以丰富女性的生活。此外,追求职业生涯可以提高女性的独立性和自力更生的能力,这对女性自身有好处,而且如果她因离婚或者伴侣死亡而婚姻终止,这些能力就显得更重要。

从男性的角度来看,双职工关系通常带来更多的家庭责任。男性如果更多地参与照料孩子,可以形成与孩子更紧密的纽带,拓展生活的乐趣。由于在双职工关系中,丈夫并非独自对家庭的经济条件负责,他就会感到"成功"的压力不那么大,如果工作不满意,也有更大的辞职自由。

双职工生活方式还能改善伴侣双方关系的质量。双职工关系提供了机会，使双方能更平等分享对家庭角色的参与机会。伴侣双方都就业，会提高以平等为基础的相互尊重，使他们关系更亲密，使他们对对方更感兴趣，也更加般配。

双职工关系中的压力来源

上面的内容并不意味着双职工关系会免于压力。其实，这种关系中有很多重要的问题需要去面对。本小节将考察这些问题，当然，并不是所有的双职工伴侣都同样遇到这些问题。但首先请考虑以下的情况。

> 罗博和海伦都是企业管理人员，都已 30 多岁，他们有两个年幼的女儿。罗博和海伦都热爱工作，也都很关心家庭，但他们大部分时间都感到疲惫不堪。应付工作会议、举办生日宴会和带孩子看儿科医生，令他们身心俱疲。此外，他们还得为女儿们所在幼儿园的质量操心。
>
> 罗博和海伦偶尔会有一种犯罪的痛苦感。有时，海伦怀疑，与自己那身为家庭妇女的母亲相比，她究竟是不是一个好母亲。而罗博固然为海伦在她供职的公共关系公司中取得的成就感到骄傲，但也暗地里担心再过多久海伦的薪水会超过自己。罗博和海伦有时因不能投入足够的时间去工作而有负罪感，有时又为不能投入所希望的那么多时间陪伴孩子而有负罪感。罗博和海伦都担心他们这么多的家庭责任是否会妨害他们的职业生涯，而他们也清楚，在平衡工作和家庭生活关系上，雇主帮不了他们什么忙。

这个例子强调的是双职工家庭可能遇到的各种压力。现在，我们来更详细地讨论具体的压力来源。

工作与家庭的冲突

我们已经讨论过，过多的工作要求和家庭要求将怎样造成工作与家庭的冲突。许多人发现，他们的工作要求和他们应该承担的家庭责任相互冲突。挑战性的工作、频繁的出差和长时间的工作，这些都很容易跟参与家庭活动的压力和渴望相互冲突。然而，女性仍然首当其冲地承担着照料家务和孩子的责任。尽管女性给自己的生活增加了另一个角色——工作角色——她们并没有在多大程度上放弃管家和照顾孩子的角色，而是依旧承担着管理家务和照顾孩子的大部分工作。此外，即使丈夫们确实越来越多地干起了家务工作，他们也往往被认为是"帮一把手"，而不是主要挑起这些责任。

实际上，家务经常成为双职工家庭中妻子们上的"第二个班"，在单位下班时，她们的"工作日"刚刚过了一半。一项对从事企业专业工作的双职工家庭的研究发现，母亲花在家务和照看孩子上面的时间，平均要比父亲高出一倍。即使那些刚结婚时分担家务还算公平的家庭，在有了孩子后，家务分配也会回到按性别划分的老路上去，即优先考虑丈夫的职业生涯，而不是妻子的。

双职工伴侣感受到的负担和压力会以几种方式威胁到他们的关系。首先，就像罗博和海伦的例子中描述的,家长可能会因为没有足够的时间陪伴孩子而有负罪感。第二,伴侣可能没有时间培养他们自己的关系。工作要求和孩子的需求几乎没有留给他们用于彼此的时间。不能共度时光会危及浪漫关系和感情,令双方彼此疏离。第三,家庭和工作责任使他们几乎没有留给自己的时间。他们要找点儿时间来放松、反思或者搞些休闲活动,就算有可能,也太不容易了。

简言之,双职工的伴侣经常走向紧张、忙乱的生活,有了孩子后尤其如此。工作的压力、共用汽车、一出差就好几天、孩子的舞蹈课、苛求的老板、家务活儿——这个清单拉起来就没完没了。双职工的生活方式应该是有所得的,但过这种生活绝不容易。

职业生涯成就受到限制

双职工的生活方式可能会限制人的职业生涯成就,或者减慢步伐。尤其是女性就更可能如此。许多母亲用减少参加工作的办法来缓和工作与家庭的冲突。双职工家庭中的母亲常常缩减工作时间,放弃会与家庭责任冲突的发展机会,谢绝需要搬家的升迁机会,或者离开工作一段时间,把自己的职业生涯"晾一阵儿"。从这个意义上说,由于过多的家庭责任限制了职业生涯发展,双职工家庭中的母亲可能会"因家庭而受到惩罚"。这种惩罚部分是自找的,因为双职工家庭中的母亲常常"自愿"减少对工作的投入来履行其家庭责任。然而,雇主可能会以歧视的方法限制这种双职工家庭的母亲,即减少对她们的投资——例如少提供指导机会和挑战性的工作任务——因为他们认为这些母亲对工作的付出不如对她们的家庭。

当然,不是所有女性都必然会遭到家庭的惩罚。事实上,最近一项对管理人员和高管的研究发现,女性对她们作为配偶这一角色的心理义务,并没有给她们的工作业绩带来限制。进而言之,她们对母亲这一角色的认同,是与她们更高水平的工作业绩相联系的。

当一些母亲因遭受家庭惩罚而妨碍其职业生涯上的成功时,男性却常常得到实际上对工作有助的"家庭奖励"。一项研究发现,比起没有孩子的男性来,做父亲的男性能挣更多的钱,在组织中有更高的职位,对工作也更加满意。这是为什么呢?因为有孩子的男性比没有孩子的能在工作中有更多的自主权。尽管可能是这一研究中的父亲们争取到了额外的自主权,也有可能是雇主授予这些父亲们更多的自主权,因为他们认为有孩子的人更有责任感,也更稳定。

当然,如同不是所有女性都会经历家庭惩罚一样,也并非所有的父亲都必然得到家庭奖励。高度介入家庭生活的男性——那些认为家庭是生活最重要部分的男性——会像双职工家庭中的母亲那样,减少对工作的介入。这些男性会为了家庭的原因而变换职业、减少出差、放弃升迁或者搬家。

在双职工家庭中,职业生涯成就会受到多大的约束,部分取决于某一特定职业生涯领域要求投入的时间。在合理的、可预见的和灵活性工作时间的领域中工作,无论男人还是女人,可能都不会遇到职业生涯发展的障碍。另一方面,在要求长时间工作,工作时间不灵活和频繁出差的领域,他们的工作业绩和职业生涯发展可能就会受到伤害。此外,职业生涯成就可能还取决于与伴侣职业生涯相比,哪一方的职业生涯更重要,伴侣双方对家庭承担义务的多少,是否有其他人帮助自己管家和照看孩子,能否得到伴侣的支持,以及在工作与家庭问题上,雇主有没有灵活性。

双职工伴侣必须经常及时决定,在某一特定时期谁的工作应该更为优先。谁留在家陪伴生病的孩子? 谁拿出几个小时去参加下午的家长会? 应该为了谁的工作而搬家? 工作有优先性的伴侣比另一方更少地调动工作,也更强烈地追求其职业生涯成就。传统上,男性的职业总是优先于家庭责任,而女性的家庭责任被认为应该优先于工作。通常的一个合理解释是:丈夫的工作更重要、要求更高,挣钱也比女性多。但时至今日,这些假设可能已不再正确。

伴侣之间可以通过不同方式来处理谁的工作更为优先的问题。菲利斯·莫恩及其同事考察了双职工家庭对不同角色分配的时间和承担的任务的战略。她们发现,最典型的战略是丈夫花在工作上的精力比妻子多,妻子花在家庭上的精力比丈夫多(这称之为"新传统主义战略")。但研究者们注意到,还可能会有其他的战略。比如,妻子对职业生涯的投入多于丈夫(这称为"逆向优先战略"),双方都以投向职业生涯为主(称为"双优先战略"),还有谁都不肯向职业生涯里多投入的"另类优先"战略。在有些双职工关系中,双方工作的相对优先性是变化的,变化取决于双方职业生涯的需要和发展阶段。最重要的不是最终怎样解决,而是伴侣用以达成解决的过程。这一过程应该包括开放性、灵活性和对伴侣的关心。至少,伴侣双方必须对彼此事业的相对优先性达成一致,否则就有造成婚姻关系紧张的风险。

因此,双职工关系的压力和约束可能会妨害伴侣一方或双方的职业生涯发展,尤其在人们把职业生涯发展定义为沿着组织阶梯快速上升时更是如此。然而,研究人员发现,双职工家庭中的职业女性也常常能够获得重要的职业生涯成功,尽管与单身或没有孩子的女同事比,是在职业生涯稍晚的阶段。这一趋势如果对男性同样成立,那也不足为奇。因此,从长期来看,职业生涯成就不会受到严重损害,至少在允许职业生涯发展步伐有灵活性的职业和组织中不会如此。在本章的后面,当我们考察组织对雇员的工作与家庭顾虑的反应时,会进一步讨论这一问题。

竞争与嫉妒

在传统家庭中的劳动分工导致了整齐划一的、没有竞争的世界。男性在工作世界里取得成就,女性则操持家务,因此,不可能对他们各自事业相对的成功进行比较。然而,当双方都就业时,很有可能一方最终会比另一方更"成功"。受过大学教育的女性,有 40% 和她们的丈夫挣得一样多,甚至更多。有些情况下,如果妻子在职业生涯成就上超过了丈夫,丈夫可能就会觉得受到威胁。实际上,一项研究发现,女性的工作成就越高,她的婚姻满意度越低,这就是说,她在工作中的成就可能会招致丈夫的怨恨。如果对来自男性或女性一方的嫉妒置之不理,很可能会威胁到双方关系的稳定。

伴侣在职业生涯上的成就对竞争心和嫉妒心会产生什么影响,可能取决于伴侣双方的人生追求。产生最强烈竞争心和嫉妒心的,可能是这样一些人,他们把自己的职业生涯成就看得非常重要,但对于这些成就究竟有什么价值,他们感到没有把握。在这样的条件下,其伴侣的职业生涯成就会对其充满威胁。然而,必须补充的是,我们在与很多商学院的男、女本科生和研究生的讨论中发现,很少有人认为,伴侣的职业生涯成就会引起自己强烈的竞争心或嫉妒心。

双职工状态对孩子的影响

根据《财富》杂志(*Fortune*)20 多年前对就业的父母所作的一项调查,大部分男性(55％)和女性(58％)认为,"双亲都就业的孩子没有得到足够的时间和关注。"然而,还是这些人,大多数又认为,孩子由于有就业的双亲做榜样而受益。也许这些发现反映了双职工父母内心矛盾的感受。然而,最近一项全美调查揭示出,情况并没有那么严重:64％的男性和 78％的女性认为,有工作的母亲与孩子的关系,与那些不出门上班的母亲和孩子的关系是一样好的。

尽管个别的研究有时显示,父母双方都上班对孩子的影响有好有坏,但从研究文献整体来看,一个母亲的就业(对已婚夫妇来说,通常会变成双职工就业),对其子女的发展,并没有绝对有利或绝对不利的影响。家庭与工作研究所(Families and Work Institute)的埃伦·加林斯基雄辩地提出,我们不能简单用"非此即彼"来看待一个母亲的就业问题,也就是说,不能认为它对孩子非好即坏。她最后给出结论:这要看是什么人以及他们所处的环境而定。对一个人来说是好事,对另一个人也许就不是好事。双职工生活方式对孩子的影响如何,很可能最终要取决于父母与孩子关系是否融洽、照顾孩子是否周到,以及父母双方的个人满意度等因素。

10.4　双职工家庭的生活质量

我们已经分析了双职工家庭关系某些潜在的优越性和风险。作为一个家庭,应该怎样使优越性得到最大限度发挥,把风险降到最低呢? 有三个密切相关的因素是尤其明显的:社会支持、有效应对和灵活变通。

社会支持

我们前面谈到过,支持是一种能够帮助人们改善生活质量的资源。从组织和他人那里得到广泛支持的人,要比那些没得到多少这种支持的人会冲突更少、生活更幸福,这是毫不奇怪的。在双职工关系下,支持能使夫妻双方有效地解决工作和家庭中的问题,并且和伴侣的幸福紧密联系在一起。在成功的双职工关系中,沟通和互相支持是最基本的因素。双职工伴侣可以从一系列的支持性关系中受益。

情感上的支持,尤其是来自家庭成员的支持,是非常重要的,因为伴侣双方是在一种需要互相妥协的方式中生活,并且会产生身份问题、嫉妒心和犯罪感。大约四十年前,罗伯特(Robert)和罗纳·拉波玻特(Rhona Rapoport)谈到过那种善解人意、关心妻子的"帮忙丈夫",认为他们是促使双职工家庭成功的主要贡献者。今天看来,这个观点很对。不过,男性也同样需要得到理解自己的伴侣的支持。的确,支持必须是相互的,伴侣双方必须既接受支持,也支持对方。

因为大多数的双职工伴侣经常经历崭新的情境,伴侣双方会从关于工作与家庭问题的信息和建议中受益,因此婚姻上的困难也不会太严重。如果要搞好双方关系平衡和分担家务,男性就需要采取实质性的行动——主要是管家和照顾孩子。尽管另一种形式的支持,即请人来帮忙,可以大量减少冲突和负担,但它不可能完全代替那种双方都同意的、平衡的分担责任的方式。或许最重要的是双职工认为,自己和配偶都参加家务活动,才是公平和平等的。

最后,支持还可以给伴侣双方提供有用的反馈。伴侣双方可能会觉得难以估计他们在工作和家庭角色的平衡上做得怎样,孩子对这种情况是否满意,以及伴侣双方的关系维持得如何。正确的、建设性的反馈能够确认伴侣双方的努力,并成为改善家庭功能的一种方式。

尽管从各种渠道都可以、并且应该能得到支持,但来自伴侣的支持则具有特殊作用,因为它反映的是对双方关系的一种兑现。至于伴侣双方对工作和家庭的相对重视程度,则决定着自己所愿给予的支持程度。那种伴侣双方至少有一人以顾家为主的家庭,最有可能以最小的压力来平衡工作和家庭的角色。例如,丈夫们以家庭为主的模式与婚姻幸福是紧密相连的,尤其在女性们侧重于她们的职业生涯时就更是这样。按理说,那些愿意让自己的职业角色服从家庭角色的丈夫,比那些反其道而行之的丈夫,会更少与妻子去争时间,也会给妻子更多的支持。

至于伴侣之间压力最大、相互支持最少的家庭,也许就是那种双方都高度沉迷于工作,很少介入家庭事务,但又都想过上满意的家庭生活的家庭。这种被弗朗辛(Francine)和道格拉斯·霍尔(Douglas Hall)称作"冤家"的关系,可能会因职业生涯优先性和家务分派上的持续冲突而受到威胁。按照他们的说法,这种家庭的伴侣任何一方都"不愿意也不可能牺牲职业生涯,来成全对方的职业生涯或是满足家庭角色的需要"。

应对工作—家庭的压力

道格拉斯·霍尔提出了应对工作—家庭冲突的三种策略。使用结构性角色再定义的方法,通过改变那些角色要求者对人们责任的期望,人们可以减少工作—家庭冲突。一个人如果与其老板商定,在某些日子可以提前下班或减少出差,就会改变别人对自己的预期。作为妻子,如果她与丈夫和孩子商定,让他们做更多的家务,或者雇用保姆帮忙,都能减轻自己一部分做家务的压力。结构性角色再定义就是一种主动解决问题的方法,它能够部分地改变产生冲突和压力的环境。

使用个人角色再定位的方法,人们可以不必直接面对角色要求者,而是改变他们对自己的要求的概念,就能改变预期。女性决定放松家务劳动的标准,男性逐渐减少对工作的投入,这些都是对某种任务或角色的重新定位,都能减少冲突。

使用反应性角色行为,人们试图更有效地满足所有的期望。早起晚睡,更高效地安排时间,本意都是想"做好一切"。这种策略,就是想当"超人",其实就是给自己的脑力和体力增加负担,并不能解决潜在的冲突,而且一般都不会成功。

最重要的也许是个人应该制定出积极的应对战略,来减轻工作与家庭间的冲突和压力。成功地管理这种生活的一种方法,被称为"选择—优化—补偿"法,强调克服障碍的目标、战略和计划的重要性。研究表明,具有这种行为的人感受到的压力工作—家庭冲突就比较少。时间管理,作为另一种自我管理的战略,也表现出能够减少工作—家庭之间的冲突。

以上就是人们对付压力环境的策略。作为伴侣,还应该把家庭当作一个整体,提出共同的应对策略来解决问题,应该从以"我"为主(利己主义、逼人就范、压制矛盾)转为以"我们"为主(共同目标、相互鼓励、求同存异)。霍尔和霍尔提出了关于家务劳动、子女养育和时间分配的很多有用的建议,以实现以"我们"为主。但是,对某一对伴侣有用的策略不一定对另一对伴侣有用,谁都不可能拿出一套成功的"菜谱"。但也有在各种环境下都适用的办法,那就是需要建立交流和解决问题的氛围。霍尔和霍尔建议通过下面的策略来建立这种氛围:定期讨论问题,倾听伴侣的想法并谈出自己的看法,讨论各自的目标,找出各自的期望,着手解决问题,以及通过协商达成协议。

采取这些行动就需要时间、技巧和实践,但如果真要发现和管理那些问题和压力,它们又是必要的。当伴侣们在寻求新方法去对付那些不常见的问题时,为了防止老一套的性别角色或者旧的行为模式的干扰,就有必要去解决问题和进行妥协。

灵活性

满意的应对就需要双职工家庭中的所有成员都有很大的灵活性,包括孩子。能够设身处地地从别人的角度看问题,能改变过时的行为和态度,是有效应对问题的标志。僵化的行为方式本身是不利于解决造成压力的环境的。

在第2章,我们讨论了多变的职业生涯这一概念来说明灵活性的重要。多变的职业生涯需要对个人的工作生涯更强的控制,这种工作生涯的成功是由内在的标准(满意、成就感、平衡的生活),而不是由薪水多少和在组织结构中的升迁等传统的外在标准来衡量的。同样,我们也可以说到一种多变的关系,其主要焦点是伴侣双方的成长和发展,而不大受社会规范和期望的约束。多变的家庭愿意调整其相互关系,以适应家庭成员的各种需要,无论是不要孩子,分居一段时间,还是在家庭关系中变换传统的性别角色。

双职工伴侣能在多大程度上采用更具灵活性的生活方式,通常取决于他们的雇主的政策和做法。直到最近,各种组织还不懂一个道理,即需要帮助雇员来平衡他们的工作角色和家庭角色。值得庆幸的是,这种忽视问题的态度正在变化。关于组织在处理(雇员的)工作—家庭问题时所扮演的角色问题,将在下面的部分进行探讨。

10.5　组织对工作—家庭问题的反应

即使不是全部,也已经有许多雇主意识到,帮助雇员平衡他们的工作和家庭生活,是符合自己的最大利益的。这个曾被视为"妇女问题"的话题,日益被公认为是企业必需解决的、关于全体员工的问题。到底是什么原因导致各大雇主们发生了这种态度上的变化呢?

首先,与前些年相比,更多的员工更加努力地谋求工作和家庭的平衡。前面讨论过,双职工家庭生活方式的出现,要求父母协调他们的工作要求和家庭责任。尽管女性在协调工作和家庭要求的压力上任务最重,但男性,不论出于自愿还是必需,也越来越多地介入了家务及照顾孩子的活动。此外,高达50%左右的离婚率导致了单亲家庭的增加,其中很多都面对着工作和家庭的沉重压力,没有伴侣来分担责任。此外,越来越多的员工需要照顾年迈的父母或其他成年亲属。一份研究显示,2002 年,有 35％的美国员工负有照顾老人的责任,比五年前的 25％增加了很多。

除此之外,员工的价值观转向更加强调生活的质量。事实上,员工们也正在要求得到平衡工作和家庭的机会,相当数量的员工宁可牺牲自己的职业生涯,也想得到更高质量的生活。越来越多的求职者在招聘面试中都提出工作—生活平衡的问题。相当多的男性和女性都拒绝提升、调动,拒绝压力较大或经常要出差的工作,就是因为这些职位会造成他们家庭生活的紧张。

家庭和就业格局中的这些变化,以及雇员价值观的变化,正在严重破坏组织有效进行人事安排的能力,特别是在美国的人才供给萎缩的时候,问题就更严重。首先,组织正在丧失许多有才能的年轻女性管理者和技术专家,这些人在生了孩子后就辞职回家了。还有很多"既要工作,又要家庭"的女性虽然希望继续她们的职业生涯,但要求每周不能工作50~60 个小时,也不能过多出差。由于雇主没有专门为有小孩的父母提供倒班的机会,所以这些雇员通常会选择离职。这给了雇主们重重一击,因为他们已经投入了时间和金钱,现在又得支付大量的招聘和培训费用,来代替这些有价值的员工。

人才供给不仅仅在萎缩,而且女性越来越多。据预测,到 2014 年,将近 60％的女性将处于就业状态,而且工作人员中有 47％将会是女性。此外,随着越来越多的女性获取学士、硕士、法学和医学学位,雇主们发现,很多最好、最聪明的工作候选人将是女性。这一群体中的广泛流动将导致高成本和低生产率。

除此之外,工作中的父母亲们经常需要全力以赴解决平衡工作和家庭责任的难题。此外,过多的工作—家庭冲突会导致高缺勤率和广泛的压力,二者都会破坏组织的生产率。显然,如果给雇员提供一个支持其家庭的工作环境,可以改善雇员对工作和组织的态度。

尽管在员工中存在着本章描述的人口统计数字的变化,雇主们通常仍是按照以下假定来工作:绝大多数的管理人员和专业技术人员愿意为了完成一项任务而奉献必需的时间,包括晚上和周末在内;愿意随时到任何地方出差;只要有利于组织和雇员的职业生涯进步,愿意在任何时候搬家。当然,这种方法是假设管理人员和专业技术人员都是男性,妻子则是家庭主妇,因此他们能够把所有的时间和精力都投入工作。

没有人愿意改变各种假设、态度和行为,尤其是在它们长期以来一直很有效的情况下。雇主们也不例外。多年来,组织由于下面的几个原因,迟迟不去解决员工的工作—家庭问题:它们不知道怎样解决这个问题;它们把要求工作—家庭平衡视为威胁,因为这一要求破坏了其"(员工都会)向上爬"的伦理观念;它们只把这些问题看作"女人的问题";而且它们也没有看到组织如果处理好这些问题所能得到的回报。然而,当更多的公司遇到难以吸引和留住有价值员工的困难时,当组织看到了实行支持家庭的措施带来的好处时,这种拒绝改变的抵抗也在减弱。家庭与工作研究所的研究找出了雇主为什么会采取这种做法的主要原因。其中首要的原因就是想招聘和留住雇员(47％),支持雇员及其家庭(39％),提高雇员的积极性和生产率(25％)。现在我们把注意力转向组织可以采取的,能帮助雇员平衡其工作—家庭生活的行动。我们现在将注意力转向组织能够采取哪些行动,来帮助员工平衡其工作和家庭生活。

表10.2概括了组织为应对本章所讨论的问题,采取的各种支持家庭的政策和做法。我们把组织的这些行为归入三个大类:照顾被扶养者、弹性工作安排和改变组织的工作—家庭文化。

表10.2 应对家庭问题的政策和措施举例

照顾被扶养者
照料幼儿及其他
老人护理咨询及其他
幼儿园
幼儿护理费折扣或优惠
患病儿童护理
参与社区活动
弹性工作安排
兼职工作日程
个人支配的天数
弹性工作日程
个人事假
工作分担
远程办公(弹性工作地点)
家庭事假、照料幼儿假
家人患病日
灵活性职业生涯途径和安排
改变工作—家庭文化
在公司的目标宣言中包括对工作和家庭生活的承诺
强调工作绩效而不是工作时间
重新设计工作流程,使之更适合员工的家庭和个人需要
提供工作—家庭讨论会和支持团队
为领导提供处理工作—家庭问题的培训

照顾被扶养者

有工作的父母深切地关注他们孩子的幸福。针对他们这一顾虑,雇主们提供了广泛的幼儿照看计划。在家庭与工作研究所于2005年调查的大公司中,尽管只有17%的公司在企业内部或附近为公司职工的孩子建立了幼儿园,但还有其他形式的直接支持,包括对上私人幼儿园给予各种补贴(折价和优惠)和对患病幼儿的紧急援助。另一种很普遍的支持形式是灵活支出账户,在这种账户中,可以使用税前收入支付幼儿护理服务的费用。

最为普遍的——并且可能是最便宜的——创意,是一种资源和转介系统,它能够给雇员提供一系列有用的、关于照顾幼儿的信息和帮助。IBM公司创造了第一个全美范围的转介服务网络,这一网络已经被许多其他公司使用。转介计划还可以用研讨会、支持小组、图书馆和实事通讯作为补充。此外,一些雇主还和社区组织合作,扩展和改善各种照顾幼儿的工作,例如:"课后计划",支援或"病儿护理中心",以及向家庭日托协会(family day-care associations)提供补贴,以扩大家庭日托的数量。

　　尽管对被扶养者的照顾经常被视为等同于对幼儿的照顾,但对长辈亲属、尤其是对父母的赡养也越来越受人关注。随着人类寿命的持续增长,预计到 2030 年,老龄人口将达到人口总数的 20%。在前几代人中,长辈通常是由未工作的女儿和儿媳妇来照看的。而现在,那些可能没有时间、知识或者资源来照看其老人的员工,正在日益感受到这种需求。

　　鉴于这些压力,组织正在开始为其雇员提供照顾老人的支持。这种支持有以下几种方式:灵活调开工作时间以照顾老人,提供各种有关服务及政策的信息,向员工支付照看老人的补助,以及通过员工互助计划结成帮助小组。毫不奇怪的是,最近的调查表明,各家公司更愿意让雇员歇班去照顾他们的老人(79%),而不是直接提供金钱支持,让雇员去请人照顾自己的老人(6%)。

弹性工作安排

　　弹性工作时间安排　对许多雇员来说,工作场所增加一些灵活性,就像帮助照顾幼儿对工作的父母那样,是很重要的。早期解决这一问题的方法之一是制定弹性工作时间制度。在家庭和工作研究所 2005 年的调查中,已经有相当比例的公司有此制度。弹性工作时间安排通常包括一段核心时间(例如早上 10 点到下午 3 点),在这一时间内所有员工必须上班,在核心时间前后的几个小时之内可以灵活调整上、下班时间。另一种弹性安排是给雇员放一些权,让他们自主决定茶歇时间、工作轮班时间,以及付酬和不付酬的加班时间。

　　有了弹性工作时间安排,雇员就能在一定程度上控制自己的时间,这有助于雇员减少工作—家庭冲突。尽管弹性工作时间安排并非始终能产生积极的结果,而且其特征必须与雇员的具体需求相吻合,但它仍然是组织处理工作—家庭问题众多方法中的核心部分。

　　事假　另一种形式的弹性工作安排是使雇员有机会请假照顾孩子或其他家庭成员。各国最初制定的产假立法相差悬殊。1993 年,美国通过了《事假和病假法案》(FMLA),允许雇员最多 12 周的停薪留职假期,以处理员工自己的医疗问题,照顾新生婴儿、新收养的孩子或患病的孩子、父母及伴侣。这项法案适用于以下雇员:一是所在组织有 50 名或 50 名以上员工,二是在该组织最少工作一年,三是最近 12 个月内最少工作 1250 小时。尽管自 FMLA 生效后,已有超过 3500 万人休过假,但仍有 53% 的劳动力不符合该法规定的休假条件,这或是因为他们的雇主不符合法律规定的条件,或是因为雇主符合条件而雇员不符合合法要求。除了联邦法令,许多州还通过了育婴和家庭事假立法。

　　此外,在某些情况下,一些私人组织还允许超过《事假和病假法案》规定的 12 周之外的事假。家庭事假计划似乎能够改善招聘,留住员工,尽管还没有进行充分的研究来证实这一点。有意思的是,大量的男性员工往往不去享受育婴假的好处,部分原因是他们认为,这可能会妨害他们的职业生涯发展。

　　半日制工作　在 20 世纪八九十年代,菲利斯·施瓦茨(Felice Schwartz)曾提倡,有小孩的女性管理者和技术专家可以选择半日制工作方式,这在企业界、女权主义者和学术界中引发了一场风暴。施瓦茨之所以这样提议,是因为她看到许多母亲对待自己的职业生涯非常认真,但她们还想花相当多的时间来带孩子。在面对全职工作或者放弃就业的选择时,她们中的许多人只好辞职不干。

施瓦茨强烈要求雇主们为管理人员和专业技术人员提供这种半日制工作,直到这些女性准备好回去上全天班为止。这种半日制工作时间实际上可以从几个月到几年。施瓦茨进一步建议实行"工作分担计划",在该计划中,实行半日制的员工可以结成对子,共同对一项全职工作负责。被新闻记者称为"妈咪路线"的半日制加工作分担的上班方式,受到一些人的欢迎,认为这是年轻母亲们(和父亲们)的一种可行选择。也有人批评这种做法,认为这是把女性看作二等公民的一种形式。我们经常看到,当男性在承担很重的家庭责任时期,他们会私下与老板协商,要求少上一些班,而用不着戴那顶"半日制"的帽子。事实上,到目前为止,也确实没有几个男性会选择这种半日制的工作。

半日制这种就业方式对上班的父母是一种合理的选择吗?从积极方面看,半日制就业有助于女性和男性在工作与其他生活之间求得平衡。而且半日制雇员的工作态度一般看来与全日制雇员的态度也没有什么不同。

从消极方面看,很多半日制工作并不提供健康福利。进而言之,从职业生涯发展的观点看,令雇员担忧的是,半日制就业,哪怕时间很短,也会给组织一个提示:他们是不会对组织认真负责的。而某些在工作—家庭问题上没有真知灼见和经验的组织,也许就是这样看问题的。然而,如果组织或组织管理者能够理解许多员工遇到的工作—家庭两难困境,在半日制工作期间让他们做一些富有挑战性的工作,并且让他们在必要的时候,以一种辅助性的形式重新开始全日制工作,那么,选择暂时半日制的员工在长期职业生涯发展上就不会受到严重的损害。因此,雇主必须防止成见和那种"自圆其说"的臆测,以免限制女性及男性可能对本组织作出的贡献。

灵活的职业生涯道路 除了提供半日制的就业机会以外,组织还需要更多地认识到,雇员的职业生涯发展道路可能对其家庭生活具有重要的意义。许多男性和女性员工正是看到了走上职业生涯"快行线"所要付出的代价,才希望寻求其他的职业发展方向的。对组织来说,重要的是给雇员提供无须加班加点和经常出差的其他职业替代途径,并把这些途径看作可行的、重要的、能让雇员对组织作出贡献的途径。换句话说,组织应该把雇员的其他职业发展方向合法化,并予以鼓励。

例如,有一家著名的资深公共会计师事务所,其职业生涯推进体系要求雇员长时间工作,频繁出差,并且必须在特定的时间内成为合作人;而正是现有的这种制度导致了过高的员工离职率。因此,这家事务所开发了另一种职业生涯道路,希望能留住更多的有特殊专长的专业人员,为客户提供更好的服务,并为雇员提供更多样的成功之路。在新的制度下,雇员有机会在更多的领域发展其专业知识,或者集中力量在某一职能上进行深造。员工可以按照适合自己生活方式的步调发展这些技术;即便他们在几年内没有获得合伙人的身份,也可以继续留在公司;即使他们不想(或者没有足够的能力)成为合伙人,他们仍然可以为公司作出贡献。

即使是那些一帆风顺的员工,也可以通过对自己家庭生活干扰较少的方式来得到发展。例如,公司可以在中心区设置多种设施,使员工无须搬家就能够获得各方面的经验。公司还可以组建专案组或特别工作组,吸收雇员参加,以这些方法来代替会让他们搬家的方式;对奉派出国的员工,也可以把任期缩短至几个月,而不是几年。如果必须举家迁移,组织对该雇员的处于工作状态的伴侣,就要给予支持。这种支持包括职业生涯发展指导,在能力评定和准备简历上给予帮助,以及取消关于夫妇不得同时在同一组织内工作的禁令。

远程办公,经常也称弹性工作地点,即可以在郊区办公地工作,或者更典型的就是在家里工作。有了更先进的计算机技术,在家上班的计划变得更加可行,它使雇员能够更加自由地支配时间,来平衡工作和家庭的要求。远程办公并不能消除工作和家庭的冲突,实际上,它有时还可能加重压力,因为家长会待在家里,而且会有一种与社会隔绝的感觉。它也没有消除这些家长在照看幼儿上对额外援助的需求。但无论如何,对为人父母者来说,由于身在家中,大大减少了上下班花在路上的时间,也大大提高了他们平衡工作和家庭的能力。因此远程办公仍不失为一种可行的选择。

本章讨论了关于家庭支持实践的研究,尽管这些研究尚未取得完全一致的意见,但大量证据表明,如果雇主提供更灵活而有控制的管理,雇员的工作—家庭冲突就更少,工作态度就更积极主动。此外,还有一些研究表明,组织提供的家庭支持实践,也往往是有成果和合算的。

10.6　改变组织的工作—家庭文化

家庭支持实践是有效的,而同样重要的是,如果没有理解和灵活管理的环境,一般是不会开展这些实践的。换言之,大多数实施这些实践的雇主,都是在尊重雇员的家庭和个人生活的文化氛围中,才提供正式的工作—家庭计划。这些组织修正了自己的文化,以打消那种与当代劳动力的需求不合拍的文化观念假设。需要修正的文化观念假设包括以下几点:

- "你个人的问题应留在家里解决。"
- "工作上要多花些时间,别管家庭责任如何。"
- "组织让你何时出差、去往何处,就应照办。"
- "别考虑家庭的需要,需要搬家就搬家。"
- "只要上了班(到了工作场所)就等于有绩效。"
- "(干了)几小时,就有几小时的产出。"

回应员工家庭问题的组织必须用(对员工)更有支持性的文化来取代这些假设。这种文化的核心因素是:承认所有员工的家庭和个人问题都是合理的,承认工作—家庭问题对组织本身是重要的问题。这样一种文化会激发人们去认识潜在的工作—家庭冲突,并鼓励人们讨论这些冲突对雇员和组织的影响。这样,组织将会懂得,许多雇员对职业生涯和家庭是同样重视的,这样才能制定有关政策和计划,才能使雇员的价值观和组织需要有效率的、有竞争力的员工这种要求相吻合。

回应家庭问题的组织应该制定关于工作和家庭问题的、明确的公司政策,并且在组织内部广为宣传。有些公司就把工作—家庭问题写入其目标宣言,以此来反映并加强自己对这一问题的承诺。很多公司还在组织内部成立了工作—家庭团队或部门,基本职能是制定本章所讨论的各种工作—家庭计划并进行管理。

管理政策的关键环节是那些领导,因此,关心员工家庭问题的雇主都出资对这些领导进行培训,帮助他们灵活地调整员工的工作时间安排和职业生涯发展计划。那些成功地改变了工作—家庭文化的组织,也把注意力放在绩效的衡量,而不是看员工上多少小时的班,周末加多少小时的班,或者对组织作出承诺的其他象征。最重要的一点也许就是,这种回应型组织相信自己的行动能使其雇员受益,也能使自己在市场中获得竞争优势。

最近推出的,符合本章讨论的很多原则的一项公司计划,是来自百思买(Best Buy)的举例,其意在从强调雇员的工作时间和计划进度,转变为强调其工作质量。百思买是一家总部设在明尼苏达州明尼波利斯市的零售组织,该公司把这一举措及其文化简称为ROWE,即"工作环境定输赢"(Result Only Work Enviornment)。该公司有意回避"工作—家庭计划"或"工作—生活计划"的提法,而使用 ROWE 这个创意,意在通过关注全体雇员的实际工作结果,而不是只看其工作时间而不顾其家庭或个人的情况,来争取更好的绩效。该公司把工作任务分配给各个工作团队,让他们按照他们自己的文化,设计实现目标的途径。该研究对这种转变作了如下描述:

传统的工作方法是熬时间,现在这些团队都转而采用 ROWE。在这种环境下,完全由雇员自主决定何时何地干完工作,其中隐含的假定是:员工是会干的,他们知道怎样最好地干完手头的工作,怎样最好地实现每个团队的长期目标。在这种工作环境中,关注的焦点已不再是用时间来衡量工作成绩(如:上周某个工人干了多少个小时,她在某项工作上花了几个小时),而是完全根据工作结果来评价其生产率和工作量。百思买旨在通过ROWE 创新,把当时的工作组织改造成一种新的环境,使雇员拥有他们为实现工作目标所需的手段(比如,打一圈电话等),同时让他们自主安排工作计划:只要能完成工作目标,他们认为怎样最好就怎样干。

尽管目前对 ROWE 创意的研究尚未完成,但初步结果已经出来了。在 6 个多月的时间里,采用 ROWE 创意的各组人员与不采用这种创意的各组人员相比较,结果是:前者(1)认为自己在工作时间上更自主,能在更合适的时间里干完工作;(2)检查证明,他们的身心更为健康;(3)认为百思买的方法更有人情味;(4)认为自己对这样的工作场所更要多负责;(5)对自己的工作更满意;(6)工作—家庭冲突比以前减少了;(7)报告说"无用功"也减少了;(8)不想按百思买的方式干下去的想法也少了。

10.7　职业生涯管理和生活质量

本章已经说明,我们的工作与家庭生活是如何以多种方式交叉缠绕在一起的,有些方式是正面的,有些则是负面的。我们相信,绝大多数人的最终目标,都是想让自己生活中举足轻重的那些部分达到满意、有效、充实的结果。如果雇员对家庭冲突或生活过度失衡非常伤感,那就表明其生活中一块重要的部分,不应该这样令人不满意、没效率或不充实。

我们为工作责任和家庭责任而忙,这种状况部分是我们所处的环境造成的。我们干的工作可能会要求我们付出大量时间和精力,甚至搞得筋疲力尽;与此同时,我们的家庭——配偶、子女或父母——又要求我们给予关照和支持。有了这种想法以后,接下来重要的就是要相信，我们每天的决策都会影响到我们生活中的平衡或不平衡。我们经常工作很长时间，选择有压力的职业或职业生涯之路，选择否认生活中的这些压力或故意视而不见，那都是因为我们想这样干，而且始终不相信这些决策会对我们其他生活造成影响。而职业生涯管理，作为积极解决工作与生活问题的方法，可以帮助人们作出适合自己所希望的生活方式的决策。职业测评、目标确定、发展战略，以及评价，都不仅关注我们的工作要求，而且还关注我们的整个生活。为使生活与我们的职业生涯管理模式更加平衡，我们列出以下建议。

职业测评

- 评价工作、家庭、社区和闲暇这几种角色在你生活中的重要性。
- 与家人分享（各种角色在）你生活中的优先顺序。
- 了解工作经历对你生理和心理健康的影响。
- 要认识到不同工作、职业领域和职业生涯道路对你家庭和个人生活的意义。

职业目标设定

- 确定概念性目标，其中要能包含你所希望的那种工作与生活其他重要方面的平衡。
- 要认识到，多种不同的工作都可以实现自己心目中的职业生涯目标。
- 追求对自己有实际意义的目标，而不是按别人的期望生活。
- 了解家人对你的职业生涯目标的看法。
- 了解自己职业生涯目标上取得的成就将对你的家庭和个人生活产生怎样的影响，还要了解自己的家庭状况将对达到这种职业生涯目标产生怎样的影响。

职业生涯战略

- 要认识到特定职业生涯战略（例如全力投入工作、快速流动、改变工作地点）对家庭和个人生活的意义。
- 在职业生涯战略实施之前和实施期间，与你生活中重要的人进行讨论。
- 时常考虑个人对职业生涯战略的接受程度和这种战略的工具价值；避免执行那些违反伦理道德信仰的战略。

职业生涯评价

- 听取不同人对你生活的各个方面的反馈。
- 与家庭成员讨论个人和职业价值的变化。
- 持续考察职业生涯战略对工作和非工作生活的影响。
- 闻过则喜，必要的时候对职业或家庭生活作出改变。

有时，尽管我们做了最好的努力，但工作—家庭关系上的冲突和压力还是很大。回想起来，也许是我们的决策其实并不符合我们的最佳利益。或者是我们根本没有采取措施来减轻日益增大的压力，或者是我们误以为这些压力会自行消失，再或者是有人能帮助我们而我们却没能找他们提供帮助。我们大多数人都不可能消除工作—家庭冲突，但如果我们理解了为什么会发生紧张的冲突和压力，又愿意去改善这种局面，那就有可能把冲突限制在合理范围之内。

对那些因生活中的工作—家庭冲突过多而忧虑者，我们提出以下四个步骤的指南。

你可能会注意到,这些指南与我们在本章乃至本书中倡导的积极职业生涯管理过程非常相似。

步骤 1：首先要理解,在职业生涯、家庭和其他生活角色中,你的优先目标是什么。

- 如果你已婚,或者有某种关系,就要先讨论、理解并互相接受对方的优先目标。
- 鉴于人在一生中的优先目标是会变化的,因此要相信,必须持续进行沟通。

步骤 2：理解冲突的性质。

- 是工作干扰了家庭？还是家庭干扰了工作？抑或是互相干扰？
- 造成冲突的原因是什么：是工作角色和家庭角色带来的时间压力吗？工作压力大还是家庭压力大？
- 我们自己的决策对这些冲突有没有推波助澜的作用？

步骤 3：制定一项计划,并用不同的方法进行测试。

如果工作给家庭生活带来长期干扰,为减轻时间压力和(或)工作压力,采取下述一种或几种方法,对你的状况是有意义的：

- 说出你的工作、家庭情况,以及你在工作中和在家庭中有什么要求。
- 商量出更灵活的工作时间。
- 重新设计你的工作(例如,减少出差,减少周末或晚上加班)。
- 寻找工作中的其他资源(例如,增加人手)。
- 向同事、朋友和家人争取感情支持(理解你)和信息支持(提建议),而且乐于支持他人。
- 学会更有效地应对工作压力。
- 在本组织中寻找更适合自己的职业生涯道路。
- 考虑半日制工作或远程工作。
- 改换雇主或职业领域。

如果家庭生活给工作造成长期干扰,可尝试着减少时间压力,以及(或者)减少家庭内部压力：

- 说出你的工作、家庭情况,以及你对家庭和朋友有什么要求。
- 争取公平承担家务事,考虑外部帮助(有形的帮助)的可能。
- 向家人、朋友和同事争取感情支持(理解你)和信息支持(提建议),而且乐于支持他人。
- 鼓励家人参与自己的职业生涯计划行动。
- 学会更有效地应对家庭压力。

步骤 4：监督这些计划是否得到执行,必要时进行调整,然后继续尝试。

积极的职业生涯管理涵盖了工作和非工作问题,对提高生活质量至关重要。公开沟通是能打通职业生涯管理的各组成部分,以及我们建议的行动四步指南的共同因素。人们需要扩大思考的范围——关于工作、家庭和个人价值观——平时就应与支持者讨论这些问题,免得"急来抱佛脚"。

小结

工作和家庭生活以多种方式在相互影响。尽管这两种角色在许多方面是相互支持的，但很多时候它们也相互冲突。有三种形式的工作—家庭冲突：时间上的冲突，即花在一种角色上的时间妨碍了另一种角色对时间的要求；因关系紧张而产生的冲突，即一种角色中的压力影响了另一种角色的感受；以及因行为而起的冲突，即对一种角色合适的行为，用在另一种角色上却行不通。

我们还考察了当代社会双职工关系的性质。双职工关系尽管收入较高，但也面对着许多可能会造成压力的情境：严重的工作—家庭冲突，性别分工问题，伴侣之间的竞争和嫉妒，职业优先顺序的协商，以及可能在一定程度上限制或延缓职业生涯发展。要有效地处理这些潜在的压力，双职工伴侣需要学习有效应对之道，利用他人的支持关系，并在职业生涯或家务安排中保持灵活性。

组织可以在员工的工作—家庭问题上发挥作用，为员工扶养其家人提供多种形式的帮助。雇主也可以提供更加灵活的工作安排，包括灵活的工作日程、事假、半日制工作和分担工作的机会。他们应该为员工改变职业生涯道路提供制度保证，以使员工能以一种与其内在价值观和生活方式相适应的途径，为组织作出贡献。如果雇主能建立起一种理解和支持员工去平衡其工作责任与家庭责任的组织文化，他们的行动会非常有效。

雇员则需要在通盘考虑其全面生活质量的条件下对自己的职业生涯进行管理。本书提供的职业生涯管理方法可以用来处理这些问题。职业测评、设定目标、制定战略和作出评价，这些都需要对工作和非工作问题持续不断地进行沟通。

作业

回答下列问题，并与某个对你很重要的人讨论。

1. 在生活中的以下几个方面，你是否都像你自己希望的那样投入、有效和满意？请判断下列每一种生活角色。

职业	是	否
家庭	是	否
休闲	是	否
社区	是	否
宗教	是	否
个人发展	是	否
其他	是	否

如果你回答"是"，你是怎样做到的？如果"否"，为什么？

2. 开展一项计划或"试验"，使你生活的某一个方面更有效、更满意。

3. 为了让你对生活中的某种角色更投入，感觉更有效、更满意，你需要些什么？

4. 你的这些行动，会对其他角色产生什么影响？

5. 谁能帮助你？

6. 你怎样跟踪这个计划或"试验"的进展？

讨论题

1. 描述一下最有可能经受严重的工作—家庭冲突的那一类人的情况。找出最有可能产生工作—家庭冲突的那些工作压力、家庭压力和人的个性因素。

2. 你有可能到一定岁数就成为双职工家庭中的一员，也许你已经是了。你知道哪些因素有可能成为这种关系中的主要压力来源？这些压力是否会大于双职工关系所能带来的潜在优势？请说明为什么是这样或不是这样？

3. 第2章介绍、讨论的职业生涯的"万花筒景象"告诉我们，男性和女性可能会以多少不同的方式进入其职业生涯：男性关注的是个人目标上的成就，制定职业生涯决策也是为了促进自己职业生涯的发展；而女性关注的则是各种关系，在作职业生涯决策时要把她们家庭的需求包括进来。根据你自己的观察或经验，你认为男性和女性在如何应对其工作和家庭生活上，有何相同和不同。

4. 有些人认为，孩子是双职工关系的受害者。你支持还是反对这一论点，请说出你的理由。

5. 当双职工伴侣进行合作，而不是"以我为主"时，能够最有效地应对以上问题。请解释伴侣双方应该怎样发展出一种合作的方式，以应对工作—家庭问题。

6. 对以下命题："职业生涯成功会不可避免地损害家庭生活。"请问你支持还是反对，并说明理由。

案例

宝贵的升职

道格·桑德斯，38岁，琼森电子公司的工厂经理。该公司是一家生产计算机部件的中型公司。今晚，他等不及吃饭，就把自己升职一事告诉了结婚17年的妻子莉莎和15岁的儿子斯蒂夫。

这是个姗姗来迟的消息，道格明白，他早就该当琼森公司的生产副总裁了。他在该公司快10年了，前5年是做机械工程师，很对得起他那份工资。后5年，道格当上了工厂经理，他通常每天都在厂里工作12～13个小时，有急事就24小时随叫随到；更不用说只要他的老板觉得有必要，他会立刻飞到设在丹佛的公司总部去。除了这些，自道格接手以来，工厂每年的生产率和盈利水平都达到了新高。

道格真是盼着能再升一级。当然了，那样一来，他的工作时间不说更长，至少也跟他现在一样长。但是能加薪30%，可不是一件小事。莉莎就可以买下她日思夜想的房子啦！而道格就得承担更大的责任——他终于能发号施令了，至少是在他所管的生产领域里。道格还琢磨着，说不定公司还会给他更好的差事。到丹佛的公司总部去上班，那已经是明摆着的事了。道格和莉莎很喜欢丹佛，而斯蒂夫也可以整年滑冰了。

道格急着要在当晚把这消息告诉家里人。他对琼森先生说，他得回几天家，把这事"敲定"，还得赶紧办几件事。莉莎也得跟她工作的博物馆打声招呼，还得在丹佛找点儿事干。当然那也费不了多少事，因为丹佛藏龙卧虎，充满文化氛围。

这个变化对斯蒂夫也是好事。他是个好学生，但他的成绩——还有他对学校的态度——这几年一直走下坡路。道格觉得自己近来对斯蒂夫已经够严厉了，老是拿他的成绩说事。可那孩子还是不够努力。哪怕他有一丁点儿要上顶尖大学的心思，自己也不会再去催他。但不管怎么说，道格凭自己的工作经验，你要想出人头地，就得加倍努力。

道格觉得这次提拔来得正是时候。近来，因为工会的问题，压低成本的问题，他已经被弄得相当紧张了，却又被家务事缠身。这次的情况变化还真可能是一场及时雨。晚上吃饭时，他顾不上去看莉莎和斯蒂夫的表情，一口气就把自己的好消息告诉了他们。

莉莎·桑德斯是非常知足的。道格是个好丈夫、好父亲，儿子斯蒂夫也真是个好孩子。她觉得家庭对自己太重要了，3年前斯蒂夫一上中学，她就回去上班了，这并不容易。她上班倒不是因为家里特别缺钱，而是除了照料斯蒂夫和道格以外，自己还想再做点儿事。

莉莎还记得，当年要找一份和自己的艺术史硕士学位对口的工作，简直是太难了。她最后在艺术博物馆找到了一份办事员的工作。她现在当上了博物馆的主任助理，虽然她觉得自己没什么野心，也还是很得意这种提拔。她是真热爱这份工作！眼下她正忙着自己喜爱的、也是发展最快的博物馆新文化项目——报酬相当之好，又是弹性工作时间，而最重要的是，她被视为既懂业务，又有创造性，工作效率还很高的人才。这种感觉真是好极了。这份工作可以说是"百里挑一"的，她很了解这一点。

莉莎迫不及待地告诉道格自己的最新计划——这是她的主意——让老年人和残疾人能更方便地参观博物馆。其实道格不是真欣赏这个计划，对艺术他既不懂，也不关心，在过去的3年里，也没什么迹象表明他想多学点艺术方面的东西。除此以外，他最近工作太忙了——不是忙，简直就是鬼迷心窍——根本不想听她说。他老是待在工厂里，回到家里也总是心不在焉。如果道格老是这样紧张、沉默寡言，恐怕不是得去看医生，就是会出点什么事了。莉莎想着哪天得给他说说这事了。

莉莎一想到儿子，就生出一阵疼爱之情。斯蒂夫是个很阳光、很关心人但也很敏感的孩子。他好不容易才适应了莉莎出去上班这件事，但也变得更独立了，必要时也更听话了。尽管谁在青春期里都不容易熬，但他还是做的很好。其实，他最近的成绩并没下滑多少——根本没那么严重——可他把时间都用在其他上了，就是不学习。也许该给他说说了，帮他恢复自信。他上学一直表现不错。莉莎觉得道格用不着在学习上把斯蒂夫拧得那么紧。拧得太紧，万一斯蒂夫反弹起来，事情反为不妙。道格和斯蒂夫一说话就能把对方噎住！

莉莎希望今天的晚饭能很愉快。或许道格能放松一下，愿意听听自己的博物馆计划。

斯蒂夫·桑德斯正念高中二年级，一切顺利。他交了一大堆朋友，这可能是他生命中第一次觉得自己在学校如鱼得水。老师都很宽容，同学们也都很棒，他刚认识了一个女朋友名叫洛莉。斯蒂夫爱他的父母，虽然他有时觉得爱妈妈比爱爸爸容易。

斯蒂夫想了半天他爸爸的事。爸爸整天在工厂里待着,偶尔回趟家也是一回来就发脾气,多半是冲自己来的。斯蒂夫觉得,自从上次爸爸看了自己的成绩单以后,就一直盯着自己不放。成绩单的问题其实没那么严重,只不过是自己没考好而已,当然也没达到爸爸的标准。斯蒂夫觉得自己是相当好的学生,只是这个学期没考好。斯蒂夫知道自己应该更努力,可实在受不了爸爸说起学校来时的那份唠叨。爸爸根本不听斯蒂夫的解释,也不想知道斯蒂夫的成绩为什么开始下滑,或者是斯蒂夫遇到了什么问题。他就会嚷嚷,也许就像他在工厂里冲着工人们嚷嚷一样。

斯蒂夫又把他妈妈的事想了半天。妈妈在博物馆工作得那么出色,他真觉得快乐。妈妈爱她的工作,可总是把时间花在爸爸和他自己身上。斯蒂夫觉得,对于妈妈的工作,爸爸看起来从来没真正有过兴趣,也没花多少时间去陪陪她。斯蒂夫还知道,爸爸也没工夫陪自己。斯蒂夫在琢磨着:难道一个人在事业上成了大人物,就该这样吗?

但斯蒂夫很乐观:事情很快就会好起来的。他相信自己有很多好朋友,还有爱自己的父母。他暗下决心:他会再用功的。

晚饭

道格一肚子不高兴。他惊讶于莉莎和斯蒂夫听到他提升的事之后的反应。他以为他们根本就是敌视自己。莉莎很生气也很震惊;这是她第一次听说道格终于得到了提升。斯蒂夫不知道自己该说些什么,可还是直截了当地说,不管怎样,他哪儿都不想去。过了一个钟头,他们又把自己说过的话再说了一遍,心里都在盘算着这饭该是吃完了。

他们都离开了饭桌,都是满腹疑惑,还生了一肚子气。可是,道格保证他要拖几天,不会马上就给琼森先生一个肯定的答复。莉莎也保证,先睡觉,明天早上再说。斯蒂夫则一言不发。

案例分析问题

1. 如果你是莉莎或斯蒂夫,你会对道格的提升作出什么反应?为什么?

2. 如果你是道格,看到莉莎和斯蒂夫那么生气,那么顶牛,你会是什么反应?为什么?

3. 道格在公司和在家里说话时,会有什么不同吗?

4. 桑德斯一家的处境,说明双职工家庭在遇到特殊挑战时,暴露出什么问题?

5. 这家人下一步该怎么办?

第 **11** 章

对多样化的管理

美国的劳动力正在变得越来越具有多样化,雇主们也因此变得更加多样化。那些能对自身多样化进行有效管理的组织才更具有生产性和竞争力。劳动力多样化的重要性,从下面的统计数据和人口统计预测就能最有力地说明:

- 预测到 2020 年,有色人种将占美国劳动人口的一半。
- 2007 年,非洲裔美国人约占美国劳动人口的 11%,亚裔将近 5%,拉美裔占 14%,女性占 46%。
- 2007 年,在美国管理人员和专业技术人员中,非洲裔美国人约占 8.4%,亚裔 6.3%,拉美裔 7.0%,女性估计占 55.5%。
- 2006 年,在妇女劳动人口中,63% 的人的孩子不到六岁。
- 2010 年,所有婴儿潮期间出生的一代人(1946 年到 1964 年在美国出生的那 7800 万人)年纪都在 45 岁以上,到 2030 年,这一代人的年纪都将超过 65 岁的传统退休年龄。
- 世界范围的竞争要求组织必须尽可能雇到最优秀的人才。
- 大公司越来越多地进行跨国经营,女性和少数族裔消费者的行为对于许多组织的竞争力起着至关重要的作用。

人口以及劳动力的日益多样化,即以按照种族、性别、年龄、宗教信仰、残疾情况和性倾向来划分的多样化,要求所有组织认识到,它们所依赖的基础是更加多样化的雇员。这就有理由关心各个组织管理其雇员的能力了。因为这些雇员不仅与传统占统治地位的白人男性不同,而且在这些雇员之间也是千差万别的。在一定意义上可以说,这一关注是由很多少数族群的成员,尤其是女性和有色人种遇到的职业困难而引发的。毫无疑问,2008年巴莱克·奥巴马当选为美国历史上第一位非洲裔总统,以及同一年萨拉·帕林和希拉里·克林顿之间的全国政治竞选,突出地展现了 20 世纪最后 1/4 年代里非洲裔美国人和美国妇女所取得的进步。在过去 30 年中,妇女和有色人口成为管理人员和行政人员的数量也的确是在戏剧性地增加。但不管怎么说,他们向最资深位置上升的职业进步却放慢了步伐。这种从低、中级管理职位向上升迁的困难就说明,还是存在着"玻璃天花板",或者说,是那种"看不见又透不过去的壁垒在阻挡着合格的妇女以及有色人口获得高级管理职位的步伐"。人们多次观察到这种玻璃天花板效应,其中就包括美国劳工部所作的分析报告。

泰勒·考克斯(Taylor Cox)和斯代西·布雷克(Stacy Blake)提出了六条理由,来说明为什么组织能够通过对其多元文化进行有效管理,来促进自己的竞争优势。这六个观点简述如下:

- 从成本上看——组织还没有做到像管理白人男性员工那样有效地管理女性和少数族裔员工。所以,对劳动力中日益重要的这一部分人不能有效进行管理的组织,将发生相当高的额外成本,这些成本会降低生产率。
- 从资源获得上看——那些在管理具有多元文化的劳动力上享有盛名的组织,才能吸引最有才华的女性和少数族裔人员前来加盟。
- 从市场营销看——那些面向多国或国内多种文化的消费者的组织,会从自己多样化的劳动力中获益。因为这些人员在进行组织营销时,既有洞察力,又具有文化上的敏感性。
- 从创新上看——劳动力在文化上的多样化会带来多种多样的观点,这能够增强组织的创新水平。
- 从解决问题上看——一个文化上具有多样化的劳动力群体会从不同的角度去看问题,能使有关攻关小组提出高质量的方案和决策。
- 从系统的灵活性上看——那些能够有效管理这种多样化的组织,会变得更加灵活,更有柔性,能更快、更有效地适应环境的变化。

在本章后面的部分,我们会就以上观点的正确程度作出评价。但在此之前,我们还是先来看一下组织中存在哪些妨碍公平的问题,确定哪些计划和政策能使组织对这种多样化进行有效的管理,并且提出一些行动建议,供那些在文化上具有多样化的组织中工作的人们参考。

11.1　组织中的公平问题

我们前面提到过,关于组织是否有能力对多样化的劳动力进行管理,其原因之一在于怀疑女性和有色人种员工在职务晋升道路上得不到与其才智相当的职位。例如,尽管最近30年来,女性管理者的人数已经翻了一番,但在"《财富》500强"公司中,女性管理人员所占比例还不到16%,在高级管理者中只占9%。少数族裔在高级管理者中的比例也是非常低的。即如行政领导权委员会(Executive Leadership Council)所发现所的那样,"在《财富》500强的公司中,在首席执行官以下4个层级的2000个职位中,黑人只占460个职位。"如果说在过去,女性和有色人种在向上面层级晋升的过程中面临着巨大的障碍,那么这些组织在未来又如何能够管理好日益多样化的雇员群体呢?

当一个组织的就业政策(包括招聘、薪酬和升迁等问题)是以和工作有关的标准为基础,而不以他是不是亚人口群体(比如性别、种族和年龄)中的一员为基础,那么这个组织的行为是公平的。与之相反的是,当一个组织的就业政策不是以和工作相关的因素为基础,而是对亚群体成员有消极作用时,该组织的做法就属于歧视了。这种歧视有两种类型：进入歧视和待遇歧视。

在进入歧视方面，尽管亚群体成员事实上工作得和主流群体成员一样有效，但他们被安排到某一具体工作职务的可能性就要比主流群体成员低。例如，在招聘建筑管理岗位的面试中，如果存在偏见，组织就会不平等地拒绝那些有才能的女性，而照顾那些才能相同（或较低）的男性，这就限制了女性（作为一个群体）接触该具体工作的机会。20 世纪 60 年代到 70 年代早期的平等雇用运动就是专门针对招聘中的歧视而展开的。

对于已经进入组织的雇员，如果只看他们是哪个亚群体的一员，而不是根据他们的长处或业绩来对待他们，那就是待遇歧视。也就是说，他们所得到的机会，要比按工作标准合理合法应得的机会要少得多。例如，少数族裔人员或女性一律不得担任各主要委员会的委员或监事，他（她）们就是受到了待遇歧视。

尽管进入歧视还没有被根除，但女性和少数族裔进入管理和专业职位的数目毕竟在不断增加。所以，一个关键的问题就在于，当女性和少数民族进入组织后，组织是怎样使用他们的。由于这个原因，我们重点关注的是怎样理解组织中的待遇歧视问题。

有关公平问题的大量研究，都是以过去女性和少数民族在职业发展方面，受到比白人男性更多的限制为基础的。因此，我们下面将首先讨论职务晋升问题，然后转而考察那些可能造成女性和男性、少数族裔和非少数族裔员工之间职务晋升差异的因素。

职务晋升

"玻璃天花板限制了很多少数族裔员工的职业生涯发展，使其做不到美国公司的最高管理职位。"有人会说，少数族裔之所以被限制在高管职位之外，是因为事实上他们进入"管理层通道"的时间比非少数族裔员工要晚。这种说法固然可以解释一部分少数族裔员工被限制职业晋升的情况，但这不可能是唯一的解释。有研究认为，即使白人雇员和少数族裔雇员都积累了相同的人力资本和社会资本，白人的晋升也还是比少数族裔雇员要快。因此，要解释这种明显存在的玻璃天花板，除了资历年限和教育程度以外，必定还有其他原因。

这并不是说少数族裔在晋升之路上总是处于不利的地位；有些雇主会像提拔白人一样把有色人种提拔到高级管理层的职位。我们也不能说，一种敌对的环境必然以同一种方式扼杀所有少数族裔经理的抱负。但是，少数族裔作为一个群体，在职务晋升上确实要比白人受到更多的限制。

女性的职务晋升也有类似的情况。高级经理中女性过少，说明很多妇女在干到低级和中级管理者时就止步不前了。而且，贝尔·罗斯·拉金斯(Belle Rose Ragins)、贝克利·汤森(Bickley Townsend)和玛丽·马提斯(Mary Mattis)认为，许多公司的 CEO 可能还没有完全认识到横在女性发展道路上的障碍。

工作绩效评估

为什么少数族裔和女性在职务晋升上会遇到限制？一个可能的解释是，他们在现有的工作岗位上做得不如白人男性有效。有关这一问题的研究表明，少数族裔的情况与女性略有不同。这类研究大多是按种族和性别，对员工的绩效考评得分进行了比较。从分数的高低看,一般来说,女性的工作业绩被认为至少和男性一样有效,在某些情况下甚至更为有效。所以,女性在职务晋升上受到限制,不大可能是由于人们认为她们当前工作无效所致。

大多数这类研究还比较了白人和黑人在工作绩效和职务晋升上的差异。有若干从事定量评估的研究发现,有一个比重不大但很一致的统计趋势,即给黑人雇员工作业绩的评分要比白人雇员低。在军队和经理人员的样本中也有类似的发现,尽管在工作业绩的评分上,种族差异的影响依然比较小。因此,尽管这些研究对种族差别在绩效评估中的作用的看法很不一样,但从特殊种族团体的比较、工作绩效的评价以及评价绩效的工具等因素看,一般来说,黑人雇员的业绩评分都在某种程度上低于白人雇员。

那么,是不是对少数族裔雇员的业绩评估带有偏见呢?对此不能简单而论,但有几项研究表明,至少在某些情况下有可能存在这种偏见。例如,一个关于这些研究的评论发现,白人评估者给白人打的分比黑人高,同样,黑人评估者对黑人打的分又比白人高。但因为大部分管理者(和评估者)都是白人,这种给同族下属打高分的趋势就会对少数民族造成伤害。这项研究还发现,这种在工作业绩评估上的差异,在那些黑人劳动力占比很小的组织中更加显著。对此的一种解释是,这少量的黑人在工作绩效评估中是被"置于显微镜下"的。

工作绩效评估中的偏见还会以另外一种形式出现。一项研究表明,黑人管理者尽管工作卓有成效,但得不到和白人一样的应有"信任"。当白人管理者成功了,老板总是倾向于把这些成功归功于他们的管理能力。然而当黑人管理者成功了,老板较少把成功归功于他们的能力,更多的是归功于他们从其他人那里获得的帮助。这样,老板在把成功归功于管理者之外的人时,实际上就对黑人管理者的成功打了折扣。我们不知道这种带偏见的做法是否很普遍,但如果这种做法确实存在,这种形式的偏见对黑人的职业生涯会造成有害的影响,因为大多数组织都倾向于提拔那些通过自己的聪明才智而成功的人。

总之,有若干证据可以证明,黑人雇员的工作绩效评估结果要比白人稍差一些。但困难在于,你分不清这些差异中有多少反映了真实工作绩效上的差异,又有多少代表着评估程序中的偏见。然而,我们认为,各种组织都应该重新审视一下自己的绩效评估系统,以保证不会偏向任何人群。

机会缺失

除了工作绩效评估外,还有什么因素会限制职务晋升呢?早就有人认为:女性和少数族裔在行使工作职权,发展组织内部的支持性关系,以及进入以友谊、权力和影响力为纽带的非正式网络的机会,都比较少。女性和少数族裔员工得不到这些资源,说明她(他)们在发展相关工作技能,建立重要职业联系等方面,处于"机会缺失"的状态。机会缺失,可能表现为找不到有名的师傅,或只被分配做一些平凡的工作,天长日久,女性和少数族裔员工的工作效率就会降低,进一步成长、发展和晋升的机会也会日渐消失。

职权 有些材料表明,女性和少数族裔报告说,他(她)们得到的工作职责权限比白人男性要小。有人认为,女性和少数族裔经常被分配做一些既没权力又缺乏自主性的工作,在各级领导岗位上都没有自己的代表。然而,至少有一项研究发现,即使女性和少数族裔员工与白人男性做同样的工作,种族和性别的差异仍然是存在的。如果女性和少数族裔员工在他们的工作中只拥有有限的职权,他们学习新技能和应用政治影响力的机会就很可能被削减。

被排除在非正式网络的小圈子之外 人们常说,一些涉及员工职业成就的最关键性的决定,都是在吃午饭、鸡尾酒会或者在高尔夫俱乐部作出的。女性和少数族裔历来被排除在这些非正式的活动之外,也不如白人男性那样容易被他们的组织所接纳。尽管现代的组织不大可能明目张胆地排斥他们,但只要女性和少数族裔孤立于非正式的信息和权力的小圈子之外,就会丧失职务晋升机会。

师徒关系的建立 在第 5、7 两章,我们强调了师徒关系和发展其他关系对个人职业生涯的重要性。在此,我们再补充一点:在发展高质量的师徒关系中,重要的问题在于还要理解性别和种族问题的复杂性。虽然人们断言,女性和少数族裔要经过困难的过程才能找到师傅或支持者,但一系列的研究表明,女性和少数族裔在找师傅时遇到的困难,其实并不比白人男性更多。建立师徒关系或许不是什么难事,问题在于这种关系的性质和质量。

正因为多数组织的各级领导绝大多数是白人男性,因此,很多少数族裔雇员只好发展跨种族的师徒关系(即他们的师傅是白人),女性则只好发展跨性别的师徒关系(找男性师傅)。进一步说,虽然发展这种跨种族的师徒关系,目的是给徒弟的职业生涯提供支持,但与同一种族的师徒关系相比,他们却很少提供心理上的支持。跨种族的师徒关系还可能带来其他问题,也会限制少数族裔雇员的发展。最近的种族关系发展动力模型提出一种解释:决定师徒关系成功与否的因素有很多,包括组织文化、师徒对待种族问题的方式、师徒之间互相信任的水平。

除了这些问题以外,有证据表明,那些能走到组织最高一级职位的有色人种经理,有一个共同特点——下有强大的师傅网络,上有公司投资者强有力的支持,能提供长期的、密切的、发展性的支持。在如今的组织中,少数族裔雇员为自己找一个师傅是很有必要的。下面请看一个非洲裔美国人利用师傅来帮助自己的职业生涯的例子。

当艾登·比斯利当上政府官员时,他没有什么非洲裔美国人的角色模型能够借鉴,但他得到了黑人师傅和白人师傅的极大帮助。比斯利的一位老板和师傅,是 1988 年亚利桑那州弗莱斯塔市的市长助理,兼任当时全州市长协会主席,是他说服了伊洛依镇的官员们给比斯利一个临时市政管理者职位的面试机会。后来比斯利回忆说:"虽然当时我既没有头衔也没有经验,但这毕竟使我有机会来展示自己能做些什么。"6 个月以后,他头衔上的"临时"二字被取消了,28 岁的他成了该州最年轻的市长。如今他 46 岁,已经是亚利桑那州第三大城市格兰德市的市长了,掌管的年度预算高达 6.7 亿美元。

作为这个国家少之又少的黑人市长之一,在过去 3 年里,他扮演了关键性的角色:赢得了一笔价值 3.5 亿美元的建设合同——修建 2008 年美国橄榄球超级大赛多功能体育场,该体育场还要作为美国国家橄榄球联盟(NFL)亚利桑那州深红队的主场。并且,他还在最近才完工的美国曲棍球联合会菲尼克斯土狼艺术馆的竞标项目中发挥了很大的影响。该馆将作为未来几年举办美国曲棍球全明星比赛之用。

在拥有17500个座位的土狼艺术馆正式开放以前的几个月里，比斯利可以说是手忙脚乱，他发现自己要不断地和两位师傅通电话才行。一位师傅是另一个州的市长，另一位师傅是亚利桑那州一家大公司的首席财务官。此前，人们曾公开质疑这家艺术馆能否按时开放，以迎接曲棍球赛季的开幕式；还质疑格兰德市是否有能力成功地举办这届比赛；抱怨如果该馆这样混用，以后也只好混着用下去。比斯利感到了压力，但他没有退路。"师傅，就是我遭难时能求他指点的那个人。"比斯利说，"我能抄起电话就说：'我快掉井里了！你觉得我该怎么办？'"这种不见面的问答，跨过了办公桌，穿过了电话线，帮他想通了自己在项目过程中的疑虑。在师傅的指点和帮助下，比斯利成功地开放了这座体育馆。

跨性别的师徒关系似乎也表明，师傅给徒弟提供的心理支持要比同性师徒之间少，尽管研究结果不完全一致。跨性别的师徒关系看似比同性师徒关系更为复杂，因为在性观念上还有成见，还因为有可能被误解为两性关系。不过我们注意到，在我们的课堂讨论中，读MBA学位、也有过男师傅的女生却众口一词，说自己从师傅那里受益良多。

象征性 "象征"是指那种特殊小群体中的一员，在一个组织的员工中，只占很小的比例（可能是15%或者更少）。这种象征状态对女性和少数民族员工有很大的影响。他们处于众目睽睽之下，因为人们认为他们与众不同。众目睽睽的关注会给他们带来绩效上的压力，因为他们的绩效会比非象征者受到更仔细的审视。在这些条件下，象征者在工作中的每一个问题，在组织管理者眼中都可能会被放大。此外，女性和少数族裔员工会感到很大压力，因为他们的成就不但会影响他们自己的职业生涯，而且会影响到管理人员对其他女性和少数族裔的态度。

当象征者和非象征者的差别被夸大时，这种象征地位会把女性和少数族裔与组织的主流隔离开。这种隔离会把象征者排除在非正式社会圈子之外，使他们难以找到师傅或支持者。除此之外，象征者远离非正式群体，加之他们所代表的又只是如此少数的一批人，这些又反过来强化了主流群体的成见，因为他们没有足够的、与这些象征者直接打交道的经历，这些负面的成见又会进一步压低对象征者工作业绩的评价。

11.2 组织中的公平模型

我们已经看到，女性和少数族裔的职务晋升往往落后于白人。但重要的是我们要再次强调，本章讨论的职业机会受到限制这一问题，并非所有女性和少数族裔员工都是如此的；而且受限制的程度也不是在所有组织中都一样。在本章，我们将考察造成组织内部不公平的各种原因。

图11.1提出了一个组织中的公平模型，用以解释女性和有色人种为什么会在职务晋升的机会上受到限制。该模型指出，组织中各种人群之间的文化差异会形成各种成见、心理上的距离感以及文化上的误解。这些想法和感觉反过来又导致用不同于对白人的态度来对待女性和少数族裔。这种不同的待遇表明，女性和少数族裔丧失了开发与工作相关的才干的机会，这就影响了他们的工作能力，最终使职务晋升的前景受挫。

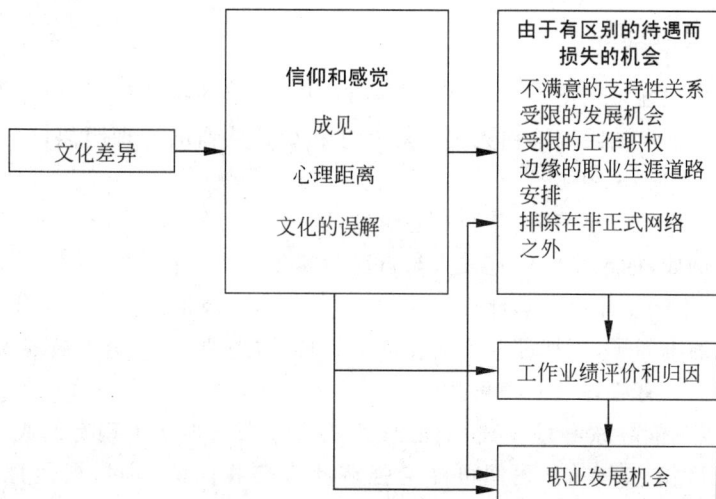

图 11.1 组织内部职务晋升机会公平模型

成见

成见是人们根据自己所属的特定社会集团或群体的立场,对另一些人的先入之见或想象的看法。我们认为玛丽——一名会计师——是一个思维逻辑性好、做事有条理的人,这是因为我们通常认为会计师的逻辑性强,办事有条理。我们可能认为约翰——一个社会工作者——富有同情心,办事公正,这是因为我们感觉社会工作者应该具有这些品质。当然,并不是所有的成见都是赞美之词。例如,我们可能认为投资经纪人苏珊不讲道德,而工程师布莱德则是死心眼,那是因为我们感觉经纪人都不讲道德,工程师都是死心眼。

而且,我们因成见而采取的行动最终还会强化这种成见。例如,我们认为某个群体的成员懒惰,我们可能就不会关注那个群体的成员,也不鼓励他们,不给他们提供富有挑战性和责任性强的工作。由于缺乏这些支持,此人作出的反应可能就是不关心这个组织,对本职工作不尽心尽力。这种反应可能又会强化我们最初认为这种人就是懒惰的那份成见。尽管彼此双方都不是有意这样做的,但结果却真是如此。对某一确定群体的成员,负面的成见会导致评价上的偏颇,从而影响有关提拔、增薪和分派工作等问题。

不幸的是,当今社会中,那种基于对某个种族或性别的人持否定态度、成和偏见的情况依然没有消失。从历史上说,社会成见一直是黑人管理人员职业生涯的主要障碍。而最难以克服的,则是那些诋毁少数族裔雇员的能力和资质的成见。

与性别特点有关的成见在当今社会也还存在。人们认为女性品格中有几种特点,使他们不适于在很多管理岗位和专业岗位上取得成功。例如,男性通常被认为有进取心、爱支配人、爱自作主张,而女性则往往感情用事、善解人意和热情待人。正是由于这种成见,才使女性在被称之为"老爷们干的"工作面前,被忽视掉了。正如我们在第 10 章中看到的那样,还有一种关于性别角色的成见,认为女性照顾家庭的责任要优先于她出来上班工作的责任。许多男性(以及一些女性)认为,女性的主要职责就是做家务、照顾孩子。正是出于这种看法,家务缠身的女性才被看作不如男性那样对工作和组织有责任心。

心理距离

　　文化上的相似性可以使人与人之间产生心理关系上的接近感,而文化背景和经历上的差别又产生心理上的距离。白人男性对女性和少数族裔的心理距离,可能要大于他们对其他白人男性的心理距离。

　　心理距离可以导致不信任,甚至是恐惧感,因为这种观念认为,非我族类则难于理解,也更难预测。例如,如果我们感觉某人与自己不属于一类或存在着距离,我们可能就不理解此人的动机,不知该如何影响此人。在一个组织中,上级常常把自己信任和喜爱的下属划入"自己人"的小圈子,而把那些不信任的下属打入"另册"。一个人被划入另册,很可能是因为上级对此人有心理上的距离。

　　请注意,成见能导致心理距离,而心理距离反过来又强化了现有的成见。如果我们认定某个下级懒惰、效率低,我们可能会强调此人与我们的不同,把他打入另册,不给他提供展示自己能力的机会。此人可能会(相当准确地)猜到自己被人看不起,因此他在提高工作绩效方面就没有主动性或兴趣。这种反应是可以理解的,但它又往往被视为缺乏工作兴趣,从而强化了我们最初的成见,扩大了心理距离,造成一种自我实现的预言。

文化的误解

　　文化差异、成见和心理距离,常常会造成人们相互误解。例如,某男可能会把某女愿意与一个固执的同事合作,看作是她软弱与迁就的象征,而不是看作她有力量、其实是想解决问题的表现。不熟悉亚洲文化的上司可能会把亚洲人的谦虚和尊重误解为缺乏自信,甚至缺乏天分,而不认为这是亚洲文化中尊重他人的表现。语言上的差异会放大文化上的误解,结果导致了关系紧张和冲突。

　　成见、心理距离和文化误解这三者所能带来的最严重的后果,也许就是这一趋势:对来自不同背景的人目前和将来所作的贡献打一个大折扣。如果你认为来自某个群体的成员不够格,认为某个女性没有足够的进取心,某个雇员在语言或文化上的差异会带来无法逾越的障碍,或者,有小孩的女性不能全力投入工作,那么你就不愿在这些人身上花时间,花组织的资源来培养他们,也不愿让他们承担更多的责任。

　　组织不愿把时间和资源花在某个特定群体的雇员身上,有以下几种表现形式——把他们安排到无关紧要的职业部门,把他们排除在组织中的非正式圈子之外,不愿给他们的工作授权并鼓励他们行使职权,较少分派给他们能提高能力和知名度的任务和项目,很少提供支持和指导的机会。这些行动(或不作为)表明女性和少数族裔丧失了获得宝贵经验和用武之地的机会。长期丧失机会就逐渐减弱了员工的天分,使员工意志消沉,这二者都会降低其工作绩效。

　　我们一直强调白人男性的成见、心理距离和误解,因为通常是他们在组织中握有大权。其实,女性和有色人种也可能会对白人男性带有成见,误解他们的意图,对他们有心理距离。当我们讨论组织和个体的行为时——这些行为可以归入对多样化的管理——再回过头来谈这个问题。

总之，组织中的文化差异会产生成见、心理距离感及误解。这些想法和感觉可能会使女性和少数族裔丧失培养、发展人际关系及获得所需技能和经验的机会。长期丧失机会不仅使工作绩效下降，而且这些成见、距离、误解可能会使对女性和少数族裔的工作绩效评价产生偏见。感觉到业绩无效和能力低，不管真实的还是想象的，都会阻碍女性和少数族裔的职务晋升。

在现代组织中，尽管多样化问题在种族和性别方面表现最明显，但其他方面的多样化也很重要。例如，组织的多样化问题可以表现在年龄、宗教、性别以及残疾等多方面；围绕组织中直线部门与参谋部门的相互作用及其职能差别，也会不断产生重要的多样化问题。例如工程部门与营销部门，或者生产部门与销售部门。具体存在什么问题，要看从哪些角度来考虑多样化而定；尽管如此，其基本因素还是相同的——不同的背景和观点、成见、距离和误解。

11.3　多样化本质上是有价值的吗

从广义上讲，关于组织为什么要考虑对多样化进行管理的问题，学术界有两种观点。第一种认为，世界和工作场所日益多样化是大势所趋，不可避免，所以组织就要适应人口方面这种新变化的现实。因此，组织必须雇用来自各种不同背景的、最有才干的人员，而且要以既讲效率又顾公平的方式使他们得到发展。问题不在于你喜欢不喜欢多样化这种现象，而在于它是生活中的一个事实。这种观点与本章一开始提到的成本与资源获得的论点最为一致。

第二种认为，组织的多样化不是由于人口的多样化，而是为了自身健康而有益的发展。这种观点与营销、创造力和解决实际问题的论点最为一致。这种观点假定，来自不同文化群体的员工会给组织带来不同的优势和视角，因此能提高组织的效率。例如，据说女性由于其独特的社会经验，看事情的方式便与男性不同。比如，因为女性更容易适应各种社会关系，所以与男性相比，她们可能更容易与同事和下属合作，分享权力和信息，作决定也要听取他人意见。这意味着女性拥有特殊的素质和技能（例如交流、合作、富于感情与亲和力），能提出有关组织管理的不同观点。与此相似的是有一种观点认为，少数族裔对世界的感受与占支配地位的文化群体不同，他们对解决组织中的问题，也会持有不同的观点、方法、洞察力和理解。

那么，在看待工作任务、处理问题及人际交往的方式上，女性和有色人种真的与白人男性不同吗？在我们看来，有关研究对这一问题并没有给出确定的答案。这些研究把从事管理和专业性职业的男性与女性进行了比较，发现男性和女性在个性、工作价值观以及行为方面相当相似。尽管这并不意味着男性与女性在所有情况下的反应都是相同的，但对于"女性管理者在组织管理的力度上、观点上必然与男性不同"的假设，它确实提出了质疑。事实上，即使同一性别的人，在才能和观点上都会有相当大的差别。但有一点显而易见，那就是许多女性之所以能给组织带来特殊的力量及视角，并不一定——或者不仅仅——是因为她们是女性，而是因为她们的智力、教育、培训和独特的工作及生活经验在起作用。

同样,我们并不清楚,是否有色人种只因他们的种族不同,就必然对工作中的问题持有不同的看法和见解。但是,在管理者的视角或行为上,即便不存在一致的、重大的种族差别,但有一点很清楚:很多少数族裔雇员给组织带来特别的力量和看法,这不必然(或仅仅)是因为他们的种族不同,而是因为他们的智力、教育、培训及独特的工作和生活经验使然。

斯蒂芬·卡特(Stephen Carter)对"看法不同论"作过批判性的考察。他说:

> "不论使用哪个词,用'观点'也好,用'见解'、'看法'也罢,其重要性都是一样的。在谈到种族的时候,我们的认识进程已经达到如下一点:白人和黑人看问题应当各有自己的方式,对此不仅要给予尊重,而且要实际鼓励公共和私人机构根据这种看法来制定政策。"

卡特指出,这种观点会给少数族裔(我们应该加上"女性")带来压力,要求他(她)们去代表"少数族裔(或女性)的观点",用少数族裔(或女性)看问题的方式来看问题。在我们看来,这种方法的危险在于用新的"看法不同"的成见来代替旧的种族和性别成见。

结论

我们并不是说,在如何确定问题、看待世界或与他人互动上,女性和少数族裔与白人男性是一样的。然而目前还无法使我们确信,在男女之间,或在不同文化群体之间,在"看法"上会有着重大的、一致的差别。进一步说,尽管有些研究表明,工作群体中存在性别和种族的多样化很可能是有益的,但最近对这些研究的定量化分析发现:那种具有大量"生态统计学"意义上的(即性别、种族、道德、年龄)多样性的群团,其工作绩效比不上那些单一性更高的群体。我们同意罗斯福·托马斯(Roosevelt Thomas)的观点,他注意到:

> 许多人认为,劳动力的多样化是一个"富矿",你能得到从性质单一的职工那里得不到的好处。这种观点也许是正确的,但它并不必然支持多样化的管理。不论是否是"富矿",管理者手下的员工总有显著的差异和明显的相似之处。多样化管理的最有说服力的理由就在于:多样化是一个事实——或很快将成为事实。如果你认准了这是一个"富矿",你才会冒险去建议管理者作出选择。

我们对不同群体在观点上的差异持怀疑态度,但这丝毫不代表我们要贬低以下观点:对多样性进行有效管理是大势所趋。组织应该求贤若渴,而人才广泛存在于不同的群体之中。组织不能因为员工的性别、种族、宗教、年龄或身体残疾,就不承认他们的才能和贡献。识别、发展和奖励所有有能力的人,能给员工、组织和社会带来最大的利益。

还有一点显而易见:在语言、风俗习惯和经历上的文化差异,足以误导我们陷入某种成见的陷阱,并由此误解他人。偏见,不论有意还是无意,也不管根深蒂固还是并不熟悉的,都往往是一种诋毁。我们应当理解不同的群体和不同的文化,感谢其相似性,欣赏其多样性。我们还应当理解我们的成见,理解这些成见对我们行为的影响,以及对我们与之交往的其他人的行为所造成的影响。

无论多样化本身是否有价值,互相理解和尊重总是有价值的,确保所有员工有机会证明其才能并因其成就而得到回报,则更有价值。记住这一点,我们就可以考虑组织对多样化进行管理的那些方式了。

11.4 组织行为

具有多元文化的组织之特点

多元文化的组织"寻求并且珍视各种差异,能建立各种制度和实际工作做法,以支持自身的成功,并包容每个群体的成员。"组织可以运用各种具体计划和政策对多样化进行管理。但在考察这一点之前,我们先描述一下,能够有效地对多样化进行管理的"理想"组织应该具有那些特点。泰勒·考克斯把这样的组织称为"多元文化组织",并找出了其与众不同的特点。

表 11.1 的内容摘自泰勒·考克斯的著作,其中列出了多元文化组织的关键要素。让我们先考察一下这些要素,然后再讨论可供组织使用以实现多样化管理的具体计划和政策。

表 11.1 多元文化型组织的要素

Ⅰ. 消除进入歧视
Ⅱ. 相互容纳
Ⅲ. 消除使用歧视
Ⅳ. 结构一体化
Ⅴ. 最大限度地降低群体间冲突
Ⅵ. 对工作—家庭问题作出反应

资料来源: These elements are based extensively on T. H. Cox, "The Multicultural Organization," *Academy of Management Executive* 5, No. 2 (1991): 34-47, with some modifications and additions.

消除进入歧视

正如本章前面提到的,当属于特定亚群体的人被不成比例地排除在一个组织之外,而仅仅由于他是该群体的成员,而不是与工作相关的原因,这就叫作进入歧视。雇用决策必须根据申请者的资质来决定,而不能由种族、性别、宗教、国籍、性取向、年龄、生理缺陷或其他任何与工作绩效无关的因素决定。如果一个组织是依据不相关因素而雇用(或者不雇用)员工,那么,在充分利用人力资源问题上,该组织甚至连第一步都迈不出去。

互相容纳

我们在第 7 章看到,社会化的过程能鼓励新员工学习并接受组织的各种假设、规章制度、价值观和预期——简言之,就是融入组织的主流文化之中。我们强调的是,组织要制定一整套完成这些任务的制度——什么是应该做的,应该怎样做,由谁来做——我们还强调,雇员必须适应这些期望中最关键的内容,才能被组织所接受并取得成功。

一般认为，社会化是一条单行线，员工要接受并融入组织文化之中去。然而，一个具有多元文化的组织也知道，当今社会中，不同文化群体的成员不一定愿意让自己完全融入某个组织的文化之中。

此外，要求员工完全融入，并不一定符合组织的最大利益。如果不同群体的成员确实怀有不同的观点和看法（我们把这一点看作重要的前提，而不是既成事实），那么组织就应该鼓励群体中的成员保持他们的独立性。如果完全融入某个组织的文化之中，可能会减少不同群体成员对组织所做的贡献。

当然，来自不同文化背景的员工必须在一定程度上与组织文化相融合。他们必须接受组织指派的任务，接受组织所重视的各种准则和价值观。但是组织对员工的社会和文化准则也要给予宽容。正如罗斯福·托马斯注意到的那样，"所有的公司都能够或应该要求某些员工做到某种适应。其中的挑战在于，既要使这些制度成为确保组织健全所必需，又不能变成不必要的限制。"

消除使用歧视

正如我们先前讨论的，一个组织可能会有意地或不经意地歧视小群体的成员。那些被排除在非正式圈子之外的员工，以及那些发展机会和权力受限、职业生涯之路曲折漫长的员工，可能会过早地进入职业生涯高原。这些经历减少了学习、发展技能和职业联系的机会，可能会损害工作绩效和职务晋升前景。

多元文化的组织就懂得有这种使用歧视的可能。这种组织能够认识到，歧视不仅阻碍了员工个人的发展，而且也妨碍他们最大程度地对组织作出贡献。因此多元文化型的组织建立了一些机制，包括旨在消除偏见和使用歧视的机制，其中包括"逆向歧视"。

结构一体化

结构一体化指的是，各种文化的群体在组织各层次和各职能中都有自己的代表。在很多组织中，某些文化群体的成员聚集在组织的较低层次，这往往是"玻璃天花板"效应的表现。在有些组织中，女性在人力资源部门比例过高，黑人或拉丁血统人在社区关系部门过多，亚洲人居于技术职位过多，等等。当然，如果人力资源、社区关系或技术领域的工作符合这些员工的职业生涯目标，他们追求这些职业是无可非议的。但如果这些亚群体成员在不同层次或不同职能聚集过密时，那就有必要找出造成这种职业生涯取向的因素了。

多元文化型组织要尽力保证一点，即所有群体的成员都能在与其能力相当，与其期望一致的层次和职位上工作。对于组织各部门中阻碍雇员充分表现的那些人为障碍——成见偏见或歧视——必须予以消除。

最大限度降低群体间冲突

正如泰勒·考克斯指出的，"当冲突过多，处理不好，或者产生于争权夺利而不是意见不同时，冲突就变得有破坏性了。"文化多样的组织容易受到不同文化群体间潜在冲突的影响。语言障碍、怀有成见、相互误解以及对可感觉到的优先使用的怨恨，都有可能引起群体的冲突。

多元文化型组织懂得识别健康冲突（观点的冲突）和不健康冲突（生活方式或文化上的冲突）的区别。不仅如此，多元文化型组织会采取措施，以确保最大限度降低不健康的群体间冲突，并保证发生的冲突能得到快速有效的处理，使其不会恶化为更广泛和破坏性的冲突。

对工作与家庭关系问题的反应

正如我们在第 10 章讨论过的，现代组织中的多样化有一个重要的来源，那就是很多女性劳动力（以及越来越多的男性）表现出来的一种现象：越来越关注工作参与度与家庭事务、责任之间的平衡问题。这一点体现在人员流动过于频繁，拒绝接受任命或升迁，以及普遍感到有冲突和压力。多元文化型组织承认工作和家庭的联系和矛盾，并寻求塑造一种文化，以求合法地解决工作—家庭问题，帮助员工协调他们所需扮演的不同社会角色。

11.5 组织应对多样化挑战的方法

我们提出了一个多元文化型组织形象的理想化模式。没有几家组织能够达到这种多元文化的理想水平。但这方面还是取得了一些进展，雇主们能够从其他已经开始这种努力的组织中学到一些经验。在我们开始讨论具体的计划和政策前，先来描述一下应对挑战的三种通用方法：平权措施、重视差异和对多样化进行管理。

平权措施

平权措施是一种公共政策，其目标在于，通过要求各种组织"采取积极步骤，以确保其雇用的劳动力的特点与从劳动力市场上招聘的人口特点相一致"，来消除对被贬低群体之成员的那种系统的偏见。该政策规定：凡是雇用 50 人以上、且与美国联邦政府做生意的组织，须提交平权措施计划的报告；其他组织自行决定是否制定平权计划。

这种政策规定，一个组织只要在其某些工种中，妇女/少数族裔雇员的比例低于劳动力市场上的比例，就要采取平权措施，以缩小二者之间的差距。平权措施并不要求这些组织定出雇用名额或要提拔的名额，而只要求其制定行动计划、行动目标和进度表，以确保其雇用的劳动力结构与劳动力市场的结构之间对应得比较好。

罗斯福·托马斯认为，产生于 20 世纪 60 年代人权运动的平权措施，是基于以下 5 个假设条件的：

1. 白人成年男性构成了所谓的美国经济组织的"主流"。
2. 美国经济结构牢固、制度稳定，给每个人的空间都绰绰有余。
3. 为了共同的体面，公共政策应该覆盖女性、黑人、移民和其他少数族裔人口。
4. 人种、种族、性别上普遍的偏见，将女性、少数族裔和移民排除在外。
5. 必须借助法律和社会压力，才会改变这种局面。

按照托马斯的观点，现在这 5 个假设条件可能已不再有效。首先，由于我们已经讨论过的人口上的变化，"主流"已经多元化了。其次，经济已不再稳定，就迫使各个组织要更有竞争力,要从社会各处搜罗人才。第三,主要问题不再是允许女性、少数族裔和移民进入组织,而是应该在组织中充分地使用他们的能力。第四,过去在肤色、性别上赤裸裸的偏见,已经被关注教育和职业资质所取代。最后,强权已不大可能在当今社会起主导作用了。信奉高生产力和高竞争力,才是应对多样化挑战的驱动力。

尽管平权措施在很多方面已经获得成功,但它本身不可能解决组织和员工的长期需求。它是不同社会群体所坚信的(尽管程度不同)一个目标,而且正日益受到法律的攻击。当组织将注意力转向确保多元化组织的所有成员都能尽全力去作贡献时,就需要另想其他方法了。

重视差异

平权措施只是"凑数",而重视差异的方法则超出其范围,意在"鼓励并尊重工作场所中多样化的意识"。这种方法利用多种多样的教育和培训,力图实现以下一个或多个目标,来改善多样化组织中的人际关系:

- 理解并接受人们的差异。
- 了解自己的感受——对那些与自己在某些方面不同的人的感受。
- 理解人们的差异如何会对组织有利。
- 改善彼此不同的人们之间的工作关系。

托马斯指出,重视差异的行动有助于改善员工人际关系的质量,还可以减少各种赤裸裸的偏见和歧视。然而,单凭理解和接受多样化本身,并不足以使所有员工最大限度地作出贡献。所以,第三种方法——对多样化进行管理——便应运而生了。

对多样化进行管理

用托马斯的话来说,"对多样化进行管理,就是运用综合方法,创造一种公司环境,能让所有类型的人为实现公司目标而发挥其最大的潜力。"他认为,对多样化进行管理是由以下问题引起的:

> 我们面对的竞争环境是既定的,使用的劳动力是多样化的,那我们的生产率是否发挥出最大的潜力?我们的系统是否在最顺畅地运转?士气有我们期望的那样高吗?如果所有在这里工作的人在性别、种族、国籍上都相同,生活方式和价值体系也一样,那些问题还会像这样强烈吗?

11.6　组织的计划和政策

我们现在转而讨论组织可用来管理多样化的计划和政策。有些计划是源于平权措施,因为还存在着保证公平进入组织的这种需要。其他计划则与重视差异有关,因为要使员工理解自己对那些与己不同的人的感受,还需要做专门的工作。但总的说来,这些计划代表的是对多样化进行管理的一系列行动;这种管理就是托马斯所说的那种管理:试图全面改变组织的文化,使所有员工都为组织的生产率和效益作出贡献。表11.2列出了对多样化进行全程管理的主要成分。

表 12.2　对多样化进行全程管理的因素

Ⅰ．关于多样化的意义和重要性的交流	Ⅵ．针对性骚扰的政策
多样化意义的扩展	Ⅶ．职业生涯系统的全面应用
任务陈述	职业生涯计划
定位	师傅的指导和其他支持关系
	开发式的经历
Ⅱ．无偏见的雇用制度	后备干部计划
Ⅲ．识别多样化中的重大问题	对所有系统的持续监控
评价组织文化	Ⅷ．家庭问题反应计划和政策
持续的调查	关心扶养问题
多样化团队	弹性工作的时间安排
Ⅳ．多样化培训：重视差异	解决工作—家庭问题的法律框架
Ⅴ．用语的政策和计划	Ⅸ．领导和责任

关于多样化的意义和重要性的交流

组织要有效地对多样化进行管理，就必须理解本组织的多样化是怎样构成的，必须理解对多样化进行管理，对本组织的内、外环境的重要意义。托马斯观点的核心在于，多样化已经不限于种族和性别的范围。多样化包括本组织之内的劳动力不同群体在经历、观点和背景方面的所有重要差异。许多组织都想在直线部门和参谋部门之间，或制造部门和销售部门之间，或年长雇员和年轻雇员之间，建立起合作性关系，但都遇到了困难。这些困难可能会妨碍某些劳动者作出他们本来能够并应该作出的贡献。为此，组织就需要明确相关的维度，才能成功地对多样化进行管理。

组织一旦明确了多样化对自身目标具有什么意义之后，必须向全部利益相关者——例如，员工、董事会、股东、供应商和客户——强调，对多样化进行管理是自己分内的责任。正如我们在第 10 章所看到的，一些公司在他们的使命宣言中写进了有关工作—家庭关系平衡的内容。按照同一道理，这样做表明组织是认真看待多样化问题的。

定向计划是组织的一项重要手段，是向新上岗的员工传达本组织文化中的重要内容。定向会议能够告知新员工，组织多样化有哪些意义和重要性，由此还可以为积极地看待多样化问题打下基础。

无偏见的雇用体系

组织必须一以贯之地反对雇用实践中的歧视问题。这不仅仅因为歧视"受保护"群体的成员是非法的，而且从办企业的角度来看，这种做法也是不明智的。正如前面多次提到过的，组织承受不起将有效率的人员排除在劳动力之外的代价；不论种族、性别、宗教、出生国、年龄、性别和身体健康条件如何，社会中所有群体都有具有才能、事业心和负责任的人。

由于这些原因，组织必须大胆进行招聘工作，从社会所有群体中延揽最有才干的求职者。然后必须审查雇用过程的每个环节——填写求职书、面试、心理测试——以保证这些环节都是可靠的,不带有歧视的。要了解雇用制度的全面做法,可参见其他书刊。

找出多样化中的重要问题

有关建议认为,准备对多样化进行管理的组织应该对其组织文化进行一番评价。组织文化包括:本组织对人的假设观点、组织的规则和价值观,以及对人们应该做什么和怎样做的期望。例如,以下这些假设和观点可能就不利于对多样化进行有效的管理:

- "这里的主角是生产——而不是人。"
- "办事只有一种方式——我们的方式。"
- "要想成功,你必须表明你凭什么就比同事更出色。"
- "员工的家庭问题不关我们的事。"
- "对组织的忠诚就是让你干什么你就干什么,别问这问那。"

公司可以通过调查问卷、面谈和观察的方法来评价自己的文化。对文化的评价能够帮助识别偏见的来源,能够识别出需要改变文化中的哪些要素,由此才能为所有员工创造机会,使他们的职业生涯得到发展并有效地为组织作贡献。

除了对组织的文化进行评价以外,对管理中的做法和员工的态度进行不断的研究,能帮助组织去发现与劳动力多样化有关的问题。对员工的调查可以涵盖与多样化有关的广泛话题:对升迁机会的想法,人力资源工作的作用(例如绩效评估、师傅的指导),上下级的关系,以及组织的薪酬制度。可以组织"热点问题小组",在这样的小组中,特定的员工(例如女性、老年员工)能够交流他们对组织的看法,以及对阻碍和促进其职务晋升的做法的看法;还可以从工作班组或工作任务的多样性中获得有用的信息。

多样化培训

多样化培训计划是用来增强"与其他人携手工作所必须具有的意识、知识和人际关系技术"。这类计划通常包括情况介绍、角色扮演、团队建设、视频录放。进行多样化培训不能搞单科独进,不能取代其他有关多样性的工作。无论如何,它还是非常有价值的,能促使雇员从总体上更积极地对待多样性,使他们增长与多样性问题有关的知识,理解关于种族和性别上的成见的根源,或许还能培养出必需的技能,使其能与其他背景的人员更有效地共同工作。

在学会对待多样性的问题上,索迪斯公司(Sodexo,Inc.)展现了自己的大力投入。这是一家提供食品和餐饮设备管理服务的领军企业,在美国有 11 万以上的员工。索迪斯联盟则在全世界 74 个国家雇用了 32.4 万人。由于多样性和包容性是索迪斯公司经营战略的核心因素,因此它们都被纳入了企业创新政策和人力资源创新政策之中。索迪斯公司的一个重要目的就是在公司各级组织中都体现这种多样性。这种体现包括:理解企业在多样性和包容性方面的理由,建立并保持既有多样化又有包容性的工作环境,利用多样性以提高竞争优势,同时对劳动力日益多样化进行有效的管理,确保留住和维护多样性的客户,并且与女性和少数族裔人员管理的企业建立合作关系。

为了获得这种能力,索迪斯公司设计了不计其数的学习计划,从高管级别的(通过高级管理人员培训班来实行多样性计划),到经理级别的(先上 8 小时课程,了解多样性和包容性的责任),再到工作团队级别的(接受针对其独特的需要而量身定制的学习计划,例如,向多样化的客户进行推销)。索迪斯公司认为,这种多样性学习创意对效率和发展都大有好处。

用语的政策和学习计划

很多公司都遇到了一个难题:在一个工作场所里多种语言充斥。不会说英语的员工可能会误解上级指示,并对组织中其他员工懒得学习他的母语这一事实有意见。但另一方面,说英语的员工可能也有意见,因为那些不能很好地(或根本不会)用英语来交流的员工会给自己带来困难和不便。

组织需要理解因语言差异而产生的困难,并且必须愿意提供灵活的解决方法。举例来说,罗斯福·托马斯建议,大部分员工是拉美裔血统的组织就可以提出这样的问题,"要求这些员工必须说英语,有什么工作上的理由吗?他们的工作性质有这种要求吗?让我既说英语又说西班牙语是否有点儿过分了?"事实上,有些以拉美裔为主的公司的文件就用英语和西班牙语来印,开会也可以用这两种语言,而用西班牙语对雇员进行考试。

针对性骚扰的政策

性骚扰是违反 1964 年《人权法》第 7 条的一种性别歧视。公平就业机会委员会(The Equal Employment Opportunity Commission)对性骚扰采用了如下的定义。

当下面的情况发生时,不受欢迎的示爱、性要求,或者其他与性有关的口头或身体行为会构成性骚扰:

- 服从或拒绝此类行为是外在的或隐含的雇用条款或条件;
- 服从或拒绝此类行为会成为影响个人雇用决策的基础;或者
- 这样的行为会不合理地妨碍个人的工作绩效,或形成一种对个人的胁迫、敌对或冒犯的工作环境。

显然,性骚扰问题对于涉及的各方都是一个严峻的问题。不仅仅是受害者(通常但也不限于女性)的人格受到侮辱,而且受害人的工作满意程度和健康都会恶化。而骚扰者将面临严厉的纪律处罚,直至被解雇,其雇主可能也要为雇员的这种行为负责。

阻止性骚扰问题最有效的方法,可能就是要广而告之:工作场合不能容忍这种问题。这就有必要制定一项严厉的防止性骚扰的规定,其中要给出性骚扰的定义,指明它的严重性及具体后果。但是,只有当雇主迅速、认真地对性骚扰的申诉进行调查,并且切实执行规定的纪律处罚时,这项政策才算落到了实处。

与性骚扰相比,年龄骚扰不那么广为人知,但是年龄骚扰也是违反 1967 年《就业年龄歧视法》和 1964 年《人权法》的。基于种族、宗教信仰或国籍等的骚扰也违反了 1964 年《人权法》。显然,任何一种形式的骚扰都是与多样化精神不一致的,并且还可能使得一种不尊重、不信任的文化永远存在下去。

职业生涯系统的全面应用

在本书中我们看到,当雇员在主动管理他们的职业生涯,当组织以多种形式对此提供支持,比如绩效评估和反馈系统、指导培训和发展活动、工作设计、分派发展性的任务和制定晋升计划等时,雇员的职业生涯成长步伐就加快了。组织通过对多样化的管理来创造一种组织文化,所有的雇员都将因这些支持而受益,使自己的职业生涯得到发展,并且不会因为自己的文化背景而吃亏。这正如罗斯福·托马斯看到的那样,"对多样化的管理是一种综合的管理过程,其目的是为了发展出一个为所有员工服务的环境。"

为什么必须通过专门努力,才能保证某些人在追求他们的职业生涯成长的过程中不吃亏呢?我们已经讨论过女性和少数民族在建立有效的师徒指导关系中所经历的困难;我们观察到,在评定工作业绩时有可能存在偏见;我们也看到,负面的成见会如何让经理人员不给下属提供重要的学习和发展的机会。不管组织有意偏袒这个群体还是那个群体,失掉机会的人在职务晋升上都将受到影响。因此,为保证所有雇员都有机会得到支持和职务晋升的机会,组织应当采取以下措施:

- 监督所有雇员的进步,包括女性、有色人种成员以及其他缺乏代表的人群之成员,以确定他们的职业生涯是否在某些方面受到不利影响。
- 如果发现,雇员中某些群体的职业生涯不如其他群体有活力,那就要回答下列问题:
  ○ 雇员是否感到得不到组织文化的支持,反而成为自己职业发展的障碍?
  ○ 绩效评价体系中有没有偏向?
  ○ 在经过正式培训后,或在临时分配工作时,某些群体的雇员是否没得到什么机会去开发他们的技能?
  ○ 某些群体的雇员是否不愿意得到师傅的指点?或者不愿意建立有效的师徒关系?
  ○ 在提拔或分配作某些特殊工作时,尽管某些群体的雇员表现得很出色,是否也不大考虑他们?
- 针对上面提出的问题,通过修订职业生涯发展制度(绩效评价、培训和开发、监督),作出解决问题的反应,以确保包容性和公平。
- 让高级管理者经常讨论,以保证职业生涯制度惠及每个人,并保证对所有雇员一视同仁,并给予报酬。

一般来说,有效的多样性创新应该具有以下特点:一是使最高管理者认可这种多样性,并积极推进这项进程;二是公司能系统性地追踪女性和少数族裔雇员,以确保他们得到有用的、发展性的机会,并评估其取得的进步。的确,这些工作的一个主要目标,就是确保在决策过程中不漏掉有才干的候选人。

家庭问题反应计划和政策

在第 10 章,我们讨论了由组织出面帮助雇员平衡其家庭和工作的必要性,我们提出了组织可以提供的三项内容:

- 关心职工家属（例如厂内幼儿园、老年人护理）。
- 弹性工作安排（例如上半天班、工作分担）。
- 改变组织文化，以认可工作—家庭问题。

读者可能希望在管理多样化这一更广阔的背景下，再来审视第 10 章所讨论的工作—家庭相互作用的材料。

领导和责任

对于组织而言，缺乏承诺和责任感是其成功地对多样化进行管理的一个主要障碍。对管理多样化中的组织领导这一角色，泰勒·考克斯和斯黛西·布莱克作出了以下的评价：

> 最高管理者的支持和真正的承诺对于文化多样化是至关重要的。多样化需要带头人——这些人对改革立场坚定，能以身作则成为改革的典范，并且以实际行动推动组织向这方面迈进。承诺不能只限于喊口号。举例来说，（对于多样性的变革，）组织给了人力、财力和技术资源的支持吗？在公司战略中突出强调了这个问题没有？高管办公会是否经常讨论这一问题？对于人力资源管理制度，比如绩效评估和高管人员的奖金，有无改变的意图？是否愿意在几年、而不是几个月或仅仅几周内集中关注这一问题并给予财力支持？如果对以上所有问题都能得出肯定的回答，那么就是真正的承诺。否则，就表明领导上可能存在问题。

在高层、中层以及基层的管理中都应当实行有效的领导。所有层次的领导都需要：
- 理解管理多样化对组织生产率的重要性，以及正确评价组织中不同文化的群体成员间的相同点和不同点。
- 具备管理一个具有多样化下属的群体的能力。在大多数领导角色中，人际交往的技巧都是至关重要的。有效的领导者必须理解人的行为，恰当地沟通，认真地倾听，给予建设性的反馈，对下级要言而有信。当领导一个多样化下属群体时，这些技巧显得尤为重要。为改善人际关系技巧而开设的培训项目，应当作为管理多样化项目中的一个重要的组成部分。
- 对结果负责。当一个组织的各级管理者在多样化方面的绩效能得到表扬和奖赏的时候，他们都会认真承担这方面的责任。举个例子，如果一家公司承诺，将有效地对文化多样化的劳动力进行管理，它就应该在评价管理者的绩效时，考虑以下两方面的成绩：一是培养女性和有色人种（以及白人男性）的绩效和职业生涯，二是与文化多样性的团队有效合作。

11.7　对多样化进行管理的机遇与能力

这一部分考察多样化管理过程中的两个附带问题：（1）对组织中的特定员工群体是否需要制定"特殊的项目"？（2）组织是否需要实行"优先政策"？这两个问题都很复杂，容易引起争议，政治上也很敏感，哪个问题都不好回答。

我们在本章中已经指出，对多样化进行管理的过程，目的就是使所有的雇员都能为组织作出贡献并根据贡献获得回报。回忆一下前述罗斯福·托马斯的观点:对多样化进行管理,有助于一个组织的管理系统为所有的人服务。为尽力达到这个目的,许多公司都为特定员工群体开发了一些项目,比如,为黑人经理准备的师傅指导项目,为女性专业技术人员准备的职业生涯计划项目。而白人男性则越来越多地讨论起"下有对策"问题,他们中的一些人觉得这些项目不公平,因为这些项目给予了其他群体"特殊的关照"。再有,这些项目也可能反而助长了已有的成见,即某些人或者某些群体如果没有这些特殊帮助将不会成功。那么,这种为特定员工群体制定的项目与管理多样化的初衷是否不一致呢?

一方面,如果师傅的指导非常重要的话,那么所有的雇员(不仅是黑人经理)都应当得到参加师徒指导项目的机会。同样,如果职业生涯计划行动对成功至关重要,那么所有雇员(不仅是女性专业人员)都应当得到这方面的支持。如果不这样做,那就表明对于一个群体——白人男性——不公平,这将使得他们处于一种不利的境地。

另一方面,特殊的项目确实需要,因为现行的制度是为白人男性服务的——绩效评估、长本事的任务、晋升计划及赞助——对于组织的其他群体而言,不是得不到,就是不那么有效。这就表明,偏见、成见和忽视历来就使正式或非正式系统为白人男性服务得很好,而把女性和少数族裔长期排挤在外。按照这种观点,为特殊员工制定的项目只不过是设计来使大家处于同一起跑线上,并没有使任何一个群体处于不公正的优势地位。

从某种意义上说,这种争论可归结为组织中现行的做法和制度是不是真的对女性和少数族裔有效。你可以指出在组织的各个层级中都出现了女性和少数族裔,从而得出结论认为没有必要再执行特殊项目;并且,事实上这些特殊项目带来的分裂(使"我们"反对"他们")程度已经大于它带来的好处。但是,你也可以指出,许多女性和少数族裔仍然感受到挫折和排挤,他们感到组织仍然没有为他们提供足够的机会,使其在职业生涯上得到发展。受到限制的机会虽然不一定是有意为之,但是它们的结果却是实实在在的:在不欢迎人的高尔夫俱乐部中不准搞非正式接触,一个不邀请某人参加的会议,一个女员工由于送孩子上学而没能参加的"早餐汇报"。

按照我们的观点,组织必须搞清一点:他们当前的做法和制度对于多样化的群体来说是不是有效的。通过综合使用调查研究、专题小组座谈、观察以及深刻的内心自省等方法,可以深入了解这一问题。如果得出结论说,现行的制度对于所有群体都是有效的,那么也许就没有必要开展特殊项目。但另一方面,如果得出的结论表明现行的做法使某些群体吃亏,那么组织就有两种选择。一种选择是对某一类的所有员工(例如所有的中层经理)提供这种项目或实行这种做法,以保证任何人不会因为其属于某个小群体而被排除在外。另一种选择就是对选定的群体实行特殊的项目。我们觉得第一个选择是更理想的长期目标。但是在初期,特殊员工群体的项目可能很有用;特别是如果这个群体有特殊需要,而组织担心在一般计划中,这个群体的需要不会得到认同,其贡献不会被承认时,就更有用了。

第二个相关的问题是,针对女性和少数族裔员工的职务晋升,所能感觉到的优先使用问题。我们特别强调"感觉到的"一词,是因为很难客观地确定"优先"使用(常常又被称为"反向歧视")的程度。

那些承诺要采取积极行动的公司,常常会确定雇用和提升女性和少数族裔的目标。

既然设立目标对工作业绩具有强大的作用,那么制定这些积极行动的目标本身——以目标激励行动,而且往往能够成功——就不是没有道理的。但是,有些观察家认为,这些目标很快就会变成"定额",并且最终会降低工作质量标准和工作绩效。我们不想卷入这场争论,因为在一定意义上说,"标准"本身往往就不易衡量,而且各种偏见和成见也会干扰对标准的客观评定。

然而,重要的是需要再次强调,大多数倡导多样化的人(显然还有大多数公众)都坚定地认为,制定雇用、培训、发展和晋升等决策,必须以能力为基础,而不能基于种族、性别或者其他社会属性。对多样化进行管理与英才教育的意识形态是完全一致的。罗斯福·托马斯令人信服地指出,才干有三种:任务才干(即完成任务的能力)、文化才干(与组织的文化相适应的能力)和行政才干(获得强有力的援助者认可的能力)。他认为,那些与组织的权力基础"格格不入"的人往往具有任务才干,但是却没有文化才干和行政才干。再有,所有的人,包括(或者特别是)白人男性,在他们的职业生涯中都从政治援助上获益匪浅。"对多样化进行管理,只要求经理人员做到一点,即文化和政治的现实环境不会因为一些无关因素而使任何人吃亏或占便宜。"

因此,能力才是且应当是制定事关所有雇员职业生涯之决策的主要标准。在对多样化进行管理中,最大的挑战就是给所有的人提供足够的支持以开发其能力,给所有的人足够的关注,使其能力得到承认和相应的回报。

11.8 个人行动

很多学者都提出了一些战略,即在多样化的工作组织中,少数族裔和女性员工要想取得成功,就要遵循这些战略。在本节,我们根据贯穿本书的职业生涯管理方法,对文化多样性组织中所有追求职业生涯成功的雇员,提出以下行动建议。

认识自我,认识环境:

- 理解你自己对其他文化群体所抱有的成见。愿意承认,你自己(和所有人一样)可能对不同于你的人怀有先入为主的偏见。
- 理解其他人,包括来自不同于你的文化背景的人。理解各种文化之间的相同之处和差别。
- 认识到在不同文化群体中,在能力、兴趣、价值观和个性等方面都存在相当大的差异。
- 能从其他人(以及其他群体)的角度来理解文化。
- 理解你所在组织的文化,以及它对多样性的观点。要在一家不同的组织中找一份新工作,就要评价它对文化和多样性持有什么观点。
- 理解在你目前的工作环境中,要取得成功,需要采取哪些步骤。

确定职业目标:

- 确定对你自己有意义的职业生涯目标。
- 避免根据种族或性别上的成见来确定职业生涯目标,除非这一目标符合你的才干、价值观和兴趣。追求你心目中的成功,不要被女性(或男性、白人、有色人种)

会怎样想而束缚自己的手脚。
- 把自己的目标告诉你所在组织以内和以外的人士，进行沟通。

职业生涯战略：
- 在你所在组织内外建立广泛的社会关系网。
- 在追求职业生涯目标时，不要在自己的价值观上作妥协。
- 持之以恒地管理自己的职业生涯，寻找发展新技能的新经验和新机会。
- 要追求成功，但不要放弃自己的独特性和自己的文化特色。

职业生涯评价：
- 保持与其他人和其他群体的交往，并愿意根据其结果调整自己对他们的态度。
- 乐于改变你对待"不同于"自己的人的行为。

小结

　　未来的劳动力将会越来越具有多样化。将有更多的女性、少数族裔和移民加入进来。因为这些人口因素的改变，以及全球性竞争的加剧，对各种组织来说，对多样化劳动力进行管理就变得极为重要了。各个组织都应当明白，为什么不同亚群体的成员在职务晋升机遇上会受到限制。对于"非我族类"的人所持的成见、心理上的距离感，以及文化上的误解，都会对职业生涯成就产生微妙而重大的影响。为各种成见所苦的雇员可能比较难于建立或者保持支持自己的关系，可能得不到足够的机会来发展和展示他们的才能，可能在工作中只能获得有限的权力，可能会被排除在重要的非正式的接触和支持的圈子外。这些"失去的机会"都会对雇员的工作绩效和他们对职务晋升的期望产生负面的影响。

　　一个寻求对多样化进行有效管理的组织应当建立起多元文化的观念，这是组织使命的中心；要通过沟通将这种观念传递给组织中所有的人；在雇用工作中要消除歧视；找出对多元化工作环境中的效率产生最明显影响的因素；使雇员有机会去理解和欣赏各种人的不同之处；对重大的语言冲突提出警示；制定并执行有效的防止性骚扰的政策；保证不使职业生涯政策和制度给不同文化群体的人造成不公正的好处或坏处；制定家庭问题反应计划和政策；把对整个组织多样化的领导和责任协调统一起来。

作业

　　和一个与你性别或种族不同的人（比如朋友、同学或者同事）面谈。询问他/她的职业生涯价值观、职业生涯目标、长处和弱点。然后请他/她询问你相同的问题。讨论你们各自的文化背景对你们的职业生涯经历和职业生涯计划各有多大的影响。

讨论题

　　1. 考察考克斯和布雷克关于"对多样化进行有效管理可以帮助一个组织取得竞争优势"的 6 点论据。说出哪一个论据你觉得最有说服力，哪一个最没有说服力，为什么？

2．你在多大程度上认为，女性和少数族裔像图 11.1 描述的那样，经历了"失去机会"：不满意的支持关系，发展机会受到限制，工作权力受到限制，被安排在职业通道的边缘，被排除在非正式圈子之外？你认为女性的经历与少数种族/民族群体的经历不同吗？为什么？

3．你对异性成员有什么成见（如果有的话）？你对其他种族/民族群体的成员有什么成见？这些成见有多大成分是正确的？你认为它们是怎样形成的？你认为其他人对你的性别、种族/民族群体会有什么成见？这些成见又在多大成分上是正确的？

4．你是否认为，一个文化多样化（就其性别、种族/民族的构成而言）的工作群体或者组织，会比一个同质的群体或者组织更有效率？为什么？

5．工作场合中能消除歧视吗？为什么？雇员们怎样做才可以在工作场合消除或者减少歧视？最近几年，工作场合中消除歧视的工作进展如何？你对未来 5～10 年的预期怎样？

案例

戴夫：崭露头角的企业家（A）

戴夫开始反思自己在 Xtel 公司（假设的名字）12 年的职业生涯过程。他记得从一开始自己是如何得到了公司极大的支持和帮助的，但那些日子似乎都已远远地逝去了。

在 20 世纪 80 年代，公司制定了一项计划，计划包括两个基本目标：帮助家在本城的少数族裔青年受到大学教育，创建一个少数族裔研究生的"蓄水池"，来帮助公司满足其招聘目标中的反歧视行动。按照这个计划，公司要替少数族裔学生支付学费，条件是这些学生要在暑假里给公司干活，并且在毕业后至少要在公司里干满 2 年。每年公司要接受 4 个申请参加这一计划的人，因此公司每年都将有 16 个学生在读大学。

戴夫的数学成绩一直非常优秀，他初中、高中都因此获得了奖学金。他还在刚上高中时就把目光盯在了本地区的高校上。最后，他的目光落在了本城的 Lvy 联合学院。与此同时，戴夫在高中时的指导教师告诉他，Xtel 公司有这种援助计划。他立刻就向 Xtel 公司提出了申请，寄去了自己的简历，大致描绘了一下自己的职业兴趣，还有两封推荐信，以及刚收到的 Lvy 联合学院的入学通知书。两个月以后，戴夫收到 Xtel 公司的来信，称已经接受他参加这个计划项目了。

在联合学院，戴夫读的是计算机专业，而且成绩非常优秀。他参加了学院的黑人学生会，还在学院的广播站工作。放暑假时，戴夫到 Xtel 公司上班，在好几个部门工作过。主要工作是开发计算机应用系统。他对一件事印象很深：尽管 Xtel 公司已经是《财富》500 强之一了，还是很关心自己的雇员——戴夫原以为 Xtel 公司在对待员工上会不讲什么人情味的。

戴夫在上大学的中期，开始和 Xtel 公司的人力部经理讨论自己毕业后的工作去向问题。当戴夫得知自己将会去审计部门做电脑系统审计员时，他很高兴。戴夫在 Xtel 公司上了两个月的全班之后，他接到教过他的一位女教授的电话，问他现在情况如何。在电话中,她动员戴夫去考研究生——Lvy 联合学院计算机专业的硕士学位。那位教授认为,根据他的成绩,他考取是没问题的。戴夫给 Xtel 公司培训发展部主任发去一封邮件,问能否支持他去读研究生学位。结果是公司鼓励他去考,还提供助学金,他很高兴。2 年后,戴夫以优异的成绩拿到了学位。

戴夫在 Xtel 公司干了 5 年,进步很快,28 岁就当上了审计经理。在这段期间,他接手了很多难度大的工作,甚至还列席了一次公司董事会会议。现在他刚 30 岁出头,结了婚,还有一个儿子。他很愿意在 Xtel 公司继续干下去,主要是为了这份不菲的收入和稳定的经济来源,好养活全家。他盼着年内就能当上干部。可是,公司一位高管告诉他一个消息,他在 Xtel 公司可能已经干到头了——因为他再也没得到什么有挑战性的任务或支持。他最近的一次绩效评价隐含着一个意思:他尚需拓宽阅历。缺乏支持的例子是很明显的。戴夫本想马上参加执行官管理培训班,那对自己的职务晋升战略就太有帮助了。但 Xtel 公司拒绝再支持他这一"搏"了,他们指出:公司已经选定了人选参加这个培训班。戴夫也就明白了:Xtel 公司是不会派一个少数族裔员工去参加任何执行官管理培训班的。

戴夫根本没想到,他的种族身份会对自己在 Xtel 公司的处境和职业晋升有影响,他开始感到不解。戴夫看了新出版的 Xtel 公司反歧视行动的五年人事安排目标。他看到,少数族裔人员在 5 年中达到高级管理者的目标已经实现了。戴夫突然开始感到没希望了。他自问:自己在 Xtel 公司的进步,真的与自己的能力和贡献相符吗? 或者,这只不过是帮助 Xtel 公司实现其反歧视行动目标,在等级制上取得成功的结果? 他发现,反歧视行动计划被执行得分毫不差——少数族裔代表被提拔到既定级别的人数,与反歧视行动目标规定的人数往往恰好相等! 这一点倒是饶有兴味的。

戴夫花了一段时间想自己的事情,盘算着下一步该怎么走。自己有技术,有学历,根本不愁在市场上找不到工作。过了一阵子,戴夫决定要见一见 Xtel 公司管人力资源的副总裁,跟他商量一下自己的职业生涯问题。见面后,戴夫表示他强烈希望一年内能当上干部,毕竟他的一些能力不如自己的同事都已经达到这一级别了。那位副总裁不咸不淡地答复给了他一个清晰的信息——他的职业生涯已经进入停滞阶段了。戴夫得出了结论:现在该换工作了。(戴夫案例 B"有志气的执行官"见第 12 章)

案例分析题

1. 如果戴夫有机会,他会就自己目前的处境,对那位副总裁提出什么问题(如果有问题的话)?

2. 你认为 Xtel 公司对戴夫存在种族歧视吗? 为什么存在或为什么不存在?

3. 戴夫能找谁——在 Xtel 公司内部和外部——求得社会支持? 什么样的支持是最有帮助的:评价方面的,手段方面的,感情方面的,还是信息方面的? 为什么?

第 **12** 章

企业家的职业生涯

几乎人人都曾在不同的时期梦想过拥有自己的企业,而许多人由于成为一名企业家而使这一梦想真的实现了。刚刚过去的 30 年中,也的确出现了争当企业家的狂潮。根据美国统计局的数字,美国新"出生"的企业从 1990 年的 541 000 家,增加到 2004 年的629 000 家。此外,全部现有企业从 1990 年的 620 万家稳步增长到 2004 年的 740 万家。在 20 世纪 90 年代中期,7.6%的美国人(约 1400 万人)开办了新企业,创造了新就业量的2/3。到 2005 年,这一比例增加到 11.5%,约有 2300 万人开办了新企业,或者管理着开办不到 4 年的企业。

梦想成为企业家的部分原因就是与这种职业选择相联系的发财可能。企业家拥有美国近 1/3 的财富,其财富净值的中值则是那些非企业家家庭的 4 倍以上。每年《福布斯》杂志公布的美国 400 富豪排名榜报告说:绝大多数(80%以上)的财富是自己创造的。看来这就是企业家精神/创业的贡献!

企业家是上述变化的实施者。他们通过推动经济的增长,创造新的就业机会,给后代企业家做楷模,对整个社会的繁荣有着非常重要的作用。在过去的 30 年里,《财富》500强公司的职工花名册上的工作岗位锐减,而各类企业却创造了数千万个工作机会。就是这些规模虽小却在不断成长的企业,推动着美国经济的发展并使许多企业家在这一过程中富裕起来。到 2007 年,企业家在美国国内生产总值(GDP)中的贡献率占到 50%以上,而且在私人部门新增就业量中的占比达到了 75%。在发达国家和发展中国家,新企业仍在以最快的速度进入经济生活。发达国家新企业的进入率每年平均在 10%以上,发展中国家则在 7%到 8%之间。

人们对企业家这种职业的兴趣为什么会与日俱增呢?这个问题不容易回答——几乎有多少企业家就有多少原因:有的人是为了在公司的生存竞争中追求自由,有的是从一位失散已久的亲戚那里继承了企业,有的则是出于对某种产品或活动的激情,有的则是要从有利的经济环境中获利。对很多人来说,不论出于哪种原因,决定"成为企业家"总是一种诱人的职业选择,而人们对企业家的兴趣也与日俱增。我们将在本章对企业家职业生涯的独特方面进行深入的研究。首先,我们要定义企业家身份并分析导致个人追求成为企业家的各种因素;其次,我们分析对现有企业家和有抱负成为企业家的人在社会和教育上的支持;然后我们会评析女性和少数族裔企业家所面临的职业生涯经历和挑战。在本章末我们根据本书提出的职业生涯管理模式,对企业家职业生涯管理提出若干建议。

12.1 企业家精神概述

在文献中,对企业家和企业家精神这两个专业术语,有着多种定义,每一种解释都从不同的角度表述了该主题。19世纪的经济学家约翰·斯图亚特·穆勒(John Stuart Mill)提出,企业家的特点在于"承受风险",或者说接受并承担风险的能力,以此与企业经营者相区别。另外一位经济学家约瑟夫·熊彼特(Joseph Schumpeter)把企业家精神仅仅视作"创新者的创造性行为"。在他看来,创新才是区别这种人的特征。

在给企业家精神下定义的研究者中,大致可以分为五个学派,各派对该术语的看法略有不同:

1. "大人物"学派认为,企业家就是那种天生有能力成功管理企业的人。

2. "心理特征"学派认为,企业家是那种具备独特的价值观、态度和(成就)需要的人,正是这些特点驱使他(她)们去管理企业。

3. "古典"学派把企业家仅仅视为创新者。

4. "管理"学派把企业家视为一家企业的组织和管理者。

5. "领导者"学派把企业家看作一群人的领导者。

对企业家精神还有以下几种认识:

6. 它包括对机会的认别、开发和追求;或者实现一个人在商业环境中的某种需求。

7. 它涉及不确定性、风险和创造性的机会主义。

8. 它要求多方面的技能,以增强或增加人们既定活动的价值。

9. 它包含范围相当广泛的活动,诸如创造、创立、适应和管理一家企业。

10. 它是一个创新的过程,这个过程包括以新颖的方式评估资源,投入必要的时间和努力,承担相关的财务风险、心理风险和社会风险,而得到金钱和个人满足。

11. 那些建立并管理一家以获利和成长为目的的企业的人,必须承担风险并进行创新。

这些观点中包含的一致主题是创造性、创新性和承担风险的倾向。把上述所有这些认识概括起来,我们把企业家精神定义为:管理一家自己的公司,这需要个人为此作出牺牲,需要进行创新并承担风险,需要创造某种有价值的事物。这个定义综合了上述定义所包含的所有权、创新、新颖性、承担风险和创造性的机会主义这些因素——这些是各种文献中一致用来描述企业家精神这一概念的主题词。

12.2 选择以企业家为职业

有多种因素使企业家这种职业不同于那种个人受聘于某一企业的传统职业。首先,企业家这种职业的标志就在于,企业家个人对企业的成功负有更大的责任,因为这种职业已与企业的命运交织成一体。从这个意义上说,这种职业与企业是"合二为一"的关系。前者的成败直接关系到后者的成败。因此,就如我们所指出的那样,企业家的职业生涯有更高程度的风险——个人的失败,金钱的损失,以及职业生涯的动荡。尽管新注册的企业在持续增多,但在美国新生企业的失败率也的确非常高。一项对 1998 年开业直至 2002 年还存续的企业的跟踪调查表明:2 年后这些企业还剩下 66%,4 年后只剩下 44% 了。这些统计资料表明,虽然这些企业家的工作是有风险的,但精明的企业家仍有相当多的机会来使其企业生存下来。

使企业家这种职业与众不同的第二个因素是,与雇主所能提供的条件相比,企业家这种职业的特点在于:组织结构不健全,可预见性差,得到的支持少。当然,对有些人来说,恰恰是考虑到结构问题和可预见性问题,他们才不选择在组织中工作。但是对其他没有准备的人来说,如果组织结构不健全,又缺乏支持系统,就会感到无所适从。

企业家职业的第三个独特的因素,是那些想成为企业家的人必须有更强烈的行动倾向和创新倾向。具体地说,创业型企业的本性就要求它能对变化的市场境况作出果断的决策。由此推而广之,可以说,企业家作为企业负责人,必须展现其对环境变化作出迅速反应的能力。而在组织中的职业则相反,其节奏是较慢的。在很多大型组织中,那些根深蒂固的官僚机制和厌恶风险的管理阶层是不允许作出迅速的、创新性的决策来的;即使这样做了,也不会受到表扬。

企业家职业第四个独特的因素就是,企业家要同时扮演许多职能角色。更确切地说,企业家可能要同时管理运营、营销、会计、人力资源和规划等所有事务。反过来,在一般组织的职业岗位上,人们通常都只需担任一种角色。对一般企业的管理者而言,身兼数职的机会是有限的。

企业家这种职业在个人事业上、在财务上都有相对较高的风险,对能力要求又相当高,也缺少组织结构的保障,得不到应有的支持;既然如此,为什么还有这么多的人漠视这些忠告,选择成为企业家呢?有关研究指出,以下几个因素在影响着人们的选择。这些因素包括:追求自主权和独立性,影响一个人选择成为企业家的个性特点和心理状态,外部环境条件,对某种产品和某类活动的激情,以及前人所提供的角色榜样。下面我们将依次对这些因素进行更深入的讨论。

自主权和独立性

道格拉斯·T. 霍尔(Douglas T. Hall)和朱迪斯·利克特(Judith Richter)在对"婴儿潮"时期出生的人所表现出来的价值观进行研究时发现,这代人"追求自主权"和"怀疑权威"的倾向非常明显。当然你可以说,所有的雇员,无论他们年龄大小,在一定程度上都会珍视工作中的自主权和独立性,因为自主和独立意味着个人在工作中享有相当程度的自由——决策时的选择自由,在工作中发表意见的自由,不受严密监视的自由以及摆脱官僚主义程序的自由。有了自主权,个人才能着手实现其自我概念,体现重要的价值。企业家精神允许自主决定、财务独立,以及按照还应该有"更好的方式"的信念行事。而成为企业家,是使个人实现其自主和独立追求的首选方式之一。

以往对企业家的研究就指出,他们在对待权威人物时往往会遇到麻烦,他们不愿意屈从权威,在其手下工作会感到不舒服,因此就要摆脱这种控制。很多企业家之所以从公司辞职,就是因为不能自主决策,而想摆脱那些上级领导。确实,有一些研究发现,无论男女,他们之所以开创或收购一家公司,最主要的动因是寻求自主和自立。

前面的论述清楚地表明,渴望自主权、独立和自由,是许多企业家的重要动机。通过拥有和管理一家公司,为自己工作,是一个诱人的选择,也为当今社会越来越多的人所认同。

个性特质

有不少研究者提出,企业家具有的某些个性和心理特征、素质和态度,使其倾向于创办自己的企业并获得成功。在这个意义上,我们可以认为,无论现在还是将来的企业家都有一些相同的个性特征和背景因素,使他们更容易从事企业家职业。

对成就的需求　戴维·麦克利兰 (David McClelland)第一个提出:成就需要是企业家一个重要的心理特征。按照他的说法,那些高成就需要的人会表现出三种主要行为特征:他们把找到问题解决方案视为个人的职责;他们会设定适度的绩效目标并愿为之承受适度的、可以度量的风险;并且他们期望得到有关绩效的具体的反馈信息。有一些研究考察了对成就的需要和创业行动之间的联系,其中的大部分研究都发现,通常,成就动机确实预示着创业行为[一般来说,想取得成就,才会有企业家精神(才会去创业)]。当然,对成就的高需求是许多成功领导的特质,而不仅仅是企业家独有的。但显然,已经有足够的证据说明高成就需求会影响人们是否决定成为企业家。

内控倾向　具有内控倾向的人相信,他们可以通过自己的行动和行为,基本上控制其所处环境和自身命运。从理论上说,那些相信凭借自身力量就可以掌握自己命运的人,比不自信的人更有可能成为企业家并取得成功。但是,内控倾向与企业家行为之间的关系并没有一致性。和对成就的追求相似,成功人士一般都具有内控倾向,而不仅限于企业家。有研究得出如下结论:企业家较高的内控倾向使他们有别于普通大众,但并不一定能使之有别于大型组织的经营者。确实有研究表明,企业家的成功与其内控倾向之间呈强相关性。因此,内控倾向也是一个能影响企业家职业生涯及事业成功的因素。

对不确定性的承受力　研究表明,企业家那种能够接受和应付有冲突的、不确定的局面,能处理具有多种角色且含糊不清的任务的能力,确实是非企业家所不具备的个性特征。很多研究都支持了这类观点,即企业家要比一般的企业经营者对生活中的**不确定性**具有更强的容忍能力。对个人生活中不确定性的高度容忍也与 A 类行为密切相关,因此,许多企业家被归为 A 型人格也就不足为奇了。

承担风险的倾向　我们在讨论企业家的定义时曾指出,乐于承担风险是企业家的共同特征。尽管有些研究发现,企业家比组织的经营者更愿意承担风险,但也有少量研究发现,关于承担风险倾向是否是企业家的特质这一问题,并没有统一的答案。然而,现在有些学者认为,与大型组织的管理者相比,尽管企业家在决策时更倾向于进取,更敢于冒风险,但很多企业家[表现得]却并不明显。这是因为他们并不觉得当时的风险有那么大。也有一些研究认为,企业家们怀有一种强烈的信念,认为自己有能力左右商业行为的结果,对他们来说,失败的可能性也就比较低。因此,假定情况相同,企业家所看到的风险会比非企业家认为的要低。如果把企业家看作有能力对付风险的经营者可能更为合理,他们的这种自然的能力,使得那些非企业家视为高风险的情况,在他们看来却并不那么严重。

企业家的自我定义 正如我们在本书前面所讨论过的那样,个人对其工作可能有某种定位,这种定位反映了他个人的动机、价值观和才能。这种定位也被称为"职业定位(锚)",也就是个人在职业选择时自己形成的自我定义概念或形象的具体表现。埃得加·舍因(Edgar Schein)所描述的一种职业定位就是成为企业家。这种人"主要关注的是创造新事物,这涉及克服困难的动机、敢冒风险的意愿和无论做什么事都要出人头地的愿望。"企业家精神的定位也反映出一种愿望,即能够自由、自主地建立组织和创建企业,并按照自己的样子来打造它。实际上,企业家精神的定位就是此前所讨论过的个性特点——对成就的追求,内控倾向,对不确定性的承受力,敢冒风险的意愿以及对自主和控制的渴望。企业家精神定位还表明一种个人信念,包括对自己的能力、创新意愿、压力承受能力以及主动(担当)的个性的一种信念。

人口统计和个人背景因素 人们曾做过很多研究,去考察企业家和非企业家在人口统计特征上有无区别,包括父母的职业、父母的社会经济地位和企业家的家庭出身排行。实际上,无论孩子选择什么职业,其父母的影响都是非常重要的。但对于选择企业家这种职业而言,父母的影响尤其显著。父亲或母亲可能会在后代产生成为企业家的欲望和信心上给予非常强有力的影响。另一个与选择企业家这种职业相关的背景因素是,这个孩子是家庭中的第一个孩子。研究发现,第一个孩子似乎更容易受到特别的关注和得到培养自信的机会。这种高涨的自信心和自尊心就有可能促使人们把创业看作一个可行的职业选择。

有研究发现,企业家往往比普通人受过更良好的教育,或往往出生于其父辈拥有一家公司的那种家庭。此外,有几位研究者指出,以前在企业的经历可能也创业型企业的成功有积极的影响;而缺乏这种经历可能会导致公司陷入困境和破产。不过库珀和敦克尔伯格也指出,他们所研究的企业家有各种各样的背景。事实上,他们得出的结论是:多样化看来是他们所取样本的一个主要特点。其他研究则指出,企业家有创新性,有特殊个性,这种特点使之不能轻易地被归为某一类型。

正如本节所讨论的,试图从人的素质特征与个人背景入手,来把握哪些因素构成了企业家的典型特征,这种做法即使可能,也是一件困难的事情。每个企业家的背景及其创办一家企业的动力都是千差万别的。研究者们认为,任何试图确定所谓企业家的"典型"特质的努力都注定是徒劳无益的。诚然,企业家想创新,也有脾气,往往出类拔萃,因而难以分类。虽然如此,这些研究至少在一般意义上,使我们对企业家的行为和动机有了更深的认识。由此我们可以得出如下结论:企业家们一般都追求自主权和独立性,有强烈的取得成就的动机,认为自己能够决定自己的命运,具有有效处理多项任务和不确定情况的能力,愿意承担风险,并且会受到他们的父辈和社交圈子中其他人的有益影响。尽管这些是许多成功人士的共同之处,无论他们是不是企业家,但很明显,企业家这一群体则普遍具有这些特质。如埃得加·舍因所言,企业家的这种自我定义,包括创新性、对自主和独立的需求、承担风险的能力及创造力,会使某些人更容易去选择从事企业家这种职业。情形大致是这样:企业家自我定义中的任何一个方面,如果与适宜的环境条件结合起来,就很可能使人成为一名企业家。

环境条件

某些环境条件和经历也可能影响人们成为一名企业家。我们现在来考虑三个显著的环境因素：失业、对工作不满意、有利的经商条件。

失业 过去30年里，公司"瘦身"和兼并的大潮造成几百万的工人失业（或几次失业，就像电视连续剧演的那样）。对被辞掉的许多人来说，创办（或收购）一家公司，是一种值得尝试的选择。研究结果表明，大约有15%～20%的失掉工作的经理选择了成为企业家这条道路。因此，可以说在企业裁员和资产重组中的那些无辜牺牲者，却拥有开办自己的公司的独特能力和成就动机，也就没什么好奇怪的了。被某一企业解雇，可能为开始创业提供了最终的动力。而且，被解雇的这些人也可能下定决心，绝不再当大公司中一名任人宰割的小卒。当然了，一个人被企业解雇后，要想成为一名企业家，就必须全面分析所有可行的选择以后，才能作出这种决定。鉴于形势的不确定性，要作出一些牺牲，冒若干风险，因此并非任何人都能成为企业家。如果没有深思熟虑和合适的规划，就贸然经营某一企业的人，只会导致付出更大的代价。

工作失意 除了失业，另一种可以影响选择成为企业家的因素是对工作不满意。研究显示，驱使企业家创办自己的公司的一个主要原因，是他们对之前那个工作岗位不满意。这种极度的不满意确实能让有抱负的企业家辞去先前的工作，并且能让他们确信再没有其他受聘职位可以提供这种满足感。假定个人的这种认识是正确的，那么唯一可行的方案就是去创办自己的公司（也就是说，做你自己的老板）。

和失业一样，仅仅（或主要是）因为对工作不满意就改行去当企业家，是会遇到困难的。根据我们贯穿全书的职业生涯管理模式，有抱负的企业家需要仔细考察一下自己的兴趣（爱好）、价值观和所喜爱的生活方式，考察一下如果拥有自己的企业，是否就能满足个人的这些需求。如果决定成为企业家并不是基于全面的自我评价，而只是对繁重工作的一种本能反应，那么很可能注定你不会愉快，甚至会更加失望。人们可以因为对工作的不满而选择成为企业家，但这绝不能是唯一的决定性因素。

有利的经营条件 过去30多年里，普遍有利的经营条件和机会刺激了人们想当企业家的愿望。正当我们从21世纪刚起步时，就出现了几种趋势，持续地推动着新的创业企业。首先，20世纪后半期国际贸易的稳定增长改变了世界经济的面貌，打开了新的消费市场，也唤醒了以前未开发的生产能力。由此，全球化给新企业创造了大量的机会。其次，信息和通信技术革命"把世界变小了"，使企业家得以创造出新的生意，在全世界范围内找到供应商和消费者，而无须预付多少资本。当今的现实是，个人电脑和其他办公技术产品赋予了企业家一种能力，使其足不出户就如同操纵着一家大公司。

显然，各种环境的、经济的和技术的因素在共同起作用，为人们自办企业提供了丰沃的土壤。不过，重要的是，我们仍须认识到，自己创业的决定必须基于对个人的欲望以及商业环境状况的全面透彻的分析。

12.3 鼓励人们成为企业家的其他因素

除了我们强调的各种个人特质和环境因素以外，还有其他众所周知的原因，能说明为什么人们会蜂拥而上，都想成为企业家。其中有三个众所周知的原因，包括对某种产品或服务的痴迷，企业家榜样（或几种榜样）的示范，以及借助"职业桥"以维持就业的可能。

对某种产品或服务的痴迷

有些人从事企业家职业，是因为他们热衷于某类特别的产品或活动。比如，对烹调情有独钟的人可能会去开一家餐馆，或可能开始经营一家餐饮企业。把自己的热情变成一项成功的事业，这方面的例子数不胜数。好坚果公司（Nuts Are Good！Inc.，）之创建，就是因为其所有者爱吃杏仁和花生。另一家人的头等大事就是孩子的安全，就开发出了皮克里诺（P'kolino）牌的家具系列产品，既能陪伴孩子长大，又能装饰家庭。

某种特定活动的吸引力也可以是使人成为企业家的强烈动机。通常，产品和服务体现了个人自我概念的扩展，因为个人对这种产品或服务高度认同，所以，提供这些产品或服务也就成为一种自然而然的职业选择了。请思考下面的例子：

当阿尔供职于公司财务科时，他常常发现自己大白天就沉浸在木工制作的遐想之中——他在自己的办公室里感觉都能闻到新伐的橡树的香味。另外有些时候，他也会画出一件他能做的碗橱的草图，偶尔也画一张咖啡桌。到了晚上和周末，阿尔就会去他的木工室（是其车库两倍大的地方），做出精雕细刻的木制工艺品。他从不用这些制品营利，仅向朋友和家人收取他所用原料的成本。阿尔是如此地热爱木工制作，单是这些作品本身和顾客的满意赞赏就使他感到满足。

阿尔喜欢为公司工作。大学时，他主修会计，并获得财务管理学硕士学位。解决复杂的财务问题和制定财务计划激励着他，但木工艺制作才一直是他的最爱——刻骨铭心的爱。他的父亲是一个木匠，并把对木工创作的情怀遗传给了阿尔。阿尔从不把木工制作看作一项工作，而是作为一项爱好来舒缓公司生活的压力。

在公司财务部门工作了10年后，阿尔开始以新的眼光来看木工制作。别人对他的作品的需求已超过了他的制造能力。而商店卖的木制工艺品价格却是阿尔的材料收费的两三倍。同时，阿尔所在公司有被并购的传闻——有流言说，如果并购成功，阿尔所在的部门将首当其冲进行裁员。阿尔开始认真地同他的妻子讨论开始经营他自己的木制工艺品公司。他们得出结论：他妻子在一家投资银行的研究部门做主管，她的收入可以在公司刚起步的时候撑起他们的家庭。于是他们就花时间找寻最合适的房地产，准备租下来作为商店。等他们找到合适的地点后，又花了2万美元来购置设备和工具。阿尔所在的公司最终被兼并了，他高高兴兴地辞了职，并带上辞职整理的行囊，就这样，他变成了一个纯粹的企业家。阿尔和他的妻子开始时是在流行的杂志上打出广告，拜访当地的室内设计师寻求指引，并让的亲友散发新开小店的消息给其他潜在的消费者。他们通过邮件、电话和自己的网站接受订单。营业三个月后,顾客对其木制工艺品的需求又超过了制造能力,他们开始考虑雇一个助手。从阿尔个人来说,他感到比以前任何时候都更快乐。虽然时间紧,要求严,但好在他在做自己喜欢做的事情。有时他会想,为什么没有早点开创自己的企业呢?

这篇短文尽管是虚拟的,却揭示出许多初出茅庐的企业家开始创业时所经历的过程。而实际上,也确实有数百个出于自己对某种产品或服务的情结而获得成功的企业家的真实故事。

榜样的示范

在第6章,我们讨论了社会力量对一个人选择职业的影响。具体说来,我们提出了这样的论点:对一个人的职业生涯选择决策,父母、其他家庭成员和朋友可能起着重要的角色榜样或师傅的作用。以前的研究支持这一论点,它发现:社会支持与开办企业的意愿是正相关的。关键的问题是:企业家角色榜样真的会激励人们决定选择成为企业家吗?对此的回答看来是"会的"——当企业家角色榜样以各种专业行为(诸如某种雇用关系,或者讨论企业的风险)吸引住潜在的企业家时,后者想创办自己的企业的愿望就增大了。对企业家的孕育来说,最重要的角色榜样也许就是父母。若干研究发现,对子女来说,不论其父亲还是母亲是企业家,都有助于孩子把成为企业家看作一种令人向往的、可靠的职业生涯。

关于家长对子女选择企业家职业的影响,一种特殊情况是,作为企业家的家长是否鼓励子女进入其家族企业。通常,企业家会把他们的子女视作公司将来的合适的接班人,就是那种可使自家的公司代代相传的人。在500个家族公司的样本群里,作为企业家的父母(第一代)关心的头一件大事就是要会做房产、税收和财务等方面的计划,第二件大事是要会搞产权交易。有趣的是,能传到第二代的家族企业还不到1/3,而传到第三代的仅仅只有12%。对许多企业家的子女而言,作出进入家族企业的决定是顺理成章的事情,也不会有什么压力,因为他们愿意继承家族的产业并发扬光大其父辈的成就。在这种情形下,子女不会感受到强迫,可以从容地选定其所要追求的职业生涯目标。但对另有规划的企业家子女来说,要让他们决定进入家族企业并帮助打理生意,可能就会感受到压力。因为他们想从家庭中独立出来的愿望,和父辈迫使他们进入家族企业的压力相冲突。当这些子女即将完成其正式学业,走出校园时,这种强迫其受雇于家族企业的压力最大。也正是在这个时候,这些年轻人处于进入成人世界的过程中,心理上面临着一种冲突,既想自己选择前途,却又不得不考虑家庭的安全。

继承问题,也就是在所有者退休之后谁来管理家族的企业,通常是争论的焦点。企业所有者的儿子和女儿常会被培养为接班人,而有时所有者的女儿则被看作"幕后的继承者",其主要责任仅仅是把家族的传统与历史传给下一代。然而,随着越来越多的女性成为大型上市企业的主管,将有越来越多的女儿会接管其家族的生意。请考虑下面这两个例子。

　　1956年,乔·哈迪跟他的两个弟弟、一个朋友创办了"84木材店"。他们在宾夕法尼亚州某城郊买了一块地,想开一家专搞批发的仓储式木材店。1993年,乔的女儿玛吉·哈迪·玛格克接班当了公司总裁。在她第一年任上，公司的销售额就突破了10亿美元。到 2007 年，公司净收入达 40 亿美元以上。她个人身价估计在 20 亿美元左右，这使她成为美国最富有的人之一。

阿比盖尔·约翰逊是美国最大的互助基金——菲德烈投资基金——的家族继承人，2001 年她担任公司互助基金部的总裁，现在分管雇主服务部，该部管理着公司雇员的工资和员工股票计划。阿比盖尔正沿着她父亲（奈德·约翰逊三世）的足迹发展，现在她的身价净值已达 150 亿美元，成为美国最富有的人物之一。

如果不考虑个人受到家庭压力的程度，要考虑是否进入家族企业，应遵循前文提出的职业生涯管理模型。个人应全面评价自己的价值观、兴趣、才能和生活方式的倾向，以及工作环境（家族企业之内和之外的环境），来获得充分的信息以决定最适合的职业生涯目标。只有当进入家族企业与个人抱负相一致，并与家族企业内外的工作环境相适应时，才能作出进入家族企业的决定。

总的说来，父母对于鼓励子女选择企业家这种职业的确是有影响的。而一旦成了企业家，其父母、师傅和其他亲友的作用就大大降低。企业家这种职业的本质就在于，由个人来做决定才是最重要的。尽管来自社会的支持可以帮助一个人下决心成为企业家，但社会关系网络中的建议和干预可能只会阻碍企业家采取必要的行动。

企业家的"就业桥"

我们在第 8 章讨论过，就业桥使从职业岗位上退休的工人转到临时性工作岗位，给他们提供了从全天上班的职业过渡到完全退休的桥梁或联系。今后 30 年里，"婴儿潮"那一代的几百万人即将退出全职工作岗位，其中很多人很可能会寻求企业家的职业，作为可行的就业桥。这些新企业家还可能要雇用其他退休者，由此搞出由老年工人构成的"灰色企业"。企业家职业可以提供一种弹性的工作环境，具体弹性大小则依所在行业而定，这对那些正在寻找就业桥机会的退休者和即将退休者是很有吸引力的。

12.4　对企业家职业的支持

在创业行动兴起的同时，各种支持机制也涌现出来。这些机制包括社会关系网与联盟，各种培训和教育计划，以及出版物和互联网站。此外，美国小企业管理局制定了一系列计划，旨在对企业家提供支持。这些支持企业家发展的一整套措施，已随着创业行为的迅速增长而相应地形成了。让我们简略地考察一下各类支持手段。

社会关系网与联盟　企业家可以从许多不同的社会团体和互助组织那里得到必要的帮助。社会关系网在两个不同的层面运作。一是非正式的联盟，包括来自朋友和亲戚的商业支持。二是正式的帮助，可能来自诸如各种社团组织、国家和政府机构、民族协会、宗教联盟和各种兄弟组织等较大的机构，也有其他较小的企业协会的支持。支持性的联盟，如购买合作社、商业团体、合资公司集资活动和社团专家建议，这些都为那些可能成为企业家的人提供了帮助。企业家在互联网上可以很容易地找到联盟的支持资源。请看下面的例子。

- 查看"全美公司商业协会网"(网址 www.ncba.coop),可以找到"联合团购"网页,该网页提供综合教育、合作发展、通信、公共政策、会员服务和国际开发项目。在 NCBA 网上,Mainstreet 合作集团(www.mainstreet.coop)利用合作模型支持创建企业的行动,帮助(这些企业家)的企业达到必要的规模,形成基本结构,并使其获得所在行业承认的采购资质和营销能力。

- "妇女与信息技术全美中心"(www.ncwit.org)下设"企业家联合会",对少量的女性在信息技术领域开办企业、申报专利、转让技术等事务,提供原因分析和可能的干预。该联合会的会员是来自 20 多个企业家组织的代表,以及全国从事信息与技术创业研究的专家,这些人通晓企业家成功的因素,并作为推动变革者,可帮助更多的女性成为成功的企业家。

- "全美高校发明与创新者联合会"(NCIIA)在高校培养发明、创新与企业家精神,旨在创造经济上可行、对社会有利的企业,并增加美国的就业机会。制定该计划的前提是,发明、创新是企业家精神的基本要素,对美国经济的未来至关重要,因此理应纳入高校的课程体系之中。NCIIA 与高校携手共建实验室教学课程,以培养具有强大的技术能力和商业能力的新一代创新者和企业家,以造福世界(见 www.nciia.org.)。马萨诸塞州沃塞斯特市的沃塞斯特理工学院的"企业家精神与创新实验室"(CEI),就是由大学与 NCIIA 联合出资创建的大学企业家精神项目的一个典范(参见 www.wpi.edu/Academics/Depts/MGT/CEI/About/index.html)。

- 康涅狄格风险投资集团(CVG)是一家志愿专业组织,其宗旨在于使领先的风险投资专家与高增长苗头的公司之间形成沟通。CVG 的使命是通过促进康涅狄格州的资本形成,援助那些高增长的企业(见 www.cvg.org)。

- "启动全国"(StartupNation)是一家网络社区(www.startupnation.com),以文章和录像形式提供多种多样的信息,从互联网广播电视中即可收听收看。其成员都是常在企业家论坛上发言的小企业问题专家,其行动也是全国媒体关注的焦点。

　　联盟增加了企业家们相互接触的机会,使他们得到更多必要的建议,最重要的是,增加了与潜在的风险投资商接触的机会。风险投资俱乐部定期举行全国性的会议。风险投资联合会刊登全美国的风险投资俱乐部的名录,现存的 4 家俱乐部分别设在加拿大、以色列、墨西哥和中国台湾。康涅狄格州风险投资联合会是第一家风投俱乐部,它当初由 6 个人在 1974 年创立,现在已有 400 多位会员,全世界 100 多个此类机构都是按照它的模式建立起来的。

　　城市的商会也能帮助企业家和他们的事业发展。特别是每个城市或大都市区都有自己的商会。例如,1806 年成立的佐治亚州萨湾纳(Savannah)地区商会,就是一个贸易联合会,是美国最老的商会之一,自成立之日到现在,一直都在运行。经过多年发展,这家商会从代表狭窄的商业利益,拓展为包括商业和专业团体这两大方面。其地理范围也从仅限于萨湾纳城一地,扩展到覆盖了整个该地区以及周边社区。目前,该商会已经涵盖了整个海岸地区,凡是对萨湾纳有影响的本州、全美国乃至全世界的经济体,它都要打交道。而地方商会在网上登记的地址是 www.chamberof commerce.com。在《全美资源名录》上列有商会、小企业管理局、会议与旅游局以及各地区的职业健康与安全管理局办公室的信息。

　　培训和教育课程　高校已经意识到针对企业家精神的教育计划的重要性,以及学生对这些课程的需求。在美国,已有 1600 家机构开设了超过 2200 多门课程。现在,美国高校中大约有 300 个讲授企业家精神课程的赞助教职,超过 20 世纪 90 年代中期数量的两倍。此外,还建有和资助 100 多个专门从事企业家精神教育的教育中心。这些赞助的教职和资助的中心使教授企业家精神的课程在高校中扎下了根。很多成功的企业家校友向母校捐款,设立专项资金,用于帮助学生学习如何开办、经营企业,于是高校才有了讲授企业家精神的课程。还有考夫曼基金会等机构也向各家组织和高校提供资金补贴,以推动企业家精神的教育。考夫曼基金会由前企业家、慈善家尤因·马里恩·考夫曼于 20 世纪 60 年代中期创建,以密苏里州堪萨斯市为基地,是美国第 30 大基金会,其资产额约为 20 亿美元。该基金会的愿景是培养"由经济上独立、富有责任心、以改善所在社区为己任的公民所组成的社会"。该基金会致力于这一愿景,遵循创立者的遗志,把资金用于两个方面:发扬企业家精神,促进青少年教育。

　　企业家精神的课程在学生中大受欢迎。在马萨诸塞州贝布森学院,经济专业的学生都选修这门基础课,接受为期一学年的企业家精神洗礼——由学院提供资助,学生们创办并管理着一家真正的企业。经营利润则用来支持慈善事业,该慈善事业是学生们与家得宝(The Home Depot)的共同创始人阿瑟·布兰克合作的结果,他们在贝布森市建立了"企业家精神中心",该中心的使命是通过"教学、科研和首创精神,在所有组织和社会中鼓励企业家思维,培养企业家领导力",以此推进企业家精神的教育和实践。

　　大约 175 家商学院的 MBA 教学中都开设讲授企业家精神的课程。像西北大学、伊利诺伊大学和斯坦福大学都报告说:10%～54% 的研究生都表示对开办企业有兴趣。很多商学院研究生不仅以积极的态度看待企业所有权问题,而且还把当企业家作为自己的长期职业生涯目标。

　　在大学这一层次设置的有关企业家精神与创业的课程和计划,基本上是为了满足两类人员的职业需求和培训需求:一类是传统意义的本科生和研究生,他们对企业家职业感兴趣;另一类是想接受研究生教育,但非传统意义的学生,比如那些准备创业和正在创业的人。这些课程和计划的内容在不同的学校间可能略有不同,但一般都包括传统的经营类课程(比如:营销、财务、会计、管理等),并把重点放在开办新公司、小企业经营管理、风险资本融资、新产品开发、创意保护、设计风险计划书以及财务管理等问题。通过参加协商谈判、领导力创新思维和技术创新等课程,企业家精神得以形成。

　　各大学和学院也通过联合办班来满足企业家们的需求。下面给出一个相互合作的例子:

　　　　1996 年,马里兰大学和卡夫曼基金会共同创办了"全球企业家精神组合中心"(GCEC),该中心的宗旨是为其成员提供一个协作平台,以开展实验室试验,互通信息,解决各家设在大学内的企业家中心所面临的具体问题和挑战。通过信息分享,新、老企业家中心共同开发各种项目,形成创意,再通过实验,互相支持,携手前进,共同提高,并互相交流其成果和对企业家们所做的贡献。GCEC 目前拥有多达 200 家设在高校的企业家中心。

出版物和网站 出版业看到人们对企业家这种职业的兴趣高涨,以及新兴企业的发展趋势,就大力推出相关的出版物。各种期刊、报纸、书籍和网站都涉及这些话题,比如"拥有你自己的公司"或"怎样当一名成功的企业家"。这些出版物通过对如何开办和管理一家企业提出各种建议,展望企业家的职业生涯中会遇到的问题,在增进人们对企业家精神的理解上起着非常重要的作用。在过去的 20 年中,介绍创业的网站也如雨后春笋般发展。人们最广泛使用的是网站是 Entrepreneur.com,其中的资源中心提供书面出版物、政府资源、播客和微博。

12.5 女性和少数族裔企业家的个性特征与经历

在本章前几节中,我们讨论了对于企业家职业选择的两种观点——一种认为这是由人的个性和心理特点造成的,另一种认为是受环境影响而产生的。过去的几十年中,曾有大量的文献著作关注女性企业家和少数族裔企业家,看他(她)们是否拥有与男性企业家和非少数族裔企业家一样的、典型的企业家个性特点(即:要求自主权和独立,高度成就的需要,敢冒风险的倾向,内控型人格,对不确定性的容忍),是否拥有类似的社会学习经历(即:父母是否也是企业家,是否能得到鼓励与支持)。下面将讨论女性企业家和有色人种企业家的经历。

女企业家

尽管新建企业的总数量增长异常之快,但由女性所拥有的企业的增长给人的印象更深刻。在美国过去的 20 年中,女性拥有的企业的增长速度近乎全部企业增速的 2 倍(42%比 24%)。女性拥有的企业超过 1000 万家,雇用了 1300 万人,其销售额接近 2 万亿美元。这些女性拥有的企业户数占私人企业总户数的 40%以上。有色人种女性拥有240 万户企业,雇用了 160 万人,每年销售额接近 2300 亿美元。1997 年到 2006 年,有色人种女性拥有的私人企业数量增长率是全部私人企业增长率的 5 倍以上(120%比24%)。随着女性拥有的企业数量的增长,许多调查研究人员也对女企业家展开了调查。从这些研究结果中可以看出以下几个问题。

• 女企业家的性格不同于她们的男性同行或企业中的女经理吗?

研究人员发现,一般说来,女企业家和她们的男性同行或女经理在承担风险倾向上,在取得成就的需要上,在创新意识上,在对自主权的追求上,以及命运自控和积极的个性上,几乎没有多大差别。从不同性别之间的管理实践看,情况也大部分相同。在获得信息方面,女性并不存在什么具体困难,她们的网络与男性一样。人们发现,在教育程度、工作前的经验、借贷与筹资途径、实施风险计划的程度等方面,女性也和男性相同。因此,女性企业家在性格、经验上与男性企业家并无什么两样。

• 女性选择企业家为职业的真正原因是什么?

正如我们刚刚讨论的那样,就个性特点和心理学特征来看,女企业家与其男性同行或女经理之间并没有多少重大差别。那就要问了:是否还有什么其他特别的原因或环境条件,使女性选择成为企业家呢?看来主要是因为两个因素:一是远离公司中那种徒劳无益的竞争和"玻璃天花板"的限制,二是使工作与家庭责任这二者得以平衡。

有关文献历来记载:女性之所以选择离开公司劳动力队伍,是因为她们始终受到"玻璃天花板"的限制,使她们感到不满和受到歧视。对那些已经做到执行经理一级的女性来说,她们可能相信,"那帮老头子"还握着权力不放;或者,一旦她们升到执行经理的职位,那种压力还在继续影响她们的日常业务工作,她们要取得成功就必须整天去斤斤计较,这使她们无法容忍。不管是哪种原因,事实始终是不变的:在传统的组织内部,目标高远的女性在选择职业生涯上,往往处处受限。杰里米·梅因(Jeremy Main)认为:"企业家这种身份似乎特别适合于女性,部分原因是她们要对在公司中遭受的歧视给予反击,开创自己的企业能使她们得到解脱。"情况的确如此,安妮·菲舍尔(Annie Fisher)发现:她采访过的女性中,23％的人提到自己因"大公司的玻璃天花板"而受阻,才刺激自己去开办自己的企业。正是认识到自己提升的速度太慢,许多追求成就的女性自然选择离开公司,创办自己的企业,因为在那里,能否成功主要看自己是否努力和有多大能力。

影响女性选择成为企业家的另一个因素,是女性既想实现自己的职业生涯抱负,又想当好妻子、母亲和当家人。最近,小企业管理局发现,女性比男性更愿意开办企业,以此作为平衡工作—家庭关系的手段。但女性企业家花在企业事务上的工作时间似乎少于男性。男性的工作时间会更长,因为他们通常的目标都是赚钱,也因为他们要花时间去满足的(其他)需求也比较少。女性的目标通常都是做到财务自立,同时还要管理其他的、非工作上的需求。女性往往要在孩子、父母和家庭上花更多的时间。其他研究发现,很多年轻女性选择企业家这种职业,一个很重要的原因就是她们想逃避那种双重身份的转换:一会儿主要操心家务事,一会儿又要全力以赴去管理公司事务。从这种意义上讲,企业家这种职业对个人的限制较少,工作时间和工作地点安排更灵活,这样就有更多的时间去照顾家庭。

女企业家相比男企业家似乎更愿意采取兼职的工作方式,这不奇怪,因为她们想同时兼顾工作和管家这两种角色。当然,既要充当企业家,又要把大量时间花在家庭上,会激化工作—家庭冲突,减少所创企业的成功率。有研究指出,女性拥有的公司要想获得成功,就要处理好家庭需要所引起的时间上的冲突。有人已经提出告诫,工作与家庭间的矛盾对女企业家来说是一个实实在在的问题,而这一问题在公司艰难的初创期会非常棘手。

由此看来,企业家职业和家庭义务之间的关系似乎是相悖的。一方面,创业通常会给个人提供更大的自由,让个人能够更灵活地安排家庭生活的时间。但另一方面,企业家的成功常伴随着越来越高的要求,这些要求使他(她)用来与其家人共享生活的时间就越来越少。可是,有些证据表明,女企业家比男企业家更满意自己的职业。这可能是那些解决了工作与家庭矛盾的女企业家,选好了自己生活中不同领域的相对重要性,并且对这种选择感到满意。

- 女性企业家在职业选择上会受到什么限制吗?

就如我们在第 6 章所讨论过的,与男性相比,女性通常更倾向于在更狭窄的领域里选择职业和职位。与此观点相一致的是,人们发现女性选择当企业家的倾向总体讲比男性低,而且女企业家倾向于主要集中在零售和服务性行业,而较少涉足制造业和高科技产业。女性开办企业,不像男性那样追求增长和抓住机遇。根据某些学者的研究,女性倾向于在某些职业和行业中工作,因为在那里她们更容易被接受。

近年的统计数字表明,女性企业家的数量在增长,但她们选择的行业范围却在缩小。从1976年到2002年,从事个体经营的女性的占比增长了将近12个百分点,从26.8%增长到38.6%。从2002年迄今,美国人口统计局的报告都指出,在此期间,女性拥有的企业大约为650万户,其中30%在服务业,15%在零售业,16%在健康护理和社会援助业,还有8%在房地产业。然而,在"非传统"企业领域的女性所有的企业仍然很少,在建筑业大约只有3%,在采矿业和制造业也只有3%。

女性选择当企业家的倾向较低,原因是多方面的。有一种意见认为,女性由于其文化条件、社会教育,所受鼓励和角色榜样比较少,自信程度低,因此不大会选择企业家这种职业。平均来看,女性开办的企业在规模上要比男性开办的企业小,这可能是由于女性自信不足,或者接触不到大规模的商机,或者是财力不足。女性也更爱给自己划界,她们不想过界扩张生意,以确保不会给家庭和个人带来负面影响。社会对女性角色的规范,女性模范人物的稀少,女性作为家庭主妇面对更大的家务负担,以上都使女性企业家在开办企业时要面对更多的问题。在女企业家当中,遭遇到的最相通的困难是难以获得贷款,被认为负不起责任,对下属缺乏权威性,以及工作与家庭或个人生活之间的矛盾。

如果不考虑这些可能限制女性企业家潜能的因素,其实女企业家一般还具有许多积极的素质。这些素质包括精力充沛,善于说服他人并取得共识,在作出经营决策时非常注重实际。多数想当企业家的女性都渴望由于自主决策而面临的挑战和机会。女性在管理她们自己的企业时,会发现工作上和专业上的满足感,而且会非常重视她们在工作场所的关系。

就如本章所讨论的,所有已经成为企业家和可能想成为企业家的人,都会在开办企业、打理生意上遇到许多挑战、限制和困难。然而,主要由于社会影响和文化条件的限制,女企业家还必须面对某些特殊的障碍。值得庆幸的是,随着越来越多的女企业家的成功,可以预期,这些限制和障碍终会消解。

少数族裔企业家

尽管总体上研究者对企业家行为的兴趣在增长,然而对少数族裔企业家的性格与经历进行的研究却很有限。无论在数量上还是在占比上,少数族裔拥有的企业正在大量增长,因此,出现这一事实,就令人惊讶了。从美国人口统计局的数据看,2002年,美国18%的企业是由少数族裔人口拥有的,其总户数约为410万户。这一数字是1992年(197万户)的2倍以上,比1997年(300万户企业)多37%。2002年,在美国全部企业中,少数族裔拥有的企业的占比将近18%,高于1997年的14.4%和1992年的11.4%。2002年,在美国企业的总户数中,拉美裔、非裔和亚裔美国人拥有企业的占比分别为7%、5%和5%,而在1992年,这一占比分别为4%、4%和3%。

这些少数族裔企业家的个性特征和动机抱负与那些非少数族裔的企业家是类似的。有些研究者发现,少数族裔企业家之所以开办自己的企业,最主要的是为了追求成就。其他相关的因素,比如追求独立、自己当老板和财务上的成功,也是重要的动因。就背景和环境因素而言,少数族裔的角色榜样和家族角色榜样对有色人种开创企业和进入重要市场是有影响力的。许多少数族裔企业家都能从基于种族或族裔关系的互利组织获得广泛的帮助。强有力的种族网络可以提供各种形式的帮助，如提供风险资本、信用额度、市场信息或产品信息、现成的顾客群体、培训机会和对竞争的规范。少数族裔往往用自己的储蓄，或者家庭和朋友的储蓄，来开办他们的企业。许多团体都采用这种民族团结和援助的模式，取得创业成功。

和女企业家一样，导致有色人种选择企业家这种职业最重要的因素，就他们在公司中受到的歧视与偏见。事实也确实如此：少数族裔雇员遇到或感觉到公司不允许他们进入较高的管理层职位，是引发其产生沮丧的情绪，降低对公司的忠诚的主要原因。因此，缺乏进入公司高层的途径，可能会成为他们选择成为企业家的一个动因。请看下面的例子：

> 罗伯塔在过去 15 年中，一直是一家大型快餐连锁店的高级不动产总经理。大学毕业后，她从最低的管理层干起，凭借自己的才能和努力工作，提升到现在的职位。事实上，罗伯塔对工作如此投入，甚至顾不上个人的生活。
>
> 罗伯塔获得的个人评价一直都是优秀，并且她已被告知，下一个空出来的高层职位将是她的。然而，罗伯塔发现，自己已在目前的岗位上工作了两年，但最近，她的一个白人男同事被提升为首席运营官，而这个职位她原以为该她得到。当她问及为什么她连这个职位的一次面试机会都不曾得到时，她得到的答复是，她的那位同行比她更有经验，与首席执行官的工作关系也更好。罗伯塔被这些评论激怒了。过去的 10 年中，她一手使这家快餐连锁店在东海岸扩张起来，并使它变得很有名气。虽然她也曾因这些成就得到了奖金，但她更希望得到她为之下过那么大工夫的职务。
>
> 罗伯塔开始考虑，凭自己的才干，也许更适合于经营一家自己的公司。整个东海岸有许多需要租用不动产的打折药品连锁店、食品商店和其他零售商店。罗伯塔了解这个领域，并和每个州都有过业务来往。她曾参与多次合同谈判，并喜欢这些谈判带给她的那种刺激感受。罗伯塔开始考虑当一名自由职业的不动产经纪人，并着手寻找实现这一职业的机会。

总的说来，少数族裔企业家的个性特征、面临的需求与关注的问题大体上同其他企业家们相似。但不幸的是，少数族裔企业家还必须面对并克服另外的挑战，包括固有的种族主义和偏见，可能只关注本族裔的顾客群，无法吸引更广大的顾客群体，经营企业的经验和资金来源也可能比较缺乏，以及其他阻碍企业创立和经营成功的因素。现有的和将来的少数族裔企业家要消除这些障碍，就要像女企业家一样加强自立，并联合社会上和教育方面对少数族裔企业家日益增多的支持。必须认识到，少数族裔企业家们不仅在全球经济活力中扮演着重要的角色，而且对整个美国的许多正在成长的社区的经济发展也至关重要。

12.6　选择成为企业家并进行职业生涯管理

我们在本书通篇都强调，对于职业生涯管理，需要有一套系统的、明智的方法。选择成为企业家，尽管确实同选择到一家公司去工作有所不同，但还是应该基于对个人志愿和个性的全面分析,以及对工作环境的条件和期望的详细审视。另外,要根据对个人意愿和对环境条件的评价所得出的信息,来选择确定成为企业家的职业生涯目标,并制定与此相关的职业生涯战略。而在一个人的企业家职业生涯中,还应定期评估关键的期望和目标是否实现了。让我们就这些步骤中的每一步做更仔细的分析。

自我评价 在第 4 章中我们讨论了这样的观点:对于选择与自己的兴趣、价值观和生活方式倾向相宜的职业生涯目标,一个人的自我意识是非常关键的。前面所讨论过的评估手段,如"斯特朗兴趣量表"中划分的不同类别,就指明了其中是否存在企业家的自我概念和相关的主题。例如,埃德加·舍因指出,企业家或创造性职业定位的主要目标是创造出某种新东西,包括克服障碍、管理风险和取得成就等需求。具有这种定位的人就想自由地创办自己的企业,并按自己的方式来进行管理。这种描述与我们在本章开头所说的那种企业家的特点是相似的。

有抱负成为企业家的人不仅要深入认识关于自己的自我概念和心理特征的各种个人问题,还要扪心自问有关企业成功的更基础的问题。下面罗列了一些这样的问题:

- 我的经营想法足够好吗?
- 我是否具备成功所需要的管理技艺?
- 金钱对我有多重要?
- 我能接受自己经营企业的风险吗?
- 我的家庭对我当一名企业家会作出怎样的反应?

企业家的职业生涯和企业本身是联系在一起的,这就要求个人对自己的兴趣、需要和成功机遇的评估,也就是对所经营的企业的兴趣、需要和成功机遇的评估。

评价工作环境 和自我信息收集一样,积累有关工作环境的知识对有志创业者而言有更广泛深远的意义。因而,个人对企业经营环境状况的分析,就变成对自己心目中的公司可能会面临的条件的一个更宽泛的评估。从这个意义上说,个人对其工作环境的评价就代表了对公司各种环境的分析,包括对企业经济和财务状况的预期,人口统计因素的变化,市场偏好,法律法规问题,技术进步以及其他一系列因素。在选择企业家这种职业,以及选择开办哪种类型的企业时,都应把这些对环境进行评价所获得的信息考虑进去。

确定职业生涯目标 那些有志成为企业家的人设定的职业生涯目标应该能反映这种抱负。具有可操作性的企业家职业生涯目标,能反映自己对个人成就和企业成功的期望。这样,个人职业生涯目标便同企业目标结合起来。但是企业家职业的目标也可以是概念性的,反映出创业者的重要价值观,以及从企业家职业经历中获得的内心的快乐。

在许多情况下,企业家要经过曲折的经历才能获得企业的所有权。如同任何职业选择一样,一个人可能需要相对较长的一段时间才能充分认识自己的好恶、兴趣、特别的才干和抱负。并且,企业经营的实际环境可能变化很快,或者要企业家有了多年的经验后才能看清楚。很多成功的商界人士的经验往往反映出这种"实践出真知"的方法。一个例子就是约瑟夫·西格尔,他创办了电视购物公司 QVC 集团、富兰克林铸造厂及其他 20 多家企业。

另一个可以证明企业家职业生涯是"实践出真知"的著名例子是约翰·保罗·琼斯·德约利亚。作为约翰—保罗—米切尔系统公司(John Paul Mitchell Systems Inc.)的(董事会)主席,德约利亚先生是一名成功的企业家。但是他成为位于贝佛利山庄的护发产品和美容品制造商的经历却非同寻常。从 1964 年他从海军退役算起,到 1980 年与人合创约翰—保罗—米切尔系统公司,德约利亚曾干过许多销售工作(不断受聘,又不断被解聘或辞职)。一开始他是为诸如 Savin 和 Time 这样的大公司工作,但每项工作都没能持之以恒,因为他从来没同这两家公司的哪一位经理会晤过。实际上,从 Savin 辞职是因为他不喜欢在打推销电话时打领带。在为这些大公司工作过以后,德约利亚先生又做了一份上门推销的工作,销售诸如人寿保险、百科全书和保健内衣之类的东西。1971 年,德约利亚先生从 Redken 实验室获得一份通过美发沙龙销售香波的工作,但很快就又辞职了。他还曾在许多美容企业里工作,但干的时间都不长。在一家企业,他的提成单都表明他比公司老板赚的钱还多。最终,在 1980 年,德约利亚先生得出结论:他可为之工作的唯一的老板就是他自己。那年,他同一个叫保罗·米切尔的苏格兰美发师创建了约翰—保罗—米切尔系统公司。在一个按自己意志运转的公司里工作,他大展身手。他的公司的销售额连续几年以两位数的速度增长。这家由私人拥有的约翰—保罗—米切尔系统公司,每年仅发廊的零售营业额就达 10 亿美元,该公司生产的产品在 90 种以上。这些产品通过美国国内的 25 家分销商卖到大约 90 000 家发廊和学校。而在全世界范围内,该公司与 75 个国家的分销商合作,给数以千计的发廊提供产品。尽管有多家上市公司以优厚的价格向德约利亚先生提出了收购约翰—保罗—米切尔系统公司的要约,但他就是不卖。他还把触角伸向其他多家成功的风险投资企业,包括夜总会、酒业、能源、汽车专卖店以及宠物用品店。德约利亚先生现已功成名就,享受着成功创业给自己带来的生活方式。经过多年的奋斗和挣扎,他终于在企业家这个职业上实现了个人的成功和满足。

制定职业生涯战略　我们在第 5 章曾谈及的一些职业生涯战略同企业家这种职业并没有直接的关联。比如,形象建设战略和企业政治文化战略对企业家而言可能就是不必要的。更确切地说,企业家的职业生涯战略就应该反映该公司的战略,例如扩大产品的品种,或者是打入别的地域市场。但我们讨论过的其他战略对企业家来说则是适宜的,包括工作能力(这里就是对企业所有者而言)、扩大工作范围、技术的发展和机遇的开发等战略,都和企业家职业相关。另外还有若干属于手段性的战略,包括同其他企业搞好关系、各种筹资战略,以及利用社会关系网络和支持团体的战略。

职业评估　一旦开始从事企业家这种职业,就应进行定期的重新评价。对照所确立的目标和战略来评价其职业成就,可以得出结论:其职业生涯目标和战略不需要任何改变,或稍微做些调整,或必须作出很大程度的改变。对企业家而言,对职业进展方面的反馈可以是快速而且清晰明确的,因为企业经营上的进展同企业家职业的成功是紧密联系的。通常(但不会总是这样),经营的失败意味着没有达到企业家职业生涯的目标,特别是当其职业生涯目标集中在其企业的成就与业绩上时,情况就更是如此。当然,如果职业生涯目标或战略是围绕着获得企业经营的实战经验,或学习如何筹资,则无论企业的成败,在这个过程中付出的时间就是有益的。此外,企业家应评价一下这个职业对其家庭责任的影响(不论是积极的还是消极的)。不论如何,企业家都应定期地重新评价其职业,来确认其重要的需要是否得到了满足。如果没有满足,那就必须予以改变——也许甚至是退出企业家这种职业!

有意思的是,研究表明,企业家和领工薪的企业成员之间,在工作态度和职业业绩上并没有太大的区别。毫不奇怪的是,有研究发现,个体单干户要比组织的雇员更珍惜自主权。为自己打拼的人对工作挑战的满意程度明显高于那些给别人打工的人,这就支持了以下看法:公司不间断地提出需求,从而给企业家们的生活带来了更强烈的激励和活力。不过,企业家和工薪人员之间在以下几个方面并没有什么本质的区别,包括:对工作和生活满意度,对可自由支配时间的满意度,对专业的投入程度,工作的舒适感,对报酬的满足感,对同事的满意感以及与身心相关的抱怨的数量。

总的说来,我们认为,管理企业家这种职业的过程在本质上与管理在组织中的职业的过程是一样的。有志于成为企业家的(以及已经是企业家的)人需要对自己和工作环境有一全面的认识,设定现实可行的、明智的的职业生涯目标,完善职业生涯战略以实现这些目标,并定期对职业进展和自我实现的程度进行重新评估。

小结

过去几十年,全世界范围内对企业家职业的兴趣在爆炸性地增长。由于政治动荡、经济紊乱、企业的重组与规模缩减、雇员对大公司的不满意及许多其他因素,越来越多的人选择创业,做企业家。

本章探讨了关于企业家这种职业的几个问题。早先人们对企业家精神的定义集中在创造性、创新能力和承担风险的倾向等。我们现在把这些方面综合起来,重新给企业家精神下一个定义,即企业家精神促使人们管理自己的企业,为市场提供创新的产品或服务,这个过程要求人们具有个人牺牲精神、创造性和承担风险的意识。

成为一名企业家,就意味着选择从事一种很不同于传统企业岗位的职业。企业家这种职业的标志就在于,个人对企业的成功要作出广泛的承诺,要接受职业发展框架不完善和可预见性低的现实,要不断作出决策并付诸实施,要同时扮演多种角色,要勇于承担风险。正是由于具有这些特点,企业家才会在其工作中遇到很多挑战和激励,也必须面对失去公司的所有权的危险。

对于人们为什么会选择成为企业家这个问题,以往的研究曾经探讨过这种选择究竟是个人的个性的产物,还是环境影响的结果,或者是个性与环境的共同结果。这些个人因素,如追求自主和独立,对成就的需要,内控型人格,对不确定性的承受力,承担风险的倾向,企业家的自我概念,以及各种人口统计因素和背景因素,都对选择企业家这种职业有着积极的影响。当然,许多成功的人士,无论是不是企业家,都具备这些相同的个性。但这些共同特点确实勾勒出一幅相当清晰的企业家的"典型"形象。

除了个性特质外,很多环境条件促使人们选择成为企业家。在本章中我们集中讨论了以下三种因素——失业、工作失意感和有利的经商条件。我们分析了对某种产品或服务的热情,以及对"过桥就业"的需要,怎样强烈地促使人们去开办属于自己的企业。我们也评价了角色榜样或师傅的存在,对人们追求企业家精神有怎样的积极作用。一个成功的企业家角色榜样,不论是父母、亲戚还是社区中的朋友,通常都会鼓励人们努力创业。

创业行为在全美国和全世界的高涨,带动了社会关系网络和同盟、培训和教育计划及网站和出版物的发展。这些手段帮助企业家和有志成为企业家的人,去处理企业所有者面对的挑战,并且为我们期望从企业家这种职业中得到什么,提供一种现实的展望。

与这种大趋势相一致的是,在过去三十年中,女性和少数族裔的创业行为大大增多了。尽管女企业家和少数族裔企业家的个人动机和背景因素与其他企业家总体上相同,但是他(她)们还必须面对并克服许多特殊的挑战,包括人们固有的歧视和偏见、社会教育、文化条件,以及自身能力的欠缺;此外,缺乏资金会阻挠他(她)们成为企业家,对女企业家而言,还要多一个承担家庭义务的角色。

和选择任何职业一样,决定成为一名企业家,应遵从本书介绍的职业生涯管理模式。尤其是企业家职业生涯目标的确定,更应该以对个人兴趣、才干、价值观、意愿以及工作环境的透彻了解为基础。然后,企业家就应着手制定职业生涯战略,以帮助自己实现既定的职业生涯目标。最后,必须定期进行职业再评价,以确保能满足与此相关的需要与期望。

作业

采访一位拥有自己的公司的人。找出使他选择成为企业家的原因。这个人的企业是否成功?他认为这种成功要归因于哪些因素?其人在企业家职业中经历了怎样的压力,收到哪些回报?如果这个人是女性或属于有色人种,她(他)在创办企业的过程中经历了哪些困难?

讨论题

1. 你认为自己作一名企业家会成功并快乐吗?为什么?

2. 你认为存在所谓"典型的"企业家个性吗?为什么?

3. 企业家这种职业和企业中的雇员有何区别?这些区别如何影响企业家确定自己的职业生涯战略?

4. 社会学习和文化条件怎样影响人们对企业家这种职业的选择?父母在这种选择中能起什么作用?

5. 女性企业家和少数族裔企业家在开办企业和经营企业过程中,会面临什么样的特殊职业挑战?女性和有色人种应采取怎样的行动来战胜这些挑战?

6. 现有的企业家和有志成为企业家的人能够获得哪些社会支持?对于全国性的创业现象,各种学院和大学起到了什么作用?

案例

崭露头角的企业家(B)

在第 11 章的结尾我们给出了这个案例的前一部分。请先看完前一部分再看这部分。在前部分的结尾,戴夫见到了 Xtel 公司人力资源部的副总裁,和他讨论了自己在公司未来的晋升机会。戴夫得到的明确信息是：他在 Xtel 公司的职业只是一种候补角色。戴夫认为自己应该改弦易辙了。(请注意，Xtel 是个虚构的名称，请勿与现实中的企业混淆。)

戴夫在读研究生时有一个很要好的同学，后者对开发和推销可用来控制生产操作的软件有兴趣。对于这种软件的前景戴夫早就动了心，特别是在 Xtel 公司看到其潜在的应用前景后，更促使他下了决心。戴夫决定给那位同学打个电话，问问她的研究进展如何。戴夫还向一位有筹资开创企业经验的邻居征求了意见。戴夫和他的伙伴利用晚上和周末来加班，终于完成那个软件，并整理出一个可行的创业计划。他们从当地一家商业银行取得了贷款。找到第一位顾客后，戴夫就有了足够的信心从 Xtel 公司辞职。他带着一种很复杂的感情提出了辞呈。他对 Xtel 公司曾经给予他的财务支持既有感激和忠诚之情，又因在 Xtel 公司供职的后期遭遇而深感不爽。

但不管怎么说，戴夫对于成为一名企业家的前景是充满激情的。他深信他和同伴已经打入了一个利润丰厚的市场。他强烈地希望获得成功，为家人建立起稳固的经济保障。

案例问题分析

1. 鉴于戴夫多年的职业生涯都是在一家大公司里工作，你是否认为：他是如梦方醒，才创办了自己的企业？为什么或为什么不？你认为，他的这种企业家职业生涯，与他原来在组织里的职业生涯相比，会有哪些区别？

2. 戴夫有哪些特质，能帮助他成为成功的企业家？戴夫有什么缺点，会妨碍他作为一名企业家所能取得的成就？

3. 现在戴夫已经开始了他的企业家职业，他应该找哪些人去寻求有关个人方面的和专业上的支持、信息和帮助？

第四篇

工作组织中的职业生涯管理

职业生涯管理（第 4 版）
Career Management

第 **13** 章

人力资源管理系统在职业
生涯管理中的战略作用

几乎所有工商组织都面对着瞬息万变、竞争激烈的市场环境,而为了生存,它们必须具有灵活性和创新性。组织管理中的应变观点认为,公司的指导战略、组织结构、内部制度、管理系统、文化以及领导方式,都应该适应外界环境对公司的要求和挑战,而且还应当符合组织的各种利益相关者的期望。早期的人力资源管理(HRM)系统集中关注的是行为功能,诸如招聘、培训和个人福利。如今,人力资源管理的作用是战略性的,凡是与人力资源有关的计划和创意,都直接与组织的战略计划挂钩,并作为获得竞争优势的手段。的确,企业人力资源战略和经营战略之间的匹配,关系到人力资源实践的效率,劳动生产率的高低,以及企业经营的成败。一些研究发现,那些能将人力资源管理系统和公司战略方向整合在一起的组织,往往能降低员工离职率,提高生产率,改善财务业绩。

因此,人力资源管理系统,包括劳动力计划和人事管理、绩效管理、薪酬体系、职业生涯管理和多样化计划、培训和开发,都应该与公司的战略规划相一致。比如,一家想做大做强的公司要拥有稳定的、合格的、有闯劲并且有才干的人力资源,才能保证公司不断地扩张,其人力资源和职业生涯管理系统就应该反映公司的这一战略。而对于一家正在收缩其业务和规模的公司来说,其人力资源体制和相关的职业发展计划可能就应该更多地注重员工谋职问题,即帮助员工认清自己的兴趣和职业目标,并在他们寻找新工作的过程中给予帮助。

在本章中,我们将探讨一个统一的战略人力资源管理系统模型,说明怎样把职业生涯管理纳入这个系统中,才能改善组织的整体效率。我们还将描述人力资源管理领域的主要功能以及如何使职业生涯管理在这些行为中扎根,提供一些公司利用人力资源管理系统来支持其员工个人职业发展的实例,并讨论公司的人力资源管理系统如何支持组织规划和员工个人发展计划。

13.1　职业生涯管理与战略人力资源管理系统的整合

　　人力资源管理系统代表着组织的如下机制：人力资源需求预测，人员招募、甄选，员工培训、开发、评估、晋升、奖酬和沟通。职业生涯管理和人力资源管理系统的结合或整合要做到使二者相互助益，以适应员工个人和组织的需要。为取得最大的效益，就需运用人力资源管理的全部功能来支持职业生涯管理。很多研究者呼吁：人力资源管理工作者要创造一种模式，它能把职业生涯管理、职业开发、绩效管理过程都纳入公司的人力资源战略格局之中。

　　拉尔夫·克里斯坦森是贺曼公司（Hallmark Cards）前人力资源副总裁，他开发了一个综合模型战略性人力资源管理模型，运用5种基本因素，把职业生涯管理的各种功能组织在起来。如图13.1所示，人才管理的5种基本因素是：劳动力计划与人事管理、学习与发展、绩效管理、雇员关系及组织开发。克里斯坦森指出，多样性是一个贯穿于其他功能之中的重要功能，因此它在图中作为5种主要功能的基础模块。其他基础模块包括各种战略行动和战术行动，这些也是人力资源专业工作必不可少的因素。

　　人力资源管理的这些基本成分已经楔入了组织所采取的更广阔的战略之中。人力资源的战略观点包括一个概念：人才是创造组织的一切价值的发动机。按照这个道理，就需要把人力资源与企业战略直接联系起来，使客户的需要得到满足。因此，企业的人力资源就应该与企业的核心竞争力、愿景、优先事项和目标相联系。同样，企业的愿景和战略要反映企业的环境（如客户、行业竞争者、政府监管以及本地和全球的经济状况），要在

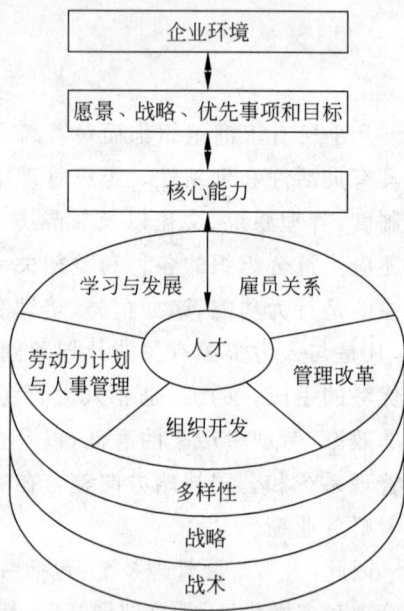

图13.1　战略人力资源模型框架

资料来源：Adapted from Christensen. R. (2006). *Roadmap to strategic HR：Turning a great idea into a business reality*(p. 112). New York：AMACOM.

这些环境中发挥作用。这些成分之间的关系又会受企业内外部各种因素的影响，而人力资源管理人员就需要去理解这个框架，并在其中行动，给企业提供能优化组织业绩的适当人才。事实上，有些学者提出：人力资源管理者应该转移他们的注意力，从关注企业内部的人事需求转为关注外部利益相关者的要求。这种转变就把重点从无的放矢的企业人力资源计划，转移到强调客户投入的人力资源战略上来了。由此，客户的需求，组织的计划，独特的竞争力，这些就决定了企业应该雇用谁，他们又应该怎样发展。正如克里斯坦森所说，"人力资源管理部门所做的一切，都应该致力于撬动人们创造生产率的能力，使企业得

以在市场竞争中获胜。"从这个意义上说,克里斯坦森的模型就是致力于撬动企业的人才资源,以求得竞争优势。

13.2　战略人力资源过程

在下面各部分,我们考虑克里斯坦森模型中的 4 个主要功能:劳动力计划和人员配置,学习和发展,绩效管理,以及雇员关系;这些功能直接关系到个人与组织对职业生涯的管理。表 13.1 把这 4 种主要功能,以及每一种功能涉及的人力资源开发和职业生涯管理的任务,一一作了区分。

表 13.1　战略人力资源管理的功能性任务

功能	劳动力计划和人员配置	学习和发展	绩效管理与报酬	雇员关系
主要的人力资源管理行为	劳动力计划: • 未来劳动力需求 • 人员配置 • 改换工作计划 人事工作: • 招聘 • 高校关系	• 雇员发展 • 后备干部计划 • 定向计划 • 能力开发 • 领导力开发 • 新员工定向	• 绩效目标与评价 • 福利计划 • 人力资源信息系统	• 培训与咨询 • 工作—生活计划 • 雇员士气

劳动力计划与人员配置

这种功能主要是满足组织当前人员配置的需求和未来的计划。这两者都是根据企业的战略作出的估计。劳动力计划和人员配置还包括企业吸引、整合、保留人才的过程。我们将讨论对劳动力计划和人员配置都很重要的几个过程,特别是未来劳动力需求预测、人员配置和转移计划、招聘计划以及与高校的关系。

预测未来人力资源需求　一旦公司确定了自己的战略导向,它就必须对完成该战略预期所需的人力资源的水平和类型作出评估。正如曼纽尔·伦敦(Manuel London)所说,"人力资源计划要求公司去分析员工现有的技术水平,公司未来所需要的技术水平,以及公司内部和外部人才市场是否找到所需的这种劳动力。"如果人才真是创造价值的发动机,那么,发现并雇用到合格的人才,就是人力资源管理战略的精髓。

与人力资源预测有关的因素很多,包括对外部环境的预测(产业发展趋势、人口统计、外部劳动力供给),内部供给的可能性分析(可能的必要技术组合),最后是对未来劳动力的预测。劳动力预测应该包括对空缺岗位数量和类型的分析、技术要求以及缺口分析,这些能指明企业如何从当前对劳动力的需求转变到未来对劳动力的需求。只要确定了劳动力的供给,就能确定所需的培训水平和组织结构的类型,隶属关系也得以明确。

组织在确定所需的人力资源类型时,面对着一个最基本的抉择:是从外部劳务市场甄选(或购买)员工,还是从内部劳务市场开发(或制造)这样的员工。是"购买"还是"制造",其实是每个公司都必须面对的问题。组织在决定外部挑选和内部开发究竟哪种策略更合适时,先要对以下二者进行一番比较:一是从外部劳务市场上得到所需技能的劳动力有多大的可能,是否方便;二是对现有员工进行培训有多大的可能。但必须指出的是,只靠外部或内部劳动力的供给都会产生问题。仅从外部劳务市场招聘员工会减少内部现有员工的机会,会削弱他们对组织的责任感;而仅仅从内部招聘,又会使组织得不到外部的新思想,会限制组织按不同战略方向迅速作出调整的能力。尽管有些专家提出了具体比例的建议(例如,内、外部的比例应该是 4∶1),皮特·卡佩里(Peter Cappelli)还是提出了组织必须回答的几个问题(比如,组织在多长时期内需要人才? 保持现有文化对组织有多重要?),以确定购买人才与培养人才的适当的组合。

人员配置 一旦公司已经认定组织内部没办法完全满足其人力资源需求,那就有必要从外部劳务市场甄选员工。人员配置工作始终被看作组织的一项关键管理职能,因为组织所雇用的员工的质量是决定公司效率的最重要单一因素。事实上就是说,通过人员配置工作,组织可以从外部购买到所需要的竞争能力。

在第 6 章中,我们从劳动者个人的角度讨论了组织甄选和配置人员问题,谈及了诸如面试、招聘以及如何选择工作和组织等问题。而当组织在具体配置人员时,虽然其目的可能各有不同,但很多步骤都是相似的。首先,组织都要通过人力资源预测来确定所需雇用的员工的数量和类型。

所需员工的数量取决于组织预期的扩张程度和相关人力资源的需要,还取决于公司各个层级和职能部门中预计会发生的员工流失率。所需员工的类型则由配齐各项工作所要求的技能水平、工作经验和能力来决定。对最基层人员的能力、经验要求显然不同于对高管人员的要求。

一旦所需人力资源的数量和类型确定了,或是由于内部的工作轮换和员工离职带来了空缺的职位,组织就要在几种雇用途径中作出选择。应届毕业生的招聘、求职人员的毛遂自荐、做广告、找猎头公司、人员岗位分配、公司内网公示、个人推荐或是直接任命,都能使求职者与公司建立联系。

在了解候选人情况之后,人员配置的下一步往往就是进行面试。通常,面试者要先与公司人力资源部的一名代表见面,这是初试。接下来,用工部门就会派一个人或多个人对应聘者进行面试。一旦面试阶段结束,用工部门就要对所有的候选人进行从高到低的评价并作出选择。无论招人的公司规模大小,这些基本步骤都是适用的。

大卫·乌尔里希和戴尔·雷克对外部招聘工作提出了若干需要考虑的关键因素。用人组织应考虑它所需要的工作经验程度。特别是它必须考虑到基层人员和较高层次人员的交替使用的可能性。基层人员往往经验不足,但对于新思想、新方法是"有柔性的";高层人员往往有很多经验,但对新方法的适应度差,比较僵化。乌尔里希和雷克认为,公司应该扩展所需人才的人才库。公司应该特别关注雇用方式的多样化,从而适应全球市场的挑战。认真考虑寻找多样化的候选人,使用多样化的面试方法,人事经理就可在候选人面试时从多种渠道得到各种信息。

除了公司战略规划的影响以外,环境因素以及一般的经营条件也会影响组织在外部劳务市场的招聘工作。有关因素,诸如劳动力的可获得性、人口迁移因素、社会潮流、经济条件、政府的规章制度以及立法行为等,都可能会影响公司所能获得的员工的类型和素质。组织缩小规模和重组也会改变劳务市场的状况,大多数情况下是造成劳动力市场的增大。但同时,这些转岗的员工可能并不具备由新趋势(如技术创新)所产生的新工作所需的技能。因此,对那些希望重新工作并且能得到不错收入的工人们来说,可能就有必要实事求是地进行一番自我评价和接受"再培训"了。

人员调整计划　对人力资源功能以及企业领导力的最大考验之一,就是看当战略上要求改变劳动力(结构)时,雇员是如何被调到不同的工作岗位,或者是如何完全退出公司的。出现诸如经济疲软或人员冗余等因素时,企业就可能有必要缩减规模了。技术变化或企业战略改变也可能要求劳动力具备不同的技术。所有这些形势都会导致组织及其人力资源系统出现资金变化。组织必须作出反应,慎重地对待财务收支和雇员士气问题。

调动工作的形式可以是重新安排人力资源。重新安排的原因有二:一是改进某些雇员的技能或丰富其经验,二是对变化的经济形势作出战略性的反应。在前一种情况下,是调动雇员按计划发展其技能,以增加其资历。比如,有广泛国际业务的公司会让其后备干部到海外进行一两次业务,以获得跨国性的视野。在后一种情况下,则是由于企业内、外部因素导致企业的条件发生变化,而作出的反应。例如,根据战略决策,关闭某一地区的工厂,使另一地区的企业获得更好的外部环境,就需要重新安置(包括迁移)其主要干部。

当企业状况要求组织采取大动作时,组织为了增强竞争力,或许就要减少一些工作岗位或整个单位。从组织的立场来看,要动干部,往往很难作出决策,有些企业就想完全避免由此而来的代价。例如,3M 公司就开展了一项援助服务,即对要调动工作的雇员岗位进行排队,并帮他们做两件事:一是帮助他们学习所要求的职业技能,二是调查摸底,看本公司其他地区或本公司以外有没有其他工作岗位。除此以外,3M 公司还有一个内部网络,登载目前的职位空缺,想调动工作的雇员可以毛遂自荐。IBM 公司和惠普公司为保持传统和发现价值,竭尽全力地解决其雇员流失问题。即使在困难时期,这两家公司也尽力要守住这些信条。尽管 IBM 公司和惠普公司都面临着收缩业务的问题,它们还是使用诸如内部调动、平调或下调、缩短每周工作时间和提前退休等办法,尽量把人员流失降到最低限度。所有组织都必须认识到,重新安排工作和停职都会破坏人的生活,威胁人的自尊。说得更明白一点,毫无必要的或草率计划的人员调动,不仅无效,还会导致工人离心离德、出工不出力。

招聘　第 6 章讨论了很多老板在招聘过程中的那种言过其实的倾向,并指出,求职者由此就会产生不切实际的幻想,而在进入公司后很可能遭到"现实的打击"。这样就会导致员工的不满意和流失。如果招聘中实事求是,则能使求职者对未来的工作和公司有一个全面的、正确的看法,可以减轻现实打击、不满意和流失的程度。下面就说明了如何为员工、为组织创建一种客观的招聘过程。

Vanguard Group 公司是世界上最大的投资管理公司之一。像这样的公司也正在面临着一种挑战,那就是如何保持住一支理解自己的工作、理解公司及其文化、理解公司所处的快速变化的市场的员工队伍。该公司还懂得,大多数外部求职者总是有很多公司在向他们招手,因此,它期望招募者能准确地描述自己公司的工作机会。至于整个招聘的过程——从初步与求职者接触,到发出聘书——都应该是快捷而有效的。

Vanguard公司招募工作成功的关键在于建立了面试小组,这个面试小组要与管理者一起作出招募决策。管理者最后拍板是否雇用应聘者,因此,他要根据所聘职位来组建特定的面试小组。面试小组由对这个职位最为了解的员工组成,他们往往能从多种角度提出自己对此工作的见解。候选人被介绍与面试小组见面,并被鼓励通过这个小组来学习与工作有关的知识。经验表明,求职的候选人从面试小组学到很多知识,这些知识从负责招聘的管理者一个人那里是学不到的。而面试小组对候选人也就有了更多的了解,知道了这个人是否符合有关岗位的要求;从更宽泛的角度讲,了解他是否与公司文化相契合。这个招募过程使得负责招聘的管理者能够在听取了面试小组的意见之后,迅速作出是否招聘的决定。Vanguard公司相信这一过程是有效率的,能抢在竞争对手之前,将那些最优秀的员工网罗旗下。

案例式面试和行为事件面试这两种方法的特点是试图创造一种客观的情境,要求候选人作出相应的回答。而候选人回答的内容及所体现的创造性、推理能力和常识,也就告诉了招聘者,这个候选人将来在既定工作环境中会有什么表现。诸如摩根公司和微软公司这样的公司,都以招聘时出题古怪而著称。微软公司两个最为著名的问题是"密西西比河每日的水流量为多少"和"美国一共有多少个网球"。这些问题往往与其他与工作情境有关的问题混在一起,比如"客户想如此这般去做……你该怎么办",由此来考察应聘者的反应如何。

乍一看这些面试的技巧,可能首先使人感到,它主要是为了使雇用者而不是应聘者多获得一些信息。然而,这些技巧,尤其是行为事件面试法,也给应聘者提供了一个展示自己价值观的机会,同时还使应聘者能够对该公司的文化和价值观加深理解。像上面所给出的例子中的情况可以使应聘者自问以下一些问题:自己所应聘的职位将面对什么样的客户;公司怎样去保持顾客的满意;最后还能了解到,为了向同一类顾客提供服务,公司内部各部门间(比如客户服务部、会计部和信贷部)的职能是如何交叉的。这些信息可以厘清公司和客户之间的关系,为这位候选人提供一个框架,使其能够作出自己是否适于在该公司工作的决策。

此外,组织可以鼓励员工向朋友、家人和亲戚介绍所要应聘岗位的情况。员工推荐是招聘新员工特别成功的方式,因为员工往往都了解公司的工作、部门和工作团队。人们当然会信任和理解朋友或同事所说的关于未来工作机会的话。公司也会从中受益,因为员工推荐大多会为公司提供有干劲的、适合公司环境的人才。如果只使用员工介绍这一种方式,其缺陷就是不同员工可能提供对组织和工作的不同认识理解,而且这些信息只能传达到少数团体的少数人。

要对候选人作出实事求是的招聘,尽管可以使用多种技术,但首要的目的在于给出关于公司和公示岗位的准确信息。有研究表明,实事求是的招聘有助于维护组织的吸引力、负责的态度和留住员工。向候选人和雇员提供有关工作和职业的客观信息,对于把个人的需要和组织的需要结合起来,不失为一种积极的方法。

与高校合作和先期社会化 第6章和第7章中描述了个人进入工作组织以及融入新的工作角色的过程。其中说到,新来者甚至在成为组织的全职职工之前,就开始先期社会化了。在这一阶段,他的价值观和才能被认识清楚,对自己的期望也同时形成。这一阶段的主要任务之一，就是员工对自己所选择的职业领域，更广义地说是对工作的世界，要形成正确的、现实的预期；另外，先期社会化的做法还能够帮助公司获得一种积极的招聘形象，并确保形成一个由新来者组成的人才库。最广为人知的先期社会化计划——合作实习教育体验——使公司与高校建立联系，让未来的雇员有机会去检验未来的雇主。

有几家大公司，包括 Aetna 伤亡事故保险公司、全美保险公司、波音公司、柯达公司、惠普公司和宝洁公司，都规定了实习期，以求做到更有效的招聘和人事管理。惠普公司每年要从各地雇用 500～700 人，提供医疗福利和搬迁补助。宝洁公司也有实习期而且竞争很激烈，但宝洁的长处就在于在实习期就提供这些福利，因为该公司坚信从公司内部来提升员工。

带薪实习则是另一种方式，用来帮助新来者完成从学校向工作单位的转变。爵硕大学(Drexel)的带薪实习计划是美国最大、也最为成功的项目，下面予以简要介绍：

爵硕大学的带薪实习课程为学生们提供了将课堂上学到的理论与实际工作经验结合起来的机会。爵硕大学把这种独特的学习经历称为"联合机会优势"。爵硕大学从 1919 年就开始实施这项计划。学生们要在他们的实习岗位上工作 6 个月，再到学校上 6 个月的课程。爵硕大学大多数的学位都要求有这种带薪实习学位的经历。

爵硕大学的毕业生参加工作时，就已经具备了本专业范围内 3 个不同工作岗位的经验，这样就使他们熟悉工作面试的内容，而且往往刚一上班，工资就比较高。爵硕大学的学生已经在 12 个国家、27 个州、1500 家公司中工作。每年爵硕大学都有 9500 名学生报名参加带薪实习计划。在 Steinbright 职业发展中心(SCDC)的专业人员的有效管理下，每年都有 4000 多名学生被安排到各大公司去实习。参加这项合作的大公司包括康卡斯特公司(Comcast)、史克公司(SmithKline)、强生公司、洛克希德·马丁公司、PECO 能源公司以及杜邦公司。

这种带薪实习项目用来帮助学生形成更强烈的责任感、成熟和自信，并能使学生更好地理解他人，并且对自己的专业学习作出更为认真的评价，对未来工作的考虑更加实用、现实。学生们被派去承担这种合作式的工作，从而获得经验，他们或者会坚定自己原本的职业选择，或者选择转而学习其他专业。很多学生在从爵硕大学毕业后又回到了原来的实习公司就业。

这些公司也都从与高校的联合中获益。合作教育和实习使公司在考虑需要哪些全职员工时，手头就有现成的人力来源。这些学生已经接触了公司的文化，对公司的设施和设备也都很熟悉，并在某一具体的职能领域接受过培训。先期社会化对那些新手来说也有好处。一般地，无论是即将毕业的本科生，还是新的本科生，都有机会由此加深对自己、对自己选择的职业领域和工作的整体了解。而有了实习和当学徒的经历，也就学到了、练习了、增强了具体的技能，包括技术上的(比如市场研究)和人际关系上的(比如如何在一个团体中工作)的技能。总的来说，诸如此类的先期社会化的项目会帮助有关各方去实现自己的理想职业生涯目标。

学习与开发

人力资源专家们花了大量时间，来研究雇员学习与发展项目中的各种规定。正常情况下,公司对人才的需要是随着公司发展和变化而变化的。克里斯坦森建议说:很多专业技能的"保质期"大约都是 3～5 年。因此,对各个组织来说,最重要的是建立学习和发展的流程,以持续地更新他们的劳动力。这种流程有几个重要的环节,包括雇员发展、后备计划、导向计划、能力开发计划和领导力培训。雇员发展与能力开发不同,前者需要雇员和组织共同努力,才能提高雇员的知识技能和能力。成功的雇员发展计划要求使个人的职业生涯需要与个人目标、与组织对做好工作的需求这三者之间实现均衡。而能力开发则要通过系统收集、分析各种数据,以确定在组织的工作岗位或工作角色上,需要什么样的、与众不同的特质。能力开发对于组织的雇用过程来说具有更宽广的含义,而雇员发展只是指雇员职业生涯的问题。

雇员发展   组织是通过发展其人力资源,使雇员达到更高水平的能力,来支持其经营战略的。在这个意义上说,就要把公司当前的人事管理看作一种重要的资源,一种为维持组织的增长所必需的资源。组织要对其雇员的发展进行投资,这样才能得到为实现其目标所需的人才和技能组合。

雇员发展可以分成两大类型:一是教育与培训,二是工作经验。教育和培训项目一般都是正式组织的活动,可以在工作现场或组织的外部开展。为了给雇员补充其岗位技能,这时往往就需要"公司大学"来提高组织的人力资源的能力。而当企业提供了学费补偿时,某种大学培训的模式就产生了。这个大学必须根据雇员的选择来接受他们入学,而雇员也必须学完所要求的学分,才能毕业。在某些情况下,雇员的作业可以通过远程教育技术(如互联网、邮件和录像)来完成。

另一种方式是提供教育门户网站来培训雇员。公司与传统的高校或培训机构联合,提供高校在线课程。通过与高校的联合,公司可以创办自己的网站(教育网),给学生提供一个虚拟校园,标出公司的徽标以及有关信息。这种公司大学的"提供由高校、企业培训供应商以及公司自己的培训教师共同设计的无缝链接课程"。最后,公司大学还可依照"定制培训",提供由高校和公司联手,开发出具体的、针对公司发展需要的远程学习课程。在这种情况下,企业可以指导高校,哪些标准课程体系可提供以给学生,哪些课程需要增添适应人才和学习要求的内容。此外,这种合作还使公司能把自己的内容和信息编进学习材料之中。列入《财富》500 强的公司中,有 80% 已经有了公司大学,或者正计划创办公司大学;全世界大约有 2400 所公司大学,估计到 2010 年,这一数字将达到 3700 所。下面两个例子是摩托罗拉公司和波音公司的公司大学的情况。

> 摩托罗拉公司把教育看作雇员的一项权利,也是一份责任,摩托罗拉的每个雇员都必须完成每年至少 40 小时的培训。培训通常在摩托罗拉大学(MU)进行,这所学校可能是全世界最著名、最具标杆性的公司大学了。摩托罗拉的雇员和客户都去MU 听课。这些年来,MU 扩大了其教学内容:最初只有一些职能课程,包括工程、制造、销售和营销等课程。在上述每个领域内又细分为关系技术、工艺技术、经营技术等课程。MU 还为各个班级准备了补充读物和数学课程。这所大学通过传授重要的文化价值观和哲学思想,如承担风险和团队合作,意在使雇员得到恰当的社会化。
>
> MU 还是第一批把虚拟场景引入制造业培训的单位之一。特别是 MU 采用虚拟的制采业实验室,用模拟设备而不是真实设备来培训流水线工人。在摩托罗拉公

司的任何地盘里，只要通过公司的内部网，插入光盘，就可以使用这种实验室。今天，摩托罗拉身处全球环境之中，雇员需要改善语言技能。而 MU 提供的语言培训不仅面向雇员，而且面向这些雇员的配偶及其家人。这都是为了给学习者一个练习所学技能的机会。

波音公司通过其"领导力中心"为其雇员提供教育。波音项目的一大组成部分针对的是管理人员的学习。新提拔的管理人员必须在 30 天内完成网上课程。这种培训包括以下课题：公司各项政策及实施程序，发现可获得的资源，懂得受托责任。初级管理人员要花一周时间在当地培训点学习绩效管理，评价组织战略与组织结构，学习本州、本地区行业管理的法律法规。波音公司有一支巨大的管理队伍，有 2000 多名执行经理，24000 多名经理，这些人都要在学习中心注册登记。公司要求他们在其职业生涯的 5 个特殊转折点上，学习领导力核心课程。这 5 个转折点是：第一次被任命为经理人员时，成为经理人员的经理时，准备担任行政责任时，从成为执行经理的第一天起，当估计自己将要承担领导全球业务的挑战时。波音公司评价该"领导力中心"成功与否的主要手段，是每年对雇员进行一次问卷调查。

除了提高员工的技能水平以外，这些公司还将其大学视为一个人力资源库和留住最优秀毕业生的方法。虽然这项投资不菲，但是在这些公司看来，这些钱花的值得。

组织开发员工能力的另一个途径是在工作中学习。即使公司斥巨资开展正式的培训项目，其实大多数开发和学习都是通过工作实践才能得到的。研究者建议，要想"持之以恒地"学习，就必须不断进行培训，并且应该为员工提供实践和强化的机会。在工作中学习不仅能够创造这种学习氛围，而且在成本上较为低廉。有研究提出：企业中广泛推行工作现场培训项目，可提高工资和生产率增速。而事实上，针对大专学历雇员的工作现场培训的投资回报率高于 80%，这种培训可以轻而易举地在各个雇主和行业之间推开。

对组织来说，在工作中学习是促使员工为将来做好准备的一个关键途径。通过安排不同的任务和多种职能的工作经历，公司能获得一个稳定的、训练有素的员工供给，这些员工了解自己的公司，并理解公司的关键战略问题。有效的组织会把学习机会与所有的公司职能和工作经验整合到一起，并把在职学习纳入每名管理者的日常工作之中。俗话说，经验是无可替代的。那些在某一工作岗位或是职能部门做过比较长时间的员工往往就是有价值的员工，因为他们对于这个职位的各个方面都有透彻的了解。这些员工有可能成为内部咨询专家或师傅，公司应该让他们把经验教给那些低级员工。有人建议，对那些在支持性职能部门——如财务、人力资源、信息技术、采购等部门——工作的人们，也应该尽力使之成为内部咨询人员。他们往往拥有技术专长，可以分享给初级雇员——帮助这些新手熟悉情况，同时使老资格雇员得以展示其不易显露的管理技能。通过这种方式，就实现了信息共享和组织内部的学习，而且员工和组织各方都获得了好处。

员工在职业早期的几年中，能够从工作的挑战和机会中体验若干不同的岗位，并从中受益。通过这些工作挑战和轮岗的机会，员工就有了一些基本经验，并学到广泛的工作技能，这些都对员工以后的事业成功具有积极影响。航空化学品公司（Air Products and Chemicals, Inc.）也在员工的就业早期，采用各种创新的方法，来鼓励员工进行工作轮岗。新员工被安排具有挑战性的工作，以促进他们个人和职业的发展。

航空化学品公司从成立之初开始,就鼓励新来的大学毕业生积极地制定自己的职业发展计划。这一经营哲学是在1959年制定职业开发项目(CDP)时形成的。该项目的内容是,让那些学习财务、营销、工程、化学或是信息技术的本科生和研究生,填报自己当前的职业发展目标,同时对未来的挑战和机会做好准备。CDP的特点在于工作内容既多样化有具有灵活性,还从员工一上班起,就为他们提供一种环境,使之能真正朝自己的职业方向努力。该项目的长期目标是帮助参与者明确和培育职业技能、职业兴趣和发展潜力,并且持之以恒,以实现员工个人和本公司的最大利益。

CDP不是一个结构刻板的培训项目。相反,它为新员工提供获得实际工作经验的机会,使员工能够从各个角度理解公司的经营活动和经营目标。参加者在入职后的前两到三年里,通过借助3次轮岗,每次10~12个月,来发展自己的技能。每个人都要在能够影响自己职业生涯的道路上积极主动地工作。各种职位的设计是使每个人都能参与公司的各种活动,同时还提高了各个管理层的透明度,使他们一目了然。个人又可以根据自己的介入程度和时间长短,灵活选择具体领域和工位顺序。可供选择的工作领域包括工程、研究、营销、制造、信息技术、财务、审计和采购等。

雇员最开始的工作安排通常是根据其所学专业和经历来确定的,但也要看公司有无提供这种工作的可能。公司在新员工熟悉了产品之后,就鼓励其与职业发展计划监督者、同一项目中的同事、管理人员一起讨论,看自己将来适合在哪些领域进行创造性的、探索性的工作。人们对什么有了兴趣,就会寻求新的挑战,就会积极主动地设计自己的职业道路。这样,员工在转入长期职位之前,通常已经完成在CDP的三种工作任务。

航空化学品公司的很多前任和现任执行总裁,包括现任首席执行官约翰·麦克格雷德,都是通过职业发展计划而进入该公司的。职业发展计划的最终目的是使个人的长期职业计划与其在公司中得到的机会之间保持一致。航空化学品公司通过CDP这种项目,鼓励员工追求一种积极主动的、富于企业家精神的职业计划。

接班计划 管理有方的公司都认识到,在企业的生命周期中,他们要定期更换执行经理和其他经理人员。自愿和非自愿的离职,退休和患病或残疾,都会迫使组织未雨绸缪,用合格人选来填补空缺岗位。接班计划是指企业为选拔、培养未来的领导,使之代替现任领导所做的各项工作。

发现高潜质的、可以担负更大责任的雇员,是一个复杂的过程。有研究表明,一个人要能被认为将来适于上升到更高的位置,最低限度也要具备以下素质。反之,如果不具备这些特点,可能就意味着他有"致命的缺点";如果不改,就将被排除出去,不能进入领导岗位。这些"高潜质"特点包括:

- 从错误中学习的能力
- 发展新技能的能力
- 人际关系能力
- 接受新思想
- 勇于负责
- 具有开创能力

在选择高潜质雇员时,组织还应考虑领导力的其他因素,包括:

- 领导改革的能力
- 优异的沟通技能
- 是训练有素的专家
- 工作努力并讲求结果
- 为人正直,道德良好
- 冒险精神适度

接班计划有若干种,但人力资源管理中使用最普遍的是 4 种模式,或者是单独模式,或者是组合模式。首先,企业可以提供轮岗,给高潜质雇员提供学习各种岗位与职务技能的机会。雇员可以转换到不同的职能部门(如制造部、财务部、后勤部)以使自己了解公司内每个部门是如何运转的,以及如何与其他部门相互作用。在销售部和市场部的轮岗可以使高潜质雇员学会如何与客户打交道。通过轮岗来培养经验,使高潜质雇员能从更宽广的视野来看待本企业,还能给他们带来解决将来的问题的信心。

人力资源管理使用的另一种模式,是划出一个"特殊人才池",从中选拔未来的领导人。这种方法能鼓励高潜质的雇员更宽广地发展他的技能,包括受命领导跨职能的团队,承担难干的岗位工作,使用最新技术,利用关键网络机会的优势。人才池模型的长处在于招募和发展高潜质的雇员,而"耐心待命"式的升迁方法,对有望晋升的雇员则可能比较问题。高潜质的雇员可能会离职,投向其他公司的岗位,或者其他公司会到人才池来挖人。但无论如何,像洛克希德·马丁这样的公司就制定了领导力培训计划(在沟通、工程技术、财务、人力资源、信息系统和运营等方面),以鼓励高潜质量雇员成为他们的资源库的一员。

接班计划的另一种方法,是在有需要、有可能时,从市场上购买人才。这种模式是很划算的,因为有整个市场可供搜索,寻找所需要的技术组合[人才]。而在企业内部要找到正好合适的人才,特别是在发生经营战略转移时,可能就比较困难。当然了,从组织外部去雇用人手,也会有风险。第一,如果公司总是购买人才,高潜质的雇员就会觉得自己永远没希望晋升到高级职务了。而且,有些人建议,企业从外部市场购买人才时要"小心上当"。通常情况下,新从外面雇来的高潜质雇员需要克服陡峭的学习曲线,这条曲线可能会延误他们对组织的全面贡献;尤其是在公司的文化和工作道德与新来者的预期不相符合时,这种延误就更加严重。有些时候,新受雇者并不像他们自称的那样,这样,在付出一大笔投资以后,公司开始发现自己并没有雇到想要的那种雇员。即使有可能上这种当,"购买人才"的模式仍不失为一种好的接班办法;但购买的前提是应该先对[现有的]雇员做一次彻底的"摸底"。

最后一种接班计划的模式,是乔恩·布里斯科与布鲁克林·德尔(Jon Briscoe and Brooklyn Derr)所称的那种"越小越好"的方式。这种方式也强调上述轮岗模式和人才池模式,但这个"池"的规模要大大地缩小,才能更好地进行选择。这种模式强调的是,只有那些高潜质雇员既有才干,又愿意且有兴趣在公司长期干下去,足以作出领导性的贡献,才会考虑给予进一步提拔。很显然,只要与高潜质雇员做一番深谈,做一番透彻的分析,就能发现他有没有这种兴趣。尽管这种模式的缺点是要冒"所有鸡蛋都放在一个筐里"的风险,但它能摸出雇员承诺的水平,这一点还是很重要的。

　　总之,接班计划是人力资源管理的一项至关重要的责任。通过对高潜质雇员的充分"摸底",企业就能做好准备,一俟培养成熟,就能把他们安排到领导岗位上去。组织在接班计划上花费的投资,对长期稳定增长是至关重要的。

　　入职教育　即使组织在招聘时采取的是客观的做法,新员工进入组织后也必须调整自己以适应新的环境。而入职教育不仅能够在一般意义上帮助新员工融入工作环境,还能解决新员工在组织中经历的一些具体问题。下面就是对位于佛罗里达州奥兰多市的沃尔特·迪斯尼世界的著名而且成文的入职教育项目的简要描述。

　　　对于一个像迪斯尼这样的公司,其员工与顾客是之间有着广泛接触,因此首当其冲的要求是员工必须有知识,彬彬有礼,愿意随时为顾客提供服务。为了保证使新员工正确地融于这种组织文化,迪斯尼公司要实施为期 3 天的入职教育指导项目。这个入职教育被称为"传统"。员工在迪斯尼世界工作的第一天,就必须参加一个全天会议,会上要介绍迪斯尼发展的历史。会议强调迪斯尼文化的四大价值理念——安全、礼貌、展示和效率。所有的员工都得到教导,他们的角色是为顾客服务,在参观乐园时要注意观察老员工是如何为顾客服务的。并且要把服务标准向他们介绍、展示,以帮助他们懂得该怎样做。入职教育的第二天,员工要听一个报告,讲的是各种支持系统、政策和程序的问题,重点是安全问题和福利问题。第三天要参加一个"在岗培训"。接下来再用 2 天到 2 周的时间,让新员工与老员工结成对子,由老员工带着新员工体验有关其具体岗位的一系列经历。老员工协助主管起"助教"的作用,给新员工做示范,同时还为新员工提供指点、反馈和强化所需的知识,帮助新员工学会怎样工作,并接受迪斯尼的工作理念。

　　　一旦被培训者开始工作,他们就有资格去培训别人了。其中一个例子是教别人遵守那个"传统"。这样就给员工提供了各种机会,去练习如何对待顾客、如何与团队合作和成为合格的转岗者的技能。在沃尔特·迪斯尼乐园,大约 70% 的职位都是从内部员工晋升的。迪斯尼公司把这种从内部员工晋升的能力归功于其强有力的入职教育项目,归功于其员工对迪斯尼文化的归属感。迪斯尼文化中最为重要的因素就是团队合作、领导力和计划性。

　　对员工培训有着具体需求的企业,还能够从设计良好的入职教育项目中受益。总部设在美国费城的爱玛克公司(ARAMARK),是世界上提供管理服务的领军公司,雇员 25 万多人,为全世界 19 个国家的客户提供服务。爱玛克公司人力资源部门的新雇员入职教育,提供了把人力资源管理业务与公司其他所有业务整合在一起的范例。具体见下述情况:

　　　接受培训者一般为新入职的本科生,并考虑其一般智力及对人力资源的兴趣和基本知识。培训计划的第一部分主要介绍企业的总体情况。培训时间一个月,使新雇员了解爱玛克公司及下属各单位的具体情况。培训过程包括:参加由公司各直线职能部门人力资源副总裁组织的见面会,现场参观各部门以学习人力资源部门如何开展本部及与各部门的工作。

　　　计划的第二部分主要围绕人力资源部门本身的具体职能。在第一个月初步了解了爱玛克公司以后，新的人力资源代表就被分配给公司总部某一职能部门的人力资源副总裁。这就使他可以从事该部门的日常工作，有机会去完成那些高关注度的工作，有机会直接与上级经理共事。在此期间，新的人力资源代表主要是学习各部门的人事政策、政策流程、培训与开发、绩效管理及处理与雇员的关系。

要想把入职教育搞成功，首要的任务是弄清楚新员工所需要的是哪些具体的信息、技能和支持。迪斯尼公司和爱玛克公司的入职教育就把主要力量放在准确地界定公司的宗旨（为客户提供卓越的服务——迪斯尼，人力资源代表的职能——爱玛克），以及确定如何将其最充分地传递给员工的方法。这些入职教育方法说明，应该如何从顾客出发，来改进被培训者对组织核心价值观和经营模式的理解。

能力开发　第 7 章讨论了学习是如何促进人力开发和职业进步的。很多人都认为，职业进步是员工自己的责任，如果员工增长了自己的知识，在职业上就会进步。组织如果成为"知识创造者"，就可以帮助员工；而组织必须"尽其所能为员工提供信息和知识，把他们的人力资源开发出来"，才能成为"知识创造者"。在战略能力开发上，既要重视得到什么（结果），也要重视如何实现战略目标（能力、行为和技能）。这种同等强调的做法提高了对整体业绩的要求。普莱克斯公司（Praxair）就是企业利用自己的能力来发展人事工作的一个例子。

　　普莱克斯公司是一家工业汽油／瓦斯公司，在全世界有 28000 名雇员，为 30 多个国家的客户服务。普莱克斯公司相信，这些能力提高了公司的沟通本领，能了解某项具体工作中除基本技能以外的各种要求。这些能力还被用作全球其他人力系统和过程的共同基础，包括选人、绩效管理、教育和开发，以及接班计划的流程。这些能力也被用于岗位描述和雇员选择程序。

　　该企业把基本能力和职能能力区分开来。基本能力的标准在普莱克斯公司的全球多数分支机构都一致：技术运用能力、强有力的工作道德、高质量服务被认为是基本能力。职能能力则与之相反，因为工作水平和地理位置都不同。基本能力和职能能力都被反映在绩效发展计划之中。该企业认识到，这种能力的定义会因文化不同而相差悬殊，当把美国本土的能力标准运用于其他文化时，就必须作出相当敏感的调整。

这种一致性的发展案例厘清了组织要寻求的过程，以使它们能持续地发展自己的劳动力。就像普莱克斯公司的案例所表明的，各种组织都可以增强其劳动力的基本能力和职能能力，而这些能力又能通过把合适的雇员放在合适的岗位上，并长期支持雇员实现其职业生涯目标，来提高其工作绩效。企业对雇员发展、接班计划、入职教育和能力开发过程等方面进行投资，从而使他们在人事方面的财务投资得以保值。

领导力辅导　无论是营利性组织还是非营利性组织，在 21 世纪都要更严重依赖团队和网络，而且是"辅导文化与委托文化取代了……命令、控制和人分九等"的结构。曼弗雷德·凯茨·弗里斯（Manfred Kets de Vries）提出建议："每个自我尊重的执行官现在都需要找人辅导。"辅导能使领导人有效地发挥其职能，开发领导者的情商和沟通技能。目前对领导力的辅导过程尚缺乏比较系统的研究，而早期研究所关注的主要还是纠正管理人员和执行经理已经认识到的缺点。近来的研究则拓宽了视野,把诸如怎样促进学习、如何取得最佳绩效等其他问题也纳入了领导力辅导的研究范围。

辅导不仅对执行官或高级管理者很重要,而且对一线管理人员也很重要。辅导工作除了提高领导者的业绩以外,还可以提高领导的持续性。很多结果都假定,带同情心的辅导能促进领导者的康复和成长,抵消领导角色的压力所带来的负面效果。也要设计出对雇员的最佳辅导,给他们提供搞好工作的技能、资源和支持。辅导的目的在于帮助人们成功地达到其绩效目标,以及专业或职业生涯的目标。有效的辅导可以覆盖(业绩管理和职业生涯管理方面的)评价和目标确定、行动计划和执行、过程改进等方面。正是由于具有这种积极结果,领导力辅导会继续成为一项关键的发展行为,特别是当企业需要提供更大的职业生涯机会来保留高绩效的雇员时。

总而言之,组织在雇员发展、接班计划、入职教育、能力开发和领导力发展等方面进行投资,可以使组织花在人事方面的投资得以保值,组织的业绩得以优化。

绩效管理与报酬

各个组织在选择、招聘、开发其雇员以后,就必须建立有效的管理雇员绩效的过程。绩效管理对确保组织实现其目标和结果是至关重要的。实行绩效管理,不仅要使它在薪酬制度和正式的认可制度中扎根,还包括根据组织的战略目标对个人绩效进行评价。本小节要介绍的内容包括绩效目标及其衡量尺度,福利计划,以及人力资源信息系统。

绩效目标和衡量尺度 克里斯坦森(Chrisenson)主张:为使人力资源职能成为组织战略的一部分,就需要转变管理重点,减轻薪酬管理的分量,转而重点关注如何影响雇员,使他们按照符合个人及组织所希望的目标去努力工作。绩效管理制度要全部重新设计,达到:(1)把个人目标与组织的目标统一起来;(2)使个人的绩效与组织的业绩相一致;(3)深入了解需要如何对绩效和目标进行调整;(4)在个人发展计划上要有关键的投入。克里斯坦森为了说明下一步应该对个人、集体和组织这三种层次采取哪些行动,提出了一个(针对贺曼公司)的"全面绩效管理系统",具体见表13.2。

个人绩效管理实践的一个例子是全方位反馈(360 degree feedback)。所有的员工,不论哪一级,都需要反馈,这样他们才能自行监督并改进工作绩效。尽管这种绩效反馈的要求在员工的职业早期特别关键,其实它在职业生涯的所有阶段都是很重要的。现在流行的是多种渠道的评价体系,也就是众所周知的全方位反馈。作为一种发展手段,全方位反馈要求从各方面,即某人周围的人那里收集(某人的)绩效信息,这些周围的人包括合作者、顾客、领导、下属和工作团队的同事。如果实施得当,全方位反馈系统将给出对某人的充分评价,包括其关键能力、具体行为和技能、总体绩效以及需要进一步发展的领域。

像英国石油公司(BP Amoco)、联讯公司(Allied Signal)和福特公司这样的公司,都在使用360度反馈系统,帮助实现组织的战略目标和组织变革的工作。多种渠道的反馈会从以下几个方面为组织绩效提供支持。首先,反馈可以帮助公司确定,要实现经营目标就必须具备什么样的技能和能力。其次,从那些最接近员工的人们那里获得的反馈,使得员工能够对自己的优势和劣势有一个清楚的认识。最后,可以根据反馈结果来开展培训项目和发展机会,从而使员工能够提高组织所需要的技能,并在工作之中运用这种技能,从而实现自己的进步。

表 13.2　全面绩效管理系统

	确定绩效预期	绩效管理	绩效认可
公司	• 把公司的愿景和战略量化为考核指标 • 确定目标与考核标准 • 对预期展开讨论	• 跟踪结果,持续地提供反馈,根据组织的绩效作出再调整	• 全公司激励机制 • 高级管理层激励(短期与长期)
集体	• 把组织的愿景与战略量化为考核指标 • 确定目标 • 分配、整合工作任务(以管理团队为单位) • 对预期展开讨论	• 跟踪结果,持续地提供反馈,根据集体的绩效作出再调整 • 持续地公布集体的绩效	• 管理层激励 • 集体激励
个人	• 协商预期和结果,并达成一致 • 发展计划	• 持续对话与辅导(公开、诚恳,双向进行) • 正式评议,至少半年一次	• 加薪 • 个人激励 • 现场奖励 • 庆功会 • 表扬

资料来源：Adepted from Christenson, R. (2006). *Roadmap to strategic HR：Turning a great idea into a business reality*. New York：AMACOM.

这种全方位反馈系统可以改进领导者的绩效,提高其下属人员的责任心和满足感,减少他们的离职率。如果对人们现在从事的工作缺乏有用的绩效反馈,那就不可能制定一个实事求是的职业目标。由此看来,针对某一具体工作行为进行定期培训,并对完成工作的情况使用全方位反馈系统所提供的更为定量化的指标来衡量,就可以改进目前的绩效水平,并为未来的职业发展奠定坚实的基础。

福利计划　除了正式工资或薪金以外,雇员的福利还包括其他多种形式,都是为了增进雇员的安全感和幸福感。额外福利可以包括但不限于雇主提供的(或雇主支付的)住房、集体保险(如健康保险、牙病保险、眼病保险、人寿保险)、处方药计划、残疾人收入保护、退休金福利、儿童医疗福利、学费偿付、病退、度假(带薪或不带薪)以及利润分享。其他特别福利可能还包括搬迁、收养补助、交通补贴以及保健项目。

在组织提供的职业生涯管理的一揽子福利中,另一种重要的项目是退休前咨询。我们在第 8 章讨论过,退休的前景会如何挑起即将作出退休决定的人们的一系列情绪。很多人并不知道自己退休后会是什么样子,可能就会错误地为退休后的财务需求、感情需求做准备。由于 20 年后将有大批退休者来自"婴儿潮"那一代人,各种组织就很可能需要提供退休前计划,来应付这支雇员大军。

西摩·拉罗克(Seymour LaRock)提出了一组问题,都是在制定退休前咨询计划时或评价当前项目是否适当时,必须回答的问题。要回答的问题如下：

• 谁应该参加退休前计划?

• 该计划的范围应该有多大? 它是对特殊群体在退休前的一次性激励吗? 或者它

是公司对资深雇员的一项持续性计划?

- 应该由谁来制定、提出这项计划?是公司的人事部门还是外部顾问?
- 谁应该参加这项计划?应该请多大岁数的雇员参加?这种邀请应该包括该雇员的配偶吗?要不要按加入工会的雇员、领固定工资的雇员或者按小时计酬的雇员,分门别类地制定这种计划?

拉罗克建议说,退休前计划的核心因素应当包括下列几个专题:

- 公司提供哪些退休福利
- 社会保障福利和医疗保健福利
- 退休后由公司提供的保健和(如果可能的)人寿保险福利
- 财务计划

这些讨论可以由来自雇主的人力资源部门的专家来主持,并提供关于雇主自己的计划的信息。然而,也还有必要请外部专家对更具体的问题作介绍。在很多社区,还可以请地方社会保障官员的代表来回答这些雇员群体的问题。在其他情况下,可能就要请律师来讨论类似个人遗嘱和房地产计划等问题了;或者可请保险公司的代表来主持讨论人寿保险、健康保险等问题。小企业雇主也许会希望使用美国退休者联合会(AARP)的格式文本。在高等院校和非营利组织中,也有一系列退休前计划的材料,这些材料可从教工保险及年金协会(TIAA-CREF)获取。

退休前计划所包括的其他问题有退休心理调整、保持健康的生活方式、利用闲暇时间去旅游或接受教育等。关于分阶段退休和就业桥(如我们在第8章讨论的)的问题也可讨论。就像我们以前讨论的人力资源管理的其他做法一样,退休前计划项目必须建立在对员工的需要及所关心问题作出评价的基础之上。对于某个员工而言最为重要的问题,可能对另一个员工并不特别重要。退休前计划项目不仅能帮助员工比较容易地实现从工作到退休的转变,而且还会影响到员工是提前还是延缓退休的决定。你可能会有疑问,即这样的项目是否真能成功地减轻临近退休的员工的焦虑,是否真能使员工在退休前感到更为满意,更能保持工作效率。一项研究表明,那些开展了退休前项目的组织中的人力资源专家注意到,临近退休员工的生产力已经停止了下降。当这些员工由于对自己未来的生活做好准备而恢复信心之后,他们就会将时间用在工作上,而不是整天愁眉不展了。

人力资源信息系统 人力资源信息系统(HRIS)使各种组织能够获得、存储、分析、分配与其人力资源有关的信息,以帮助组织的决策者进行决策。人力资源信息系统自20世纪60年代以来已经非常大众化了,其用途不仅限于管理与人事工作相关的任务,而且还为战略和企业经营决策提供方便。研究者们指出了公司为什么要使用这个系统的5个原因。

1. 通过改善人力资源管理,提高竞争力
2. 提供更大量、更多样性的与人力资源有关的报告
3. 把人力资源管理的重点从交易操作转到人力资源战略上来
4. 使雇员能够从该系统中看到、判断并改正人事信息
5. 再造公司的人力资源管理职能

建立人力资源管理信息系统的最大好处,是能够接触到信息并作出最快的反应,最大的障碍则是对该系统的财务资金不足的问题。随着这种系统的功能性、灵活性和可购买性越来越大,各种规模的组织也日益更广泛地使用它。一项研究发现,通过使用力资源管理信息系统进行战略性参与,可以提高人力资源专家的专业水平。此外,该系统还可以减低成本,提高质量和客户的满意程度,并促进了创新。很显然,企业越是从战略的高度来实施人力资源管理,对于提高人力资源管理能力和取得未来的成功,该系统就越能发挥至关重要的作用。

员工关系

员工关系包括组织为其雇员提供的多种多样的项目,可使个人能够更有效地工作,更好地整合工作与家庭的关系,使他们能长时间地保持工作干劲。下面介绍几种职业生涯管理的做法并给予评论。这些做法包括辅导与咨询、工作—生活安排,以及雇员士气。

辅导与咨询　辅导,被有关文献赞为是一种很有用的职业生涯管理方法,在改进组织的绩效底线方面很为成功。詹姆斯·亨特和约瑟夫·温特劳布(James Hunt and Joseph Weintraub)指出:辅导是"一种有效的手段,可以培养出各级更能干的劳动力,创造出极富竞争力的组织文化,这种手段使企业有能力获得人力资本和经济结果,从而在竞争中获得成功。"在操作层面上,可以把"辅导"定义为一种职业管理技术,能"在服务于组织的大目标中,促进个人的发展和组织的学习"。人们发现,辅导可以增加工作满意度,支持个人的发展、组织的变革,促进管理的首创性。我们在本章前面部分已经指出,在入职教育中辅导对于新雇员的作用,以及在领导力培训中辅导对于老雇员的作用。

工作—生活计划　研究表明,对工作—生活计划进行投资,与其说关乎公司的责任,倒不如说是与经营业绩的底线有关。这种计划可以创造组织的文化,能帮助男性和女性更好地适应竞争性的工作要求,以及工作以外的兴趣。那些认为工作场所有支持文化的雇员,更愿意报告说他们的工作—生活的质量也比较高。有些研究指出:雇员参加了工作—生活安排,可以增进其责任心,提高其生产率,并且能减轻压力、缺勤和流失。人力资源管理人员在设计工作—生活计划时,要考虑代际差别,要监督每个团体计划使用模式。第10章将对工作—生活问题和首创性问题广泛讨论。

雇员的士气　雇员关系的本质在于建立雇主与雇员之间牢固的关系,维持这种关系的是公司文化,这种文化会感染雇员,帮助他们保持活力、忠诚和高水平绩效。可以把士气定义为:雇员对其工作的组织或单位所展示的总体看法。士气高,雇员的态度就积极,能力水平就会提高,压力就会减少,雇员之间的整体精神风貌就好。为使雇员成为具有或保持高士气的劳动力,组织就要诚恳地与雇员进行沟通,说明公司的各种条件和追求的方向。此外,组织还应要求雇员提出建议并认真倾听,从中得出结论;并随时让他们体会到他们最想要的控制感。组织还应从积极处着眼,庆贺他们的成功,当天给予表扬,以增强其积极性。最后,组织还应该给雇员提供综合性的福利包,以满足他们及其家庭的需要。创造一种能帮助雇员实现其长期职业生涯目标的工作环境,就能提高士气,形成对组织、对同事的持久的忠诚。

多样化

一个组织内的多样化不仅仅是个具体的计划,更是人力资源职能中一个"五脏俱全"的组成部分。多样化是为了市场竞争,而调动整个企业的人才能力建设的过程的一个组成部分。当企业把各种多样化的问题都纳入人力资源职能时,发展一种综合的、整体的方法就很重要了。正如我们在第 11 章所讨论的,这种综合性的方法应该:(1)在整个组织中宣传多样化的重要性;(2)确定组织中关键的多样性问题;(3)不仅在雇用阶段,而且在雇员的整个职业生涯中,都消除歧视;(4)针对工作场所中的性骚扰、不同工作语言以及工作—生活上的挑战,制定相应的政策和解决计划;(5)掌握组织中有效管理多样性工作的领导权。

小结

对所有的组织都很重要的一件事,是实施以职业生涯管理为导向的人力资源管理系统。为了给企业实现战略目标提供一个强大的基础,就应该把人力资源管理系统并入公司的经营战略之中。本章讨论了一个整合的人力资源战略模型,描述了职业生涯管理如何能帮助改进整体的效率。我们描写了关键的、功能性的人力资源领域(劳动力计划和人事管理),说明了职业生涯管理是如何在这些行动中扎下根的。我们还提供了公司计划的一些案例,这些案例说明了人力资源系统对个人职业生涯及其管理的支持。我们讨论了企业的人力资源系统如何才能支持其战略经营计划和雇员个人的发展。组织可以提供一系列计划,来帮助雇员管理贯穿于其生命周期的职业生涯。只要认识到,处于职业生涯不同阶段的个人会有不同的职业生涯需求和挑战,公司就能够、也应该用量体裁衣的方式帮助他们制定职业生涯管理计划,以满足所有雇员的要求。

作业

选择一家你曾经工作过的组织或你可以进行调查的组织。确定这家公司的文化特色,描述其职业生涯管理计划。请解释这家公司的文化是如何帮助或如何阻碍了有效的人力资源管理系统的发展的。请描述一下,需要建立何种类型的文化,才适合于有效的人力资源管理系统。

讨论题

1. 组织需要运用哪些技术,才能确保使其战略方向和经营计划体现在人力资源系统和职业生涯管理计划之中?

2. 组织应该在多大程度上致力于开发和提升其内部(人力)资源?组织仅满足于从外部劳务市场雇用人员,是否会更好些?在哪种情况下应该制定开发方法?在哪种情况下应该制定甄选方法?

3. 依你之见,过去 30 年中发生的解雇现象产生什么影响? 是否说明大多数组织对其雇员都不够忠诚? 缺乏安全感和忠诚,会怎样影响到组织关于人力资源计划的哲学? 从你自己的职业生涯的管理来看,你的答案有什么含义?

4. 你认同雇主们有一种道义上的责任,去帮助员工管理好自己的职业生涯吗? 为什么?

案例

公司政策变革

在纽约州北部美丽的阿迪朗达克山脉中,有一家"顾客之家"度假村(简称 BOGF),这家公司最近被东海岸的一家连锁旅店收购了。以前,BOGF 是一家家族企业,所有者把全体员工都看作这个大家庭的成员。BOGF 以宾至如归的最优服务而闻名。每年夏季和秋季,BOGF 都为入住的家庭提供多种多样的户外活动,包括六个网球场、18 洞的高尔夫球场、划赛艇和垂钓的湖泊、室内和室外游泳池,以及骑马场。在冬季和春季,BOGF 则提供爬山、越野滑冰等户外运动。其他全年都可以开展的活动包括保龄球、电影院。BOGF 还有四间餐馆和一家酒馆。

由于 BOGF 的待遇诱人,它拥有一支常年稳定的员工队伍,其中很多人已经为这家公司工作了 15 年以上。事实上,BOGF 的雇员往往包括同一家庭里的几代人。BOGF 有一项政策是其员工人所共知的——为所有来这儿的人提供优质的休假体验。这意味着一切以顾客为先,要求员工不遗余力地满足顾客要求,使顾客达到最满意的程度。这样不但顾客成为"回头客",还会把他们在 BOGF 度假的体验告诉其亲朋好友。BOGF 的员工知道,他们这个小镇的经济几乎全靠 BOGF 度假村带来的观光事业,因为在这个地区几乎没有什么其他的大产业。

BOGF 在人力资源发展上采取的是"家族培养"的方式。很多饭店和餐馆的经营者都是曾于夏季在该公司干过男仆、清洁员和招待,然后成长起来的。这种人力资源政策之所以形成,归因于小镇的氛围和 BOGF 的私人性质。这一政策还使员工获得多种多样的工作经验,直接体会到顾客有哪些期望。很多 BOGF 员工的子女都就读于当地一所设有饭店管理专业的大学。这种教育使得年轻人能够毕业后回到家乡参加工作。然而,BOGF 的被收购必然会导致这种人力资源政策迅速发生变化。

Mansion 公司(化名)是一家著名的酒店,它最近收购了 BOGF。Mansion 的人力资源战略与 BOGF 截然不同。Mansion 从其他的饭店吸收优秀员工,并让他们担任高层管理工作,也就是在 Mansion 控股的众多度假村中担任重要职务。Mansion 在吸引其他组织有潜力的员工"跳槽"上出手非常慷慨。

Mansion 的人力资源政策是用"购买"而不是"培养"的方式解决遴选问题。Mansion 通过从公司外部雇用所需要的员工来弥补自身的技术缺陷。事实上,Mansion 近来刚刚从竞争对手那里挖来一名财务主管和一名技术主管。这些员工偕同其家属都从中西部移居到了位于弗吉尼亚的 Mansion 总部。在 Mansion 的下属组织中,很多总经理都是来自一流的饭店或者一流的餐馆连锁店。Mansion 最主要的经营思想就是,最合算的花钱方式就是买到"最好、最聪明的人才"。这样,只要是 Mansion 需要的人才,无论何时何地,都能雇来为我所用。Mansion 打算将这一点作为公司的人力资源政策的一部分,介绍给BOGF 员工。这一政策在几周内开始实施。只要没有人提出异议,Mansion 就不想与BOGF 的员工探讨这一政策的有效性。

案例分析题

1. 如果这一政策变革对 BOGF 的员工产生影响,会是什么影响?

2. 如果这一政策变革对 BOGF 的经营战略产生影响,会是哪些影响?

3. Mansion 应该如何实施这项新政策? 如果有人提出对这一政策的异议,Mansion公司应该如何与 BOGF 的员工进行沟通? 在实行 Mansion 的人力资源战略的条件下,应该采取什么类型的职业生涯管理制度?

4. 如果你是 BOGF 的一个员工,你会对这种人力资源政策的变革采取什么对策?

第 **14** 章

职业生涯管理问题总结

在本书中,我们说明了个人在其职业生涯过程中会如何面对不断变化的环境。这些变化由多方面原因引起——既有个人的原因,也有环境和组织的原因。从个人角度看,有几个因素会影响我们的职业生涯。仅年龄增长这一个因素就可以使我们对职业生涯的看法发生变化。比如,在大多数情况下,一个 25 岁的人考虑的事情与一个 65 岁的人考虑的事情是大相径庭的。除了年龄以外,行为科学家们还指出,近 20 年来,人们在态度和行为上也发生了若干变化。其中有些反映了文化观念上的变化,而其他的变化则是对种种社会力量的反应。也许对个人影响最大的文化上的变化,就是应对既要工作又要管家这种重大的挑战。很多双职工夫妇在面对如何处理工作和家庭这双重责任时遇到了新的难题。因此,处于这种关系之中的人们就有必要学会如何平衡两个人的职业生涯,同时还要对大大小小的家庭事务负责。

职工个人也已经适应了过去几十年来不断演变的新工作环境。在这些年中,不仅人们被雇用的方式发生了很大改变,他们从事的工作类型也发生了重大变化。具体说就是,过去 20 年中由于组织更加追求高效率,合同制职员和临时工就如雨后春笋般冒了出来。对于很多员工个人而言,打零工已经成为一种长期的生存方式。在这样的新环境下,标准的工作方式已经过时,取而代之的是逐渐变化了的形势,它要求员工一方能够灵活地适应这种形势。在过去的环境下,是调整或组织工作以适合个人的能力。而在新情况下,员工必须不断地去适应工作环境。

近年来工作组织上和人员配置方式上的种种变化,直接对受其影响的员工的职业能力提出了挑战。结果就是个人对其职业进行管理的作用领域发生了改变。正如我们在第 2 章以及本书通篇所讨论的,这种不断变化的工作环境宣告着,个人管理其职业生涯的方式是"无边界的"和"随机应变"的。个人需要积极主动地获得其职业能力,即:要知道为什么做(自我认同),知道如何做(与工作有关的技术和与职业有关的知识),以及知道和谁一起做(广泛的关系网络)。这些能力应该能帮助我们驾驭自己日益不确定的职业生涯,实现对自己有意义的目标和价值。

尽管组织一直在调整其雇用层次和雇用方法,但劳工队伍本身在过去的 20 年中也发生了巨大变化。比如,劳工队伍在文化上更加多样化。妇女、少数族裔、移民和年长者在劳工队伍中的比例也在增加,这就给组织带来了压力,要求其不断提高有效管理多样化的水平。工作队伍的多样性也向员工提出了挑战,要求他们理解各种员工在文化上的异同,在工作中要与那些与自己有不同价值观和观点的人团结合作。因此,员工在职业上能否进步,就非常取决于他能否在这样一种跨文化的环境中脱颖而出了。

14.1　展望未来

对于未来的职业生涯管理过程,要作出任何具有确定性的预测都是困难的。正如我们在本书中所讨论的那样,变动不定的工作图景以及持续增长的非工作需求,都会给这一过程带来更大的不确定性。影响当前职业生涯管理的几个环境因素也会对未来提出挑战。例如,技术进步会影响到需要充实的工作岗位的种类和数量。新技术的应用会扫除某些职业,同时又创造出新职业。此外,通信技术的升级使工人能够轻而易举地到达那些以前"无法想象的"工作场所,但也会把他们每天24小时、每周7天地用电子绳索捆绑在工作岗位上。

人口的变迁,特别是"婴儿潮"那一代人在变老和退休,会给未来劳动力供给造成深远的影响。其结果是,在下一个30年中,由于各种组织都在找人填补他们的空缺,年轻些的工人会迎来巨大的职业生涯机会。与此同时,老一点的工人将需要评估自己在另一种环境中的职业选择:兼职工作还是退休。

为了对经济条件和全球竞争作出反应,各种组织都要持续地调整其组织结构和人事管理方法,包括更多地使用以团队为基础的组织结构,更多地使用合同制工人,以及愿意对所有工人授权,让他们参加决策,来满足顾客和客户的需求。

企业进一步的全球化将在全世界范围内创造出新的职业机会,员工到海外任职或永久地迁回东道国的可能性都在增大。而海外任职则要求雇员要对外国文化和期望更了解、更能适应。当然,一旦海外任职结束,回国的过程也会给他们带来一系列职业上的挑战,因为他们必须要再度回归到祖国的文化之中。

14.2　有效的职业生涯管理

无论当前和未来的挑战和不确定性有多大,职业生涯管理,作为一个解决问题的过程,其基本形式其实并没有真正发生什么变化。信息、洞察力、目标、计划和反馈是所有职业发展阶段都最为基本的要素。为了证明这一观点,下面我们就贯穿于某些时期或某些地方的几个职业生涯管理上的问题提出我们的看法。

首先,有效的职业生涯管理要求个人具有创造性——对待生活要有积极的、打破沙锅问到底的态度。这就需要人对于自己及整个世界有某种好奇心,还必须愿意采取行动,愿意冒适当的风险。职业生涯管理是建立在这样一种信念的基础之上的:人们对自己生活中的重大事情能够实施控制。尽管完全的控制是不可能的,但是愿意探索、愿意设置目标并制定和实施计划,就能使自己的职业和生活质量有很大的不同。从这个意义上讲,建立起清晰的自我认识是最重要的。的确,事业成功和自我实现的主要障碍就是能否使个人的自我认识与工作职务一致起来。简而言之,在忽视个人需要的条件下,这一问题与当今工作环境不稳定的关系就更大了。建立清晰的自我认识往往涉及自我测评这一过程;其中,个人要使用标准的评价工具,将自己所处社会网络中值得信任的人们对自己的评价和反馈综合起来,从而更好地理解自己的利益、才能和生活方式偏好。

第二,必须重视工作和个人生活之间的平衡问题。职业生涯管理工作应当建立在清楚地了解生活目标的基础上,而不仅仅是事业这一个目标。职业目标和成就会影响你在家庭、社区和个人业余生活中的种种表现,同时也会被这些东西所影响。即使人们做不到"鱼与熊掌得兼",他们也能够决定自己究竟想要什么,为此又可以舍弃什么。理解工作和非工作之间的相互作用,再探讨一下与其他重要人物保持微妙的平衡能有哪些作用,这些都是职业生涯管理和生活管理的基本要素。

第三,必须避免人云亦云,把其他人在事业上的成功当作自己成功与否的标准。很多人走上某种职业道路,是为了使他人得到满足——父母、老师、朋友、老板或配偶,再不就是基于某种"应该如何"的概念。其实,快乐和自我实现都是看自己的价值观和志向是否得到满足,不用看他人的眼色行事。看看近年来大多数著名的成功企业家,他们的职业道路都可以追溯到为了实现自己的兴趣(比如,支配自己的命运)。但本书并不是鼓吹人们在职业生涯管理上应该"我"字当先。只要你是在这偌大的世界里生活,要与他人共同生活,要对事业、社区或某一组织负责,就必须作出牺牲和承诺。健康的操守是你必须考虑到其他人和其他团体的需要,面对职业问题上的矛盾,要努力寻找一种大家都可以接受的、对大家都有利的解决方式。而不断牺牲自己去取悦别人的做法将毁灭自己的健全发展。

第四,员工有责任维护(或获得)一套能够用在其他的工作环境和雇主中的技能。个人必须保证,在需要时,他们是具备竞争力的,能够改善自己的机会去争取新的工作岗位。从这个意义上讲,个人应该具有一套所谓的"便携式"技能,可以拿来用在任何组织或工作环境之中。

与这套便携式技能相关的观点是一种建议,即人们应该为终身学习而投资,这样他们才能使自己的技能不过时(也就可以用到别处)。要想不断地学习,可以有多种方式。一类就是再去上学;另一类就是设法从事可以掌握新的竞争能力的工作。既然下决心学习,还要注意不要使自己在本组织及本行业中落伍。

最后,职业生涯管理并不是精英管理的一统天下。它并不仅仅是那些最高管理者、不断向上爬的家伙、富得流油的人或企业家的事。职业生涯管理是为每个希望提高自己生活质量的人服务的。进行职业生涯管理并不总是轻而易举的,但这里用得着"唯此为大"这句老话。我们希望这本书能够为准备好应对挑战的人们展现出怎样才能做到有效的职业生涯管理。

职业生涯管理的核心在于它是一种个人的过程。尽管组织的相关项目和做法能给予它难以计数的帮助,但只有员工本人,在其家人、朋友和同事的帮助下,能够对他们自身和所处环境有真正透彻的了解,从而担负起制定职业生涯目标和职业生涯战略的重任,正确地评价他们的职业发展过程,并作出必要的调整。人们对自己的职业生涯进行积极的管理,这是任何东西都无法取代的。

作业

如我们已经指出的,我们很难预测未来的职业生涯管理会发生什么变化。但是认识到了这些不确定性,就要求你试作一个预测,看未来在对自己的职业生涯进行管理的过程中可能会遇到哪些挑战。具体说就是你应当写一篇文章,说明你认为十年内这个工作的世界将会变成什么样子,并描述一下它对个人职业生涯和组织的职业生涯管理系统会产生什么影响。你的描述要回答如下一些问题:人们为了在未来取得事业成功,需要具备哪些新的职业技能?新技能在帮助人们管理其职业生涯时能起什么作用?哪些技能能使人把工作和家庭生活更好地结合起来?工作组织和文化的不断国际化会对职业生涯产生什么影响?组织采取的职业援助战略会给自己的职业生涯发展提供怎样的帮助?如何看待忠诚问题对你本人和雇主的相关决策有什么影响?对以上几个方面请尽可能作出有创造性的预测。